민주정치와 사회발전

김만규
김정호

엠-애드

책머리에

 이 책은 저자들이 「민주정치와 사회발전」, 「민주시민과 토론문화」 등의 전공 및 교양과목으로 10여 년간 대학에서 가르쳤던 강의노트를 정리하여 엮은 것이다. 21세기의 밝은 선진 민주사회의 조성을 위하여 민주정치와 사회발전의 상호 연관성을 중심으로 책을 펴내게 된 이유는 다음과 같다.
 첫째 우리는 현대의 급속한 사회변천과 더불어 동·서양의 사상 또는 신구 가치관 사이에서 보이지 않는 심리적인 사고의 혼란과 행동의 갈등을 겪으면서 살아가고 있으므로, 앞으로 지향해야 할 자유민주주의의 구현에 대한 올바른 좌표를 지닐 필요성이 크기 때문이다. 그럼에도 불구하고 동양과 서양, 전통과 현대, 보수와 진보, 수구와 혁신 등 가치관의 혼돈과 갈등 그리고 새로운 방향의 기대와 요청 속에서 온 국민이 고뇌하고 있는 것으로 보인다. 따라서 올바른 자유민주주의 가치체계의 정립을 위해서 우리가 지향해야 할 민주주의의 좌표를 명확히 하고, 선택해야 할 민주적 가치관과 선택해서는 안될 가치관을 구별하는 일이 무엇보다도 필요할 것이기 때문이다.
 둘째 1945년 광복 이후의 한국 현대사에서만도 독재자이든 민주주의 주장자이든 하나 같이 자유민주주의와 민주화를 내세웠지만 아직도 그 정체성이 명백하지 않기 때문에 자유민주주의 자체에 대한 신뢰감마저 상실해 가고 있는 듯한 생각이 든다. 더욱이 개방과 자유를 기조로 하는 인류의 사상적 조류를 외면하고 아직도 폐쇄와 억압의 수구쇄국적 체제를 벗어나지 못하고 있는 북한체제와 공존하고 있기 때문에, 민주주의의 본질과 과제들을 올바로 이해하고 제도화하여 생활화해 나가는 일이 중요하기 때문이다.
 셋째 오늘의 학생운동이 지닌 파행적 문제점을 탈피하여 올바른 자유민주주의 사회조성을 위한 방향전환에도 도움이 되기를 바라기 때문이다.

1960년대에서 1980년대 말까지의 군부권위주의 정권하에서의 학생운동은 민주적 정통성 내지 도덕성 확보를 위하여 체제 자체의 부정에 그 목표를 두었으나, 문민정부 이래 민주적 정통성을 지닌 정부의 주요 과제는 군부세력이 지배한 정권 보다는 더 효율적으로 국민복리를 증진시킬 수 있어야 하기 때문이다.

  마지막으로 아직도 군부세력에 의한 독재정권이 낳은 무수히 많은 비민주적인 비효율적 제도와 관행이 상존하고 있으므로, 이를 민주적 효율성을 제고 하는 방향으로 개조해 나가야 하기 때문이다. 자칫하면 이들 비효율적인 권위주의적 규제제도를 방치란 채, 새로운 통제규범을 가중시키거나 그렇지 않으면 각종 이기주의로 인한 갈등 때문에 민주정부가 국민복지와 생산성 제고에 있어서 비민주적이었던 군부정권 때보다도 그 효율성이 더 떨어진다면, 이제까지 쌓아온 민주화운동의 정당성과 문민정권의 정통성마저 위기에 처할 우려도 배제할 수 없을 것이다.

  이러한 이유 때문에 저자들은 정통성을 지닌 민주정부가 권위주의정부 못지 않게 국리민복(國利民福)의 효율성을 높일 수 있도록 하는 새로운 사회발전의 방안과 실천이 필요할 것이라는 시각에서 강의의 초점을 두어오기도 하였다. 이러한 측면에서 앞으로 민주정치의 도덕적 당위성 못지 않게 합리적 효율성을 제고하는데 높은 비전을 두어야 할 것이라는 관점에서 실제의 자료들을 중심으로 민주정치의 과제를 논의하고자 하였다.

  다음으로 한국사회는 현재와 미래사회의 다원화 전문화 국제화에 부응하는 민주정치와 사회운동의 방향전환이 필요할 것이라는 점에서 강의와 책의 구성에 주안점을 두었다. 이제까지의 민주화 경험은 지나친 자유의 신장이 빈익빈 부익부(貧益貧 富益富)의 불평등을 가져왔고, 반대로 지나친 평등의 추구가 생산성 저하로 인한 빈곤의 평등으로 사회주의권의 쇠퇴를 초래함으로써, 자유와 평등의 요구가 서로 상충하는 현실임을 보아왔다. 따라서 국민의 정치참여는 지나친 편향적 시각에서 벗어나 다양한 사회집단의 자유권과 평등권이 조화롭게 추구될 수 있는 미래사회의 다원성 전문성 국제성을 전제하고 이루어져야 할 것이라는 점이다. 더욱이 오늘의 젊은 세대가 권위적 군사문화에서 획일적인 입시제도를 비롯한 교육제도와 고정관념에서 성장하였기 때문에, 그들의 사회발전에 대한 시각도 지나치게 획일적이고 당위론적이며 배타적 사고라는 비판을 받아오고 있음도 부인할 수 없다. 또한 군사문화에서 살아온 청소년들이 무의식 중에 군사문화적 획일주의와 배타성이 습성화될 수도 있었을 것이다. 이제는 자유선거에 의해서 성립한 민주정부이기 때문에 보다 폭넓은 다원적 시각과 전문적 식견을 지니고 국가정책에 대하여 날카로운 비판과 분석을 통하여 합리적인 정책대안의 제시와 구체적 실천방안의 제기가 중요하리라는 시각에서 이러한 사고의 지평을 넓히려는 데 이 책의 초점을 두기도 하였다.

또한 민주화와 민족통일의 과제에 대한 합리적 재조명의 노력과 새로운 실천방안의 모색이 필요하리라는 점이다. 우선 민주화라는 당위론적 구호와 행동에서 벗어나 스스로 민주적 지도자와 시민이 되어야 하는 수련과 자아발전의 실천이 주요하다. 아울러 지구상 유일하게 남은 분단민족으로서 통일문제는 우리민족이 열망하고 있는 최대의 과제이다. 그러나 지나치게 성급한 민족통일의 주장과 민족주체성을 강조하는 나머지 국제화의 세계적 추세와 갈등을 일으키지나 않을까도 음미해 볼 필요가 있다. 더욱이 민주주의국가에서의 젊은 세대는 미래의 지도자이고 개혁과 창조의 희망이기도 하다. 따라서 자유롭고 민주적인 접근이 전제되어야 할 것이라는 점에도 유의하고자 하였다.

이상과 같은 시각에서 제1장에서는 민주주의에 대한 가치관의 혼돈을 바로 잡는 일이 중요하다는 의미에서 민주주의의 본질적 가치인 자유와 평등에 대한 동양과 서양에서의 사상적 변천과 연계관계를 살펴보았고, 2장에서는 현대의 민주주의 이론들의 과제를 논의함으로써 자유민주주의의 본질을 재조명하려 하였다. 3장에서는 참여의 측면에서 민주화의 본질적 의미와 사회발전의 과제를 연계시켜 논의하였으며, 4장에서는 자유민주주의의 정착을 위하여 가장 중요한 선거제도를 중심으로 한국정치 민주화의 과제들을 살펴 보았다. 5장에서는 한국사회에 자유민주주의를 정착시키는데 필요한 조건들이라고 생각될 수 있는 과제들을 국제적인 비교의 관점에서 논의하였으며, 마지막 6장에서는 한국 근대정치사의 시각에서 미래 한국정치의 과제에 대하여 논의하는 것으로 이 책을 마무리하였다. 그리고 책 말미에는 민주정치론 또는 민주주의론을 강의하면서 1주에 한번 민주적 리더십 수련에 필요한 토론을 실시하면서 다루었던 예시적인 토론주제들을 이러한 강의를 하는 분들에게 참고가 될 듯하여 부록으로 수록하였다.

  이 책이 대학에서 한 학기 16주간의 강의노트를 중심으로 엮은 것이기 때문에 민주주의의 이론과 실제문제를 충분히 다루기에는 한계점이 있었음을 인정하지 않을 수 없다. 그러나 민주주의 또는 민주정치를 강의하고 배우는 사람들은 물론이고, 정치인과 행정인 사회운동자들 그리고 일반국민들도 민주주의의 근본적 과제와 올바른 시각에 대하여 재조명하는 일이 중요하리라고 보아 이 책을 펴내게 되었다. 앞으로도 저자들은 계속 대학에서 강의하면서 젊은이들과 논의해야 할 과제들을 다룰 것이므로, 미진한 문제점들에 대하여는 이 분야에 관심을 지닌 분들의 끊임없는 질정을 바란다.

  끝으로 너무나 많이 논의되어 진부하게 느껴지는 민주정치와 사회발전을 주제로 한 책이지만, 자유민주주의사회 구현을 위한 출판문화의 중요성에 대한 투철한 신념을 지니고 서슴없이 출판을 맡아주신 「엠-애드」의 이종학 사장님과 임선실 실장님, 그리고 꼼꼼히 편집을 보아주신 이승한 과장님의 노고에 깊은 감사를 드린다.

2003년 11월
김만규 김정호 謹識

목 차

제1장 민주주의의 사상적 배경 / 9
   1. 가치관과 윤리 그리고 정치 / 9
   2. 민주주의의 의미와 과제 / 29
   3. 민주주의의 사상적 배경Ⅰ / 43
      - 서양사상에서의 자유 평등사상의 변천과 과제
   4. 민주주의의 사상적 배경Ⅱ / 60
      - 한국 및 중국 전통사상에서의 자유 평등의 문제

제2장 민주주의 이론 / 99
   1. 고전적 민주주의 이론 / 101
   2. 현대 민주주의론 / 113

제3장 참여로서의 민주주의와 민주화의 척도 / 131
   1. 참여로서의 민주주의 / 131
   2. 민주주의의 척도 / 133
   3. 민주화의 척도에 비추어 본 한국사회의 과제와 전망 / 145

제4장 민주주의 발전을 위한 도구의 활용 / 176
   1. 민주주의 도구 활용의 전제조건 / 176
   2. 다수결 법칙 / 178
   3. 대의제 / 181

제5장 민주주의의 조건과 시민사회의 발전 / 234
    1. 민주주의의 외적 물질적 조건 / 234
    2. 민주주의의 입헌적 조건 / 252
    3. 민주주의의 지적 심리적 조건 / 256
    4. 민주주의의 수호 조건 / 260

제6장 한국사회의 민주적 발전 과제 / 275
    1. 민주적 의식 개조를 위한 한국 정치문화의 과제 / 275
    2. 근세 이래 한국의 정치 주도세력, 이념 및 목표 그리고 정치문화 / 292
    3. 합리적 시민사회 조성과 안정적 민주정치체제의 정착을 위한 과제 / 293

부록1: 민주적 토론학습 / 298
부록2: 예시적 토론주제 / 306

제1장 민주주의의 사상적 배경

1. 가치관과 윤리 그리고 정치

　인간은 생물로서 생활하기 때문에 행복과 질서를 요구한다. 삶 또는 행복이란 본질적으로는 생물로서의 인간 자체 구조에서 연유한다고 할 수도 있다. 그렇다면 인간이란 무엇인가라는 진부하게 생각되는 근본적 문제에서 가치관과 윤리도, 정치와 민주주의의 과제도 출발한다.
　인간이란 단적으로 말하여 생물로서의 삶 자체 구조에 바탕을 둔 욕구의 복합체라고 할 수 있다. 그렇다면 인간이 여러 욕구 가운데 가장 중요하게 여기는 욕구들에는 어떠한 욕구들이 있을까? 인간의 자체 구조가 주로 생리적 물리적 심리적 존재이기 때문에, 인간의 욕구 가운데 생리적 물리적 심리적 욕구가 가장 중요하다고 볼 수 있다. 동양 한자문화권에서는 생리적 욕구를 추구하려는 힘을 정력(精力), 물리적 욕구를 추구하려는 힘을 기력(氣力), 심리적 욕구를 추구하려는 힘을 신통력(神通力)이라고 하여왔다. 따라서 흔히 정력을 북돋우기 위하여 사람 이외에 정력에 좋다는 생물들을 요리해 먹기도 하고, 물리적 힘이 약한 노인에게는 어르신 기력이 어떠하십니까라고 안부인사를 하기도 하였으며,[1] 심리적으로

---

[1] 노인에게는 물리력이 약해졌으므로 기력을 증강시키는 일이 매우 중요하지만, 청소년에게 지나치게 기(氣)를 강조하면 체력은 강해질는지 몰라도 도리어 폭력을 휘두르는 심리를 자극할 수도 있다. 따라서 왜 남의 자식 기를

지혜를 지닌 사람을 신통력이 있는 사람이라고 부르기도 하였다. 이러한 의미에서 인간은 정기신(精氣神)의 복합체라고 할 수도 있다.

따라서 정기신의 복합체인 인간은 생리적 물리적 심리적 욕구를 충족하기 위하여 그 욕구 충족에 필요한 대상들인 삼라만상(森羅萬象)에 대하여 가치를 부여하고, 자기 자신의 욕구를 합리화하기 위하여 가치관을 형성해왔다. 바꾸어 말하면 가치관이란 자신의 욕구를 합리화하기 위하여 사물에 대한 가치의 부여, 즉 가치를 보는 시각이다. 따라서 각자는 자신의 욕구와 가치를 보는 시각이 각각 다르기 때문에 서로 각자의 가치관이 상이할 수밖에 없다. 그러므로 인간사회에서는 각자 욕구가 다르기 때문에 욕구의 충돌이 일어나게 되고, 자신의 욕구를 합리화하기 위한 가치관 사이의 차이도 많게 된다. 이와 같이 각자의 욕구를 충족하려 하기 때문에 동물세계에는 약육강식(弱肉强食)의 현상이 있어왔으며, 인간은 심리적 신통력(지혜)을 지니고 있으므로 상호간 욕구의 갈등 속에서 자멸하지 않고 살아 남기 위하여, 서로 갈등하면서도 갈등을 조절할 가치를 모색해왔고 이것이 바로 질서라는 가치이다. 이 질서에 대한 원리 또는 가치관이 바로 윤리(倫理)이다. 즉 욕구의 갈등→질서의 요구→질서의 가치관 또는 질서의 원리가 윤리이며, 윤리의 실현 방법이 도덕(道德)이다.

본래 윤(倫)이란 차례(倫, 等也) 또는 가깝고 먼 친소(親疎)의 인간관계(倫, 謂親疎之比也)이므로, 윤리란 질서의 원리이고 질서의 가치관이라고 할 수 있다. 아울러 도덕은 질서의 원리를 어떻게 실천할 것인가의 길을 알고 행동할 것을 요구하는 가치라고 볼 수 있다. 즉, 도(道)는 길이고 덕(德)은 깨달아 알게 된다는 각득(覺得)의 뜻이므로, 도덕이란 질서의 원리인 윤리를 실현하기 위한 방법론이라고 할 수 있다.

이러한 측면에서 우리의 중요한 가치관에는 자신과 다른 사람들의 지식에 대한 가치를 가리려는 옳다(是) 그르다(非)는 시비(是非) 또는 진

꺾느냐라든가 기를 살려주어야 한다는 생각에서 공중도덕을 지키지 않는 아이들을 방치하는 자녀의 양육자세는 민주시민을 양성하기 위한 올바른 양육방식이라고 보기 어렵다.

실이다(眞) 허위다(僞)라는 진위(眞僞)를 가리려는 가치관을 지니게 되기도 하고, 행동에 대한 가치를 가리려는 데에서 선하다 또는 악하다라는 선악(善惡)을 가리려는 가치관을 말하게도 된다. 아울러 경제적 가치에 대한 이로움과 해로움을 추구하는 데서 이해(利害)를 가리려는 가치관을 주장하기도 한다. 따라서 사물에 대한 지식적 가치는 시비 또는 진위로, 행동의 가치는 선악으로, 그리고 경제적 가치는 이해로 구분하려는 가치관을 지니게 된다.

인간이 각자 자신의 욕구들을 모두 충족하려고 했다면 갈등과 혼란이 극심하여 자멸할 수밖에 없었을 것이다. 이러한 측면에서 보면 인류가 지금까지 살아온 역사에서 서로의 생존을 보존하려고 만들어낸 가치인 질서와 질서를 확립하기 위한 원리요 가치관인 윤리만큼 중요한 것은 없다고 보아도 과언이 아니다. 이 윤리 가운데 정치적 질서를 확보할 정치윤리 내지 정치관이 유사 이래 가장 중요시되어왔다. 현재도 정치체제 또는 정부의 변경으로 인한 정치질서가 그 이외의 다른 사회변동의 결정적 변수가 되고 있음을 부인할 수 없다. 그렇다면 어떠한 정치질서를 확립할 것이며, 그 정치질서를 확립하기 위한 정치적 가치관이 무엇이냐가 중요하다.

이제까지의 인간이 창조한 정치질서 가운데 민주적 정치질서와 민주정치의 가치관이 가장 중요하다는 데는 이의가 별로 없는 것 같다. 그러나 무수히 많은 학자와 정치인을 비롯한 사람들에 의하여 민주주의 민주질서 또는 민주화의 목표 및 그 실현방안들이 제시되어왔지만, 각자의 욕구가 다르기 때문에 그들이 제시하는 민주적 가치관들이 천태만상이어서 도리어 가치관의 혼란마저 일으키고 있다는 비판론이 적지 않다. 따라서 이들 다양한 민주주의 가치관과 민주화를 구현해야 할 현실사회에 대한 본질적 이해와 토론이 절실하다.

1945년 광복 이후의 한국 현대사에서만도 독재자이든 민주주의 주장자이든 하나같이 자유민주주의와 민주화를 내세웠지만 아직도 그 정체성이 명백하지 않기 때문에 자유민주주의 자체에 대한 신뢰감마저 상실해가고 있는 듯한 생각이 든다. 지금도 북한에는 한국 역사상 최악의 폐쇄적 독재정치가 상존하고 있음에도, 독재의 속성을 망각하고 어떤 화해와 타협이 가능할 것으로 착각하고 있는 듯하다. 인류 역사상 독재자나 독재체제와 화해하여 평화와 공존을 유지한 적도 없고, 독재체제는 언제나 붕괴하여왔음이 바로 민주주의 발전의 역사라 하여도 과언이 아니다.

이러한 시각에서 볼 때 민주주의 또는 민주화란 과연 그 본질이 무엇인가, 그리고 앞으로 다양한 민주주의론이 내포하고 있는 문제와 우리 한국사회가 해결하여 나아가야 할 과제에는 어떤 것들이 있을까, 우리의 의식 속에 살아 있는 가치관 가운데 어떤 요소들이 민주사회의 발전에 긍정적 요소이고 어떤 요소들이 부정적으로 작용하고 있는 것일까, 우리는 민주적 가치에 대해 올바로 이해하고 있는가, 아울러 민주적 가치를 실현하기 위한 현행 한국사회의 각종 제도들은 바람직한 것인가, 민주주의의 가치관에 비추어 무엇이 진보와 개혁이고 무엇이 수구와 보수인가 등의 과제에 대한 논의와 연구가 필요하다.

그러므로 오늘의 우리들이 직면한 남북한 관계와 국내 정치현실을 올바로 재조명함으로써 앞으로 한민족이 지향하여야 할 방향과 이를 구현하기 위한 방안에 대한 논의도 중요하다. 우선 남북한 관계의 새로운 질서를 모색하는 데 있어서 다음의 아시아 태평양 연안 국가들의 주요 지표는 우리가 어떤 방향으로 나아가야 하는가를 시사해준다.

〈표 1-1〉은 아시아 태평양연안 37개 국가들 중에서 우수한 민족 중의 하나인 한민족(韓民族)을 가장 열등한 국가로 만든 정치체제가 1945년 해방 이래 북한을 지배해온 김일성 김정일 부자체제(父子體制)라는 것을 잘 보여주고 있다. 왜냐하면 〈표 1-1〉에 나타난 것처럼 현재의 북한체제는 아시아 태평양연안 37개 국가 가운데 북한의 1인당 국민소득을 최하위의 최빈국으로 전락시킨 체제이기 때문이다. 따라서 북한 주민의 삶을 구제하는 길은 평화적인 방법이라면 어떤 방법으로라도 현재의 북한체제를 하루 빨리 붕괴시키고 새로운 개방적 민주체제로 변화시키는 길밖에 없다는 생각마저 든다.

흔히 적지 않은 사람들이 북한 주민의 비참한 생활을 보고 어떻게 같은 동포로서 도와주지 않을 수 있느냐는 논리를 펴기도 한다. 그러나 50여년간 북한동포에게서 거주이동은 물론 여행의 자유마저 박탈해왔을 뿐만 아니라, 한국 역사상 최악의 정권으로서 북한을 아시아의 최빈국으로 전락시킨 김씨 일가의 수구쇄국적(守舊鎖國的)인 북한체제를 바꾸지 않고는 북한 동포의 비참상을 구할 길이 없을 것으로 보여진다. 아울러 현재의 북한 체제가 개방적 민주체제로 변화된다면, 구태여 하나의 정부와 하나의 국가원수를 만드는 정치적 통일을 서두를 필요도 없을 것 같다. 왜냐하면 예컨대 미국과 캐나다처럼 자유민주주의체제로서의 민족공조만 이루어진다면 무리한 정치적 통일보다는 현재의 1민족 2국가체제가 국내외적으로 민족구성원의 이익을 위하여 더 효율적일 수도 있기 때문이다.

또한 오늘의 북한체제와 같은 전체주의적 독재체제란 언제인가는 붕괴될 수밖에 없었던 것이 인류역사의 필연이었던 점에도 유의할 필요가 있을 것이다. 무엇보다도 중요한 일은 모든 한민족 구성원으로 하여금 다같이 개방적 자유민주주의체제에서 자유와 행복을 누릴 수 있도록 하기 위하여 우선 수구쇄국적 북한체제를 해방시키는 일일 것으로 보여진다.

〈표 1-1〉 아시아 태평양연안 국가들의 주요지표(2003. 9. 2 작성)

국가	아프가니스탄	오스트레일리아	방글라데시	부탄	브루네이	버마
인구(명)[1]	28,717,213	19,731,984	138,448,210	2,139,549	358,098	42,510,537
면적(km)	647,500	7,686,850	144,000	47,000	5770	678,500
국내총생산[2] (억US$)	190	5,280	2,390	27	65	700
1인당 GDP[2] (US$)	700	27,000	1,700	1,300	18,600	1,660
경제성장률[2] (%)	NA	3.6	4.4	7.7	3.0	3.3
수출(억US$)[2]	12(2001년)	663	62	1.54(2000년)	30(2000년)	27
수입(억US$)[2]	13(2001년)	680	85	1.96(2000년)	14(2000년)	25
대외부채[2] (억US$)	55(1996년)	1,768(2001년)	165	2.45(2000년)	-	61
평균수명[3]	46.97	80.0	61.33	53.58	74.3	55.79
문자해득률[3] (%)	36(1999년)	100(1980년)	43.1	42.2	91.8	83.1(1995년)

국가	캄보디아	캐나다	칠레	중국	콜롬비아	동티모르
인구(명)[1]	3,124,764	32,207,113	15,665,216	1,286,975,468	41,662,073	997,853
면적(km²)	181,040	9,976,140	756,950	9,596,960	1,138,910	15,007
국내총생산[2] (억US$)	197	9,230	1,510	57,000	2,680	4.4(2001년)
1인당 GDP[2] (US$)	1,500	29,400	10,000	4,400	6,500	500
경제성장률[2] (%)	5.2	3.4	1.8	8.0	2.0	18(2001년)
수출(억US$)[2]	13.8(2001년)	2,605	178	3,256	129	0.08(2001년)
수입(억US$)[2]	17.3(2001년)	2,290	156	2,953	125	2.37(2001년)
대외부채[2] (억US$)	829(1999년)	NA	404	1,494	384	NA
평균수명[3]	57.92	79.83	76.35	72.22	71.14	65.2
문자해득률[3] (%)	69.9	97(1986년)	96.2	86.0	92.5	48.0(2001년)

국가	에콰도르	피지	홍콩	인도	인도네시아	일본
인구(명)[1]	13,701,234	868,531	7,394,170	1,049,700,118	234,893,453	127,214,499
면적(km²)	283,560	18,270	1,092	3,287,590	1,919,440	377,835
국내총생산[2] (억US$)	417	47	1,860	26,600	6,630	35,500
1인당 GDP[2] (US$)	3,100	5,500	26,000	2,540	3,100	28,000
경제성장률[2] (%)	3.3	4.1	-3.0	4.3	3.5	-0.3
수출(억US$)[2]	49	4.42(2001년)	2,003	445(2001년)	523	3,838
수입(억US$)[2]	60	6.42(2001년)	2,081	538(2001년)	321	2,921
대외부채[2] (억US$)	144	1.36(2000년)	495	1,006(2001년)	1,310	NA
평균수명[3]	71.89	68.88	79.93	63.62	68.94	80.93
문자해득률[3] (%)	92.5	93.7	94.0	59.5	88.5	99(1995년)

국가	북한	한국	라오스	말레이시아	멕시코	몽골
인구(명)[1]	22,466,481	48,289,037	5,921,545	23,092,940	104,907,991	2,712,315
면적(km)	120,540	98,480	236,800	329,750	1,972,550	1,565,000
국내총생산[2] (억US$)	220	9,310	99	2,100	9,000	50
1인당 GDP[2] (US$)	1,000	19,400	1,700	9,300	9,000	1,840
경제성장률[2] (%)	1.0	6.2	5.5	4.2	10	3.7
수출(억US$)[2]	8.42(2001년)	1,626	3.45	952	1,584	5.01
수입(억US$)[2]	13.14(2001년)	1,484	5.55	768	1,684	6.59
대외부채[2] (억US$)	120(1996년)	1,352	25.3(1999년)	445	1,500	9.13(2001년)
평균수명[3]	70.79	75.36	54.3	91.67	72.3	63.81
문자해득률[3] (%)	99(1990년)	98.1	52.8	88.9	92.2	99.1

국가	네팔	뉴질랜드	파키스탄	팔라우	파푸아뉴기니	페루
인구(명)[1]	26,469,569	3,951,307	150,694,740	19,717	5,295,816	28,409,897
면적(km)	140,800	268,680	803,940	458	462,840	1,285,220
국내총생산[2] (억US$)	360	788	3,110	1.74	122	1,320
1인당 GDP[2] (US$)	1,400	20,200	2,100(2001년)	9,000(2001년)	2,300	4,800
경제성장률[2] (%)	-0.6	4.4	4.5	1.0(2001년)	-3.3	4.8
수출(억US$)[2]	7.20	150	98	1.8(2001년)	18	76
수입(억US$)[2]	16	125	111	0.99(2001년)	11	73
대외부채[2] (억US$)	25.5(2000년)	330	323	0.0(2000년)	28	292
평균수명[3]	59	78.32	62.2	69.5	64.19	70.88
문자해득률[3] (%)	45.2	99(1980년)	45.7	92(1980년)	66	90.9

국가	필리핀	러시아	싱가포르	타이완	태국	미국	베트남
인구(명)[1]	84,619,974	144,526,278	4,608,595	22,063,001	64,265,276	290,342,554	81,624,716
면적(km)	300,000	17,075,200	647.5	35,980	514,000	9,629,091	329,560
국내총생산[2] (억US$)	3,560	13,500	1,050	4,060	4,290	104,000	1,830
1인당 GDP[2] (US$)	4,200	9,300	24,000	18,000	6,900	37,600	2,250
경제성장률[2] (%)	4.6	4.2	2.2	3.5	5.2	2.45	6.0
수출(억US$)[2]	351	1,046	1,270	1,300	677	6,870	165
수입(억US$)[2]	335	607	1,130	1,130	581	11,650	168
대외부채[2] (억US$)	603	1,535	82	247	625	8,620(1995년)	141(2001년)
평균수명[3]	69.29	67.66	80.42	76.87	71.24	77.14	70.05
문자해득률[3] (%)	95.9	99.6	93.2	94(1998년)	96	97(1979년)	92

* 주: 1) 2003년 7월 추계. 2) 2002년 기준. 3) 2003년 기준.
* 자료: US CIA, *The World Factbook 2003: Guide to Country Profiles*. 국내총생산 (GDP) 및 1인당 GDP는 구매력기준(purchasing power parity) 추정치.

다음으로 지난 2002년의 대통령선거로 새 정부가 들어서면서 우리에게 매우 중요한 정치적 변동을 예고하고 있는 듯하다. 그러나 집권정당의 안정과 정착이 없는 대통령의 교체에 불과하고 대통령이 실질적 절대권을 지니고 있는 한국정치의 현실에서는 미래에 대한 예측성 가시성 책임성 공정성을 기대하기 어려울 것으로 보여진다. 거듭되는 불안정의 정치적 시행착오를 겪을 가능성을 배제할 수 없을 것 같다. 그 이유는 미래의 정치적 예측성 가시성 책임성 공정성은 선진국의 역사가 보여주는 것처럼 안정된 정당체제의 정착에서 비롯하기 때문이다.

따라서 우리가 민주주의 선진국으로 나아가려면 유의해야 할 정치적 질서와 가치관이 있다. 다음의 〈표 1-2〉에서 보는 것처럼 민주주의 선진국이 되려면 그 나라의 정치를 주도할 정당의 정착이 무엇보다도 중요하다. 국민에게 현재와 미래에 대한 밝은 전망을 주려면, 적어도 30여 년 이상 국민에게 가시성 예측성 책임성 공정성을 보장할 정당의 정착 없이는 불가능하다. 소위 선진국으로 여겨지는 OECD에 가입한 29개 국가 중 1990년대에 가입한 5개국(한국, 멕시코, 폴란드, 헝가리, 체코)을 제외하면 선진국은 24개국이며, 이들 중 인구 50만 미만인 나라(룩셈부르크와 아이슬란드)를 제외하면 22개 국가이다. 이들 22개국 가운데 1인당 국민소득(GDP)이 2만 달러 이상인 나라는 모두 1960년대 그 나라를 주도했던 정당이 거의 40년간 그 나라를 이끌면서(여당이든 야당이든) 현재의 21세기까지 국민에게 미래에 대한 예측성 가시성 책임성 공정성으로 지지를 얻어온 정당들이다. 1970년대 이후까지 독재를 했거나 쿠데타로 말미암아 정당의 정착이 늦어진 나라인 스페인, 포르투갈, 그리스, 터키는 역시 국민소득에서도 다른 선진국에 비하여 뒤떨어지고 있다.

 이러한 측면에서 보면 민주적 정당의 정착 없이는 참된 선진국이 되기 어렵다는 점을 알 수 있다. 지난 50여년간 800여 개의 정당들이 부침한 한국의 경우, 경제적 발전에도 불구하고 언제나 불안과 미래 예측이 불가능한 것은 바로 안정된 정당이 존재하지 않기 때문이다. 바로 선거 때만 되면 자신의 권력욕구를 위해서 정당을 바꾸거나 정당을 급조하려는 철새 정치인들 때문이라 하여도 과언이 아니다. 따라서 어떤 정당에서 탈당하거나 소속 정당을 자주 바꾸는 적어도 2번 이상 당적을 변경한 사람은 이유 여하를 막론하고 정치질서, 특히 민주적 정치질서를 파괴하는 사람이거나 국가와 사회에 전혀 도움이 되지 못하는 인물로 보면 틀림이 없을 것 같다. 왜냐하면 소속 정당에 문제가 있으면 그 정당을 개선하고 고쳐나갈 중지를 모으는 리더십을 발휘하려는 노력이 필요하다. 자신의 소속 정당 하나도 개선하거나 혁신할 민주적 리더십이 부족함에도 불구하고 이를 남의 탓으로 돌리려는 사람은, 권력욕 추구에 급급한 철새 정상배일 뿐 참된 정치지도자로 보기 어려울 것이다.

〈표 1-2〉 주요 선진국의 국회의원 선거결과 정당별 의석

오스트렐리아(Australia)

선거방법			상원: 선택투표제	하원: 소선거구제
최근의 선거 결과	선거일자		상원(3/6년):2001.11.10	하원(3년):2001.11.10
	정부 구성 정당		수상: LP	정부: LP+NP
	의석 (득표율)	상원	ALP:28	LP:31	NP:3	기타:14	전체:76
		하원	ALP:65(37.8)	LP:68(37.1)	NP:13(3.6)	기타:4(21.5)	전체:150(100.0)
1960년대 이래 국회 의석 보유 주요정당			호주노동당(ALP)	자유당(LP)	국민당(NP)
1960년대 중반 선거결과	하원의석		ALP:61(33)	LP:41(49)	NP:21(17)	기타:1(1)	전체:124(100)
	선거연도		1966

오스트리아(Austria)

선거방법			상원: 지방의회선출	하원: 비례대표제
최근의 선거 결과	선거일자		대통령:1998.4.19	상원(5~6년):2001.4월	하원(4년):2002.11.24(투표율:84.3%)
	정부 구성 정당		대통령: ÖVP	수상:ÖVP	정부: ÖVP+FPÖ
	의석 (득표율)	상원	ÖVP:28	SPÖ:23	FPÖ:12　Grüne:1
		하원	ÖVP: 79(42.3)	SPÖ:69(36.5)	FPÖ:18(10.0)	Grüne:17(9.5)	기타:-(1.6)	전체:183(100.0)
1960년대 이래 국회의석 보유 주요정당			인민당(ÖVP)	사회민주당(SPÖ)	자유당(FPÖ)	녹색당(Grüne)
1960년대 중반 선거결과	하원의석		SPÖ:74(45)	ÖVP:85(52)	Grüne:6(4)	전체: 165(100)
	선거연도		1966

벨기에(Belgium)

선거방법			상원: 40(비례)+31(선거인단 선출) 하원:150(비례대표제)
최근의 선거 결과	선거일자		상원(4년): 2003.5.18 하원(4년): 2003.5.18(투표율:91.1%)
	정부 구성 정당		수상: VLD 정부: VLD+PS+PRL-MCC+SP+Ecolo+Agalev
	의석 (득표율)	상원	VLD:7(15.4) SP:7(15.5) PS:6(12.8) CD&V:6(12.7) MR:5(12.1) VB:5(11.3) CDH:2(5.5) Ecolo:1(3.2) FN:1(2.2) 기타:-(9.3) 전체:40(100.0)
		하원	VLD:25(15.4) SP:23(14.9) PS:25(13.0) CD&V:21(13.1) MR:24(11.4) VB:18(11.6) CDH:8(5.5) Ecolo:4(3.1) FN:1(2.0) 기타:1(9.9) 전체:150(100.0)
1960년대 이래 국회의석 보유 주요정당			프랑드르자유민주주의자(VLD) 프랑드르사회민주주의자당(SP) 사회당(PS) 기독교민주당(CD&V) 개혁운동당(MR) 프랑코포네민주주의전선(DFF) 브램블록(VB) 인도주의민주중앙당(CDH) 생태주의자(Ecolo) 환경주의자(Agalev) 국민전선(FN)
1960년대 중반 선거결과	하원의석		VLD:48(22) SP:64(28) CD&V:77(34) DFF:3(1) FN:6(5) 기타:2(10) 전체:212(100)
	선거연도		1965

캐나다(Canada)

선거방법			상원: 임명 하원: 소선거구제(1구 1인)
최근의 선거 결과	선거일자		상원(종신) 하원(5년): 2000.11.27(투표율:62.9%)
	정부 구성 정당		수상: LPC 정부: LPC
	의석 (득표율)	상원	2002년 현재 104명
		하원	LPC:172(40.8) CA:66(25.5) PC:12(12.2) NDP:13(8.5) BQ:38(10.7) 기타:-(2.3) 전체: 301(100.0)
1960년대 이래 국회의석 보유 주요정당			자유당(LPC) 캐나다개혁보수연합(CA) 진보보수당(PC) 신민주당(NDP) 블록퀘벡(BQ)
1960년대 중반 선거결과	하원의석		LPC:131(40) PC:97(32) NDP:21(18) 기타:16(10) 전체: 265(100)
	선거연도		1965

제1장 민주주의의 사상적 배경 19

덴마크(Denmark)

선거방법			135(17구 비례)+4(전체 득표율 비례)+2(페로 제도,글린랜드)= 179
최근의 선거 결과	선거일자		단원(4년): 2001.11.18 (투표율: 89.3%)
	정부 구성 정당		수상: V	정부: V+KF
	의석 (득표율)	상원	
		하원	V:56(31.3)	SD:52(29.1)	DF:22(12.0)	KF:16(9.1)	SF:12(6.4)	RV:9(5.2)	E:4(2.4)	KrF:4(2.3)	기타:4(2.2)	전체: 179(100.0)
1960년대 이래 보유 주요정당		국회의석	사회민주당(SD)	자유당(V)	보수인민당(KF)	사회주의인민당(SF)	덴마크인민당(DF)	사회민주당(RV)	레드그린(E)	기독교인민당(KrF)
1960년대 중반 선거결과		하원의석	SD:69(38)	V:35(19)	KF:34(19)	SF:20(11)	RV:13(7)	기타:4(6)	전체: 145(100)
		선거연도	1966

핀란드(Finland)

선거방법			200명: 비례대표제
최근의 선거 결과	선거일자		대통령:2000.01.16/02.06	단원(4년): 2003.3.16(투표율: 66.6%)
	정부 구성 정당		대통령: SDP	수상: KESK	정부: KESK+SDP+SFP
	의석 (득표율)	상원	
		하원	SDP:53(22.9)	KESK:55(24.7)	KOK:40(18.5)	VAS:19(9.9)	VIHR:14(8.0)	SFP:8(4.6)	KD:7(5.3)	기타:4(2.2)	전체:200(100.0)
1960년대 이래 보유 주요정당		국회의석	사회민주당(SDP)	핀란드중앙당(KESK)	국민회의(KOK)	좌익연맹(VAS-구 FPDU핀란드국민민주연합)	녹색연맹(VIHR)	스웨덴인민당(SFP)	기독교민주당(KD)
1960년대 중반 선거결과		하원의석	SDP:55(27)	KESK:49(21)	KOK:26(14)	FPDU:41(26)	SFP:12(6)SD:52(29.1)	기타:17(11)	전체: 200(100)
		선거연도	1966

프랑스(France)

선거방법			상원:309(선거인단 선출)+12(해외영토)	하원:소선거구제(1구 1원)
최근의 선거 결과	선거일자		대통령:2002.4.21/5.5	상원(9년):2001.9.23	하원(5년):2002.6.9/6.16, (투표율: 64.4/60.7)	
	정부 구성 정당		대통령:RPR	수상: DL	정부: RPR+UDF+DL	
	의석 (득표율)	상원	RPR:93	PS:82	UC:54	RI:41	CRC:23	RDSE:21	기타(공석):6	전체: 320	
		하원	UPM(RPR+DL):357(33.7)	PS:140(24.1)	FN:-(11.3)	UDF:29(4.8)	PCF:21(4.8)	DD:9(3.7)	PRG:7(1.5)	기타:14(38.5)	전체: 577(100.0)	
1960년대 이래 보유 주요정당	국회의석		공화국연합(RPR, 구UNR)	사회당(PS)	프랑스민주주의연맹(UDF)	국민전선(FN	프랑스공산당(PCF)	다원우익(DD)	좌익급진당(PRG)	
1960년대 중반 선거결과	하원의석		RPR:191(32)	PS:118(19)	UDF:77(19)	FN:7(4)	PCF:72(23)	기타: 3(3)	전체: 468(100)	
	선거연도		1967	

독일(Germany)

선거방법			상원(69명): 각 주의 대표	하원:328(소선거구제-1원)+ 328(비례대표제)+13(비례배분 보충)	
최근의 선거 결과	선거일자		상원:주 대표	하원(4년):2002.9.22 (투표율: 79.1%)	
	정부 구성 정당		대통령: SPD	수상: SPD	정부: SPD+Grüne	
	의석 (득표율)	상원	주 정부 대표로 구성되는 69명	
		하원	SPD:251(38.5)	CDU:190(29.5)	CSU:58(9.0)	Grünen:55(8.6)	FDP:47(7.4)	PDS:2(4.3)	기타:-(2.7)	전체: 603(100.0)	
1960년대 이래 보유 주요정당	국회의석		기독교민주연맹(CDU)	기독교사회연맹(CSU)	사회민주당(SPD)	동맹90/녹색연합(Grüne)	자유민주당(FDP)	민주사회주의당(PDS)	
1960년대 중반 선거결과	하원의석		CDU:245(48)	SPD:202(39)	FDP:49(10)	기타:-(3)	전체: 496(100)	
	선거연도		1965	

그리스(Greece)

선거방법			295명(51개 중선거구)+5명(소선거구-1구 1원)
최근의 선거 결과	선거일자		단원(4년): 2000.4.9 (투표율: 75.0%)
	정부 구성 정당		대통령: PASOK | 수상 및 정부: PASOK
	의석 (득표율)	상원	
		하원	PASOK:158(43.8) | ND:125(42.7) | KKE:11(5.5) | SIN:6(3.2) | 기타:-(4.8) | 전체: 300(100.0)
1960년대 이래 국회의석 보유 주요정당			범헬레닉사회운동(PASOK) | 신민주주의(ND) | 공산당(KKE) | 좌익진보연합(SIN) |
1960년대 중반 선거결과	하원의석		
	선거연도		D(1967.4.21 - 1973.11.25: 군부지배)

아일랜드(Ireland)

선거방법			상원: 11(임명)+6(대학 선출)+43(직능별 선출) | 하원: 비례대표제(단기이양식)
최근의 선거 결과	선거일자		대통령:1997.10.30 | 상원(5년):1997.8.6 | 하원(5년): 2002.5.16 (투표율:63.0%)
	정부 구성 정당		대통령: FF | 수상: FF | 정부: FF+PD
	의석 (득표율)	상원	FF:29 | FG:17 | Lab:3 | PD:4 | 기타:7 | 전체: 60
		하원	FF:81(41.5) | FG:31(22.5) | Lab:21:(10.8) | SF:5(6.5) | PD:8(4.0) | GP:6(3.8) | 기타:14(10.9) | 전체: 166(100.0)
1960년대 이래 국회의석 보유 주요정당			
1960년대 중반 선거결과	하원의석		FF:72(48) | FG:47(34) | Lab:22:(15) | 기타:3(3) | 전체: 144(100)
	선거연도		1965

이스라엘(Israel)

선거방법			120명: 비례대표제
최근의 선거결과	선거일자		수상:2001.2.6(투표율:62%) | 단원(4년):2003.1.27(투표율:67.8%)
	정부 구성 정당		대통령:Likud | 수상:Likud | 정부: Likud+Shinui+Mafdal+IL
	의석 (득표율)	상원	
		하원	Likud:38(29.4) | Avoda:19(14.5) | Shinui:15(12.3) | Shas:11(8.2) | IL:7(5.5) | Meretz:6(5.2) | Mafdal:6(4.3) | 기타:18(21.7) | 전체:120(100.0)
1960년대 이래 국회의석 보유 주요정당			노동/중앙당(Avoda/Meimad) | 리쿠드블록(Likud) | 변혁중앙당(Shinui) | 유태정교국제기구(Shas) | 국민연맹(IL) | 에너지당(Meretz) | 국민종교당(Mafdal) | 연합토라유대주의당(YhT)
1960년대 중반 선거결과	하원의석		Avoda/Meimad:63(52) | Likud:26(21) | Mafdal:11(9) | 기타:20(18) | 전체:120(100)
	선거연도		1965

이탈리아(Italy)

선거방법			상원: 232명(소선거구)+83명(비례)+11(종신) | 하원: 475명(소선거구)+155명(비례대표제)
최근의 선거결과	선거일자		상원(5년):1996.4.21(투표율:82.3%) | 하원(5년): 2001.5.13(투표율:81.3%)
	정부 구성 정당		수상: FI | 정부: FI+AN+LN+CCD-UCD
	의석 (득표율)	상원	Casa:177(FI82+NA46+CCD-CDU29+NL17+기타3) | Ulivo:125 | RC:3기타:12 | 종신직:9 | 전체:326
		하원	Casa:282(45.4) | FI:62(29.4) | AN:24(12.0) | Ulivo:184(35.0) | DS:31(16.6) | M:27(14.5) | RC:11(5.0) | 기타:9(14.6) | 전체:630(100.0)
1960년대 이래 국회의석 보유 주요정당			자유의 집(Casa) | 전진이탈리아(FI) | 국민연합(AN) | 기독교민주중앙당(CCD) | 오리브나무(Ulivo) | 좌익민주주의자(DS) | 이탈리아인민당(M) | 재건공산당(RC) | Segni Pact
1960년대 중반 선거결과	하원의석		CCD:260(38) | AN:27(5) | DS:27(5) | RC:166(250) | Segni Pact:87(14) | 기타:90(18) | 전체:630(100)
	선거연도		1963

일본(Japan)

선거방법			참의원: 149(중선거구-1구 다원)+98(비례대표) | 중의원: 300(소선거구-1구1원)+180(비례대표)
최근의 선거 결과	선거일자		참의원(6년):2001.7.29(56.4%) | 중의원(4년):2003.11.8(투표율:59.9%)
	정부 구성 정당		수상: JMt | 정부: JMt+Kt+Ht
	의석 (득표율)	상원	JMt:110 | Mt:59 | Kt:23 | NKt:20 | Jt:8 | SMt:8 | Ht:5 | 기타:14 | 전체: 247
		하원*	JMt:237(34.9) | Mt:177(37.4) | Kt:34(14.8) | NKt:9(7.7) | SMt:6(5.2) | 기타:17 | 전체: 480(100.0)
1960년대 이래 국회의석 보유 주요정당			자유민주당(JMt) | 민주당(Mt) | 공명당(Kt) | 자유당(Jt) | 일본공산당(NKt) | 사회민주당(SM)) | 일본사회당(JSP)
1960년대 중반 선거결과	하원의석		JMt:277(50) | Kt:25(6) | NKt:5(5) | JSP:140(28) | 기타:39(11) | 전체: 486(100)
	선거연도		1967

* 괄호 안의 숫자는 지역구 득표률에 따른 비례의석 배분비율을 의미한다

뉴질랜드(New Zealand)

선거방법			65명(중선거구-다의원구)+55(비례대표)
최근의 선거 결과	선거일자		단원(3년): 2002.7.27(투표율: 75.4%)
	정부 구성 정당		수상:NZLP | 정부:NZLP+PC
	의석 (득표율)	상원	
		하원	NZLP:52(41.3) | NP:27(20.9) | NZFP:13(10.4) | ACT:9(7.1) | GPA:9(7.0) | UF:8(6.8) | PC:2(1.7) | 기타:-(4.8) | 전체: 120(100.0)
1960년대 이래 국회의석 보유 주요정당			뉴질랜드노동당(NZLP) | 국민당(NP) | 뉴질랜드제일당(NZFP) | 액트뉴질랜드(ACT) | 녹색당(GPA) | 미래연합(UF)
1960년대 중반 선거결과	하원의석		NZLP:35(41) | NP:44(44) | NZFP:1(15) | 전체: 80(100)
	선거연도		1966

네덜란드(Netherlands)

선거방법		상원:75(지자체선거의 득표비례) │ 하원: 150(비례대표제)	
최근의 선거 결과	선거일자	상원(4년):2003.5.25 │ 하원(4년):2003.1.22	
	정부 구성 정당	수상: CDA │ 정부: CDA+LPF+VVD	
	의석 (득표율)	상원	CDA:23(26.0) │ PvdA:19(19.9) │ VVD:15(25.2) │ GL:5(10.4) │ D66:3(5.5) │ 기타:10(13.0) │ 전체: 75(100)
		하원	CDA:44(28.6) │ PvdA:42(27.3) │ VVD:28(17.9) │ SP:9(6.3) │ LPF:8(5.7) │ GL:8(5.1) │ D66:6(4.1) │ 기타:5(5.0) │ 전체: 150(100.0)
1960년대 이래 국회 의석 보유 주요정당		노동당(PvdA) │ 기독교민주호소(CDA) │ 자유민주인민당(VVD) │ 사회당(SP) │ 녹색좌파당(GL) │ 66민주주의자(D66)	
1960년대 중반 선거결과	하원의석	CDA(CPP42+ARP15+CHU12):69(45) │ PvdA:37(24) │ VVD:29(19) │ D66:7(5) │ 기타:20(15) │ 전체: 150(100.0)	
	선거연도	1967	

노르웨이(Norway)

선거방법		165: 비례대표제	
최근의 선거 결과	선거일자	단원(4년): 2001.9.10(투표율:74.5%)	
	정부 구성 정당	수상:KrF │ 정무: KrF+H+V	
	의석 (득표율)	상원	
		하원	DNA:43(24.3) │ H:38(21.2) │ FrP:26(14.7) │ KrF:22(12.5) │ SV:23(12.4) │ SP:10(5.6) │ V:2(3.9) │ 기타:1(5.4) │ 전체: 165(100.0)
1960년대 이래 국회 의석 보유 주요정당		노르웨이노동당(DNA) │ 우익보수당(H=Hoyre) │ 진보당(FrP) │ 기독교인민당(KrF) │ 좌파사회주의자당(SV) │ 중앙당(SP) │ 좌파당(V)	
1960년대 중반 선거결과	하원의석	DNA:68(43) │ H:31(20) │ KrF:13(8) │ SV:2(6) │ SP:18(9) │ 기타:18(14) │ 전체: 150(100)	
	선거연도	1965	

포르투갈(Portugal)

선거방법			230: 비례대표제(중선거구)
최근의 선거 결과	선거일자		대통령: 2001.1.14(투표율:50.9%) | 단원(4년): 2002.3.17(투표율:62.3%)
	정부 구성 정당		대통령: PS | 수상: PSD | 정부: PSD+PP
	의석 (득표율)	상원	
		하원	PSD:105(40.1) | PS:96(37.9) | PP:14(8.8) | CDU:12(7.0) | BE:3(2.8) | 기타:-(3.4) | 전체: 230(100.0)
1960년대 이래 국회 의석 보유 주요정당			사회당(PS) | 사회민주당(PSD) | 인민당(PP) | 단일민주연합(CDU) |
1960년대 중반 선거결과	하원의석		
	선거연도		N(1932- 1968.9: 살라자르의 독재/ 1974.4.25: 군사구테타)

스페인(Spain)

선거방법			상원:208(소선거구)+40(지방의회 임명) | 하원:350(지역비례대표)
최근의 선거 결과	선거일자		상원(4년):2000.3.12 | 하원(4년): 2000.3.12(투표율:70.6%)
	정부 구성 정당		수상: PP | 정부: PP
	의석 (득표율)	상원	PP:127(44.6) | PSOE:61(34.1) | IU:-(5.5) | CiU:8(4.2) | PNV:6(1.9) | 기타:6(10.1) | 전체: 248(100.0)
		하원	PP:183(44.6) | PSOE:125(34.1) | IU:8(5.5) | CiU:15(4.2) | PNV:7(1.5) | 기타:12(10.1) | 전체: 350(100.0)
1960년대 이래 국회 의석 보유 주요정당			인민당(PP) | 스페인사회노동자당(PSOE) | 좌파연합(IU) | 통합연맹(CiU) | 바스크국민당(PNV
1960년대 중반 선거결과	하원의석		
	선거연도		N(1939.3.28- 1975.11.20: 프랑코 독재)

스웨덴(Sweden)

선거방법			349: 비례대표제(중선거구-다의원)
최근의 선거 결과	선거일자		단원(4년): 2002.9.15(투표율:80.1%)
	정부 구성 정당		수상: S ∣ 정부: S
	의석 (득표율)	상원	
		하원	S:144(39.8) ∣ M:55(15.2) ∣ FpL:48(13.3) ∣ KD:33(9.1) ∣ Vp:30(8.3) ∣ C:22(6.1) ∣ MP:17(4.6) ∣ 기타:-(3.6) ∣ 전체: 349(100.0)
1960년대 이래 국회 의석 보유 주요정당			사회민주당(S:SAP) ∣ 중도동맹당(M) ∣ 장인민당(FpL) ∣ 기독교민주주의자(KD) ∣ 좌파당(Vp) ∣ 중도당(C)
1960년대 중반 선거결과	하원의석		SAP:113(47) ∣ M:32(14) ∣ FpL:42(17) ∣ KD:3(2) ∣ Vp:8(5) ∣ C:33(13) ∣ 기타:2(2) ∣ 전체: 233(100)
	선거연도		1964

스위스(Switzerland)

선거방법			상원: 21(중선거구)+5(소선거구)+26(cantons대표) ∣ 하원: 비례대표제(중선거구)
최근의 선거 결과	선거일자		상원(4년):2003.1019 ∣ 하원(4년): 2003.10.19
	정부 구성 정당		수상: ∣ 정부:
	의석 (득표율)	상원	SVP: 8 ∣ SPS: 9 ∣ FDP: 14 ∣ CVP: 15 ∣ 전체: 46
		하원	SVP:55(26.6) ∣ SPS:52(23.4) ∣ FDP:36(17.3) ∣ CVP:28(14.4) ∣ GPS:13(7.4) ∣ LPS:4(2.2) ∣ EVP:3(2.3) ∣ 기타:9(6.4) ∣ 전체: 200(100.0)
1960년대 이래 국회 의석 보유 주요정당			스위스인민당(SVP) ∣ 스위스사회민주당(SPS) ∣ 스위스자유민주당(FDP) ∣ 기독교민주인민당(CVP) ∣ 스위스녹색당(GPS) ∣ 스위스자유당(LPS)
1960년대 중반 선거결과	하원의석		SVP:21(11) ∣ SPS:51(24) ∣ CVP:45(22) ∣ LPS:6(2) ∣ FDP/PRD:49(23) ∣ 기타:27(18) ∣ 전체: 199(100.0)
	선거연도		1967

터어키(Turkey)

선거방법			550: 비례대표제
최근의 선거 결과	선거일자		단원(5년): 2002.11.3(투표율: 78.9%)
	정부 구성 정당		수상:AKP | 정부: AKP+무소속
	의석 (득표율)	상원	
		하원	AKP:363(34.3) | CHP:178(19.4) | 기타:9(46.3) | 전체: 550(100.0)
1960년대 이래 국회 의석 보유 주요정당			정의개발당(AKP) | 공화인민당(CHP) | 진리당(DYP) | 청년당(GP) | 국민운동당(MHP)
1960년대 중반 선거결과	하원의석		
	선거연도		D(1978-1984: 군부집권)

영국(United Kingdom)

선거방법			하원: 659(소선거구)
최근의 선거 결과	선거일자		상원(종신) | 하원(5년): 2001.6.7(투표율:59.4%)
	정부 구성 정당		수상: Lab | 정부: Lab
	의석 (득표율)	상원	종신직(2001.6 현재 675명)
		하원	Lab:413(40.7) | Cons:166(31.7) | LibDem:52(18.3) | 기타:28(9.3) | 전체: 659(100.0)
1960년대 이래 국회 의석 보유 주요정당			노동당(Lab) | 보수당(Cons) | 자유민주당(LibDem)
1960년대 중반 선거결과	하원의석		Lab:317(50) | Cons:304(48) | LibDem:9(1) | 기타:-(1) | 전체: 630(100)
	선거연도		1964

미국(United States)

선거방법		상원: 100명(주 2명x50주) ｜ 하원: 435명(소선거구제-인구비례)	
최근의 선거 결과	선거일자	대통령: 2000.11.7(투표율:51.3%) ｜ 상원(6년): 2002.11.5 ｜ 하원(4년): 2002.11.5(투표율:39%)	
	정부 구성 정당	대통령: Rep ｜ 정부: Rep	
	의석 (득표율)	상원	Rep:51(50.2) ｜ Dem:48(46.1) ｜ 기타:1(2.0) ｜ 전체: 100(100.0)
		하원	Rep:229(51.0) ｜ Dem:205(46.2) ｜ 기타:1(2.8) ｜ 전체: 435(100.0)
1960년대 이래 국회 의석 보유 주요정당		공화당(Rep) ｜ 민주당(Dem)	
1960년대 중반 선거결과	하원의석	Rep:187(480) ｜ Dem:248(51) ｜ 기타:-(1) ｜ 전체: 435(100.0)	
	선거연도	1966	

* 주: D는 1963년 이후 자유선거 및 민주제도의 붕괴를 경험한 나라
　　 N은 1990년대 초까지 민주국가로 분류되지 못했던 나라
* 출처: 1960년대의 자료는 Lawrence LeDuc, Richard G. Niemi & Pippa Norris, ed., *Comparing Democracies: Elections and Voting in Global Perspective* (London: Sage Publications, 1996), pp.20-41. 최근의 선거결과는 web site: www.electionworld.org에서 추출.

2. 민주주의의 의미와 과제

1) 민주주의 의미의 다의성(多義性)

　민주주의라는 뜻의 데모크라시(democracy)는 프랑스어 데모크라티에(democratie)에서 온 16세기의 영어이고, 데모크라티에는 그리스어의 데모스(demos, 인민)와 크라토스(kratos, 지배)의 합성어라고 한다. 그렇다면 인민 또는 국민은 누구를 말하며, 지배(rule) 또한 누구에 의한 지배냐가 문제이다.[2] 우리들이 흔히 국민(people) 또는 풀뿌리 민중(grass

---
2) David Held, *Models of Democracy*(Stanford, CA: Stanford Univ. Press,

roots: 民草)이라고 말하지만, 우선 국민(people: 국민, 인민, 민중)의 의미에 대한 문제가 제기된다. 즉, 누구를 국민으로 보느냐, 그리고 국민에게 어떤 종류의 참여가 부여되며 어떤 조건 하에서의 참여가 가능한가라는 문제이다.

미국 국회의사당을 소개하는 책자『우리, 국민』(We, the People) 그리고 자기 고장을 안내하는 곳(Welcome Center 또는 Service Center)과, 한국의 정부기관 또는 지방자치단체가 수행하는 국민 또는 주민에 대한 정책 및 행정의 실상 사이에는 어떤 차이가 있는가? 앞으로 한 세대 뒤에도 현재 국민의 다수를 이루는 육체노동자로서의 공장노동자와 농민이 한국사회 노동력의 주류를 이루게 될 것인가? 아마도 고등교육을 받은 대학 졸업자가 한국 노동력의 주류를 이루지 않고서는 국제경쟁에서 생존할 수 없을지도 모를 일이다. 선진국으로서의 미래 한국의 전망을 위해서는 대학 공부하려는 학생, 대학 공부를 시키려는 부모, 대학에서 가르치려는 교수 자원이 바로 한국의 밝은 미래를 보장할 수 있는 국민적 자원일 터인데, 꼭 대학가야 하느냐 대학가서 배우는 것이 무엇이냐는 퇴영적(退嬰的) 사고와 정책이 과연 선진국으로서의 한국이 지향해야 할 미래지향적 가치관일 수 있을까? 앞으로 고급 지식노동자가 국민의 절대다수를 이루어야 할 미래 한국사회에서는, 대학에서 고등교육을 받지 못한 사람은 별 쓸모가 없거나 보호와 구제의 대상이 될 가능성도 배제할 수 없을 것 같다. 그때에 가서도 오늘날과 같이 대학교육을 받지 못한 육체노동자나 전통적 농민 중심의 정책을 우선해야 한다는 논의가 다수 국민의 동의를 받을 수 있을 것인가에 유의할 필요가 있다.

둘째, 민주주의를 인민의 지배라고 한다면 지배란 무엇을 뜻하는가? 즉, 통치권이란 무엇인가, 그리고 지배의 성격은 무엇인가 등의 문제가 제기될 것이다. 아울러 민주주의 사회에서 인민의 지배가 이루어져야 한다면 법과 질서, 국가 간의 관계 또는 공공 및 사유의 경제영역 가운데 어느

1987), pp.2-3 참조.

것에 우선순위의 비중을 두어야 할 것인가? 또한 민주주의 국가에서 대통령의 탈법적 행위가 통치행위라는 왕조시대의 제왕적 논리로 합리화될 수 있는 일인가? 참된 민주주의 국가라면 국민에 의하여 선출된 공직자는 대통령이라 하여도 국민의 수임자(受任者)요 심부름꾼일 뿐이지 결코 통치자일 수는 없을 것이다.

셋째, 민주주의가 국민의 지배라면 국민에 의한 지배의 조건은 무엇인가? 민주주의 사회에서는 어느 정도의 사회적 부(富)가 필요한가? 민주주의의 가치는 국가적 위기 또는 전시와 같은 경우에도 유지될 수 있는가? 모든 국민이 법률 제정[立法], 국가의 정책결정, 법의 시행 및 행정에 참여할 수 있는가? 또한 국가 및 공공 공동체의 정책결정에 모든 국민의 직접적 참여가 바람직한가? 군(軍)이 지닌 민주주의체제의 수호기능과 파괴기능이라는 양면성을 어떻게 보아야 할까?

넷째, 민주주의가 목표로 하는 근본적 가치 또는 이상은 무엇인가? 평등(equality), 자유(liberty), 자아발전(self-development), 공공이익(common interest), 사회적 유용성(social utility) 등등 어느 것에 우선순위의 비중을 두어야 하나?

이러한 문제들에서 비롯하는 민주주의에 대한 의미의 다의성은 고대 그리스의 페리클레스(Pericles: B.C.495?~429)에서 비롯된다. 페리클레스는 행정이 소수의 수중이 아니라 다수 인민(many people)의 수중에 있기 때문에 민주주의라고 부른다고 하였고,3) 아리스토텔레스(Aristotle: B.C.384~322)는 그의 『정치론』에서 일반적으로 모든 시민이 함께 나누어 가지는 체제를 민주적(democratic)이라고 하고, 그렇지 못한 체제를 과두적(oligarchical)이라 분류한다4)고 하였다. 그리고 링컨(Abraham Lincoln: 1809~65)은 미국 남북전쟁 중에 그의 유명한 게티스버그 연설(Gettysburg Address in 1863)에서, 국민에 의한, 국민을 위한, 국민의 정

---

3) Ibid., p.16.
4) Aristotle, *The Politics of Aristotle*(Oxford: Oxford Univ. Press, 1946), IV, p. 6.

부는 결코 지상에서 멸망하지 않을 것이다(government by the people, by the people, and for the people, shall not perish from the earth)[5]라고 하였다.

결국 '민주주의란 국민이 스스로를 다스리는 체제'라 할 수 있다. 그러므로 우리는 흔히 민주주의를 동의에 의한 정치, 다수의 지배, 모든 사람이 평등한 권리를 지닌 정치, 국민주권 등으로 표현한다. 그러나 이러한 의미 규정과 개념 정의에는 모호성이 많다. 즉, 누구의 동의에 의한 정치인가, 무엇에 대한 동의인가, 무엇에 대한 평등권인가, 무엇이 동의 또는 평등권을 구성하는가, 주권이란 무엇이며 언제 국민은 주권을 갖게 되는가, 누구의 다수에 의한 지배냐, 다수결은 항상 민주적인가, 그리고 민주적 결정은 언제나 다수의 인준을 필요로 하는가 등등의 문제가 제기된다.

또 흔히 민주주의를 국민이 스스로 다스리고 국민이 주권자라고 말한다. 지배와 주권(sovereignty)이라는 개념은 서로 연관되어 있고, 피치자 없는 치자란 존재하지 않으며, 신민(臣民) 또는 백성(subject) 없는 주권이란 존재할 수 없다고 말해왔다. 그러나 실제로 국민은 행정하지 않으며 대중(mass)이 지배할 수 없는 것이 현실이기도[6] 하다. 그렇지만 자치(self-government)를 비정치적인 개인에게 적용하는 경우, 스스로를 다스리는 자아(self)와 타인에 의하여 다스림을 받는 자아 사이의 차이는 매우 크다. 따라서 원칙적으로 어떤 공동체(community)의 모든 구성원은 공동으로 추구하는 목적에 참여하는 것이 가능하다고 볼 수 있다.

2) 민주주의의 본질적 가치와 과제

학자나 정치인을 비롯하여 많은 사람들이 제 각각 민주주의의 의미를 규정하고 자신의 욕구에 따라 사회에 적용하려 하기 때문에 민주주의의

---

5) Abraham Lincoln, *Gettysburg Address*(November 19, 1963).
6) Walter Lippmann, *The Public Philosophy*(New York: A Mentor Book, 1955), p.19.

본질적 가치와 그에 따르는 과제들을 소홀히 할 우려가 있다. 따라서 민주주의의 본질적 가치와 그에 따라 제기되는 문제점들에 대한 이해가 필요하다.7)

민주주의의 본질적 가치는 첫째 개인이 모든 가치의 기본 단위라는 점이다. 각자 생리적 물리적 심리적 욕구를 지닌 개체로 태어나는 개개인은 개별적 자아로서의 독자성과 함께 자신의 욕구를 충족하기 위한 자유를 바란다. 그러므로 민주주의 사회에서는 개체로서의 개아(個我) 또는 자아(自我)가 모든 가치 중에서 가장 중요하게 마련이다. 이러한 가치는 개아 실현(individual realization) 또는 자아 실현(self-realization)을 목표로 하며 민주주의의 자유원리이기도 하다.

둘째 민주주의의 본질적 가치는 모든 개인이 그들이 구성하는 공동체에서 개체로서 동등하게 사회적으로 인정받을 만한 가치를 지니고 있다는 점이다. 이러한 가치는 민주주의의 평등(equality)이라는 가치 원리이다. 왜냐하면 모든 사람에게는 개체로서의 자아가 무엇보다도 중요하기 때문에, 개개인은 어떤 누구에 의해서도 차별 받기를 바라지 않기 때문이다.

셋째 보편적인 참여(universal participation)가 민주적 가치의 본질이라는 점이다. 왜냐하면 위의 두 가치(개체의 자유와 평등)에서 우선 각자가 자신의 자아를 실현하기 위하여 개별적인 욕구 충족의 자유를 신장하려고 하면 불가불 개체간의 갈등과 충돌이 생기게 마련이다. 아울러 각자는 서로 차별받지 않으려는 데에서 평등의 가치도 실현되기 어렵게 마련이다. 따라서 이들 두 가치에 대한 조정과 타협이 중요하게 되고, 이들 개체간의 균형이 이루어지지 않으면 어떤 사회공동체도 존속하기 어렵게 될 것이다. 따라서 누가 이러한 개체간의 욕구를 조정하고 균형과 동등성을 이루어 공동체의 존속과 안정을 유지할 것이냐는 과제가 제기된다. 여기에서 어떤 공동체이든 구성원간의 다양한 욕구를 조정하고 균형을 이룰 의사결정에서 그 공동체를 구성하는 구성원의 민주적 참여가 바로 민주주의 발전의

---

7) 이 부분의 기본 논의는 Emnette S. Redford, *Democracy in the Administrative State*(New York: Oxford University Press, 1969), pp.5-22 참조.

역사이었음을 보여왔다. 민주주의 역사는 공동체의 의사를 한 사람 내지 소수에 의하여 결정되는 독재적 참여로부터 합리적 의사결정 능력을 지닌 성인 구성원의 민주적 참여에로의 참여 확대라 하여도 과언이 아니다. 따라서 어떠한 공동체이든 그 공동체의 일을 결정함에 있어서 구성원의 민주적 참여가 실질적으로 중요한 민주주의의 가치라고 할 수 있다.

그러나 이들 민주적 가치를 실현하는 데는 현실적으로 많은 과제들, 특히 실제의 정책적 의미와 문제들이 나타나게 마련이다. 무엇보다도 공공정책과 그 행정을 수행하는 사람들에게는 다양하고 복잡한 문제들이 제기된다. 공공정책들(public policies)을 통하여 사람들은 자신의 자아발전 기회를 증대하게 되기를 바라는 것이 민주주의자들의 희망이다. 민주주의 주장자들은 타인에 의하여 강요된 제약들로부터 개인의 보호, 개인적 발전을 위한 유리한 조건들의 확립, 인간의 존엄성에 바탕을 둔 목표들에 계속적으로 작용하는 사회적 장치들(기구 또는 제도들)을 형성함으로써 자아 실현을 위한 개인적 기회가 마련되기를 바란다.

(1) 자아 실현 또는 개아 실현

개인이 모든 가치의 기본이므로 자아 실현 또는 개아 실현으로서의 개인의 욕구 충족의 자유와 인간 존엄성 문제는 개인 또는 개체로 구성되는 공동체의 집단행위나 정책과 상충되는 경우가 적지 않다. 그러므로 정치 및 사회현실에서는 집단행위와 개인의 존엄성간의 조화가 중요한 문제로 제기된다. 따라서 아직도 민주주의자들에게 난제로 제기되는 첫째의 쟁점은, 집단행동에 의하여 인간의 개별성(individuality)이 해방되기보다는 억압받게 될 것인지, 또는 자아 발전(self-development)의 기회가 신장되기보다는 도리어 손상되게 될 것인지의 문제이다.

예컨대 개인이 가치의 근본 단위라 하더라도 정책과 제도는 그러한 개별적 문제에 비중을 두지 않는 경우가 많다는 점이다. 비록 개인이 가치의 단위라 할지라도 정책은 결코 그러한 개인적 인격을 다루지 않는다.

물론 살인을 금지하는 경우처럼 어떤 정책이 인생 자체를 보호할 때나 살인자에게 무거운 형벌을 주는 경우, 또는 정신적 치료에 의하여 개인의 성격을 재형성시키려고 하는 경우처럼 어떤 정책은 주로 개인을 다룰 수도 있을 것이다. 그러나 비록 성직자가 개인의 영혼의 건강을 추구하는 경우 또는 심리학자가 개인의 정신적 안정과 개성의 통합을 추구하는 경우일지라도, 개방사회에서의 공공정책은 대체로 개인의 발전에 필요한 추상적인 요건에만 초점을 두는 경우가 많다. 따라서 아무리 훌륭한 정책결정자라 할지라도 개개인 모두의 욕구를 충족시켜줄 수 있는 정책을 마련하기는 어려운 일이며, 도리어 개개인의 자아 발전을 위해서는 지나치게 막연하고 애매할 수도 있다. 그런가 하면 때로는 개방사회에서 정책이 결정되는 조건들이란 개인의 발전에 영향을 주는 단편적인 요소들에 지나지 않는 경우가 흔하다.

그러므로 현실적으로 민주적 정책이란 개인의 심리적 자아 실현에 비중을 두기보다는 개인 또는 집단행위의 외적·물리적 조건에 관계되는 일이 많다. 즉 정책이란 보통 심리적 자아 실현에 관련되는 것이 아니라 개인의 행위와 개인적 욕구 성취를 위하여 필요하다고 믿는 외적 조건에 관심의 초점을 둔다. 따라서 프랭크퍼터(Frankfurter)라는 판사는 법은 인간의 외적 행위에 관계하고 있지, 인간 개개인의 내면생활에 관여할 수 없다고 말하였다. 자본주의 사회에서 가장 많이 제기되는 정부 정책들이란 재산문제들이었다. 대체로 합리적인 정책결정자들은 재산상의 객관적 이익과 사실을 다루기를 요구해왔으며, 자신만의 재산을 계산하는 구두쇠나 또는 투자자들의 만족도를 취급할 것을 요구하지는 않는다. 따라서 정책이 내면적 의식을 꿰뚫어보려고 했을 때는 대체적으로 비효율적이었다. 예컨대 법은 존중받을 수 있는 형태로 규정될 수는 있지만, 그로부터 파생되는 정신적 질(質)을 규정할 수는 없을 것이고 다른 형태의 정신적 표현을 제약할 수도 없을 것이다. 언론이 통제될 수는 있을지 모르나 어떤 사람이 생각하는 사고의 본질을 제약할 수는 없고, 살인자가 형을 받을 수는 있지만 살인의 계획이 처벌될 수는 없다. 재산법과 같이 현대의 복지입법들은 물질적 품목들이 생활의 본질적 요소라는 가정에 바탕을 두어왔다. 그러나 그러한 입법은 모든 개인의 자아 발전보다는 전체적으로 복지수혜자들의 외적 물질적 생활을 중요시하여왔다.

집단 또는 다수의 요구와 개인적 욕구의 조화로운 실현, 보편적 생존요구와 개별적인 개인 생활의 질, 집단이익과 개인복지 사이의 갈등조절 문제 등 많은 정책들은, 그 공동체 구성원 대다수가 함께 향유할 수 있는 개인적 자아 실현의 요건들을 다루게 된다. 민주사회에서는 기본적인 생활필수품들이 모든 공동체 구성원들에게 골고루 배분되어야 하지만, 생활의 질적 자아 실현의 측면에서는 개인간의 차별이 요구되게 마련이다. 예컨대 식료품은 모든 사람들에게 생존을 위한 필수품이지만, 어떤 특수한 예술의 진흥 또는 공연 및 전시는 예술에 관심을 두고 있는 사람들에게만 요구되는 일이기도 하다. 이러한 측면에서 보면 정책결정자들의 주된 관심이 구성원들의 고른 분배 요구에 민감하게 되고 합리적인 분배정책의 구현에 주력하게 되는 것도 불가피하다.

그러나 보편적인 분배의 요구는 현실정책이 이상으로 하고 있는 개인복지와는 별개의 요소라는 점에 유의할 필요가 있다. 예를 들어 생활보호 대상자로서의 노인 또는 소년소녀가장 그리고 장애자들에게는 특수한 복지수혜정책이 요구되기 때문이다. 따라서 대부분의 정책들이 다양한 분배요구와 연관되게 마련이다. 어떤 정치적 결과는 객관적인 분배요구를 반영하는 정책일 수도 있으며, 반대로 객관적인 분배요구를 주관적으로 다루는 정치적 요구를 반영하는 정책을 수행하게도 될 것이다. 만일에 분배이익들이 시 군 도 및 광역시 등 지역공동체에 보편적으로 광범위하게 배분된다면 이들을 흔히 공공이익이라고 부르며, 지리적으로 국가공동체 구성원에 대한 분배이익의 경우에는 이를 국가이익이라고 한다. 그러므로 대다수 정책 결정자들의 주된 관심사는 지역주민 또는 국가공동체 구성원인 국민의 기본적 분배요구들에 주어지게 마련이다.

결국 민주주의론의 첫 번째 쟁점은 개인의 자유와 공익 또는 국가 이익의 관계를 어떻게 조정할 것이냐는 문제가 된다. 특히 공동체 구성원 모두에 대한 보편적인 분배요구와 개인적인 행복 추구를 위한 자유를 어떻게 조정하여 균형 있는 정책을 결정하고 수행할 것인가가 중요하게 된다.

아울러 민주주의자에게 주어진 어려운 과제는 다양한 공동체 구성원 사이의 이익배분에 대한 여러 가지 제약들을 들 수 있다. 요컨대 공동체 구성원들의 다양한 요구로 말미암은 이익의 갈등 문제이다. 예컨대 어떤 사람의 이익이 다른 사람이 좋아하는 이익과 충돌하는 경우이다. 정부의 정책은 필연적으로 이들 구성원들의 요구들을 어떻게 정책에 반영해야 할 것인가 하는 과제, 즉 다양한 구성원들의 이익들 사이에서 선택해야 하는 문제가 된다. 정부가 어떠한 정책을 선택하느냐에 따라서 어떤 사람의 이익은 훼손되기도 하고, 반대로 그 정책 선택이 다른 구성원에게는 이익이 될 수도 있을 것이다.

또한 공공 및 국가정책의 경우에는 특별한 요건을 통하여 시행되어야 한다는 점이다. 즉, 한편으로는 그 정책을 따르는 사람들에게 가혹함과 부당함을 피하게 해주는 일이고, 다른 한편으로는 정책결정 및 시행에 영향력을 행사할 수 있는 직위에 있는 사람들에게 특권적 이득을 누리지 못하게 하는 일이다. 아울러 특수한 환경과 개인들의 요구에 정책을 적용하는 경우처럼, 실제의 정책결정과 수행에는 모든 사람들을 공평하게 다루어야 하는 조정의 어려움이 항상 있게 된다는 점이다.

(2) 평등주의

민주주의 사회에서는 개인이 그들이 구성하는 공동체에서 개체로서 동등하게 사회적으로 인정받을 만한 가치를 지니고 있다는 평등이라는 가치가 구현되어야 한다는 당위론에도 불구하고, 이 평등을 실현하기 위한 현실적 문제점들이 적지 않다는 것이 제2의 민주주의 가치구현의 과제라고 할 수 있다. 예컨대 평등의 가치를 실현하는 일과 평등의 가치실현으로 얻게 되는 수혜자의 만족 사이에는 상반적인 요인도 작용하게 된다는 점이다. 동시에 특정 정책이 어느 개인이나 계층 또는 어떤 집단의 이익과 만족에 비중을 둘 것인가, 다원화하고 복합적인 사회변화에서 산술적 평등이 가능한가 등의 문제들이 제기된다. 특히 다양한 공동체에서 개개인의 욕구가 서로 다르고 극히 복합적이기 때문에, 평등주의 가치를 현실에서 구현하는 데에는 개별적인 소수(minorities)의 욕구 실현과 연관된 자유의 문제를 떼어놓고 생각하기도 어렵다.

따라서 공공정책이 특수한 성향을 지닌 사람들의 욕구충족에 관여해서는 안되는가, 즉 민주주의는 특별한 욕구를 추구하는 사람들을 위하여 어떻게 다양한 정책과 제도를 마련할 것인가, 다시 말하면 사회에는 구성요소의 다원성 때문에 구성원들 사이에 여러 가지 종류의 만족의 차이가 존재한다는 점이다. 예컨대 여가를 즐기는 경우에도 어떤 사람은 축구경기 관람을 좋아하지만, 다른 사람은 심포니 오케스트라 연주의 감상을 좋아하는 경우와 같이 구성원의 욕구가 매우 다양하다. 이와 같이 각자의 욕구 충족을 위한 여가이용의 차이에서 나타나는 문제처럼, 사회구성원 사이에는 욕구 충족에서 얻어지는 만족의 질적 차이가 매우 크게 마련이다.

그러므로 어떤 행복의 단위라도 다른 행복의 단위와 동일할 것이라는 초기 공리주의자들의 주장을 고치려고 했던 존 스튜어트 밀(John Stuart Mill)은, '만족하는 하나의 바보가 되기보다는 만족하지 않는 소크라테스가 되는 것이 더 낫다'는 점을 지적하기도 하였다. 특히 분배 우선을 통한 평등주의를 강조하는 사회주의 주장자들에게는, 질적 만족을 주요시하는 일은 귀찮은 문제로 보여 이를 특권의식을 지닌 지배계급의 사치이며 귀족적으로 보여지기 쉽다. 그렇기 때문에 평등주의 가치를 무엇보다 중요시하는 사회주의자들에게 있어서 구성원의 질적 만족을 중요시하는 밀의 이론은 귀족사회를 옹호하는 주장의 근거로 여겨지게 될 가능성이 많다.

만약에 사회구성원 사이에 만족상의 질적 차이가 존재할 수밖에 없는 일이라면, 공공 및 국가정책이 특수한 질적 만족을 추구하거나 그러한 질적 만족을 향유할 수 있는 능력을 지닌 사람들의 만족추구의 기회를 증진시켜서는 안되는 것일까, 또는 사회가 우수한 자질의 사람을 개발하는 데 관심을 집중해서는 안되는 것인가, 공동체 구성원 각자가 지닌 만족의 질적 차이를 인정하고, 특수한 질적 만족을 추구하는 사람들을 지원하는 정책들이 반드시 모든 사람의 공동이익을 외면하는 비민주적이고 불합리한 부정적 정책일까? 이와 같은 과제들에 직면하여 개개인이 생활의 질적 만족을 추구하도록 촉진시키는 정책이 도리어 선진국 사회로서의 품격과 성취의 기준을 높이는 장점이 되며, 중요한 사회문제를 해결하려는 리더십을 공급해주는 효과를 줄 수도 있을 것이다. 그러나 이러한 문제들에 대하여 많은 민주주의론자들은 소수인의 차별적 특수이익을 위한 정책들이란, 참된 의미의 질적 만족이나 민주적 리더십을 낳지 못한다고 생각한다. 예컨대 그들은 까페에서의 칵테일이 선술집에서의 막걸리보다 더 고도의 인간적 만족도를 낳는 것이 아니라는 것이다. 또 민주주의자들은 한때 동물사냥을 금지하는 금렵구역을 넘어 들어간 사람에게 사형을 부과함으로써 여우 사냥을 즐기는 상류계급을 보호했던 영국의 법은, 단지 과도한 사회적 차별을 제도적으로 보장한 것에 불과하다고 비판하였다.

　다음으로 평등주의의 가치를 현실에 구현하기 위해서는 보편적 이익의 추구와 개별적 이익의 보호를 어떻게 조화시키느냐는 문제가 제기된다. 특히 만족의 질(質)과 리더십의 질은 민주적 도덕성과 일치하는 다음 두 방향에서 촉진될 수 있다. 하나는 공통의 요구에 부합하는 기본적 필수품을 마련해줌과 아울러 특별한 생활의 질을 추구하는 사람들의 이익을 위한 다양성을 고무하는 정책이다. 예컨대 교육정책은 최소한 수준의 지식과 식견을 제공하여줌과 동시에 많은 형태의 수준 높고 창의적인 학술분야에서 세련된 연구를 할 기회를 마련하여줄 수 있다. 또 조세정책은 교육에 대한 세금감면과 마찬가지로 심포니 음악에 대한 공헌에도 감면정책을 활용할 수도 있을 것이다. 평등 가치를 무엇보다 우선시하는 사회에서는 보편적인 공통 능력자에 대한 지원정책과 특수능력자에 대한 지원정책 가운데 어느 것을 선택해야 하는 일이 생긴다. 그러나 비교적 풍요로운 사회에서는 그러한 여러 사람들에 의한 정책선택의 요구가 줄어들게 될 것이다.

　평등주의 가치를 본질로 하는 사회에서도 개개인들 사이에는 수혜 이익의 양과 정책 또는 제도 선택의 강도 사이에 서로 상충하는 문제점들이 있다. 개별적인 만족의 종류와 만족의 질적 차이로부터 발생하는 문제점과 아울러 만족의 정도 차이로 말미암아 조성되는 문제점들도 있다. 즉 민주주의의 논의에서 매우 중요한 두 가지 측면이 있다. 만족의 강도가 내면적 만족도의 척도일 수도 있다. 즉 만족의 정도에 따라서 민주적 공동체의 구성원들은 자신의 욕구에 따라 정책의 선택을 변경할 수도 있다. 어떤 사람들은 다른 사람들보다 어떤 특수한 정책을 선호할지도 모른다. 이러한 경우에 민주주의이론은 명확한 지침이 없이 정책결정자에게 맡겨지기도 한다. 즉 민주주의론자는 어느 정도로 만족도의 차이들이 정책에 반영되어야 할 것인지를 긍정적으로 응답해줄 수 없다.

또 다른 만족도의 차이는 어떤 사람이 중요시하는 이해관계의 양에 있어서 차이가 있다. 예컨대 모든 다른 요인들이 평등하다고 할 때, 전쟁터에서 싸우고 있는 세 아들을 가진 한 어머니는 자기 아들이 집에 있고 징집연령에 도달하지 않은 어머니보다는 정책선택의 정도 및 수혜이익의 양이라는 관심의 양에 있어서 차이가 크다. 또한 5%의 봉급인상을 받게 되는 정부노동자는, 만일 봉급인상법안이 국회에서 통과된다면 정부에 근무하지 않는 사람들보다 그 봉급인상법에 더 큰 정도의 관심을 갖게 될 것이다.

그러나 관심의 양적 차이는 선택의 정도상 차이와는 다르다. 관심의 양은 요구의 척도이지만, 선택의 정도는 어떤 사람이 인식하는 순수한 내면적인 반응일 수도 있다. 전자 관심의 양은 객관적이고, 후자 선택의 정도는 주관적이다. 위의 둘은 공존할 수도 있고 또는 공존하기 어려울 수도 있다. 이것을 다음의 도표로 예시하면 다음과 같다. A로 대표되는 월남전에 두 아들을 참전시켰던 어머니의 평화정책 지지는 높은 양의 객관적(objective) 이익을 지님과 동시에 높은 정도의 주관적(sub-jective) 선택적 관심도 갖게 될 것이다. B로 대표되는 정책에 무관심한 남부 흑인은 많은 공공정책에 높은 양의 이익을 가지고 있지만 낮은 정도의 선택적 관심을 갖게 될 것이다. C로 대표되는 이념적 근거에서 사형폐지를 열렬히 주장하는 사람은, 낮은 양의 객관적 이익을 갖지만 높은 정도의 선택적 관심을 갖게 될 것이다. D로 대표되는 여행을 하지 않는 소비자는, 낮은 양의 객관적 이익을 갖음과 동시에 항공산업체의 임금협상에 대하여도 낮은 정도의 선택적 관심을 갖게 될 것이다.

		정책 또는 제도선택의 정도	
		강(+)	약(-)
수혜 이익의 양	강(+)	· 환경정책 · 두 아들을 전쟁터에 보낸 부모의 평화정책지지	· 대학 정문 앞의 주유소 이전 · 미국 남부 흑인의 복지정책에 대한 태도
	약(-)	· 사형폐지론자의 사형폐지 주장 · 교수의 금융실명제 주장	· 여행하지 않는 자의 항공 산업에 대한 개선 요구

이와 같이 어떤 특수한 정책문제에 민주주의의 본질적 가치인 평등주의를 적용할 때, 여러 가지 어려운 현실적 과제들에 직면하게 된다는 점에 유의할 필요가 있다.

(3) 참여

셋째 민주주의의 본질적 가치 가운데 실질적으로 중요한 가치는 공동체 구성원의 참여이다. 이 참여문제에서 생각해야 할 세 가지 문제점이 있다. 참여의 첫째 문제는 '누가 참여할 것이냐'이다. 특히 국가공동체 구성원인 국민의 참여의식은 각자의 욕구와 그에 따르는 관심이 서로 다르기 때문에 다양할 수밖에 없다. 예컨대 자녀에 대한 사랑과 노후대책 사이에서 심리적 갈등을 하게 되는 노년층의 사람들은, 사회복지와 관련된 정책에 대한 관심과 참여도가 높은 반면에 지나치게 안정을 추구하는 노년층의 보수적 태도에 대한 저항의식 그리고 현재와 미래의 밝은 사회에 관심을 집중하는 태도 또는 인류사회의 내일의 위협에 대처하는 기성세대의 실패 등은, 오늘의 청소년들로 하여금 기성세대에 대한 저항의식 때문에 의미 있는 미래문제에 대한 참여의식을 저하시키거나 무감각하게 만들지도 모른다. 따라서 민주주의론자는 오늘의 기성인들이 미래에 살 오늘의 젊은이들에게 개방사회에서 자유롭고 지성적인 참여자세를 갖출 수 있도록 교육의 기회를 마련해주고 있는지에 관심을 둘 필요가 있다. 아울러 어떤 연령층으로부터 공동체 문제에 대한 의사 내지 정책결정체 참여할 기회를 줄 것인가의 참여의 허용연령 문제가 있다. 물론 어린 연령층에게도 어떤 특수한 형태의 사회적 결정에 대한 참여를 허용하는 것이 필요할지도 모른다. 그리고 대부분의 나라들에서는 많은 사람들이 책임 있고 지적인 판단을 할 수 있는 연령을 20세로 보는 것에 의심을 갖기 때문에 주요 선진국에서는 선거권자의 연령을 18세로 하고 있다. 따라서 선거권자의 연령을 18세 이하로 낮추는 선거연령의 인하문제도 제기되고 있다. 여하간 참여의 첫째 문제에 대한 민주주의의 도덕성에 대한 기본적 해답은, 성인 공동체 구성원 모두에게 참여가 광범위하게 가능하도록 해야 한다는 점이다. 따라서 현존 질서에 대한 이해관계를 가지고 있지 않다는 이유로 어떤 사람들의 참여가 배제되어서도 안된다. 왜냐하면 쟁점이 되고 있는 문제가 실현되는 기회가 마련되면 그 사람의 몫도 있게 되기 때문이다. 특히 성 인종 교육의 정도가 참여배제의 요인이 되어서는 결코 안된다는 주장이다.

참여의 둘째 문제는 보편적 참여와 선택적 참여이다. 민주주의 가치의 가장 완전한 달성은 모든 사람이 그가 소속된 공동체에서 그들에게 영향을 줄 모든 결정에 참여한다면 가능할 것이다. 그러나 이러한 참여는 매우 단순한 소규모 기능조직에서도 실현되기 어렵다. 왜냐하면 대부분의 공동체에서 어떤 사람도 그에게 영향을 줄 모든 문제에 대한 필요한 모든 정보를 얻거나 다룰 수가 없기 때문이다. 따라서 개인은 보편적 또는 선택적 방법으로 그가 속한 공동체의 의사결정에 참여하게 마련이다. 즉 하나는 일반화된 참여로서 정책결정이 이루어지는 다양한 문제들에 자신의 요구와 이익을 대표해줄 사람들을 선출하는 데 참여하는 방법이다. 그러나 이러한 참여는 너무나 간접적인 참여가 될 것이다. 특히 현대와 같이 행정 국가적 측면이 강한 국가공동체의 경우에는 특수한 행정적 수행에 그의 대표자가 간여하는 일이 쉽지 않기 때문이다.

　참여의 또 다른 문제는 선택적 참여이다. 사람들은 다양한 정보를 통하여 그가 강하게 선호하거나 또는 많은 이득을 얻게 되는 일에 참여하려는 욕구를 지니게 된다. 그 결과 그 사람은 이들 문제에 대한 여러 가지 참여수단들을 모색하게 마련이다. 이 경우 그 사람은 자신이 추구하는 욕구나 이익이 일반적 대표자를 통한 간접적 참여방법으로 충족되기 어렵다고 생각하게 될 것이다. 그렇기 때문에 각 개인은 자신의 이익을 직접적으로 달성할 수 있으리라고 생각하는 참여방법을 선택하게 되고, 각자의 욕구가 다르기 때문에 선호하는 참여방법도 다양하고 참여의 정도도 다를 수밖에 없을 것이다. 그러므로 선택적 참여에는 본질적으로 다양한 불평등주의(inegalitarianism)가 작용하게 될 수밖에 없다. 아울러 선택적 참여에서 초래되는 참여영향력의 차등이 민주주의의 본질적 가치에 부합하는지 아닌지를 가름하는 일은, 다수 국민의 이익과 소수 국민의 이익을 어떻게 조정할 것인가의 과제 때문에 더욱 판단하기 어려울 것이다.

　따라서 민주주의의 본질적 가치 가운데 가장 어려운 과제는 어떻게 하면 특정 정책에 대한 공동체 구성원간의 대립과 갈등에 직면하여 다수 국민의 일반적 이익과 소수 국민의 특수 이익(high-quality of inter- ests)이 조정 중재될 수 있도록 자원을 배분할 수 있는가의 문제이다. 왜냐하면 어떻게 공동체의 자원을 배분하느냐에 따라서 개인적 자아 실현의 통로를 파괴할 다수의 횡포를 가능하게 할 수도 있고, 반대로 소수인이 자기들의 특수이익을 위하여 다른 사람들의 이익을 지배하거나 또는 모든 사람의 자아실현을 유린할 가능성도 있기 때문이다. 결국 한마디로 말하면 다원사회에서의 민주주의 가치의 본질적 과제는 다양한 이익들을 대표하는 사회단위간에 어떻게 균형과 조화를 이룩하느냐는 균형과 조정의 문제인 것 같다.

3. 민주주의의 사상적 배경 Ⅰ -서양사상에서의 자유 평등사상의 변천과 과제

　민주주의의 궁극적 이념으로 구속이 없는 자유로운 개개인의 삶의 존엄성 확보와 정치 경제 사회적 차별이 없는 인간평등의 조화로운 구현을 든다. 따라서 이와 같은 인간 존엄성을 바탕으로 한 자유와 평등사회의 실현 문제는 어느 시대 어떤 사회를 막론하고 인간생활의 초점이 되어왔다. 고대로부터 현대에 이르기까지 동서양을 막론하고 무수히 많은 사상가들에 의하여 자유와 평등사회 실현에 대한 방안들이 제기되었다. 그러나 자유와 평등에 관한 이론과 실제상의 자유 평등사회의 건설이라는 현실 사이에는 항상 괴리현상을 빚어왔던 것 같다. 즉 인간의 삶의 욕구와 존엄성을 확보하려는 정치 경제 사회 종교적 자유론과 평등론이 주장되었지만, 실제 사회에서의 구속이 없는 자유롭고 차별과 불평등이 없는 사회를 이룩하는 데 있어서는 아직도 그 성과가 크게 미흡하다고 볼 수 있다.

동시에 민주주의를 말하는 사람마다 자유론과 평등론을 주장하지만 현실 사회에서는 언제나 둘 사이에 갈등을 빚기도 하였다. 자유론을 지나치게 강조하면 끝없이 재산권을 신장하려는 자유의 결과처럼 빈익빈 부익부(貧益貧 富益富)의 불평등이 심화되었다. 반대로 평등을 지나치게 중요시한 나머지 재산권 신장의 자유를 제도적으로 억제하기 위하여 모든 재산을 공유화함으로써 개인의 재산소유의 자유를 허용하지 않는 공산주의사회는 극도의 생산성 저하로 빈곤의 평등만을 남겨 붕괴되고 말았다. 따라서 이론과 현실 사이의 괴리의 문제점이 서양 정치사상에서는 어디에 있었는가를 우선 밝힐 필요가 있다. 이 점에서 자유 평등에 대한 고대 그리스 시대 이래 서양의 이론들을 살펴봄으로써, 민주적 가치관의 확립을 위한 방향을 시사하게 될 수도 있을 것이다.

1) 고대 그리스의 자유 평등사상

고대 그리스 사회는 처음에 승려집단을 중심으로 하여 신화적 윤리도덕관이 형성되었고, 다음에 소아시아 및 아프리카 북단 해안을 식민지로 개척한 상업귀족이 지배하고 노예와 이방인이 피지배계급으로 노동하는 상노도시(商奴都市: polis of commercial slave)사회를 건설함으로써, 이를 토대로 우주론적 윤리도덕관이 형성되었다. 또 다시 아테네 도시국가의 민주적 상노사회를 토대로 하여 소크라테스에서 비롯된 인간학적 윤리도덕관이 형성되었다. 이러한 고대 그리스 사회의 변동과 윤리도덕관의 형성을 요약하면 다음과 같다.

(1) 신화적 윤리도덕관

헤시오도스(Hesiodos: B.C. 8세기경, 그리스 시인)의 『신기원(Theogony)』에 의하면, 신(神)의 세계에도 차별과 지배의 질서가 있고 신외(神外)의 신분이 있다. 이 신계(神界)의 질서를 교란하는 악신(惡神)은 반드시 멸망하고, 그것을 지키는 선신(善神)은 반드시 흥한다는 것이다. 이러한 신화(神話)는 인간에게 그 집단의 신분질서에 순응할 것을 요구하는 교훈이며 경고이었다. 그러나 이러한 경고에도 불구하고 그러한 신분차별의 윤리사회는 실현되지 않았다. 그 까닭은 그 집단의 구성원이 자기의 실천목표 규범 당위들에 대한 자각이 없기 때문이라는 것이다. 따라서 구성원들로 하여금 이들 목표와 규범의 실천을 각성할 것을 요구하는 도덕론이 제시되었고, 이 도덕론의 실천목표는 승려가 지배하는 차별적 신분질서의 확립이었다. 아울러 실천규범은 신화에 의하여 다스려지는 신화적 사회의 차별과 지배이었고, 신분도덕의 실천은 선행(善行)이고 차별적 신분질서에 반대하는 동등(同等)과 자유의 행위는 악행으로 취급되었다.

그럼에도 불구하고 당시 고대 그리스 도시국가의 억압과 빈곤 및 승려의 부패는 더욱 심하여 차별적 신분질서는 파괴되고 승려의 지배권은 붕괴하기에 이르렀다. 그 결과 이들 승려가 지배하는 고대 그리스 사회는 상업귀족이 노예와 이방인을 지배하는 상노도시사회로 변하였고, 신화적 윤리관은 우주론적 윤리도덕관으로 수정되었다.

억압과 빈곤 속에서 살고 있던 본토의 일부 시민은 B.C. 4~5세기 경부터 지중해 연안의 각 지역에 이민하여 도시국가(폴리스, polis)를 건설함으로써 상업노예도시를 형성하였다. 도시국가의 지배계급은 지중해 연안의 내해성 기후가 청명 온난하므로 우주천문의 지식을 얻기가 용이하고, 상업과 노예노동을 통하여 부유한 생활을 하면서 자유를 향유할 수 있었다. 그러나 도시국가의 지배계급 내에는 그들 사이에 이해의 충돌이 일어남으로써 폴리스의 차별적 신분질서는 교란되었고, 동시에 지배계급의 지배권도 약화되었다. 그러므로 고대 그리스의 지배계급인 상업귀족들은 자연철학자들의 우주론적 윤리도덕관을 빌려 계급적 신분질서를 재확립하여 그들의 지배권을 강화하고자 하였다.

(2) 우주론적 윤리도덕관

자연철학자들에 의하면 세계는 근원적 존재(the origin)의 일정한 생성원리에 의하여 형성되었다는 것이다. 자연철학자들은 생성자와 피생성자 사이에는 항상 인간적인 이욕과 감정이 개입되지 않은 질서정연하고 영원한 차별과 지배의 질서가 성립되어 있다고 추단(推斷)하였다. 이러한 측면에서 피타고라스(Phythagoras: B.C. 582~500)는 세계를 질서(cosmos)라 하였고, 헤라클리투스(Heraclitus: B.C. 535~470)는 차별과 지배의 우주원리를 로고스(logos, 理法)라 하였으며, 이 우주원리의 인식능력도 로고스(logos: 理性)라고 하였다. 따라서 인간이 이성을 통하여 이 우주원리를 모방하여 지상에 이식할 때 도시국가의 차별과 지배의 질서는 재확립될 수 있다는 것이다. 그러나 이러한 계급적 정치·사회질서는 재확립되지 않았다. 지배계급은 이러한 차별질서가 재확립되지 않은 이유를 시민의 자각이 없었기 때문으로 보았다. 따라서 지배계급은 이 원리에 대한 실천적 각성을 촉구하는 우주론적 도덕을 요구하였다. 그러므로 도시국가의 차별과 지배의 질서는 시민의 실천목표이었고 우주원리(logos)는 실천규범이었다고 할 수 있다.

그러나 도시국가내의 각 개인 및 계급 사이에, 그리고 각 도시국가 사이에는 이해관계의 충돌이 격화하여 그리스 및 소아시아 연안 각 도시국가의 차별체제는 파괴되고 지배계급인 귀족의 지배권도 붕괴하기에 이르렀다. 당시 대표적인 도시국가인 아테네도 사회체제와 가치관이 변화하였다. 따라서 아테네의 전통적 승려사회는 소아시아 및 아프리카의 식민지에서 수입한 노예와 이방인을 피지배계급으로 하는 상업귀족의 민주적 상노사회로 변화하게 되었다. 특히 기원전 5세기 전반 페리클레스(Pericles) 시대의 아테네는 그뒤 많은 저명한 정치사상가들이 펼친 자유평등이론의 실천목표이었다. 그렇다면 이들 정치사상가들이 이상적인 민주체제로 생각하였던 고대의 아테네는 어떤 사회였는가?

아테네는 아프리카 및 소아시아 식민지에서 탈취해온 노예와 이방인을 피지배계급으로 하고, 해상무역을 통하여 많은 물자와 부를 축적한 상업귀족이 지배계급을 이루었던 상업노예사회이었다. 즉, 아테네는 노예제도에 입각하여 상업귀족이 지배하는 노예사회였으며(民主的 商業奴隸社會), 실제 도시국가의 행정적 실권은 세력 있는 소수 귀족 중에서 선출된 원로원(元老院, senate)에 의하여 통치되는 귀족적 민주체제이었다. 즉, 일체의 권익과 신분이 노예 시민 귀족계급 사이의 차별에 입각한 민주적 노예체제이었다. 사회체제는 귀족 시민 노예와 이방인으로 구성된 계급적 사회이었고, 정치체제는 상업귀족들간의 민주적 합의제에 의하여 유지되었던 것으로 추정되고 있다.8) 고대 그리스의 정치사상 연구로 저명한 어네스트 바커(Ernest Barker)는 고대 아테네의 총인구를 33만 명으로, 그 가운데 시민권을 가진 사람이 4만 5,000명(13.6%), 시민의 가족 11만 5,000명(34.8%) 그리고 나머지 전체의 과반수 이상(51.5%)에 해당하는 노예(8만 명)와 이방인(9만 명)을 합하여 17만 명으로 추정하였다.9)

따라서 아테네의 정치체제를 민주정치체제라고 하지만 시민의 자유와 평등이란 고작해야 소수 상업귀족들의 정치적 자유와 평등이라는 한계성을 지녔었다고 할 수 있다. 이런 사실은 현재 우리들이 아테네에 여행하여 파르테논 신전을 비롯하여 거대한 고대 그리스의 유적을 보면 짐작할 수 있는 일이다. 그러나 이들 상업귀족이 지배하였던 아테네체제도 한때

---

8) George H. Sabine, *A History of Political Theory*(New York: Holt, Rinehart & Winston, 1961), pp.4-5.
9) Ernest Barker, *Greek Political Theory*(London: Methuen, 1960), p.35.

제1장 민주주의의 사상적 배경 47

는 그들 상업귀족들간의 민주적 합의에 의하여 잘 유지되었다. 그러나 그들 상업귀족들로 이루어진 시민의 정치적 자유와 평등도 서로 스스로의 이기적 욕구를 극대화하려는 야욕 때문에 세력간의 각축전을 야기하였고, 동시에 귀족세력 내부가 부패함으로써 아테네의 사회질서는 혼란하였고 드디어는 귀족의 지배권이 동요되어 쇠퇴기에 접어들었다. 이러한 위기의 상황 속에서 아테네를 구하기 위하여 소피스트와 소크라테스는 각각 서로 상반된 새로운 인간학적 윤리도덕관을 제시하였다.

(3) 인간학적 윤리도덕관

① 소피스트의 감각적 경험에 의한 인간학적 윤리도덕관
종래의 우주론적 윤리도덕관은 우주의 차별질서를 모방하여 이를 인간사회에 이식하려 한 데 반하여, 인간학적 윤리도덕관은 인간에게 스스로의 지적 자각에 의하여 질서와 행복을 추구하라는 점에서 차이가 있다. 특히 소피스트들이 주장하는 인간학적 윤리도덕관은 아테네의 상업귀족이 지배하는 민주적 귀족체제의 재확립을 요구하는 보수적 윤리가 아니라 차별적 귀족체제에 대한 사회개혁을 요구하는 혁신적 윤리관이었다. 그들은 감각적 경험을 통하여 사물과 가치관의 변천을 감지했을 뿐만 아니라 이민족의 습속을 경험하였으므로, 절대불변의 근원적 존재(origin)를 부정하고 인간을 비롯한 만물 각 개체의 자유를 주장하였다. 더욱이 그들은 아테네에서의 당쟁에 의한 사회혼란을 경험하였기 때문에, 이성에 의한 지식 또는 가치를 부정하고 모든 사물의 상대적 동등성을 요구하는 가치관을 제시하였다. 종래의 자연철학자들은 차별과 지배의 우주질서를 인간사회에 이식할 것을 요구하였으나, 소피스트들은 인간은 그의 지적 자각을 통하여 사회를 동등과 자유의 질서로 개혁함으로써 시민의 행복을 도모할 수 있다는 인간학적 윤리관을 제시하였다. 그러나 현실에서 동등과 자유의 사회가 실현되지 않았으므로, 그들은 동등과 자유사회의 실현방법으로서의 도덕론을 제시하였다. 그럼에도 불구하고 그들은 단지 시

(是)와 비(非), 선(善)과 악(惡)의 가치가 서로 바뀔 수 있다는 상호 전환의 상대성을 지식적으로만 설명하려고 했을 뿐이므로, 이러한 설명은 결과적으로 괴변에 빠지고 신구 가치관을 교란시킴으로써 사회혼란만 가중시키는 결과를 낳았다. 이러한 상황 속에서 소크라테스는 소피스트와는 정반대의 입장에서 상이한 인간학적 윤리관을 제시하였다.

② 소크라테스의 이성의식에 의한 인간학적 윤리도덕관

소크라테스는 아테네의 쇠퇴기 철학자이었다. 소피스트들이 아테네의 기존 차별질서를 혁신하려 하였던 데 반하여, 소크라테스는 아테네의 기존 질서를 재확립하여 시민의 안녕과 행복을 추구하려는 보수주의자이었다. 그는 아테네의 기존 법질서를 수호하려 하였기 때문에 굴속 옥중에서 독배를 마시고 자살하였다.

소크라테스의 윤리관에 의하면 시민은 각자 그 스스로 이성(理性)의 힘을 통하여 귀족이 지배하는 차별질서의 재확립을 자각할 때 안녕과 행복을 얻을 수 있다는 것이다. 즉 이것은 이성이야말로 시민이 행복할 수 있는 행복 형성의 원리라는 의미이다. 그러나 소크라테스의 이론은 차별과 지배의 우주원리에 대한 이성적 자각과 지식이 개인의 현실적 물질생활의 행복을 보장해줄 수는 없는 것이었고, 이는 단지 관념화된 정신적 행복론일 뿐이었다. 동시에 그의 지식체계는 개인의 자유 및 평등과는 양립하기 어려웠으므로, 그의 이론과 당시 현실의 괴리로 인하여 실패하였다.

그의 제자 플라톤도 차별과 지배의 우주원리를 각성한 사람, 즉 이성을 최고도로 발휘할 수 있는 사람인 철학자(哲學者)가 사회를 다스릴 때 사회의 평화와 시민의 행복이 이룩될 수 있다고 보았다. 이러한 이성적 지식의 소유자를 철인(哲人)으로 규정하고 철인정치론을 전개하였으나, 이성적 지식이 시민의 물질적 행복을 보장할 수 없었기 때문에 그의 정치사상도 실패하였다.

플라톤의 제자 아리스토텔레스도 최고선(最高善)의 실천자를 이성적 지식을 지녔느냐 아니냐로 구별함으로써, 플라톤의 관념론적 개념철학의 시각을 크게 벗어나지 못하였다. 특히 아리스토텔레스는 과거로부터 그의 생존 당시까지 존재하였던 150여 개의 그리스 도시국가의 헌법들을 비교 연구함으로써 그가 설정한 철인지배의 차별적 귀족정치를 합리화하였다. 그러나 그도 자기 자신이 소속한 귀족계급의 입장에서 그들 귀족의 권익을 확보하려는 저의 때문에 이론과 현실 사이의 괴리에서 실패하였다.

여하간 철인 또는 최고선의 실천자에 의한 이성적 지배가 사회에 자유와 행복을 가져올 수 있다는 이들 이론은, 이성적인 지식이 있느냐 없느냐로 상업귀족이 지배하는 고대 아테네 도시국가의 귀족적 차별체제를 합리화하기 위한 위장이론(僞裝理論)이었다고 할 수 있을 것 같다. 소크라테스에서 비롯하는 고대 그리스의 이성론적 정치철학자들은 인간이 현실생활에서 감각을 통하여 느끼는 물질적 욕구를 외면하고, 차별과 지배의 우주원리(理法)에 대한 지식과 이성적 가치만을 합리적인 것으로 보아 차별과 지배의 정치질서를 합리화하려 하였다. 그러므로 이들 이성론적 정치철학에서는 이성적 능력을 가지지 못한 것으로 취급되었던 노예와 이방인의 생활가치가 무시될 수밖에 없었다.

따라서 고대 그리스의 정치철학자들이 주장한 시민의 민주적 자유와 평등론이란, 결과적으로는 상업귀족이 지배하는 도시국가의 불평등한 차별체제를 합리화하기 위한 기만적 고용이론에 지나지 않았다고 할 수도 있다. 즉 시민 속에 들어갈 수 없었던 대다수의 노예와 이방인 등 노예와 서민 대중의 생활가치의 신장과 자유평등권은 외면될 수밖에 없었다. 환언하면 이성적 지배라는 허구와 개념적 지식론 속에서 대다수 노예와 서민 대중의 현실적 생활가치들은 무시되고 억압되기까지 하였다. 이 점은 아리스토텔레스가 노예나 야수도 국가형성의 요소이기는 하지만, 국가를 만들 수 있는 주체자로 보지 않았던 점으로도 알 수 있다.[10]

요약하면 고대 그리스 정치철학자들의 자유론과 평등론은, 민중의 직접적인 생활가치, 즉 물질적 행복과는 무관한 관념적 지식이론에 불과하였

---

10) Aristotle, *op.cit.*, I, Chap.2.

다. 민주적 자유론과 평등론이라는 지식체계 속에 은폐 위장된 상업귀족의 이기욕구만이 충족되고 조장되었을 뿐이다. 이로 말미암아 현실적으로는 스스로의 이기욕구를 충족하려는 상업귀족계급의 상호 갈등이 쌓이고 확대되어 그리스 사회 전체를 분열과 혼란에 빠뜨리는 결과를 낳았다. 오히려 이성적 인식능력을 가지지 못하였다고 본 이민족인 북방의 마케도니아제국에 의하여, 그리고 그뒤에는 로마의 비이성적 폭력에 의하여 고대 그리스 사회는 붕괴되고 말았다.

2) 중세 기독교사상에서의 자유 평등의 문제

강력한 로마제국의 강압적 지배로부터 벗어나려고 이에 반발한 개인은 권력의 강압과 구속으로부터의 해방을 요구하였다. 이러한 요구의 산물이 기독교에 의하여 주장된 개인적 자유와 신(神) 앞에서의 만인평등론이었다. 다시 말하면 이성의 인식과 실천의 요구가 폭력 앞에서 무력하였기 때문에 이를 대신하여 신앙의 실천적 가치체계를 형성한 것이 중세를 지배한 기독교사상이었다.

참된 지식은 신의 계시에 귀를 기울여 이를 따르는 것[聽從]이고, 참된 삶의 길은 독실한 신앙이며, 법은 신의 뜻을 구현하는 일이라는 것이 기독교사상의 본질이었다. 즉 기독교는 '너의 백성과 너의 생가(生家)를 잊으라. 육욕(肉慾)을 멀리하라. 세속(俗世)의 습속(習俗)을 버려라'라고 요구하였다. 그러나 이러한 현세 부정적이며 금욕적 생활태도의 요구는 민중을 감각적 쾌락과 현실적 이익추구에서 도피시킴으로써, 신에 대한 봉사만을 강요하는 결과를 초래하였을 뿐이다. 따라서 기독교 교리상의 개인은 신의 의사에만 따라야 하는 개성, 곧 주체성이 없는 개인으로 전락하게 마련이었다. 개성이 하나님의 섭리 또는 유일신의 세계지배라는 절대권자의 목적을 위하여 해소됨으로써, 인간의 주체성은 종교적 형이상학적 보편화된 허구적 존재로 전락하게 되었다. 즉 신의 은총에 의해서만 얻어지는 개인의 활동이 현실적 행복을 보장할 수는 없는 일이었다.

따라서 기독교 지배하의 중세사회에서는 개인의 자유와 평등은 가톨릭 교리에 의하여 초월자인 하나님인 유일신 속에 매몰되고 말았다. 인간을 하나님의 뜻에 따라서만 행동하도록 운명지어진 존재로 규정한 가톨릭 사상에서의 개인은, 현실의 구체적 권력에 대항할 힘이 없는 비현실적 개인에 지나지 않게 마련이다. 그러므로 절대자인 하나님에 대한 신앙을 빙자한 봉신자(奉神者), 즉 교황을 수장으로 하는 소위 성직자들의 이기욕구로 말미암아 기독교는 승려계급의 봉건적 지배권을 옹호하는 교구체제를 합리화하는 결과를 초래하였다. 그러므로 중세 기독교 사상은 봉건적 교구행정체제이었던 카톨릭체제의 부패와 그로 인한 개인의 자유와 평등을 억압하는 1,000여 년간의 암흑시대를 초래하였을 뿐이다. 교황을 정점으로 한 중세의 계급적 교구행정체제는 하나님의 이름을 빙자하여 가톨릭 승려들의 이기욕구만을 추구하려는 제국(신성로마제국)을 건설함으로써 종교제국주의(religious imperialism)를 낳았다고 볼 수도 있다.

3) 근세 이래의 자유 평등사상

(1) 문예부흥 종교개혁 및 지리상의 발견

중세체제가 무너지자 종교적 신앙을 수단으로 한 억압으로부터 인간의 본능적 이기욕구가 폭발하였으며, 이것이 근세 초의 문예부흥이었다. 즉 각지의 영주들과 각국의 군주들이 교황권 체제로부터 벗어나려는 데에서, 종교지식인을 앞세워 이들을 보호하면서 신앙의 자유를 부르짖게 한 것이 종교개혁이었다. 이러한 사실은 마틴 루터(Martin Luther: 1483~1546)가 교회개혁안 95개 조항을 발표한 뒤 발트부르크 성에 숨어서 봉건영주인 작센공 프리드리히(Friedrich)의 보호를 받은 일이나, 귀족 출신의 존 칼뱅(John Calvin: 1509~64)이 종교개혁을 부르짖은 일로도 알 수 있다. 이 문예부흥과 종교개혁은 인간을 교황권의 통제와 교구행정체제의 구속으로부터 해방시키는 데는 성공하였지만, 교황권을 약화시킨 군주권의 확대로 말미암아 다시 개인의 인권이 억압당하게 되었다.

   (2) 민족국가의 형성

   중세의 종교제국주의체제 아래서 영국 프랑스 독일 등은 종교제국의 교구인 행정적 지역교구에 불과하였다. 이 중세체제가 붕괴한 뒤에 일어난 경제적 이기욕의 자유와 그것을 뒷받침할 사상적 자유의 요구가 각 민족을 중심으로 분출하여 봉건영주의 공후국(公侯國)과 전제군주체제의 민족국가를 형성시켰다. 이러한 경제적 이기욕구의 자유를 요구하는 봉건 영주와 민족국가가 대두함으로써 유럽 각지에서 재산권 신장의 자유를 요구하는 상업자본가 및 절대군주의 세력이 급속도로 확장되었다. 특히 신의 대리자로 자처했던 교황권에 반발하여 민족국가의 현실적 생존권을 요구했던 근세초 각국의 군주들은, 권력의 기초로 왕권신수설(divine rights of kings)을 채용하였고, 권력의 강화를 위하여 재화의 탈취와 재화생산 수단의 확충을 필요로 하게 되었다. 각 민족국가 군주들의 이러한 권력추구 욕구는 대내적으로는 일반대중의 생활가치를 통제하고 공평한 재화배분의 평등권을 허용하지 않았다. 아울러 대외적으로는 영국 프랑스 네덜란드 스페인 포르투갈을 비롯한 서유럽 여러 나라들이 해외 식민지 개척에 주력하게 되었다.

   (3) 상업 및 산업제국주의와 근세 시민사상의 형성

   따라서 이러한 각국 군주들의 끝없는 권력욕은 부(wealth)의 증대를 위하여 산업혁명을 촉진시키는 계기를 마련하게 되었고, 상품시장으로서의 식민지를 확장하려는 욕구로 말미암아 상업자본가로 하여금 산업자본가로 성장시키는 데 기여하게 되었다. 그러나 각국 군주들의 끝없는 이기욕의 확대는 민족국가간의 식민지 쟁탈의 제국주의전쟁을 야기하였고, 그로 말미암아 도리어 일반 민중 개개인의 생활의 자유를 억압하고 재화배분의 공평을 저지하려는 현실을 초래하였다. 이 때문에 17세기 서구 정치

사상의 주제는 절대군주권으로부터 시민의 자유와 평등을 요구하는 데 초점을 두게 되었다. 동시에 군주권은 개인의 이익추구의 자유와 재화배분의 공평을 요구하는 새로운 사회세력의 도전을 받았으며, 그것이 곧 근대 산업자본가계층의 대두이었다. 그러므로 근세초 시민권사상은 바로 이들 산업자본가계층의 재산권 신장의 자유와 평등권이 초점이기도 하였다. 따라서 근세 시민사회에서의 자유 평등이론이란 사실상 절대군주권으로부터 산업자본가계층의 재산권 신장의 자유에 불과하다는 비판을 면하기 어렵다.

그러므로 17, 18세기의 자연법사상과 사회계약설도 자기 재산의 신장과 안전을 확보하고, 개인의 이기욕 추구의 자유를 보장하려는 사회조정에 그 본질이 있었다고 볼 수도 있다. 환언하면 이들 자연법사상이나 사회계약론은 절대군주권의 대두 그리고 식민지 개척과 산업혁명 등 정치 및 사회·경제적인 현실적 변화와 경험의 결과이기도 하였다. 따라서 존 로크(John Locke: 1632~1704)는 자연상태에서의 인간의 본질적 자연권을 생명 자유 건강 재산이라고 하였고, 그 가운데서도 재산권이 가장 중요하다[11]고 하였다. 이는 각자의 재산상의 이기욕 추구의 자유가 보장된 상태가 자연상태라는 말이 되며, 자연법은 바로 이러한 재산권 신장의 자유를 보장하는 법을 뜻한다고 볼 수 있다. 이러한 측면 때문에 로크의 자연법사상은 자본가계층의 재산권 옹호론에 지나지 않는다는 비판을 면할 수 없다. 또한 로크는 인간이 서로 생명, 재산, 건강 및 자유를 보장받으면서 안전과 평화적 생활의 자유와 평등을 확보하기 위하여 사회계약을 맺었다고 하였다. 루소(J. J. Rousseau: 1712~78)도 개인의 자연적 자유와 평등을 적극적으로 보증하려는 데서 사회계약이 성립되었다고 보았다.

(4) 공리주의와 식민지 쟁탈을 위한 변증법이론 및 세계대전

17, 18세기의 사회계약설은 상호협동에 의하여 서로 재산상 이기욕의

---

11) John Locke, *Two Treatises of Government* II, Sec.87.

추구를 보장받을 수 있다는 가설을 설정하였고, 이러한 시각에서 최대다수의 최대행복이 가능하다는 벤담(J. Bentham: 1748~1832)의 공리주의(utilitarianism) 이론도 나왔다. 바로 공리주의의 정치적 적용이론이 다수결(majority rule)이라고 볼 수 있다. 그러나 이들 자연법사상과 사회계약설은 현실사회에서 개인의 무한한 경제적 이익추구의 자유를 허용함으로써 부익부 빈익빈의 사회적 불평등을 초래하였다.

밀(J. S. Mill: 1806~73)은 인류의식 및 사회의식에 호소하는 도덕적 방법으로 이러한 현실적 불평등을 제거하고자 하였다. 그러나 그의 공리주의는 개인의 물질적 이익추구의 자유를 시인하면서 동시에 인간이 본질적으로 상호 협동하도록 되어 있기 때문에 정신적 행복을 얻을 수 있다고 함으로써 이율배반적인 모순에 떨어지는 배리(背理)를 초래하게 되었다. 따라서 인류의식보다는 오히려 물질적 이기욕을 추구하려는 현실은 각 민족국가간의 식민지 쟁탈전과 자본가계급의 재산권 신장욕구로 말미암아 공리주의이론을 무의미하게 하였다.

한편 뒤늦게 산업화하기 시작한 독일과 같은 대륙국가에서는 이성론적 합리주의에 의하여 독일민족국가의 확장론이 일어났다. 즉 칸트(I. Kant: 1724~1804)는 인간을 본래부터 선험적으로 합리적이라고 규정함으로써 합리적 지식의 가치체계를 구성하였다. 그러나 칸트의 선험적 방법론은 합리적이지 못한 인간사회의 현실을 합리적 인간정신의 수산으로 독단(獨斷)함으로써 현실과 그의 철학 사이의 모순과 괴리를 자초하였다.

또한 헤겔(G. W. Hegel: 1770~1831)은 변증법적 사유방법에 의하여 정치 도덕 법률 종교 등에 관한 지적 합리체계를 구성하였다. 그의 사상은 '합리적인 것은 현실적이며, 현실적인 것은 합리적이다'라는 유명한 명제로 요약된다고 할 수 있다. 이 명제는 뒤늦게 산업화하여 식민지 개척을 하려 했던 게르만민족의 이기욕을 대변한 것이라 하여도 과언이 아니다. 독일이 식민지 개척을 하려고 보니 이미 서유럽 밖의 세계는 영국 프랑스 스페인 네덜란드 등 해양 선진 산업국가들이 비서구 세계를 거의 식민지화한 뒤였다. 그러므로 소위 헤겔의 합리적 사상체계란 해양 선진국들에 도전하여 힘으로 다시 빼앗는 일은 합리적이고 합리적인 것은 현실로 인정하라는 독일인의 요구이었다고 볼 수 있다. 그러므로 헤겔의 변증법적 이론은 현실과의 괴리를 낳았으니, 그 이론의 합리체계 구성과정에서 무의식중에 침입한 이론가인 헤겔 자신의 독일인으로서의 이기적 가치욕구가 작용하여 현실을 합리적인 것으로 날조한 것에 불과하다.12)

여하간 인류의식과 합리주의 정신 등을 빌려 이기욕 충족의 자율적 억제와 조정으로 인간의 행복이 보장될 것으로 가정하였던 근세의 자유 평

---

12) 민족의 생존권 보위라는 측면에서 보면 독일의 게르만 민족은 유럽대륙의 주요 민족 가운데는 가장 후진적이고 열등한 민족이었다고도 볼 수 있다. 왜냐하면 다음의 표가 보여주는 것처럼 나폴레옹 전쟁을 비롯해서 1·2차 세계대전 등 지난 약 500년간의 주요 전쟁에서 종국에는 승리하지 못하고 패전을 거듭했으며, 유럽민족 가운데 러시아의 슬라브 민족과 함께 최대의 전쟁사망자를 낸 민족이기 때문이다.

전사자수의 순위별 과거 약 500년간(1500~1995) 세계의 전쟁 및 전쟁관련 사망자수
(군인 및 민간인을 합한 추정치)

순위	국가	1500~1900	1901~1995	전체	2003년 7월 인구*
1	구 소련	1,020,000	24,015,000	25,035,000	2,82,712,541(88.6)
2	중국	11,207,000	6,551,000	18,749,000	1,286,975,468(14.6)
3	독일	4,433,000	9,382,000	13,815,000	82,398,326(167.7)
4	폴란드	298,000	7,200,000	7,498,000	38,622,660(194.1)
5	프랑스	2,421,000	2,320,000	4,741,000	60,180,529(78.8)
6	오스트리아	633,000	3,007,000	3,640,000	8,188,207(444.6)
7	터키	594,000	2,721,000	3,315,000	68,109,469(48.7)
8	베트남	90,000	2,994,000	3,084,000	81,624,716(37.8)
9	한국		3,002,000	3,002,000	48,289,037(62.2)
10	구 유고연방	16,000	2,531,000	2,547,000	23,065,839(110.4)
11	일본	15,000	2,012,000	2,027,000	127,214,499(15.9)
12	나이지리아		2,012,000	2,012,000	133,881,703(15.0)
13	영국	131,000	1,481,000	1,612,000	60,094,648(26.8)
14	헝가리	715,000	885,000	1,600,000	10,045,407(159.3)
15	이탈리아	422,000	1,170,000	1,592,000	57,998,353(27.4)
16	네덜란드		1,497,000	1,497,000	16,150,511(92.7)
17	미국	904,000	534,000	1,438,000	290,342,554(5.0)

* 주: 괄호 안의 숫자는 2003년 7월 현재의 인구를 기준으로 하여 산출해본 인구 1,000명당 전쟁사망자수.

* 자료: Ruth Leger Sivard, *World Military and Social Expenditures*, 1991 14th ed. (Washington, D.C.: World Priorities Inc., 1991) 및 1996 16th ed.에서(군인 및 민간인을 합한 전체 100만명 이상의 전쟁 사망자를 낸 국가를 전사자가 많은 나라부터 순서대로) 발췌.

등론에도 불구하고, 현실은 그칠 줄 모르는 이기욕구의 추구로 자본가와 노동자, 서구인과 비서구인 사이의 차별불평등과 지배만을 더욱 심화시키고 말았다. 자기 나라만의 경제적 이익을 추구하려는 명분으로서의 자유권 신장은 다른 비서구 국가들의 경제적 생활가치를 박탈하는 제국주의적 지배와 억압만을 촉진시킴으로써 도리어 19~20세기에 서구국가간의 식민지 전쟁을 일으키는 결과를 가져왔을 뿐이다. 더욱이 경제적 이익을 확장하려는 각 국가들의 지배욕구는, 세계평화를 교란시켜 인류의 불행과 파괴를 가져온 두 차례의세계대전을 자초하는 결과를 낳았다. 이는 근세 이래의 자유 평등이론과 현실간의 괴리였다고 할 수 있다.

20세기에 이르러 정치적 자유와 평등은 민중의 정치적 참여기회, 즉 지도자 선출방식인 선거권의 확장에 있는 것으로 보아 전체 인구의 과반수 이상의 성인 남녀에게 투표권이 부여되었다. 지도자 선출의 기회를 부여하는 참정권을 확대하면 국민의 자유와 복지가 보장될 것으로 보았다. 심지어는 현대 개인주의적 자유평등론의 적극적 주장까지 등장하여, 실존철학자 키에르케고르(Kierkegard: 1813~1855)는 만약 나의 묘비에 비명을 새긴다면 '그 개인(That Individual)'이라는 말 이외에는 그 어떤 것도 원하지 않는다고 하기에 이르렀다.

그러나 군주의 폭정에 의한 구속으로부터 벗어나 개인의 자유와 평등을 확보하기 위하여 창안된 참정권의 확장은, 전체주의정권의 등장으로 말미암아 국민의 정치적 자유와 평등을 성공적으로 실현하는 데 역시 실패하였다. 민주적 정치기구를 통한 제도적 장치에도 불구하고 사회현실은 소수의 권력엘리트층에 의하여 대다수의 서민대중이 자기네들이 구성했다고 보는 권력기구에서 소외당해왔을 뿐만 아니라 조작당하기도 하였다. 즉 대중에 대한 참정권 확대는 정치 경제적 자유와 평등 복지의 신장을 구실로 등장한 전체주의정권으로서의 파시스트(Fascist)체제와 공산주의 정권의 출현을 가져왔고, 결과적으로 소수 권력자 자신의 이기욕 충족의 수단이 되고 말았다. 동시에 그것은 고도 산업사회에서의 대중의 정치적 소외만을 가중시키게 되었다.

특히 인간성에서 물질적 욕구를 비합리적인 것으로 규정하고 이에 대한 사회적 억제를 주장한 맑시즘(Marxism)은 경제적인 차별과 불평등을 제거하기 위하여 제도적 장치로서 부(富)의 사회화를 주장하였다. 즉 개인의 이기욕을 부의 국 공유화를 통하여 제도적으로 억제하면 경제적 평등과 자유사회가 건립될 것으로 믿었다. 그러나 이러한 사회주의적 제도는 도리어 개인의 근로의식을 약화시켰고, 소수자의 이욕 추구의 자유를 위한 권력독점체제를 낳았다. 즉 부자와 빈자간의 경제적 불평등을 제거하기 위하여 인간의 경제적 이기욕을 억압할 수 있다는 맑시즘과 공산주의 집권체제도 현실의 자유와 평등을 이룩하는 데 실패하였다.

4) 현대 자유민주주의 과제와 전망

(1) 자유주의와 자본주의

이 책의 첫머리에 인간의 본질적 욕구 가운데 가장 중요한 욕구로 물리적 생리적 심리적 욕구를 들었다. 이들 욕구는 근본적으로 인간의 신체 자체 구조에서 연유하고, 신체는 의식주 생활의 확보와 직결되는 물리적 생리적 존재 자체라고 할 수 있다. 따라서 인간은 자신의 삶의 영역을 넓히기 위한 물질적 욕구의 신장을 바라며, 무한한 욕구 충족의 자유를 추구하게 마련이다. 이러한 물질적 욕구의 충족을 위한 자유의 추구는 경제적 재산권 신장의 자유를 요구하게 되어 자본주주의의 발전을 가져왔다.

그러므로 서양에서의 근세 자유주의는 재산권 신장의 자유로부터 출발하였다고 볼 수 있고, 이러한 재산권 신장의 자유를 추구하는 상업 내지 산업자본가가 대두하는 계기가 되었다. 그러나 이들 상업 내지 산업자본가의 끝없는 경제적 자유 추구는 현실사회에서 빈익빈 부익부의 경제적 불평등으로 인한 가난한 계층의 경제적 구속을 가져왔기 때문에, 자유 못지 않은 평등이 중요한 사회가치로 여겨지게 되었으며 아울러 평등을 핵심 가치로 내세우는 사회주의(socialism)가 나타나게 되었다.

(2) 평등과 사회주의

경제적 평등을 핵심 가치로 하는 사회주의 이념은 재산권의 평등을 제도화하기 위하여 주요 재산을 국 공유화함으로써 사유재산을 무한정 신장하려는 데에서 초래된 빈익빈 부익부의 불평등을 해소하려고 하였다. 사회주의자들은 인간은 본질적으로 이기욕을 지니고 있으므로 재산권을 신장하려는 이기욕을 자율적으로 억제하기를 바라는 것은 어려운 일이라고 보아 이를 제도적으로 억제함으로써 경제적 불평등사회를 시정하려고 하였다. 이러한 불평등을 바로 잡아 부의 평등을 실현하려는 제도적 장치가 공산주의사회에서의 주요 생활필수품에 대한 배급제였다. 그러나 배급제와 같은 평등한 배분제도는 현실의 인간사회에서는 그 자체로서 모순을 지닐 수밖에 없었다. 왜냐하면 이기욕을 추구하려는 인간성을 제도적으로 억제한다고 해서 인간본성에 도사리고 있는 물리적 생리적 심리적인 인간성 자체를 말소시킬 수는 없는 일이기 때문이다. 인간의 본성에 존재하는 이기욕으로부터 재산권 신장의 자유를 요구하게 마련인데 이러한 본질적 인간성을 제도적으로 억압하려 하니, 도리어 인간으로 하여금 재산을 늘리려는 이기욕구에서 생기는 생산성 향상의욕만 저하시키는 결과를 초래하였다. 결국 동구권 국가 및 구소련의 와해와 같이 부의 평등실현을 이념으로 하는 극단적 사회주의로서의 공산주의는 현실사회에서는 빈곤의 평등만을 나타냄으로써 실패한 이념이 되고 말았다. 결국 재산권 신장의 자유에서 비롯된 자유권은 완전히 없앨 수 없고, 다만 지나친 재산권 신장의 자유에서 초래되는 경제적 불평등을 정치적으로 조절하는 문제가 중요하게 되었다. 즉 경제적 자유권과 정치적 평등권의 조절을 통하여 공동체 구성원의 균형적 발전을 이루려는 자유민주주의가 바람직한 이념으로 여겨지게 된 것 같다.

(3) 자유민주주의의 본질 및 과제와 전망

자유민주주의는 재산권 신장의 자유를 보장함과 동시에 극도의 부의 불평등을 제도적으로 개선하려는 이념으로서 경제적 측면에서는 자본주의의 수정이고 정치적으로는 독재와 상반되는 민주주의 이념이라고 할 수 있다. 다시 말하면 현실사회에서 서로 상반적일 수 있는 자유와 평등을 어떻게 조화롭게 균형적으로 발전시키느냐는 과제는 그 사회를 구성하는 공동체 구성원의 평등한 참여를 통한 의사결정에 따라야 한다는 이념이 자유민주주의이다.

따라서 자유민주주의는 재산권 신장의 경제적 자유와 지나친 경제적 자유의 추구에서 초래되는 불평등을 정치적 평등권을 지닌 사회공동체 구성원의 민주적 참여(1인 1표의 정치적 참여의 평등)를 통한 공동체 구성원의 자유와 평등의 조화로운 균형을 추구하는 이념이라고 할 수 있을 것이다. 그러나 근본적으로 개체의 이기욕에서 연유하는 자유와 자유권 신장의 갈등 및 불균형을 조절하려는 평등은 서로 상반적일 수 있는 가치이므로 이 두 가치의 균형적 발전을 이루는 일은 영원한 자유민주주의의 과제일 것으로 보여진다.

4. 민주주의의 사상적 배경 Ⅱ -한국 및 중국 전통사상에서의 자유 평등의 문제

1) 중국의 전통사상과 자유 평등의 문제

현대 한국인의 의식구조와 가치관 그리고 행태에 많은 영향을 주고 있는 것은 조선왕조 시대의 사상과 서양 문물과 정치 사회이론 및 제도라고 할 수 있다. 그 가운데 조선왕조 시대의 사상과 가치관은 중국의 전통사상에 영향을 받은 바가 매우 크다. 따라서 중국의 전통사상에 대한 이해 없이 한국의 현대 정치 및 사회·경제적 현상 그리고 한국인의 의식구조와 가치관을 이해하기란 어렵다.

특히 현대 한국인의 사고방식과 행태에 깊은 영향을 미치고 있는 사상은, 중국의 전통사상들 그 가운데도 유학사상의 영향이 크다. 동시에 한국인의 의식구조와 가치관에 많은 영향을 주고 있는 것은 서양의 문물과 사상 그리고 제도들이다. 이 때문에 한국인은 그가 지닌 지식과 실제적인 행태 사이에 괴리현상을 나타내는 경우가 흔하다. 예컨대 자유와 평등에 관한 지식과 이론을 많이 지닌 사람도, 그의 실제적인 행위와 사고에 있어서는 자유민주주의와 반대되는 행태를 보이는 경우가 더 많다. 더 나아가서는 차별과 지배의 정치적 행태를 자유와 평등이론의 구현인 양 합리화하는 자기무지와 독선에 빠지는 수도 있다. 스스로 자유민주주의와 배치되는 허위를 범하면서도 그것이 자유와 평등에 어긋나지 않고 도리어 그것을 신장시키고 있다는 허위의 주장과 날조된 지식론을 전개하는 경우도 있다.

이는 자기도 모르는 사이에 그릇된 사상의 노예가 되어 허위의 사견(私見)을 불변의 원리로, 이기욕에 얽매인 개인적 요청을 일반적인 사회적 사실로, 그리고 일시적인 공상을 불가피한 현실로 착각하게 되는 가치관의 혼동에 있다. 따라서 우리의 의식구조 형성에 커다란 영향을 미치고 있는 중국 특히 유학사상의 뿌리를 파헤치는 것은 매우 중요할 것으로 보여진다. 우리의 정치 사회적 사고와 행태에 있어서 참된 의미의 원리를 원리로, 사실을 사실로, 그리고 현실을 현실로 확정시킬 필요가 있다. 이러한 뜻에서 한국인의 의식구조 심층에 도사리고 있는 중국의 전통사상의 영향과 그 내용을 재조명하는 일은 매우 중요하다.

(1) 유학의 차별 불평등 사상

유학은 중국의 다수 민족인 한족(漢族)의 생존권을 보위하기 위하여 발생한 중화(中華)사상의 원천이고, 한족이 비한족인 이민족을 지배하려는 정치적 목표에서 형성된 지배학이며 차별 불평등 사상이다. 따라서 공동체 특히 국가 공동체 구성원의 자유와 평등 그리고 자유로운 참여를 본질로 하는 민주주의 또는 민족주의와는 양립하기 어려운 사상이라 하여도 과언이 아니다.

따라서 우리가 초 중등교육을 통해서 그리고 가정과 사회에서 귀가 닳도록 들어온 동방예의지국(東邦禮儀之國) 수신제가치국평천하(修身齊家治國平天下) 맹모삼천지교(孟母三遷之敎)와 같은 말과 의식은 하루 빨리 버려야 할 가치관일지도 모른다. 동방예의지국이란 말은 중국을 침략하지 않은 유일한 민족이 우리 한민족(韓民族)이기 때문에, 절대 다수의 중국대륙의 민족이면서도 주변의 소수민족에게 중국대륙의 지배권을 빼앗겨온 한족이, 우리 한민족에게 복종 잘하는 민족이라는 의미로 붙여준 이름이니, 한민족의 입장에서 보면 민족의식 격하 용어라 하여도 과언이 아닐 것이다.

수신제가치국평천하의 경우에도 수신과 제가의 궁극적 목적을 치국평천하라는 정치적 욕망의 충족에 두고 있기 때문에, 유학사상에 빠져들면 민족과 사회, 국가와 국민을 외면하고 오로지 권력을 장악하려는 정치적 파쟁에만 여념이 없게 만든다. 따라서 조선왕조 500여 년 동안 유학을 통치의 근간으로 삼은 결과 유학사상에 젖은 지도층이 권력투쟁에 여념이 없었기 때문에, 자력으로 국토방위를 한 적도 거의 없고 철저한 유교주의자 가운데 참된 민족의식을 지닌 사람도 드물었다. 드디어는 한국 역사상 최초로 이민족이 한반도의 통치자가 되는 일제 식민통치를 자초하게 되었으며, 삼일운동의 지도층에 유학자를 찾기 어려운 점에도 유의할 필요가 있을 것이다.

맹모삼천지교의 경우에도 맹자의 어머니가 맹자를 놀고 먹는 유한(有閑) 귀족계급으로 성장시키기 위하여 서민들의 생활을 외면하고 이사한 것에 불과하다. 어떤 사람들은 이를 맹자 어머니의 지극한 모성애로 생각하여야 한다고 주장하지만, 거의 대부분 한국의 어머니들은 자식의 발전을 위하여 맹모 몇 배의 희생적인 헌신을 해왔다. 지금도 기러기 아빠와 맹모를 훨씬 능가하는 어머니들이 수도 없이 많다. 그런데 왜 하필이면 중국인인 맹모를 교훈의 예로 들 필요가 있는가?

이와 함께 우리가 유의해야 할 사실은 중국대륙의 역사는 절대 다수 민족인 한족 지배와 소수 민족인 비한족 지배의 교체사(交替史)라는 점이다. 아울러 중국대륙의 통일과 번영은 한반도의 위기와 시련이었고, 중국대륙의 분열과 시련은 한반도의 번영과 발전의 기회이었다는 점이다. 따라서 앞으로 중국대륙의 발전과 통일은 한민족이 경계해야 할 일이고,

중국의 분열과 혼란은 한민족 발전의 기회일 것이라는 점이다. 다음의
〈표 I-3〉 한-중 관계사의 변동은 이러한 점을 잘 보여준다.

〈표 I-3〉 한-중 관계사의 변동

중국에서의 한족 및 비한족 국가의 변동		한민족 국가의 변동	
한족국가 창건 352년간	서주: BC 1122-770	한민족국가의 창건	단군조선(BC 4333) 건국
비한족 침략 및 한족 분열 549년간	동주: BC 770-356 춘추: BC 770-481 전국: BC 448-221	한민족의 문화형성 및 발전	고조선 시대 삼한시대 문화
한족의 대륙통일 424년간	진: BC 221-206 한: BC 206-AD220	한족 침략과 한민족의 위기와 분열 350년간	・한족이 침략하여 한4군(낙랑, 임둔, 현도, 진번) 설치: BC 108/107-AD 313 ・고구려 건국: BC 37 ・신라 건국: BC 57 ・백제 건국: BC 18 ・고구려 요동 공격(AD 14), 동옥저 정벌(AD 56)
한족의 분열과 비한족의 지배 및 분열 366년간	삼국·서진: 222-316 동진: 317-420 5호16국: 304-420 남북조: 386-588	한민족의 영토 확장 및 민족문화의 융성 426년간	・고구려, 서안평 공격(242) ・고구려, 대방군(286) 및 현도군 공격(302) ・낙랑군 축출(313) ・고구려, 국내성 천도(343) ・백제에 불교 전래(384) ・고구려, 광개토대왕(391-413) 및 장수왕(413-491)의 번성기 ・신라의 불교 공인(528)과 황룡사 준공(566)
한족의 대륙 통일 326년간	수: 581-618 당: 618-907	250년간	・고구려, 살수대첩(612) 및 거란 대파(654) ・백제 멸망(663) ・고구려 멸망(668) ・신라, 당과 충돌(671) 및 당 축출(676) ・발해, 건국 및 발전(699-926) ・신라의 장보고, 청해진 건설(828)

한족의 분열, 비한족의 침략 및 대륙지배 327년간	5대(후량, 후당, 후진, 후한, 후주): 907-960 10국: 907-979 북송: 960-1127 남송: 1127-1279 요: 907-1125 서하: 1032-1227 금: 1115-1234	고려 초·중기의 발전 및 문화의 융성 341년간	· 고려의 건국(918) 및 후삼국의 통일(654) · 청자 공예 번성(970년대) · 요의 침입 격퇴(993-994) · 고려 철전의 주조(996) · 강감찬의 귀주대첩(1011), 장성 건설(1033-1044) · 고려청자 문화의 형성(1050) 및 융성(1180년대) · 윤관의 9성 설치(1108) · 묘청의 반란(1135-1136) · 정중부의 쿠데타(1170) · 최충헌의 집권(1196-1258)
비한족 통일 및 지배, 한족과 비한족의 교차 지배 677년간	원: 1234-1368 (비한족의 지배) 명: 1368-1644 (한족의 지배) 청: 1644-1911 (비한족의 지배)	몽고 침략과 지배기, 조선의 건국 및 멸망 그리고 굴욕의 시련기	· 몽고의 침입(1231-1238) 및 고려의 강화천도(1232-1270) · 금속활자 간행(1234) · 팔만대장경 조판(1236-151) · 고려청자의 전성기 · 몽고에 굴복(1259) 및 지배(1259-1380) · 이성계의 위화도 회군(1388) 및 조선 건국(1392) · 임진왜란(1592-1598) 및 병자호란(1636-1637) · 병인양요(1866) · 동학난 및 청일전쟁(1898) · 을사보호조약(1905) · 한일합방(1910) 및 일제 지배기(1910-1945)
비한족의 지배 및 한족의 분열 157년간	홍콩: 1842-1997 중화민국→대만: 1912-현재 중화인민공화국: 1949-현재	남북한 현대사	· 대한민국 수립(1948) · 한국전쟁(1950-1953) · 4·19혁명(1960) · 5·16군사쿠데타(1961) · 군부 집권(1963-1992) · 김영삼 정부(1993-1998) · 김대중 정부(1998-2003) · 노무현 정부(현재) · 북한: 김일성 정권(1948-1994) 및 김정일 승계(1994년 이후)

・한족통일지배= 　약 1,400년 ・한족 분열 및 　비한족의 지배= 　약 1,800년		・한민족 번영 및 발전= 　약 1,000년 ・한민족 위기와 시련= 　약 1,200년

 이러한 측면에서 중국 한족의 생존권을 보위하려는 정치적 목표에서 형성된 유학사상은 한민족에게는 발전의 저해 요인일 수 있다. 우리는 왜 중국과 북한이 민주화되지 못하고 권위주의 내지 가부장적 독재체제를 유지하면서 공조하고 있는가를 음미해 볼 일이다. 중국과 북한이 제도는 사회주의를 가장하고 있어도 그것은 사이비 사회주의이고 집권층은 철저한 가부장적 유교주의적 가치관으로 통치하고 있음에 유의할 필요가 있다. 이러한 측면은 해방 이래 자유민주주의체제를 주장해온 남한의 경우에도 타산지석일 수 있다.
 아울러 우리도 이러한 유학적 가치관에 얽매여 있는 한 아무리 제도적 개편이나 사람을 교체하여도 한국사회의 민주화는 그만큼 늦어질 것이라는 점에 유의할 필요가 있다. 유학적 가치관은 중국 한족의 생존권과 봉건적 차별체제 및 권위주의적 권력독점체제의 보위를 위해서는 필요한 사상일지 몰라도, 한국사회의 민주적 발전을 위하여 하루 빨리 버려야 할 중국 한족의 가치관에 불과할지도 모를 일이다.

 ① 공자 유학의 차별사상
 유학의 원형은 공자에게서 비롯된다. 공자는 정치의 의미를 바로잡는 것으로 규정하였다. 즉 "계강자(季康子)가 공자에게 정치에 대하여 질문했더니, 공자가 대답하기를 정치란 바로잡는 것이라 하였다. 당신이 백성을 다스리되 바르게 한다면 누가 감히 바르지 않겠는가?"[13])에서 알 수 있다. 그렇다면 무엇을 바로잡는다는 것이냐가 문제이다.
 공자의 정치이상이 고대 중국 주(周)의 봉건체제이었으므로, 그의 정치

---
13) 季康子問政於孔子, 孔子對曰, 政者正也, 子師以正, 孰敢不正(『論語』, 顏淵).

목표는 무너져 가는 주의 상하 차별의 봉건체제를 재확립하는 것이었다. 따라서 그는 붕괴과정에 있는 주의 봉건체제를 바로잡아 재건하려 하였던 것이었다. 이는 공자가 "주(周)는 하은삼대(夏殷三代)를 본받으니 그 문화가 찬란하다. 나는 주를 쫓겠다"14)고 한 점으로도 알 수 있다. 또한 어떻게 바로잡을 것이냐에서 공자의 정치방법론도 나왔다.

그렇다면 공자가 이상으로 했던 주의 체제는 어떠하였는가? 주의 사회조직은 귀족 서인(庶人) 노예의 계급적 차별이 엄격한 차별적 신분사회이었다. 귀족계급 안에서도 그 서열에 따라서 주의 제왕을 정점으로 한 제후(諸侯) 대부(大夫) 사(士)의 신분적 차등이 엄격하였다. 서민계층에게는 재산소유권은 물론 자유로운 생존권도 없고 성명도 없었으며 학문할 권리도 없었다. 『논어』에 "백성은 법을 지키게 할 수는 있어도 법을 알게 할 수는 없다"15)고 한 구절에서 보는 것처럼 백성에게는 오로지 예법을 준수할 뿐 이에 대한 호오(好惡)와 비판의 자유가 없었다.

노예와 서민에게는 식색(食色)의 욕구를 추구할 자유가 없었으며, 단지 귀족의 소비를 위한 농공업과 교역권이 허용되었을 뿐이다. 따라서 맹자의 어머니가 이사를 세 번 한 목적도 맹자를 서민이 아니라 귀족으로 양육하기 위하여 환경을 선택한 것에 불과하다. 민주주의 사회에서 지도자는 국민과 동고동락하고 국민의 지지 없이는 존재 할 수 없기 때문에, 맹모삼천지교의 교훈은 하루 빨리 버려야 할 사고일 것 같다. 앞서도 논의한 것처럼 모성애의 예로 맹모삼천지교를 말한다고 해도 한국의 어머니들은 맹자 어머니보다 훨씬 정성어린 모성애의 실례가 허다한데, 왜 하필 유사 이래 우리 한민족을 핍박해온 중국 한족의 맹모를 교훈으로 삼을 필요가 있을까?

이와 같은 사회적 차별을 법제화한 것이 주의 예(禮)였고, 통칭 주례(周禮) 또는 주전(周典)이라 하였다. 그러나 이 주례는 주 말기 소위 춘추시대에 와서 무너지기 시작하였다. 인간에게 차별윤리의식을 각성시킴

---

14) 『論語』, 八佾.
15) 民可使由之, 不可使知之(『論語』, 八佾).

으로써 주의 차별제도의 붕괴를 저지할 수 있다고 본 것이 공자였다. 부자(父子) 군신(君臣) 장유(長幼) 등 상하간의 차별적 윤리규범을 바로잡으면 주 체제의 재현이 가능하다는 것이 공자의 도덕정치론 전개의 초점이었다. 즉 차별적 윤리규범을 재확립하는 것이 공자의 정치방법론이었다.

그러므로 제경공(齊景公)이 공자에게 정치방법에 대해 질문했을 때, 공자가 대답하기를 "임금은 임금답게, 신하는 신하답게, 어버이는 어버이답게, 아들은 아들답게 할 것이다"16)라고 하였다. 또 신분상의 성명을 바르게 하는 것이 정치에서 중요하였다. "자로(子路)가 말하기를 위군(衛君)이 선생님께 정치를 물어보겠다고 하니, 선생님은 장차 무엇부터 먼저 하려 하십니까 하였더니, 공자 대답하기를 명분을 바로잡겠다"17) 하였으니, 이는 임금은 임금으로서의 권위를 지니게, 신하는 신하로서의 순종의 도리를 다하게 한다는 뜻이다. 즉 명분을 바로잡아야만 국민의 신뢰를 얻을 수 있다는 것이다. 따라서 공자는 식량과 군비의 충실보다도 명분을 바르게 하여 국민의 신뢰를 얻는 것을 더 중요시하였다.18)

군주가 군주로서의 권위적 명분을 지키면, 도덕적으로 감화되어 북극성이 제자리에 있으면 뭇별들이 그를 떠받들듯이,19) 백성들이 순종하는 정치가 이루어진다고 보았다. 폭력에 의한 강압적 정치보다는 도덕적 감화에 의한 정치방법을 주장한 것이 공자이었다.

그러나 국민은 정치적으로 감화되기는커녕 상하 귀천(貴賤)을 막론하고 모든 사람들이 이기욕구를 추구하기 때문에 차별윤리규범은 더욱 교란되었다. 이에 공자는 이 차별규범을 지키려는 의식을 인간의 본성으로 규정할 필요가 있었다. 이것이 그의 인간성론으로서의 성리학(性理學)이다. 차별윤리규범을 지키려는 순수의식을 인간의 존재본질로 보았으므로, 이기욕구를 인간본성에서 삭제하려 하였다. 이 차별윤리의식을 인간의 순

---

16) 齊景公問政於孔子, 孔子對曰, 君君臣臣父父子子(『論語』, 顏淵).
17) 子路曰, 衛君待子而爲政, 子將奚先, 子曰, 必也正名乎(『論語』, 子路).
18) 『論語』, 顏淵.
19) 子曰, 爲政以德, 譬如北辰, 居其所衆星共之(『論語』, 爲政).

수의식으로서 예의식(禮意識)이라 하였다. 예와 이기욕, 차별윤리와 이기추구의 기로에 선 인간이 이기욕과 이기추구를 배척하고, 예법과 차별윤리규범을 따를 것을 요구하였다. 그것의 준행(遵行)은 인간본성에 본래부터 이를 준수하고자 하는 순수의식이 선재(先在)함으로 가능하다고 공자는 보았다.

"그림 그리는 일은 소(素)가 있은 뒤에 가능하다. 자하(子夏)가 묻기를 그렇다면 예는 뒤입니까? 공자 말하기를 나의 참뜻을 알고 있는 사람은 자하 너뿐이다."20) 여기서 소(素)는 백색 공(空) 질박(質樸) 소박(素朴)의 뜻이고, 그림 그리기 위한 백지이며, 인간에게 있어서는 교만함과 영리함에 물들기 이전의 인간의 순수한 본래성 즉 근본 바탕을 말한다. 이것은 차별적 윤리규범을 실천하려는 순수의욕이요 순수의식으로서 인간본성을 말한 것이다.

공자가 노의 대묘(大廟)에 들어가 참례할 때 일일이 물어서 하니, 어떤 사람이 "누가 저 취인(聚人)의 아들(취는 공자가 태어난 곳이니 공자를 말한 것임)이 예법을 안다고 했는가? 대묘에 들어가 매사를 물어서만 하니"21)라고 비꼬았다. 이 말을 공자가 듣고서 말하기를 "바로 이 예를 알려는 순수의욕이 바로 예이다"22)라고 하였다. 공자는 차별적 윤리에 대한 준수의욕이야말로 인간의 본바탕이고 의식의 순수성, 즉 본래성으로 규정함으로써 이에 대한 자각이 있으면 차별체제가 저절로 확립될 수 있다고 본 것이다.

따라서 그는 인간 그 자체의 삶의 욕구에서 비롯하는 이기욕구를 의식기능에서 삭제하고, 이욕을 배척하고 차별윤리만을 추구할 것[斥利求禮]을 주장하였다. 논어에 의하면 "안연(顔淵)이 인(仁)에 대하여 물었더니, 공자 말하기를 이기욕을 억제하고 예를 각성하는 것이 인이 된다. 하루 동안만 이기욕을 억제하여 예를 각성한다면 천하가 인하게 될 것이니, 인

---

20) 『論語』, 八佾.
21) 『論語』, 八佾.
22) 『論語』, 八佾.

이란 자기 자신에서 비롯되는 것이지 남에게서 말미암는 것은 아니다. 안연이 그 실천의 자세한 것을 물으니, 공자는 말하기를 예가 아니면 보지 말고, 예가 아니면 듣지 말며, 예가 아니면 말하지 말고, 예가 아니면 행동하지 말라"23)고 하였다. 공자의 도덕론이란 바로 이러한 차별 윤리의식의 각성과 실천을 주장한 것이다.

공자는 인간이 차별적 윤리규범 실천의 주체자임을 각성하고, 척리구례(斥利求禮) 극기복례(克己復禮)할 때 도덕적 자유인이 될 수 있다고 본 것이다. 즉 차별윤리의식의 각성과 실천을 통하여 인간은 도덕적 자유를 얻을 수 있다고 본 것이다. 이와 같은 차별의식의 각성과 차별윤리규범의 실천방법론으로 공자가 제시한 것이 효제(孝悌)이었다. 그에게 있어서의 효제란 차별의식으로서의 순종의 습성을 길러 군신차별의 정치질서를 확립하기 위한 도덕적 당위론이었다. 이런 점에서 공자는 "젊은이는 가정 안에서는 가부장(家父長)에게 효도하고, 가정 밖에서는 어른을 공경하여야 한다"24)고 하였다. 그러므로 그는 "효행을 하는 사람은 상위자에게 복종하지 않기를 좋아하는 사람이 드물고, 상위자에 거역하는 일이 없게 되면 사회질서를 혼란시키는 일이란 없을 것이다"25)라고 하였다. 이렇게 볼 때 공자에게 있어 효제의 실천은 차별적 사회질서를 확립하기 위한 정치방법이었던 것으로 보여진다.26)

그러나 도덕적 완성이 인간에게 현실생활에서의 자유롭고 평등한 행복을 가져다줄 수 없을 뿐만 아니라, 그 도덕 자체가 차별과 지배의 길을 선택했을 때를 말하기 때문에, 참된 의미의 자유 평등과는 양립할 수 없는 모순을 면하지 못한다. 그리고 공자의 평등론이란 모든 인간, 즉 왕과 귀족 및 노예·서민을 막론하고 차별의 순수 예의식을 지녔다는 점에서

---

23) 『論語』, 顔淵.
24) 弟子入則孝, 出則悌(『論語』, 學而).
25) 有子曰, 其爲人也, 孝悌而好犯上者, 鮮矣, 不好犯上而好作亂者, 未之有也(『論語』, 學而).
26) 김만규, 「충효사상과 그 교육적 과제」, 『연세교육과학』, 제13집(연세대 교육대학원, 1978), 30쪽 참조.

동등하다는 데 기초를 두고 있다. 그러나 인간의 본성에는 차별가치에 대한 순수의식 즉 예의식이 과연 있는 것일까?

 차별과 지배받기를 원하는 가치의식은 인간의 본질일 수 없고 도리어 그 반대인 동등과 자유의식이 인간의 존재이유일 것이다. 공자는 인간의 본성 속에 없는 것(차별의식)을 있다고 하고, 있는 것(동등과 자유의식)을 없다고 한 방법론상의 모순을 의식하지 못한 잘못을 범하였다. 차별받지 않고 구속받지 않으려는 이기욕구는 삶의 욕구에 근거하고 있는 인간의 불가피한 본질적 요소이다. 그럼에도 불구하고 공자는 주의 봉건체제를 보위하려는 정치이상을 추구하려는데 급급한 나머지, 차별 도덕적인 인간성론, 역사이론[封建道德史觀], 우주론[天命論] 등을 전개함으로써 인간 본래의 이기욕까지도 억압하려는 차별도덕의 정치론을 취하였던 것으로 보여진다.

 그러나 인간의 이기욕을 부인 억압한다는 것이 과연 가능한가? 공자는 인간이 본질적으로 지니고 있는 삶의 욕구에 근거를 둔 의식의 제 기능을 억압 삭제할 수 있느냐와 억압하기 위한 방법론의 타당성 여부에 대하여 의식하지 못했으므로, 그의 차별윤리사회의 건립이론은 현실과의 괴리로 실패하였다. 공자도 이 실패를 스스로 인정하고 현실에서의 구현을 포기하기에 이르렀다. 그는 주 왕실의 재건을 위하여 주와 주 왕을 떠받드는 존주근왕(尊周勤王)을 주장하면서 40여년간 제후국을 유세하였지만 실패하고 죽기 5년 전에야 그만두었다. 공자가 "심하도다 나의 늙음이여! 내 오랫동안 그리던 주공(周公: 무왕, 성왕을 도와 은을 멸망시키고 주 왕실의 기초를 확립하는 데 기여한 정치인)을 꿈에서라도 다시 보지 못하겠구나"[27]라고 탄식한 것도 자신의 실패를 단적으로 말해주는 구절이다. 공자의 희망과 요청에도 불구하고 주 왕실은 붕괴하고 각 제후국이 패권 장악을 위하여 각축하는 전국시대에 이르렀다.

---

27) 甚矣, 吾衰也, 久矣, 吾不復夢見周公(『論語』, 述而).

② 맹자의 왕도사상

맹자는 공자가 죽은 뒤 약 200년 후에 활동한 사람이다. 그의 생존기는 전국기로서 주의 봉건체제가 붕괴하여 공(公)이라 불리던 제후들이 스스로를 왕이라 자칭하던 영토분할의 시대였다. 이때의 정치 사회상황을 보면 주 왕실과 제후간의 군신관계는 소멸하고 각 제후가 왕으로서 독자적인 군신체제를 형성했던 혼란의 불안정기였다. 제후국간의 잦은 전쟁으로 말미암아 제후국 내 군신관계도 혼란하게 되고, 상고 이래의 귀족 서인(庶人) 노예의 차별적 신분계급질서까지도 파괴되고 있었다. 이러한 사회 혼란을 맹자는 "사설(邪說)과 폭행이 횡행하고 신하가 임금을 죽이고 자식이 어버이를 죽이는 일이 빈번하다"[28]고 표현하였다.

이러한 시대 상황에서 서술된 『맹자』의 주제는 제후국 왕의 정치적 태도를 바로잡는 것이었다. 그는 짐승을 몰아 사람을 잡아먹게 하는 식의 솔수식인(率獸食人)과 상하 신분간의 권력투쟁으로 상하교정리(上下交征利)[29]의 이기욕 추구가 난무하는 정치 사회의 현실에 직면하여, 왕의 정치목표와 정치방법의 반성을 요구하였다. 맹자는 왕자(王者) 즉 정치인이 이기욕의 추구를 스스로 억제하고, 공자가 설정한 차별윤리의 실천에 힘쓸 것을 요청했으니, 이것이 그의 왕도론(王道論)이다.

왕도론에서 맹자는 왕의 이기적 물욕에 대한 인색(吝嗇)을 경고하고,[30] 백성에게 살 방법을 마련해주는 정치를 요구하였다. 이러한 정치의 방법으로 백성의 생활과 직결되는 생업으로서의 항산(恒産)을 주장하였다.[31] 따라서 그는 "왕도란 산 사람을 부양하고 죽은 사람을 장사 지내는 데 유감 없게 하는 것"[32]이라 하였다. 맹자는 이러한 경제적 방법을 통해 백성을 얻음으로써 상하 차별질서를 바로 세우고 왕도정치를 실현할 수 있다고 믿었다. 즉 그는 차별윤리질서 실현의 선행조건으로 백성들에게

---

28) 邪說暴行有作, 臣弑其君者有之, 子弑其父者有之(『孟子』, 藤文公下).
29) 『孟子』, 梁惠王上.
30) 塗有餓莩而不知發(『孟子』, 梁惠王上).
31) 『孟子』, 梁惠王上.
32) 養生喪死, 無憾, 王道之始也(『孟子』, 梁惠王上).

최소한의 이기적 물욕을 충족시켜줄 것을 인정하였다. 그러나 이기욕의
과잉 추구는 사악이고 그것의 자제만이 군신차별체제 확립의 근본적 방
법이라고 보았다. 치자인 왕이 우선 이욕과 지배욕을 스스로 억제하고 차
별도덕의 본질을 자각함으로써 이에 대한 실천의식을 배양하고 백성들을
계도할 때 왕도정치 실현이 가능하다는 것이다.

그는 차별도덕이 인간의 실천원리라는 점을 논증하고, 그것이 인간이
실천해야 할 선의지(善意志)임을 입증하려 하였다. 그러므로『맹자』의 거
의 전편이 이들 차별도덕의 원리에 대한 논증이라 하여도 과언이 아니다.
이 원리 논증의 일례가 우물에 빠진 아이에 대한 불인지심(不忍之心)[33]
이다. 그리고 차별도덕을 실천하려는 의지력의 발휘 즉 이기욕을 억제하고
차별도덕을 실천하는 과단성 있는 태도를 호연지기(浩然之氣)라 하였다.

그러나 이기적 지배욕과 물욕을 억제하고 차별도덕을 실천할 것을 요
구했음에도, 이론과 현실은 일치하지 않는 괴리를 나타냈고 맹자가 바라
던 차별사회는 이룩되지 않았다. 따라서 맹자는 이기적 물욕인으로부터
차별질서를 잘 준수하는 봉건적 도덕인으로 전환시키는 방법으로서, 수신
법(修身法)과 양심과욕법(養心寡欲法)을 제시하였다.[34] 수신법은 감각적
물욕이 침입하는 통로인 신체를 외적 환경의 자극과 차단시킴으로써 봉
건 도덕인으로서의 자세를 보위하는 것이며, 그 실례가 맹모삼천과 같은
것이다. 맹모삼천은 이기욕 발동의 사회환경으로부터 회피하여 차별도덕
의지를 양성함으로써 놀면서 먹고사는 지배계급을 만들기 위한 사회환경
의 선택에 불과하다. 또 맹자는 인간이 욕구를 억제할 때 차별도덕 실천
의지력이 양성된다고 본 양심과욕법(養心寡欲法)[35]을 제기하였다.

그러나 이러한 차별질서 확립을 위한 이기욕의 자제와 그 실천방법론
으로서의 도덕정치방법은, 피지배 서민대중을 차별정치체제에 순응시키기
위한 위장이론에 지나지 않았다. 왜냐하면 맹모삼천과 같이 서민의 생활

---

33)『孟子』, 公孫丑上.
34)『孟子』, 盡心下.
35)『孟子』, 盡心下.

가치를 외면하는 것이 마음을 바르게 하고 몸을 닦는 교육방법일 수 없고 서민의 생활풍속이 악행일 수는 없기 때문이다.

맹자는 이처럼 차별도덕의 원리를 논증하고 실천방법론을 정치방법으로 전개하였으나 실패하였다. 인간 본성에 근본적으로 존재하는 이기적 지배욕구에 대한 도덕적 수련으로, 이기욕(利己欲)에서 발생하는 현실의 정치적 권력투쟁과 사회문제를 해결할 수는 없었다. 오히려 각 제후국 왕들의 자기 이익 추구만이 조장되어 상호 갈등 침략 겁탈 및 전쟁으로 말미암아 소위 약육강식의 전국기를 초래하였을 뿐이다.

맹자가 자제를 주장한 부도덕한 이기적 지배욕구는 인간과 사회에서 불가피한 현실적 사실이며, 척리구례(斥利求禮)의 차별도덕 원리의 실천은 한낱 이상이고 사견(私見)에 지나지 않았다. 맹자는 차별도덕의 원리와 실천의지를 인간성 역사 및 하늘의 운명[天命]으로 논증하고 그것의 실천을 요청했으나, 현실은 오히려 맹자가 부도덕으로 규정한 지배야욕의 추구자가 천하패권을 차지하여 중국대륙을 통일하게 되는 진한(秦漢)의 통일기를 맞이하였다. 이들 지배야욕 추구자가 바로 진시황(秦始皇)과 한 고조 유방(劉邦)이라고 할 수 있다. 따라서 맹자의 왕도론은 실패하였고, 진 및 한 시대에 중용사상이 대두하였다.

③ 중용의 천도사상

춘추전국기의 분열과 혼란을 극복하고 중국대륙을 통일한 진시황에 이어 중국을 통일한 한은 그 초기에 강력한 중앙집권적 제왕권체제가 요구되었다. 따라서 맹자의 분할사상(分割思想)과 왕의 이기욕 자제의 소극적 방법은 한 초기의 시대적 요구에 부응할 수 없었다. 중앙집권적인 강력한 제왕권(帝王權) 확립만이 천하통일체제를 보위할 수 있었기 때문에, 제왕의 권위를 절대화하고 이에 대한 순종을 인간의 숙명으로 규정할 필요가 있게 되었다. 이것이 『중용』의 천도정치론(天道政治論)이다.

제왕은 절대초월자인 하늘의 아들인 천자(天子)로서 절대권을 지닌 하늘의 대행자이며, 입법 행정 사법 등 삼권을 장악한다고 『중용』은 규정하었다. 따라서 "하늘의 아들로서 제왕인 천자가 아니면 예법을 논의하지 못하고 제도를 만들 수도 없으며 법령을 발할 수 없다"36)고 하였다.

『중용』에서 제왕권의 근거인 하늘[天]은 사람과 사물 등 모든 만물의 생성자(生成者)로서 강력한 의지의 존재이다. 그러므로 사람과 사물은 하늘의 피조물에 불과하고, 천명의 대행자인 제왕에 대한 반역은 용납될 수 없으며, 하늘의 위력이 미치지 않는 곳이 없게 된다. 남이 보거나 듣지 않는 곳에 있을 때라도 하늘의 아들인 제왕에 대한 반항의 심정을 지녀서는 안된다는 점을, 『중용』은 "홀로 있을 때도 삼가라"37)고 책머리에서 요구하였다.

절대자인 하늘의 우주 생성원리는 무엇인가? 그것은 상하 차별의 원리다. 따라서 중용은 "솔개는 하늘에서 높이 날고 고기는 연못에서 뛰어논다고 하니, 이는 상하 차별이 분명함을 말한다. 군자의 도(道)는 부부간의 차별질서에서 발단하지만 천지간에 분명한 원리이다"38)라고 확정하였다. 이것은 우주현상을 차별화함으로써 정치 및 사회체제를 상하 차별의 봉건질서화하려는 저의에서 비롯한 것이다. 그러므로 인간을 우주의 한 개체로 규정한 『중용』에서, 인간은 운명적인 상하 차별의 우주원리에 순종치 않을 수 없게 된다. 따라서 『중용』에 의하면 상하 차별의 천리(天理)에 순종하는 것이 인간의 숙명일 수밖에 없다.

따라서 정치의 의미도 공자나 맹자 사상에서와 같이 차별질서의 교란을 바로잡는 것[政者, 正也]이 아니라, 하늘의 아들인 제왕에 대한 절대적인 충성과 순종으로 규정하였다.39) 따라서 『중용』은 정치의 개념을 포로(蒲蘆)로 규정하였으며,40) 공자나 맹자가 정치를 '바로잡는 것'으로 정

---

36) 『中庸』, 二十八章.
37) 故君子愼其獨也(『中庸』, 一章).
38) 鳶飛戾天, 魚躍于淵, 言其上下察也, 君子之道, 造端乎夫婦, 及其至也, 察乎天地(『中庸』, 十二章).
39) 『中庸』, 二十章 및 김만규, 「理氣論의 정치적 조명—유가의 공자 맹자 중용 및 주자를 중심으로」, 『제4회 합동학술대회논문집』(한국정치학회, 1981), 72-75쪽 참조.
40) 夫政也者, 蒲蘆也(『中庸』, 二十章).

의한 개념과는 그 의미가 다르다. 포로(蒲盧)라는 글자의 뜻에 대하여 후한 말의 유학자 정현(鄭玄)은41) "나나니벌, 즉 땅벌[土蜂]을 의미한다"42)고 하였다. 포로란 여왕벌(女王蜂)에 대한 일벌의 절대복종을 특성으로 하는 땅벌의 생태와 같이, 제왕에 대한 모든 백성의 절대복종과 충성을 뜻한다고 하겠다. 『중용』의 정치목표는 바로 제왕권에 대한 절대 복종과 충성을 의미하는 포로에 있었고, 이것은 붕괴되어가고 있는 봉건체제를 바로잡아 재건하려는 정치적 목적에서 공자나 맹자가 말한 정치의 개념에 대한 수정이었다. 그러므로 『중용』이 "정치란 포로이다"43)라고 규정한 정치의 의미는 '바로잡는 것'(政者, 正也)44)이 아니라, 제왕권에 대한 절대 복종을 의미한 것이었다. 이것은 제왕권에 대한 절대 순종이 정치임을 말한 것이며, 그 순종의 실천방법론으로 인간 내면으로 되돌아가 정성을 다하여 순종하고(誠之, 天誠), 홀로 있을 때도 차별체제에 반항적 생각을 품지 않는, 즉 홀로 있을 때도 삼가라(愼獨)고 요구하였다. 이는 봉건적 차별체제의 구현을 위하여 반체제적인 저항을 근원적으로 봉쇄하려는 정치방법론이라고 할 수 있다.

이와 같이 『중용』이 강력한 하늘의 위력을 빌려서 제왕권의 절대권을 확보하려 했으나, 인간의 이기욕은 현실에서 이 차별질서를 교란시킴으로써 중용사상은 실패하였다. 순종이 아니라 이기욕의 자율적 신장을, 차별이 아니라 동등의 욕구를 추구하는 것이 현실이었다. 이에 『중용』의 정치이론과 현실은 괴리를 보일 수밖에 없었다.

---

41) 중국의 『삼국지』(三國志)에 의하면 정현은 유비가 조조에게 쫓기어 작은 성에 숨어 있으면서 그가 전에 조조와 같이 공격한 적이 있는 원소에게 협력을 구하고자 했을 때에, 유비에게 소개장을 써 주어서 원소로 하여금 대군을 동원케 함으로써(편지 한 장으로 십만 군대를 동원) 유비와 협력하여 조조를 공격하도록 한 일이 있는 인물로서, 동한(東漢: 後漢) 말에 고위관직을 역임하였고 은퇴 후에도 존경을 받았던 저명한 유학자요 문장가이다.
42) 蒲盧, 蜾蠃, 謂土蜂也(禮, 『中庸』 注).
43) 『中庸』, 二十章.
44) 『論語』, 顏淵.

(2) 묵자의 상동 정치관과 경제도덕적 평등론

청 말 묵자학자인 손이양(孫이讓)의 묵자 연표에 의하면 묵자의 생존기(B.C. 468~376)는 공자가 죽은 50~100년 후의 열국기(列國期)라 한다. 이 시대는 주 왕이 낙양(洛陽)의 일개 읍장 정도로 그 세력이 쇠미했던 동주 말이었다. 이때의 상황을 보면, 서방의 각 제후국이 부국강병에 여념이 없었고 주 왕실은 유명무실하였으며, 봉건적 차별체제는 극도로 혼란하였다. 이처럼 부국강병을 요구하는 당시의 사회현실에서 주례(周禮)의 신분적 차별윤리질서의 확립을 실천 목표로 하는 공자의 정치방법론을 시대착오적인 소극적 이론이라 보아, 자유와 공평의 혁신론을 주장한 사람이 묵자였다.

차별질서 확립의 요청에서 사물에 대한 물욕과 지식에 대한 억압 폐쇄 인종(忍從)보다는 그것의 개방과 추구의 자유를, 빈곤보다는 부강을 요구하는 새로운 가치관을 제시한 것이 묵자였다. 묵자는 신분적 계급사회의 재건을 목표로 했던 공자의 사상에 반대하여 차별가치관의 경신(更新)을 주장하였다. 그는 약자를 보호하고 강자를 제약하는 보약제강(保弱制强)을 통하여 계급이 없는 평등사회와 생산사회를 이룩함으로써 경제도덕적인 공평윤리사회를 실현하고자 하였다. 이것이 묵자의 상동사회론(尙同社會論)이다. 여기서 '동'은 일동(壹同)으로 만민평등을 의미하는데, 묵자는 이 평등론의 전개를 위하여 평등을 숭상하라는 뜻으로 「상동편」(尙同篇)을 저술하였다. 그는 평등사회를 건립하려 하였기 때문에, "오늘날에 와서도 주의 봉건적 차별체제에 대한 충성이 있느냐 없느냐로 반열(班列)에 나가서 벼슬하고, 세습적으로 관직에 있었다고 해서 행정을 담당케 하는 것은 잘못이다. 공로 여하에 따라 상(賞)을 정하고 공로를 헤아려서 관록(官祿)을 정해야 한다. 관직은 언제나 존귀한 것이 아니며, 백성은 죽을 때까지 항상 천(賤)한 것도 아니다. 공로만 있으면 천(賤)을 면하게 하여 부귀를 얻게 해야 한다. 따라서 유능하면 선발하고 무능하면 관직을 떼어야 한다"[45]고 주장하였다.

특히 묵자는 배분을 차별 지우고 약자의 권익을 수탈하는 역정(力正)46)
을 바로잡아, 차별체제로 말미암은 수탈을 막고 배분의 공평을 이룩할 의
정(義正)47)의 실현을 정치의 과제로 보았다. 그러나 의정은 이상이고 역
정이 당시의 현실이었다. 그러므로 그는 자유 평등의 상동사회의 실현을
위한 정치방법론을 제기하였으며, 그것이 경제도덕론으로서의 식화도론(殖
貨道論), 차별가치관의 혁신론으로서의 인의예지(仁義禮智)의 경의(更義)
및 감고흑백(甘苦黑白)의 혼동에 대한 개념의 재규정 등이다.48)

묵자는 백성의 의식(衣食) 등 물욕 추구의 자유를 허용하고 대중의 경
제적 실리를 정치적 가치의 기준으로 삼을 것을 주장함으로써, 차별가치
만의 실천을 주장하며 물욕을 폐쇄하고 재화 생산을 무시한 공자사상을
비판하기 위하여 유학을 비판한「비유편」(非儒篇)까지 내놓았다. 그는 경
제적 실리의 가치기준으로 삼표(三表)를 제시했는데, 여기서 '표'(表)는
가치기준을 의미한다. 삼표에 대해서 그는 "본지자(本之者)는 정치관의
근거를 옛 성왕의 업적에서 구하는 것이고, 원지자(原之者)는 정치의 목
표를 백성의 실제적인 생활의 이목(耳目)을 깊이 살피는 것이며, 용지자
(用之者)는 정치의 효과를 형정(刑政)을 폐지하고 백성의 이익에 부합하
였는가를 평가하는 것이니, 이것이 이른바 삼표이다"49)라고 하였다.

백성 인민은 대중을 말하며 '이목'은 경제적인 의식주 생활을 뜻하기
때문에, 삼표란 대중의 경제적 생활을 기준으로 한 사상이었다. 특히 백
성 즉 민중의 경제적 이익을 위한 묵자의 재화생산의 방법론인 식화도
(殖貨道) 사상은, 봉건적 차별체제의 기본법인 주례의 혁신 내지 폐기를
주장하는 사상적 바탕이 되었다. 따라서 묵학(墨學)은 경제적 차별 불평
등 사상에 도전하는 자유 평등론의 발전에 기여한 바 컸던 것으로 보여

---

45)『墨子』, 尙賢上.
46)『墨子』, 天志下.
47)『墨子』, 天志下.
48) 具本明,『中國思想의 源流體系』(서울: 대왕사, 1982) 참조.
49) 於何本之, 上本之於古者聖王之事, 於何原之, 下原察百姓耳目之實, 於何用之,
    廢以爲刑政, 觀其中國家百姓人民之利, 此所謂言有三表也(『墨子』, 非命上).

진다. 이러한 사상은 조선왕조 중기 이래 국리민복(國利民福)을 도모하려던 실학파에게도 영향을 미쳤던 것 같다. 이 점은 이용후생학파의 선구자 담헌(湛軒) 홍대용(洪大容)이 "몇 번이나 유학을 버리고 묵학에 들어가고자 하였다"50)고 설파한 점을 미루어 보아도 알 수 있다.

이상과 같은 백성의 경제적 실리와 평등사회 구현방법론으로 묵자는 공자의 차별윤리와 실천규범으로서의 도덕에 대한 인식의 혁신과 이에 대한 재규정을 요구하였다. 이것이 인의예지에 대한 개념의 재정의와, 단 것과 쓴 것(甘苦), 검은 것과 흰 것(黑白)에 대한 가치관의 재규정 즉 감고백흑지별(甘苦白墨之別)이다.

지(知)에 대하여 공자는 차별행위를 했느냐 아니했느냐의 여부를 가치기준으로 삼아 남을 알고 자기를 살피는 지식을 요구했으나, 묵자는 대중의 실리증진을 위한 사물에 관한 지식[知物], 즉 과학적 기술적 지식을 추구하였다. 그러므로 『묵자』에서 성문을 건립하는 방법인 비성문(備城門), 관개사업인 비수(備水), 더위와 추위를 면하기 위하여 주거지를 마련하는 비혈(備穴) 등은 경제적 이용후생을 위한 과학기술의 지식을 기록한 것이다. 따라서 그는 근로와 생산이 가치기준이고 이의 평등을 요구하였으며, 『묵자』의 생재(生財),51) 검양(儉養)52) 등은 생산과 절약을 적극 주장한 장들이다. 또한 장례식을 잘 할 것을 주장한 공자의 후장론(厚葬論)과 음악 존중론을 비생산적인 낭비로 보아,53) 검소한 장례 및 음악의 정치적 무가치론[非樂]을 주장하였다.

묵자는 의(義)에 대하여서도 각자의 능력과 노동에 따른 상벌의 결정을 주장함으로써, 신분체제나 문벌을 기준으로 한 가치배분의 차별을 비판하였다. 이것이 노동에 따라 상을 결정하는 이노전상(以勞殿賞)54)이다. 묵자는 인간이 실천해야 할 가치 있는 의욕인 의(義)는 공자가 주장한

---

50) 心悴然環顧, 幾欲逃儒而入墨(洪大容, 『湛軒書』, 內集, 卷三, 與人書 二首).
51) 『墨子』, 七患.
52) 『墨子』, 辭過.
53) 묵자학은 공자가 예악(禮樂)을 중요시한 것과는 판이한 사상이다.
54) 『墨子』, 尙賢

신분적 차별이 아니라 모든 백성의 공평한 경제적 실리의 확보라고 보았으므로 의는 백성의 이익이라고(義 利也)55) 하였다. 따라서 그는 귀하다는 귀족이나 천하다는 백성을 막론하고 모든 백성의 상호 이익을 도모하는 교상리(交相利)를 주장하였으며,56) 이는 모든 사람에게 서로 실리 추구의 공평을 요구하는 기회균등을 뜻한다. 아울러 묵자는 인간으로서 인간다운 심정인 인(仁)에 대해서도 노서민(奴庶民)이 서로 존중하고 사랑하는57) 심정을 참된 인이라 보았다. 그러므로 묵자의 인은 겸애(兼愛)이고, 겸애는 차별이 없는 공평의 심정을 의미한다.

묵자는 이처럼 공자의 차별윤리에 대한 도덕의 재규정을 요구하였다. 그럼에도 공자학도들은 불인(不仁)을 인(仁)으로, 불의(不義)를 의(義)로, 비례(非禮)를 예(禮)로, 부지(不知)를 지(知)로 그 의미를 혼동하는 어리석음을 범하고 있다는 것이 묵자의 시각이었다.

차별적 가치관을 내세우는 공자의 논리적 허위를 막는 방법은 올바른 평등적 가치체계를 확립하는 일에 있다는 논리가 바로 묵자의 인간관이었고 정치론이었다. 묵자에 의하면 공자 학도는 흰 것을 검은 것으로, 단 것을 쓴 것으로 혼동하고 있다58)는 것이다. 예를 들면 백성간의 살인은 국가가 금지하고 엄벌하면서도 민첩하고 용맹스런 군인이 전쟁에서 무수히 많은 죄 없는 이웃나라 사람을 죽여도 난폭한 악행으로 생각하지 않고 도리어 대의라고 찬양하니, 이것은 백흑감고지별의 혼동이며,59) 가치관의 혼동으로서 본질의 혼동[貴義]60)이라고 하였다. 이러한 가치관의 혼동을 제거하고 자기 학설의 정당성을 밝히려는 데서, 사회 및 사물에 대한 새로운 개념 정의를 한 것이 『묵자』의 「경(經) 상하(上下)편」과 「경설(經說) 상하(上下)편」이다.

---

55) 『墨子』, 經上.
56) 『墨子』, 兼愛中.
57) 『墨子』, 兼愛中.
58) 『墨子』, 非攻上.
59) 『墨子』, 非攻上.
60) 『墨子』, 天志下.

그러나 이러한 경제적 평등의 정치방법론을 전개한 묵자의 주장에도 불구하고 현실은 도리어 백성의 생활가치를 수탈하고 폭정이 날로 더해가고 있었다. 그렇다면 왜 묵자학은 빛을 보지 못하고 실패하였을까? 묵자학 실패의 원인은 묵학도들이 자기 가치관의 정당성을 고집하고 다른 가치관을 비판하는 데만 여념이 없었던 그들 스스로의 가치욕구 때문이었다. 묵자와 그뒤의 묵자학도는 그들 스스로가 독선적 가치관에 얽매여 있음을 의식하지 못하였기 때문에 오랫동안 현실에서는 실패한 사상이었던 것으로 보여진다.

이와 같은 공자와 묵자의 상호 상반된 불상용의 정치방법 논쟁을 지양하고, 자연주의적 자유 평등론을 전개한 것이 장자(莊子)와 『도덕경』(道德經)이라고 할 수 있다.

(3) 노장의 자연주의적 자유 평등론

공자와 맹자 등 유학은 봉건적 차별체제의 확립을 위한 정치방법으로 인간을 봉건적 차별가치의 욕구주체로 보아 이에 대한 자의식과 각성을 자유로 여겼다. 그러나 이것은 차별의식을 인간의 존재본질로 오해한 것이며, 엄밀한 의미에서 자유를 날조한 차별도덕의 실천론일 뿐이다.

반면에 묵자는 차별체제의 타파를 위하여 인간을 식색(食色)의 이기욕구의 주체로 보아 이기욕의 개방을 자유로 생각하였고, 백성의 이기욕 충족을 위한 생산과 근로 및 경제적 공평을 주장하였으며, 그러한 정치사회의 실현방법으로 유학적 가치체계의 혁신을 내세웠다. 그러나 자기 가치관의 정당성에만 집착한 나머지 인간·사물·역사 인식에서 사람마다 사물을 인식하는 시각과 기준이 다르고 사물 자체도 상대적으로 변화한다는 점을 깨닫지 못했으므로, 현실을 올바로 파악하지 못하는 이론과 현실간의 괴리에 빠지고 말았다.

이에 장자(莊子)는 무엇보다 우선 인간 사회 사물 및 역사에 대한 인식자 자신의 가치욕구로부터 벗어날 것을 요구하였다. 이 가치욕구가 삶의 욕구에 그 근거를 둔 이기욕구에 있음을 자의식할 것을 주장하였으며, 이것이 바로 노장의 도덕적 자유론의 출발점이다.

장자는 인간이 삶의 욕구인 물욕과 지배욕 등 이기욕구를 스스로 의식하고, 그런 이기욕으로부터의 해방을 도덕적 자유로 보아 이를 현해(縣解)61)라 하였다. 특히 차별체제의 확립을 목표로 유학의 차별윤리에 대한 가치욕구에서 비롯하는 헛된 명예욕과 거짓된 지식으로부터의 해방이야말로 자유인으로의 입문이라고 본 것이 장자이었다. 따라서 그는 차별윤리를 강조하는 그릇된 가치욕구야말로 덕을 팔아 명예를 얻으려는 그릇된 명예욕으로서, 이것이 곧 인간 사회의 상호 갈등의 원인이며, 그러한 가치욕구에서 주장하는 지식 또한 상호 쟁탈의 도구가 되는 흉기62)라 하였다.

특히 노자의 『도덕경』에 의하면 인간이 차별과 지배욕에 얽매인 가치욕구로부터 벗어난 자유인으로서 인간 사물 사회 등을 있는 그대로 관찰할 때, 즉 이기욕구를 지닌 존재로서의 인간이 자기 자신을 보고(以身觀身), 가족의 입장에서 가족을 보며(以家觀家), 공동체로서의 사회의 입장에서 있는 그대로의 사회를 보며(以鄕觀鄕), 다른 나라의 입장에서 그 나라를 보고(以國觀國), 세계의 입장에서 세계를 보면(以天下觀天下),63) 모든 인간과 사물 각 개체는 차별 지배 구속이 없는 독자적 기능을 지닌 존재들로서 자연주의적 동등과 자유의 질서를 형성하고 있다는 것이다. 이는 모든 개체들이 그 스스로의 기능을 지닌 자율적인 생활가치의 고유성을 갖고 있다는 뜻이다. 예컨대 굽은 사물은 그 자기성(自己性)이 굽어지도록 되어 있어서 일부러 인위적으로 구부리지 않아도 자연히 구부러지며, 대나무 같이 곧은 것은 고유의 자기성이 곧기 때문에 먹줄로 바로잡지 않아도 자연히 곧게 생장한다64)는 것이다. 그리고 모여 사는 동물은 인간이 인위적으로 쓸데없이 묶지 않아야만 자연적으로 모여서 공생

---

61) 『莊子』, 養生主.
62) 德蕩乎名, 知出乎爭, 名也者相軋也, 知也者爭之器也, 二者凶器(『莊子』, 人間世).
63) 『道德經』, 五十四章.
64) 『莊子』, 騈拇.

한다65)고 하였다.

인간은 이기욕구를 스스로 진정시키는 무욕(無慾)의 태도를 지닐 때만이 사물과 사회현상을 올바로 보고 판단할 수 있는 객관적 관찰과 시각 그리고 행동의 자유를 얻을 수 있다는 것이 바로 노장의 자유론이었다. 인간이 자연적 자유인의 시각에서 사물을 관찰하려고 하면, 인간과 사물의 세계는 기능적 평등세계를 형성하고 있다는 것이 노장학(老莊學)의 시각이었다. 유학이 '수신제가'의 궁극적 목적을 '치국평천하'라는 지배욕구의 추구에 두고 있음에 반하여, 노장학은 개인 가족 사회 국가 세계의 독자적 입장에서 사물과 사회를 인식할 것을 주장하였다.

노장은 개인적 이기욕구로부터의 자유와 그 입장에서 사물과 정치 사회현상을 관찰했을 때 그것은 자유와 평등의 자연질서를 형성한다는 점을 강조하였다. 따라서 노장학은 자유 평등의 자연질서를 실천목표로 하였고, 자유 평등이 자연원리임을 실증하는 정치방법을 취하였다. 그러나 자유 평등이 자연원리임을 실증하려는 데 치중한 나머지, 그 실천방법으로서의 미래학(未來學)의 문제는 과제로 남겨졌으며, 조선조의 선각자들에 의하여 많은 발전을 이룩하였던 것으로 보여진다.

이상에서 살펴본 유학과 묵학 그리고 노장학의 정치론은 조선왕조의 성립과 함께 근세 한국의 정치와 가치관에 깊은 영향을 주었다. 이들 사상을 어떻게 수용하였으며, 현실정치 및 사회에의 적용을 위하여 어떠한 노력을 기울였는가를 몇몇 사상가의 저서를 통하여 알 수 있다.

2) 한국 근세 사상에서의 자유 평등 문제

(1) 조선조 초기 정통주자학에서의 자유 평등의 문제

조선왕조는 그 정권 성립의 성격상 그리고 신체제 확립의 필요상, 고려

---

65)『莊子』, 騈拇.

의 불교통치사상을 폐기하고 정통 주자학의 정치사상을 채용하지 않을 수 없었다. 고려 말기의 관료귀족과 승려귀족 지배하의 분권체제가 빚은 폐해, 민란 등 사회적 불안정 및 고려 집권세력의 저항의 위협 등 각종 정치·사회적인 위기에 직면하여 있던 조선왕조는 중앙집권적 관료체제를 채택하였고, 이를 위한 토대로 새로운 반상차별(班常差別)의 신분적 사회체제를 확립하려 하였다. 이와 같은 정치 사회적 요구에 따라 통치론으로 주자학적 유교주의를 체제의 정착을 위한 사상적 바탕으로 삼게 되었다.

 조선왕조는 본래 차별과 지배를 근간으로 한 유학사상을 통치의 근본 이론으로 채택하였기 때문에, 개인의 자유와 평등은 고려될 수 없었다. 특히 피치자층인 노예와 서민의 생존권 신장의 자유와 공평 추구는 인간성의 본질에서 제외되었고 또한 악행으로 취급되었다. 반대로 차별과 지배만이 선이요 옳은 것으로 취급하였다.

 그러나 양반 관료지배의 폐해와 신분적 차별체제의 모순이 커지고 국내외적인 위기와 불안정이 늘어나자, 백성의 의식주 생활권에 대한 인정과 피치자층의 생활권을 확보해야 한다는 사상이 싹트기에 이르렀다. 이에 차별과 지배만을 당위로 했던 정통 주자학에 대한 수정 회의 내지는 유학 자체에 대한 회의와 비판론이 일게 되었고, 자유와 평등문제도 제기되었던 것 같다. 이들 자유 평등 문제의 사상적 배경은 조선왕조 초기에는 노장학의 영향이, 그리고 중기 및 후기에는 묵학 및 서양사상의 영향이 컸던 것으로 보여진다. 이러한 문제들의 제기가 바로 한국 민주주의의 전통사상적 배경으로 볼 수도 있을 것 같다.

 조선왕조는 신체제의 정착을 위하여 강력한 중앙집권체제를 채택하였고 그 체제의 사상적 근거로 정통 주자학을 바탕으로 하였다. 이러한 통치론에 입각하여 일체의 통치체제 사회제도 등을 법제화하였고, 그것이 정도전의 조선경국전을 모체로 한 『경국대전(經國大典)』의 완성이었다. 따라서 조선왕조에서 자유와 평등의 문제는 제도적으로 생각될 수 없었다. 즉 모든 정치 사회경제제도는 양반귀족의 지배권만이 보장되었을 뿐, 노예와 서민의 자유와 평등권이 인정될 수 없었다.

이러한 불평등하고 차별적인 정치·사회체제를 뒷받침하기 위하여, 차별과 지배를 사상적 본질로 하는 주자학적 유학윤리가 정치인 또는 학자들에 의하여 강조되었다. 따라서 차별원리가 모든 인간이 실천해야 할 기본적인 가치규범으로 그리고 그 규범을 따르는 행위가 당위의 길로 규정되었다. 특히 조선 초 건국의 주역인 정도전은 체제 건립의 필요상 부자 군신 부부 장유 붕우간의 차별과 그 실천을 하늘의 뜻에 의한 일반원리요 당위의 길로 규정하였다. 정도전은 "차별의 당위성과 그 실천은 하늘에서 나왔으므로, 이 차별원리가 작용하지 않는 사물이 없고 작용하지 않는 때도 없다. … 가깝게는 부자 군신 부부 장유 붕우 관계에 작용하고, 멀리는 천지만물 가운데 각각 이 원리가 작용하지 않는 데가 없다"66)고 하였다.

그는 이 차별원리의 실천을 반상 통치질서를 확립하는 방법으로 보았으므로 무엇보다도 충효를 강조하였다. 즉 정도전은 효례(孝禮)의 강화야말로 주자학적 통치질서를 확립할 수 있는 방법으로 보았다. 부모에 대한 살아 있을 때의 두터운 봉양은 물론, 죽은 조상에 대한 상례(喪禮)와 제례(祭禮)를 두터이 하는 효례의 가풍 조성이 어릴 때부터 차별가치를 익히게 하는 방법이라고67) 하였다.

그러나 이와 같은 차별윤리의 강화와 법제화에도 불구하고, 조선왕조는 건국 초기부터 그러한 이론과 사회현실 사이에 괴리와 모순이 드러났다. 그 실례가 두 차례에 걸친 왕자의 난과 수양대군의 집권이며, 이는 부자 형제 숙질간 차별윤리의 교란이었다.

본래 한민족은 민족적 동질성이 강하고 혈통의 단일성이 크다. 이에 비하여 중국대륙은 지역적 민족적 및 문화적 이질성이 매우 심하다. 차별원리를 본질로 하는 주자학은 이질성이 크고 이민족의 침략에 시달렸던 한족(漢族)이 그 지배체제를 확립 강화하려는 데서 형성된 사상이다. 그런데 동질성이 큰 한민족의 정치 및 사회현실에 차별원리를 적용하여 민족

---

66) 鄭道傳,『三峰集』, 卷九, 佛氏雜辨, 佛氏昧於道器之辨.
67) 鄭道傳,『三峰集』, 卷七, 朝鮮建國典上, 禮典. 家廟.

구성원을 상하로 차별하여 이를 법제화하게 되니, 여기에 불가불 서로 차별 받지 않으려는 데서 갈등이 나타나고 지배를 위한 권력장악의 투쟁이 더욱 심하였던 것 같다. 이와 같은 갈등의 심화는 제한된 권익 특히 토지를 차지하려는 세력투쟁을 초래함으로써 피지배 서민들에 대한 수탈은 매우 혹심하였다. 이 때문에 정치세력간의 혈전이 있은 뒤에는 내우와 외환이 따르게 마련이었고, 이것이 조선왕조 건국 초부터 중기에 이르는 정치적 상황이었다. 대표적인 그 실례가 중종반정 뒤의 임꺽정의 난에 이은 임진왜란이고, 인조반정 뒤의 병자호란과 극심한 당쟁 등이다. 일반 피지배민의 입장에서 보면, 바른 데로 되돌린다는 반정(反正)은 도리어 바르지 않은 데로 되돌린 반부정(反不正)의 현실을 초래하였을 뿐이었다.

또한 차별적 양반 관료체제의 제도적 모순이 늘어남에 따라 이에 대한 차별윤리의 수정론을 통하여 정통 주자학의 입장을 고수한 대표적인 인물이 퇴계(退溪) 이황(李滉)이었다고 할 수 있다. 특히 퇴계학의 뿌리가 우리의 의식 심층에 도사리고 있는 한, 민주제도의 정착이나 민주적 제도개선은 그만큼 늦어질 가능성이 크다.

차별윤리의 강화를 통한 군신체제를 재확립해보고자 하는 노력은, 조선왕조 초의 정도전을 비롯하여 그뒤 소위 영남 사림파의 수장이었던 김종직과 그의 학파에 의하여 강조되었다. 김종직은 부자 군신 부부 장유 붕우간의 차별질서 확립이 사농공상(士農工商) 등 사민(四民)이 생활안정과 행복을 얻을 수 있는 길이라고[68] 하였다. 그러나 김종직과 그의 제자들인 사림파의 유학적 차별윤리의 수정 강화론은 오히려 양반세력간 파쟁의 도구로 전락했을 뿐이다. 소위 사화(史禍)로 일컬어지는 양반지배층의 관권 장악을 위한 혈투로 노서민에 대한 착취만 가중시켜 극도의 참상을 초래하였고, 양반 지배층과 노서 상민간의 신분적 차별질서 자체가 동요되는 징조조차 나타나기 시작하였다. 그 전형적인 예가 앞서 말한 임꺽정의 난이라고 할 수 있다. 임꺽정 등은 중앙행정력이 가장 손쉽게 미

---

68) 金宗直,『畢齋集』, 卷一 與密陽鄕校諸子書.

칠 수 있는 수도 및 그 일원에서 3년간 관권을 유린하였고, 수차에 걸친 순경사(巡警使) 또는 토포사(討捕使)의 파견으로도 체포할 수 없었으니, 치안의 힘이 미약한 변경지방의 내우(內憂)는 더 심할 수밖에 없었다.[69] 이러한 상황이 바로 임진왜란 직전의 내우외환이 빈번하였던 명종조와 선조 초의 일이었다.

이 시기의 정치사상은 귀족지배층의 입장에서 차별윤리를 강화하여 반상체제를 재확립하려는 정통 주자학의 고수파와, 서민의 입장에서 상황윤리를 추구하여 노서민의 생활안정책에 비중을 두는 개혁파로 나누어진다. 전자를 대표하는 이가 퇴계 이황이었고, 후자의 입장에서 변통론(變通論)을 전개한 분이 율곡 이이였던 것으로 보여진다.

퇴계는 내우외환의 급박한 위기의 상황에 직면하여 반상의 신분적 차별질서의 확립에 급급한 나머지 열 가구면 아홉 가구가 굶는 노서민의 곤궁[70]을 외면하고 농어민의 생활을 안락한 자신의 시각에서 구가(謳歌)하였다. 이는 그가 참혹한 생활에 허덕이는 농어민의 참상을 외면하고 도리어 낙관적 시각에서 농(農) 상(桑) 어(漁) 초가(樵家)의 안락을 읊은 그의 사락정(四樂亭)에 부치는 시[71]에서 찾아볼 수 있다. 이러한 현실관 때문에 퇴계와 그의 제자들은 급박한 국가 사회적인 국내외의 위기를 외면하고 주자학적인 차별윤리의 당위성만을 고집하였다. 이러한 퇴계의 사상을 집약할 수 있는 실례는, 그가 죽기[72] 직전인 68세의 만년에 큰 마음을 먹고 자신의 사상을 총정리하여 선조에게 올린 정책건의서인 「육조소(六條疏)」[73]를 보면 알 수 있다. 이 「육조소」는 단지 군신체제의 강화방법으로 차별윤리의 당위성만을 재천명한 것에 불과하였다.

특히 퇴계는 "한 쪽을 높이고 다른 쪽을 낮추는 것은 천리(天理)이며,

---

69) 金萬圭,「退溪와 栗谷의 理氣論的 政治思想」, 金雲泰 博士 回甲記念論集 『韓國政治行政의 體系』(서울: 박영사, 1982), 386쪽 참조.
70) 憲府啓曰, 近見民生, 十室九飢, 中外皆然(『明宗實錄』, 卷十二, 六年九月).
71) 李滉,『退溪文集』, 續集, 卷一, 詩, 寄題四樂亭.
72) 퇴계는 70세에 사망하였다.
73) 李滉,『退溪文集』, 卷六, 戊辰六條疏.

인간윤리의 극치"74)라 하여, 차별을 절대 불변의 진리로 규정하고 윤리의 근본으로 보았다. 또 이 무진년「육조소」의 골자를 보면 모두가 군신부자 상하간 차별질서의 확립을 강조한 것일 뿐이었다. 첫째 왕통을 중하게 여겨 효도의 심정을 온전히 함으로써 군주의 권위를 확립할 것, 둘째 이간질을 막아 양궁(兩宮: 양부모와 생부모)에게 효도의 도리를 다할 것, 셋째 제왕으로서의 학문을 돈독히 하여 통치의 대본을 세울 것, 넷째 당우삼대(唐虞三代)의 봉건 도술을 밝혀 인심을 바로잡을 것, 다섯째 모든 일을 나라의 복심인 집권대신에게 맡기고 나라의 이목인 대간이 사리를 밝히게 할 것, 여섯째 차별적 당위규범을 기준으로 수양과 반성을 돈독히 함으로써 하늘이 부여한 제왕의 권위를 계승할 것75) 등이다.

이와 같이 육조 모두가 부자간의 가부장질서, 군신간의 왕권질서, 상하간의 신분질서 등 차별질서의 확립을 위한 차별윤리의 강조일 뿐, 윤리걸식하고 있는 백성들의 생활안정책이나 외환에 대한 국가안위에 관한 것을 찾아볼 수 없다. 따라서 주자학의 답습에 불과한 퇴계사상은 양반귀족의 정치적 지배권 장악을 위한 사상적 배경이 되었을 뿐이다.

특히 퇴계의「육조소」를 율곡의「육조계(六條啓)」와 비교해보면 매우 대조적임을 알 수 있다. 즉, 전자는 양반관료체제와 왕권 중심의 왕조체제를 확립하기 위한 차별윤리의 강조만을 주장하였음에 반하여, 율곡은 백성 우선의 인사 국방 안민에 관한 개혁책을 주장하였다.76)

이와 같이 퇴계는 정통 주자학을 답습하여 차별원리의 실현을 정치의 본질로 보고 백성의 의식주 생활과 직결되는 물리적 생리적 욕구를 부차적인 것으로 생각하는 무지에서 이기론(理氣論)과 역사론 등을 전개하였다.77) 따라서 그의 사상에서 참된 의미의 자유와 평등에 관한 단서는 찾아볼 수 없을 뿐 아니라 민주사상과 양립할 수 있는 전통사상으로 평가

---

74) 一隆一殺, 卽是天理人倫之極致(李滉,『退溪文集』, 卷六, 戊辰六條疏)
75) 李滉,『退溪文集』, 卷六, 戊辰六條疏.
76) 金萬圭,「退溪와 栗谷의 理氣論的 政治思想」, 390쪽.
77) 金萬圭,「退溪와 栗谷의 理氣論的 政治思想」참조.

될 요소도 없는 것 같다.

이에 반하여 율곡은 양반귀족간의 혈전(血戰) 속에서 민생이 날로 궁핍하고 이로 말미암아 국력이 약화되고 있는 급박한 사회현실을 위기로 보았기 때문에, 우리의 현실에 맞는 상황윤리와 치국론(治國論)을 전개하였다. 물론 율곡의 정치목표는 군신체제의 확립이었고 차별윤리의 실천이었음을 부인할 수는 없다. 그러나 그의 시각은 지배계급의 입장에서가 아니라 민중, 즉 노서민(奴庶民)의 생활안정에 제일차적 비중을 두었던 데 유의할 필요가 있다. 그는 부자 군신간의 상하 차별이 인륜의 대전제로서78) 불변의 자연법칙임을 인정하였다. 그러나 "훌륭한 왕은 시대가 같지 않으므로 제도를 시대에 따라 알맞게 하여야 하며, 지나치게 과잉된 것은 억제하고 미치지 못하는 것은 끌어올려서 착한 사람은 북돋우고 악한 사람은 징계함으로써 모든 사람이 평등한 대동(大同)사회에 이르게 하여야 한다. 그러므로 성인이 이미 죽으면 다른 성인이 나서 천하를 제도하고 수시로 변통함으로써 백성을 곤궁치 않게 하였다. 변치 않는 것도 천지의 상경(常經)이지만 변통하는 것은 고금의 통의(通誼)이다"79) 라고 하여, 군신체제하에서 서민의 생활안정을 통한 대동사회 건설을 주장하였다.

특히 그는 죽기 바로 전해(1583년. 선조 16년 2월) 왕에게 올린「육조계」에서 긴급한 당면 정책안을 제시하였다. 그는 첫째 어질고 유능한 인재를 등용할 것, 둘째 군사와 백성을 보양할 것, 셋째 국가재정을 충실히 할 것, 넷째 변방의 방비를 튼튼히 할 것, 다섯째 전마(戰馬)를 준비해둘 것, 여섯째 교화를 밝게 할 것80) 등 국가안위를 위한 국방책과 백성의 생활안정에 대한 정책들을 주로 건의하였다.

이와 같은 그의 정치적 태도는 현실적인 제가(齊家)와 치국(治國)을 위한 상황윤리를 강조하게 되었다. 그것이 기일원론(氣一元論)에 따른 일

---

78) 父子君臣, 其爲大倫之一也(李珥,『栗谷全書』, 卷八, 立後議一 癸未).
79) 李珥,『栗谷全書』, 卷二十六, 聖學輯要八, 第五, 聖賢道統.
80) 李珥,『栗谷全書』, 卷八, 六條啓.

개체의 기능으로서의 인간평등론의 전개이었다. 유학에서의 이(理)란 차별원리를 그리고 기(氣)는 생리력의 주체를 의미한다. 정치원리로 이와 기를 논의하는 경우, 이를 강조하는 정치적 목적은 군신 상하간의 차별적 정치질서의 강화에 있고, 기를 강조하는 이유는 생리와 직결되는 서민의 의식주 생활을 안정시키는 데 있었다.81) 따라서 백성의 생활안정을 가장 중요시하였던 율곡이 기일원론을 주장한 것은 당연하였다고 볼 수 있을 것이다.

율곡은 개체(개인 또는 개민족)의 기능적 평등관의 입장에서 차별가치인 효례보다는 개체의 생활가치를 무엇보다도 우선하였다. 그러므로 그는 "마땅히 먹어야 할 때에 먹고, 입어야 할 경우에 입는 것은 성현도 벗어날 수 없는 것이므로 이는 인간의 본질인 천리이다"82)라 하여, 인간의 본질이 생리적 욕구를 추구하려는 존재임을 지적하였다.

이것은 이익추구를 거부하고 차별윤리의 실천만을 선행으로 여기고 생리적 욕구의 추구를 악행으로 본 정통 유학의 당위론에 대한 수정을 의미한다. 인간은 차별적인 봉건도덕을 실천해야만 하는 차별가치의 실천주체가 아니라, 인간의 자연기능에서 연원하는 경험적 삶의 욕구주체임을 말한 것이다. 이런 측면에서 보면 율곡은 노서민의 생활가치가 차별윤리보다 더 중요하다는 시각을 지녔었다고 볼 수 있다. 아울러 율곡의 시각에 따라 인간을 삶의 욕구주체라는 인간 본질에서 보면, 직업과 신분은 사회구조상의 기능에 불과할 뿐이고 차별윤리의 선재(先在)에 의하여 고정적인 것일 수 없게 된다. 즉 인간을 개체의 삶의 욕구에서 보면, 직업과 신분상의 수직적 차별가치는 무의미하고 오히려 기능상으로 평등하다는 것이 율곡의 시각이라고 할 수 있다. 이는 율곡 자신의 다음과 같은 인생관에서도 여실히 나타나고 있다. 그는 "내가 과거(科擧)를 소중히 여겨 그 성패 득실에 얽매였던 것은 그 책임이 나 자신에게 없겠는가마는 부득이해서 그랬던 것이다. 나는 대대로 산업이 없어서 곤궁하여 가정을

---

81) 金萬圭,「理氣論의 政治的 照明」 참조.
82) 李珥,『栗谷全書』, 卷十四, 人心道心說.

꾸려갈 수밖에 없었다. 늙으신 부모님이 계시는데 맛있는 음식조차 늘 마련해드리지 못하니 자식된 도리로서 마음이 움직이지 않을 수 있겠는가? 품팔이나 장사라도 할 수만 있다면 나는 천한 일을 부끄러워하지 않겠다. 다만 나라의 풍속이 선비와 서민의 직업을 다르게 정해 놓고 있어서 참으로 사회가 이를 억제하므로 행할 수 없을 뿐이다. 그런데 과거 보는 일 같은 하나의 길이 있어서 부모를 봉양할 밑천을 삼을 수 있었기 때문에 내 본래의 뜻(품팔이나 장사일)을 굽힌 것이다. 감히 녹을 구한 것은 가난 때문이었지, 공맹의 정통을 위한 것은 아니다"83)라고 자신의 인생관에 대하여 친구 성혼(成渾)에게 보낸 편지에서 솔직하게 실토하였다.

  이와 같이 율곡은 유학적 차별윤리라는 신분차별의 효례 의식을 벗어나, 현실적인 개인의 경험적 생활가치를 중요시하는 입장에서 효와 예도 보았다. 이러한 그의 효례관은 "하나이면서 둘이요 둘이면서 하나(一而二, 二而一)"라는 개체의 기능관을 전개한 이기론(理氣論)에 근거하고 있다. 그의 이기론에 의하면, "이(理)와 기(氣)는 두 개의 사물 개체(二物)가 아니요 또 하나의 기능만을 지닌 개체(一物)도 아니다. 하나의 기능만을 지닌 개체로서의 일물(一物)이 아니기 때문에 하나의 개체인 것 같으면서도 둘의 기능을 지닌 개체이고, 두 개의 개체로서의 이물(二物)이 아니기 때문에 두 개체인 것 같으면서도 두 개의 기능을 지닌 하나의 개체일 뿐이다. 하나의 개체로서의 일물(一物)이 아니란 왜 그런가? 이와 기가 비록 분리될 수 없으나 묘하게 합한 가운데서도 이는 스스로 이의 기능이 있고, 기는 스스로 기의 기능을 지니고 있으면서 서로 섞이지 않으니 하나의 개체로서의 일물이 아니다. 두 개의 개체가 아니란 왜 그러냐? 비록 이는 스스로 이의 기능을 하고 기는 스스로 기의 기능을 지고 있으되 서로 상반적이면서도 상생(相生)하고 있기 때문에, 틈이 없고 선후도 없으며 이합(離合)도 없어서 두 개의 개체로 볼 수 없으므로 이물도 아니다"84)라고 하였다.

---

83) 李珥, 『栗谷全書』, 卷九, 書一, 答成浩原 甲寅.
84) 李珥, 『栗谷全書』, 卷十, 書二, 答成浩原 壬申.

율곡은 개체의 입장에서 이와 기를 기능적으로 이해하였으므로, 개체에는 이의 기능(자존의 원리)과 기의 기능(자존을 위한 주체력), 두 기능을 지니고 있다는 것이다. 이는 존재론적인 주체의 측면에서 보면 하나의 개체이고, 기능면에서는 두 개의 기능을 지녔으므로 둘이라는 뜻이다. 이와 기는 율곡에게 있어서는 하나의 개체에 대한 기능 관념이지 존재 관념이 아니었다. 따라서 이(理)와 기(氣)를 생성론적인 측면에서의 인과관계나 선후관계로, 또는 존재론적인 시각에서의 상하관계로 볼 수 없다는 뜻이 된다.

이와 같은 이기론의 시각에서 우주자연과 정치 사회 및 인간성을 볼 때, 그것은 차별과 지배의 질서가 아니라 상반적인 기능을 동시에 지닌 각 개체들이 상이한 특성의 기능에 따라 동등과 자유의 세계를 이루고 있는 자연주의적 질서 세계를 이루게 마련이라는 의미일 것이다. 이는 부자간의 가부장적인 가정의 권위체제를 반상간의 신분적 차별의 사회체제로, 그리고 이를 다시 군신간 상하차별의 통치체제로 연장시키려는 정치적 목적에서 형성된 유학사상에 대한 일대 개조론이라고 볼 수 있다. 즉, 가부장 질서를 위한 차별윤리 규범인 효를, 반상 신분 질서를 위한 차별 윤리 규범인 제(悌)로 연장하고, 이를 다시 군신 통치질서의 차별적 당위 규범인 충(忠)에로 귀결시키려는 유학적 효제충(孝悌忠)의 불평등 윤리관과는 판이하게 다른 논리라고 할 수 있다.

이러한 논리는 개체로서의 인간이 가족체제에서는 부의 기능과 자의 기능을 동시에 지닌 존재이며, 사회체제에서는 양반의 기능도 상민의 기능도 지닌 것이고, 통치체제에서는 군의 기능과 신의 기능을 함께 지닌 하나의 개체로서 그 자존적 주체성을 본질로 하고 있다는 의미도 된다. 이와 같은 시각에서 가족 구성원의 행복을 위한 제가와 백성의 생활안정을 이루는 안민 및 나라의 안위와 번영을 이룩할 치국의 문제를 보면, 부자간 반상간 군신간 선후 상하간의 차별적 신분윤리가 중요한 것이 아니라, 각 개체로 하여금 각 개체가 지닌 특성에 따라 스스로의 기능을 제대로 발휘케 하는 기능적 평등이 중요하다. 예컨대 이를 가족집단의 경우에

미루어 보면, 가정의 평화와 행복을 위해서는 가족구성원의 가부장에 대한 일방적인 봉양과 순종의 차별윤리가 아니라 각자 스스로의 기능을 다하게 하는 기능적 결합이 중요할는지도 모른다. 개체로서의 인간적 측면에서 보면, 각 개인은 가부의 기능과 자식의 기능이란 두 기능을 동시에 지니는 하나의 개체이기도 하다. 따라서 효례도 차별의 질서규범이 아니라 개체적 자아발전을 위한 부자간, 상하 계급간의 기능적 통합규범일 수도 있다.

이러한 시각에서 보면 인간의 성장 목표는 영원히 자식으로서 부모를 봉양하는 효에 있다기보다는, 자식과 사회의 짐이 되지 않는 미래의 훌륭한 부모로서의 기능을 다할 수 있도록 하는 데 있다고 볼 수 있을 것이다. 이러한 가치관이야말로 자식의 미래 발전을 위하여 온갖 희생을 무릅쓰는 한국인의 미래지향적 민족성이었고, 이러한 민족성은 어느 민족보다도 강한 교육열로 나타나 왔다.

이상과 같은 율곡의 기능론적 개체관과 인간 평등관은, 조선의 정치 사회적 요청과 위기의 상황을 직시한 상황논리의 추구이었고, 유학의 차별 지배사상에 대한 일대 개조론(改造論)이었다고 할 수 있다. 이러한 그의 자주 자각의식은 조선조 중기 이래의 내환과 외침으로 인한 국토의 유린, 양반귀족의 주자학적 공리공론의 폐해, 서구 문물의 도입과 영향 등으로 형성된 실학파에 연맥(連脈)되었던 것 같다.

(2) 조선조 중 후기의 자유 평등사상의 전개

조선왕조 중기 임진왜란과 병자호란 등 양대 외침은 정통 주자학적 통치사상에 대한 회의와 비판론을 대두시켰다. 그 대표적인 인물이 윤휴(尹鑴), 윤증(尹拯), 박세당(朴世堂) 등이었다. 이들은 주자학의 위학성(僞學性)과 허학성(虛學性)을 폭로함으로써 사상적 수정을 요구하였다. 특히 서계(西溪) 박세당(1629~1703)은 노장학적 시각[85]에서 유학의 차별적 지배사상에 도전하였던 것으로 보여진다.

서계는 특히 유학사상의 핵심이라고 할 수 있는 차별예법 준수의 심정인 인(仁)과 실천의욕인 의(義)에 대하여, 그것이 편리(偏利)와 편애의 차별적 심정임을 지적함으로써 모든 만물 개체의 자연주의적 평등을 주장하였다. 그는 공맹(孔孟)의 인이 동물에 대한 인간우위의 형식적이고 차별적 심정에 지나지 않는다는 점을 지적하였다.

『논어』에 "마구간에 불이 난 뒤 집에 돌아온 공자는 사람이 상했는가를 묻고 말(馬)에 대하여 묻지 않았다"[86]는 이야기가 있다. 이에 대하여 서계는 "지금 올바른 이치로 생각한다면 혹자의 말이 옳다. 마구간이 탔으면 말에 대하여 묻는 것이 인정의 떳떳한 상리(常理)이고 당연한 것이다. 공자가 먼저 사람에 대하여 묻고 말에 대하여 묻지 않은 것은 사람과 동물에 귀천을 두는 이치이다. 만일 말에 대하여 묻지 않았다면 이는 인간의 상정이 아니며, 사리를 다하지 못한 일이다. 말이 비록 천한 짐승이라도 군자라면 진실로 죽은 짐승에게도 해진 휘장 덮어주기를 잊어버리지 않는 법인데, 하물며 마구간이 탔는데도 말의 생사를 묻지 않는다면 과연 옳은 일일까"[87]라고 하여, 공자의 '인'이란 고작해야 편파적 이익을 위한 편리 편애의 심정임을 말하였다.

또 맹자의 측은지심(惻隱之心)으로서의 인심(仁心)의 논증에 대하여도 그것이 차별적인 허위의 인(仁)임을 폭로하였다. 맹자는 왕도의 출발점이 인에 있고 제 선왕(宣王)이 제사에 끌려가는 소를 양으로 바꾸도록 한 처사를 측은지심의 인정이라고 합리화하였다.[88] 즉, "군자가 동물을 대함에 그 살아 있는 모습은 보지만, 그 죽어감을 참아 보지 못하며, 그 비명소리를 듣고는 그 고기를 참아 먹지 못한다. 그 때문에 군자는 푸줏간을 멀리한다"[89]는 것이 맹자의 인이었다. 이에 대하여 서계는 "진 사람[仁

---

85) 金萬圭, 「西溪 朴世堂의 政治思想」, 『國學紀要』 I(연세대 국학연구원, 1978) 참조.
86) 廐焚, 子退朝曰, 傷人乎, 不問馬(『論語』, 鄕黨).
87) 朴世堂, 『論語思辨錄』, 鄕黨.
88) 『孟子』, 梁惠王上.
89) 『孟子』, 梁惠王上.

人]의 금수 동물에 대한 은혜, 즉 불인지심(不忍之心)으로서의 인(仁)과 의(義)란 고작해야 이 정도에 그칠 뿐이니, 비록 도살장과 부엌을 멀리한 다지만 역시 짐승을 죽여 제사 지내는 살생을 폐지하지 않는 잔인성을 그대로 말하고 있다"90)라고 지적함으로써, 맹자의 인의가 고작해야 치자로서의 이기적 편파적 인에 지나지 않는다고 비판하였다.

서계는 이와 같이 유학의 차별윤리에 회의하고 자연주의적 변천관의 입장에서, 만물은 경중·시비·유무를 가리어 고정시킬 수 없는 상대적 현상이고, 우주는 상생 상존하는 개체들의 잠재적 평등세계임을 주장하였다. 그는 "저것과 이것, 시(是)와 비(非)가 왕복하여 서로 바뀌기 때문에, 저것과 이것의 있고 없음도 고정시킬 수가 없는 것이다. 고정할 수 없으니, 이것은 이것, 저것은 저것이라고 대립적인 것으로 짝지어진 것은 아니다"91)라는 상대적인 논리에서, 사물간에는 귀천이 항상 고정적으로 정해진 것이 아닌 동등한 세계를 이루고 있다92)는 것이다. 따라서 상대적 변천의 입장에서 보면 모든 개체는 차별적 존재가 아니며, 차별을 추구하는 것이 정치와 윤리의 목표도 아니라는 뜻이 된다. 이 점을 서계는 "강대하다고 하여 약소해질 수 없고 존귀하다고 하여 천해질 수 없는 것은 도가 아니다"93)라고 하였다.

또한 서계는 "차별도덕을 강조하는 것이 도리어 사람들을 미혹시키게 된다"94)고 보아, 각자의 기능을 제대로 발휘시키는 것이 자연원리임을 말하였다. 그는 또 "각 개체간의 득실(得失), 경중(輕重)은 각각 약(藥)의 효과와 같이 그 기능상의 독자적인 특성과 당위성이 있으므로, 군신관계도 변화가 무궁하며 단지 하나만의 기능을 지킬 수 있는 것이 자연의 원리"95)라고 하여, 정치질서가 단순한 권위적 지배관계가 아님을 말해주

---

90) 朴世堂,『孟子思辨錄』, 梁惠王上 注.
91) 彼此是非, 往復相乘, 則彼是之有無, 終不可以定矣. 終不可定, 則亦終莫得其偶(朴世堂,『漆注刪補』, 卷一, 齊物論注).
92) 朴世堂,『漆注刪補』, 卷三, 秋水注.
93) 朴世堂,『漆注刪補』, 卷四, 知北遊注.
94) 故謂其近於道德, 而可以惑人也(朴世堂,『漆注刪補』, 卷二, 騈拇注).

고 있다. 따라서 서계는 이와 같은 기능관에서 정치를 보았으므로, "치자는 스스로를 밑에 두고 백성을 위로 한 뒤에야 백성들의 지지를 받을 수 있으며, 스스로를 뒤로하고 백성을 앞세워야만 백성들보다 앞설 수 있다"96)고 하였다.

노장사상의 자연주의적 입장에서 학문을 하였던 서계의 사상은, 후기의 실학파들에 연결되어 인권의 자유와 평등론으로 발전하였던 것 같다. 특히 이용후생학파의 선두주자인 담헌 홍대용(1731~1783)의 사상은, 노장과 묵자사상에 토대를 두고 유학의 차별사상을 개조하려 한 대표적 선각자의 사상이었다.

담헌은 공맹 및 주자 등의 이론이 후생안민(厚生安民)에 보탬이 되지 못하는 공허한 이론임을 지적함으로써, 유학을 비판하는 태도를 보여주었다. 따라서 그는 "주역은 시의(時義)를 귀하게 여기고 공자는 주를 따르겠다고 하였으나, 옛날과 지금의 당위가 다르기 때문에 삼왕의 예법이 같은 것은 아니다. 지금의 세상에 살면서 옛날의 도를 회복하려고 하면 또한 어렵지 않겠는가? 해를 다하고 여러 세대 동안 고례고도(古禮古道)를 자세하게 분석한다 하여도 실상은 심신(心身)의 치란(治亂)과 국가의 흥망성쇠와는 관계없고 단지 모여서 다툰다는 비방만 초래할 뿐이다. 자못 율력(律曆) 산수(算數) 전곡(田穀) 갑병(甲兵)을 적절하게 운용하여 백성들의 수요에 충당함이 좋을 것이다"97)라고 말함으로써, 공자 사상의 모순을 지적하였다. 이러한 유학에 반대하는 태도에서 그는 "시대가 바뀌고 풍속이 변하여 금법이 행하여지지 않고 있는데 이것을 거슬려 막고자 하니 오히려 그 혼란만 더욱 심하고, 이는 성인의 힘으로도 어쩔 수 없는

---

95) 得失輕重, 各有所當, 如樂之相, 爲君臣其變無窮, 則其不可只守一轍以爲道也, 明也(朴世堂, 『漆注刪補』, 卷四, 徐無鬼注).
96) 自不而上民然後, 可上於民, 自後而先民然後, 可先於民(朴世堂, 『新註道德經』, 六十六章注).
97) 조선조 초기 영남 사림파의 거두 김종직은 율력(律曆) 산수(算數) 지리(地理) 등 서민생활과 직결되는 문제들을 잡학(雜學)이라고 도외시하고 유자(儒者)의 본업이 될 수 없다(『世祖實錄』, 卷三十四, 十年八月)고 하였지만, 담헌은 오히려 이를 더 중요시하였다.

일이다. 따라서 지금의 세상에 살면서 옛날의 법도를 회복시키려는 것은 재앙이 자신에게 미칠 뿐이다"98) 라고 주장하였다.

따라서 담헌은 "천부의 성품이 매우 고지식하여 세태에 아첨하거나 옛 것을 그대로 받들지 못한다. 더구나 요즈음은 허망하게 주자(朱子)와 왕양명(王陽明) 두 사람의 횡의(橫議)에 내 마음이 사로잡혔음을 분하고 미워하여 감연히 돌이켜보건대, 몇 번이나 유학을 버리고 묵학에 들어가고자 하였다"99)고 자신의 학문적 심정을 고백하였다.

이러한 입장에서 담헌은 유학사상의 이상인 주례와 유학사관의 수정적 소산인 선양(禪讓)의 왕위계승을 비판하여, 유학에서 성군으로 꼽는 은을 건국한 탕왕(湯王)과 주를 건설한 무왕(武王)을 신하로서 자기의 임금을 추방 살해한 부도덕한 자로 비난하고, 공자가 그의 정치론의 이상으로 삼았던 주의 문물제도는 오직 사치하고 화려함만을 숭상한 불합리한 제도이었기 때문에, 서주 말기의 유왕(幽王), 여왕(厲王)이 주를 망치기 이전에 주가 없어진 지 오래이었다100)고 비판하였다.

이는 유학사상 자체에 대한 담헌의 회의와 비판론이었고, 그는 유학적 절대관과 차별윤리의 당위론적 가치관을 벗어나, 묵학 내지 노장적 상대관의 시각에서 사물의 기능적 평등성을 주장하였던 것 같다. 이러한 측면은 담헌이 "사람의 입장에서 동물 등 사물을 보면 사람은 귀하고 동물은 천하다. 반대로 동물의 입장에서 사람을 보면 동물은 귀하고 사람은 천하게 마련이다. 하늘 즉 자연원리에서 보면 사람과 동물은 동등하다"101)고 비유한 점으로도 알 수 있다. 이것은 상대주의적 자연원리에서 보면 각각 독자적 기능을 지닌 만물은 상호 동등하다는 뜻이다. 이러한 상대적 평등관에서는 국제질서도 중국 중심의 중화(中華)와 이적(夷狄)의 차별 불평

---

98) 洪大容,『湛軒書』, 內集, 與人書 二首.
99) 賦性狂戆, 不堪媚世將古, 況今時有憤嫉, 忘以爲二子橫議, 實獲我心, 然環顧幾欲逃儒而入墨(洪大容,『湛軒書』, 內集, 與人書 二首).
100) 洪大容,『湛軒書』, 內集, 卷四, 補遺 醫山問答, 三十五面.
101) 以人視物, 人貴而物賤, 以物視人, 物貴而人賤, 自天而視之, 人與物均也(洪大容,『湛軒書』, 內集, 卷四, 補遺 醫山問答, 十八面).

등 관계가 아니라, 대소 국가가 동등한 평등관계이었다. 따라서 담헌은 "모든 나라는 횡(橫)도 없고 도(倒)도 없는 다같이 동등한 정계(正界)"102)라 하였고, "각각 자기 나라 사람을 친히 하고 자기 임금을 높이며 제 나라를 지키고 자기 나라 풍속을 따르는 것은 중국이나 오랑캐가 똑같다"103)고 하여, 대소 국가를 막론한 민족적 주체성을 인정하였던 것으로 보여진다.

그는 초목 금수와 인간 등 만물에는 귀천의 차별이 없다104)는 평등관에서, 사민(士農工商)을 동등하게 대우할 것을 요구하는 사회적 평등을 주장하였다. 즉, "우리나라는 본래 차별적인 명분만을 소중히 여겼다. 양반들은 굶주려 죽는 경지에 떨어지더라도 팔짱을 끼고 편히 앉아 농사를 짓지 않는다. 간혹 생산노동에 힘써 몸소 천한 일을 달게 여기는 자가 있으면 모두들 비웃어 비방하면서 노예처럼 보니, 노는 백성은 많아지고 생산하는 사람은 적어지고 있다. … 특히 사민(四民)에 관계없이 유의유식(遊衣遊食)하는 자에게는 관청에서 일정한 벌칙을 마련하여 사람들이 크게 벌하도록 해야 한다. 재능과 학식이 있으면 농부나 상인의 자식이 낭묘(廊廟)에 들어가 벼슬자리에 앉더라도 참람스러울 것이 없고, 재능과 학식이 없으면 공경(公卿)의 자식이 여대(종)로 던져진다 할지라도 한탄할 것이 없다"105)고 함으로써, 신분적 차별을 없애고 능력과 기능에 따라 인재를 쓸 것을 주장하였다.

담헌의 사상은 그뒤 후배 실학자 박제가(朴齊家) 박지원(朴趾源) 및 정약용(丁若鏞) 등에게 영향을 준 바 컸고, 이들 선현들의 민족적 또는 국민적 자각의식은 서양과의 긴밀한 교섭과 그뒤의 정치 사회적 변천과 더불어 한국인의 의식구조를 많이 변화시켜왔던 것으로 보여진다.

그러나 아직도 우리의 가치관이나 의식 심층에는 권위주의적인 차별의

---

102) 洪大容, 『湛軒書』, 內集, 卷四, 補遺 醫山問答, 二十一面.
103) 洪大容, 『湛軒書』, 內集, 卷四, 補遺 醫山問答, 三十六面.
104) …抑將有貴賤之等乎(洪大容, 『湛軒書』, 內集, 卷四, 補遺 醫山問答).
105) 洪大容, 『湛軒書』, 內集, 卷四, 補遺 林下經綸.

식이 도사리고 있어서 자유 평등사회 구현의 저해요소로 작용하고 있음도 부인할 수 없다. 우리의 대다수 국민과 지도자들이 민주주의이론과 자유 평등론에 관한 많은 지식을 지니고 있음에도 불구하고, 현실의 정치사회적 행동과 실천에서는 비민주적이고 배타적 권위성에 의하여 좌우되고 있다. 이는 자유 평등론에 대한 그릇된 이해와 실천의식의 결여에도 그 한 요인이 있다고도 할 수 있다.

따라서 지금까지 어릴 때부터 우리의 사고와 행태를 구속하여온 권위적 차별윤리를 민주사회 조성을 위한 자유 평등의 실천윤리로 개조해나갈 훈련과 생활화의 필요성이 크다. 예컨대 가족구성원의 생활과 기능이 서로 달라지고 있는 가운데, 가부장이 식사하기를 기다린 뒤에 식사해야 한다는 전통적인 가부장적 차별윤리를 정당한 것으로 보기 어렵다. 또 의자와 양복생활로 변모하고 있는 생활에서 어른 앞에서는 두 무릎을 꿇고 앉아야 한다는 전통적 윤리가 실천윤리로 고집될 수도 없을 것이다. 이러한 이유에서 민주주의의 제도와 활용에 대한 이해를 통하여 민주적 리더십을 닦아나가는 것이 중요하다.

제2장 민주주의 이론

 이 장에서 살펴보게 될 민주주의 이론은 모두 상대적인 시각의 이론이며, 절대적인 보편 타당한 이론이란 존재하지 않는다는 점에 유의할 필요가 있다. 앞의 제1장에서 논의한 자유와 평등의 문제도 상대적임을 지적하였다. 즉 절대적인 자유의 추구는 평등을 저해하고, 절대적인 평등의 추구는 자유를 손상시키게 된다는 점을 지적하였고, 인류 역사는 바로 이러한 점을 경험적으로 보여주었다. 지나친 자유주의의 추구는 빈익빈 부익부의 불평등을 초래함으로써, 절대적 평등을 제도적으로 확립하기 위하여 사유제산제를 폐지하고 모든 부(富)를 공유화(公有化)하여 배급제로 분배의 평등을 주장한 맑시즘을 등장시켰다. 그러나 이와 같은 지나친 평등의 추구는 개인의 경제적 자유를 억압함으로써, 생산의욕을 저하시켜 빈곤의 평등을 초래하였을 뿐이며 결국 구소련의 붕괴와 더불어 실패한 이념이 되었다.
 이제 경제적 자유(재산권 신장의 자유)와 정치적 평등(1인 1표제에 의한 참정권)을 조화시키려는 자유민주주의만이 바람직한 사상으로 취급되고 있다. 그러나 그 조화의 정도와 양상은 사회의 역사적 배경과 국민의 의식구조의 다양성 때문에 나라마다 차이가 많은 현실을 낳고 있다. 그러나 아무리 자유민주주의의 실현을 위한 문제점이 많다고 하더라도, 독재정치(dictatorship)나 전체주의(totalitarianism)체제가 장기간 존속할 수 없음은 자명한 일이다. 우리가 이 장에서 민주주의 이론들을 일별하는 이유는 쇠퇴하고 사라져가고 있는 이론이나 사상에 얽매여 편향적이고 좁은 시각에서 사회와 민족의 문제를 보려는 편협적 시각을 불식시켜 보려는 데 있다. 특히 우리는 독재나 전체주의에 호의적인 시각이 진보이고 자유와 평등의 조화로운 구현이 보수로 매도되고 있는 듯한 사상적 혼돈에서 벗어나는 일이 무엇보다도 매우 중요하다. 절대적 이론의 굴레에서 벗어나 상대적 시각에서 사물을 관찰하는 일이 민주주의 이론을 올바로 보는 지름길임에 유의할 필요가 있다.

따라서 공동체 특히 국가공동체의 경우 그 공동체의 의사결정에서 구성원의 참여를 확대하는 데 강조점을 두어왔던 민주주의 이론이 현실에서는 도리어 이를 빙자한 비민주적인 파시즘 및 공산주의와 같은 전체주의체제를 대두시키었다. 민중의 의사결정 참여의 확대를 강조한 민주주의 이론이 결과적으로는 민중의 자유는 물론 평등까지도 억압하는 현실을 초래하였으므로, 앞장에서 논의한 것처럼 민주주의의 본질적 가치를 공동체 구성원의 자유 평등 참여의 조화로운 발전에 두고 있는 시각에서는 진부한 고전적 이론으로 보여지게 된다. 더욱이 공동체 의사결정에 대한 민중의 직접적인 참여를 지나치게 강조하는 민주주의 이론이 도리어 비합리적인 군중주의(mobcracy) 또는 우중(愚衆)에 영합하는 인기주의(populism)로 전락할 위험성이 있다는 비판론도 제기되어 왔다.

이러한 측면에서 지나친 민중의 참여권 확장에 초점을 두는 민주주의 이론을 고전적 이론이라는 비판론이 나타났으며, 여기에서는 데이비드 헬드(David Held)의 민주주의 분류[1]를 중심으로 살펴보고자 한다.

---

1) 이 부분은 David Held, *Models of Democracy*(Stanford: Stanford Univ. Press, 1987)와 이정식 역, 『민주주의의 모델』(서울: 인간사랑, 1988)을 참조.

1. 고전적 민주주의 이론

   1) 고대 아테네의 민주주의

   (1) 정치 이상과 목표

　고대 아테네에서의 인민(demos)은 전적으로 엄격한 아테네 출신 혈통의 성인 남자로만 구성되었고, 5세기경 최대의 도시국가였던 아테네의 시민은 3만~4만 5,000명 정도였다. 아테네 민주주의의 이상과 목적은 우선 페리클레스(Pericles)의 '장례식 연설'(Funereal Oration)2)에 잘 나타나 있다. 그는 모든 시민들이 공동생활의 형성 및 육성에 참여할 수 있고 참여해야 하는 공동체를 전제로 하였고, 시민들은 계급 또는 부에 바탕을 둔 공무(公務)의 참여에 있어서 방해를 받아서는 안된다고 주장하였다. 동시에 통치의 원리는 직접참여에 있고, 통치과정 자체는 자유롭고 제약 없는 의견의 교환에 바탕을 둔다고 하였다.3)

　고대 민주주의의 정치적 이상과 목적은 아리스토텔레스(Aristotle)의 『정치학』4)에 보다 상세히 설명되고 있다. 아리스토텔레스는 민주적 헌법의 기본원리는 자유에 있으며, 지배와 피지배의 순환은 자유의 한 요소이고, 정의(正義)의 민주적 이념이란 사실상 공로에 바탕을 둔 평등이 아니라 산술적 평등을 의미한다고 하였다. 그는 또 다수가 정하는 것은 무엇이나 최종적 결정이고 정의이기 때문에 시민 각자를 위해 평등이 있어야만 하고, 그 결과 민주주의에서 빈자(貧者)는 부자보다 더 많은 주권(主權)을 가지며, 빈자는 그 수가 많기 때문에 다수의 결정이 주권이 되기 마련이라고 하였다. 다수 시민의 참여라는 기본원칙들을 바탕으로 아리스

---
2) Pericles's Funeral Oration in Thucydides, *The Peleponnesian War* (Harmondsworth: Penguin, 1972), pp.145, 147 참조.
3) M. I. Finley, *Democracy Ancient and Modern*(London: Chatto and Windus, 1973), pp.18-19 참조.
4) Aristotle, *The Politics*(Harmondsworth: Penguin, 1981), pp.362-364 참조.

토텔레스는 다음과 같은 민주주의의 제도적 특성들을 제시하였다. 헬드에 의하면, 아리스토텔레스는 ① 모든 사람에 의한 그리고 모든 사람으로부터의 관리의 선출, ② 각 개인에 대한 모든 사람의 지배와 반대로 모든 사람에 대한 각 개인의 지배체제, ③ 경험과 기능이 아니라 추첨에 의한 관직임용방법, ④ 재산요건에 좌우되지 않는 관직의 임기, ⑤ 동일인이 동일한 직위에 두 번 취임하는 중임제의 철폐(전쟁과 관련된 직책 제외), ⑥ 가능한 모든 직위의 단기제, ⑦ 모든 시민 또는 모든 시민으로부터 선출된 사람으로 구성된 법원체제, ⑧ 모든 문제 또는 적어도 가장 중요한 문제에 대한 주권행사체로서의 시민의회, ⑨ 관직에 봉사하는 관리들에 대한 정기적 봉급지불체제, ⑩ 영구관직제(永久官職制)의 철폐 등을 민주주의의 특성으로 보았고, 자유와 평등이 연계된다고 하였다[5]는 것이다.

아리스토텔레스는 자유의 두 가지 기준으로 첫째 지배하는 사람이 다시 지배받아야 한다는 것이고, 둘째 자신의 선택에 의하여 살아가야 한다는 점을 들었다. 이런 측면에서 평등은 자유의 실제적 바탕이고 자유의 도덕적 기반이라는 것이다. 국민이 평등한 지배의 몫을 가져야 한다는 정치적 평등권에 대한 그의 믿음은 자유의 첫째 기준을 정당화한다. 그의 평등에 대한 강한 애착은 자유와 갈등을 일으키는 반면에, 다른 민주주의론자들은 한 시민의 자유가 다른 시민의 자유를 부당하게 간섭하지 않는다면 선택에 대한 어느 정도의 제한이 있어야 한다고 주장한다.

물론 아리스토텔레스는 민주주의는 자유를 수반하고 자유는 평등을 수반한다고 보아, 민주주의에서 자유와 평등의 상반적 성향을 지적하였다. 그러나 시민의 평등한 정치참여를 강조한 아리스토텔레스의 민주주의론은 그 자신도 민주주의가 중우정치(衆愚政治)로 전락할 위험성이 있음을 지적하였고, 아울러 시민 속에 노예와 이방인을 포함하지 않은 상업귀족계급의 정치참여권의 확장을 주장하였으므로 고전적 이론일 수밖에 없을 것이다.

---

5) *Ibid.*

(2) 제도적 특성

헬드는 다음과 같은 고대 아테네 민주주의 제도를 구성하는 주요 요소들을 들었다.
① 시민총회(The Assembly): 6,000명의 시민으로 구성되며 1년에 40회 이상 소집되어 아테네 국가의 정치적 문제와 책임을 결정한다.
② 500인 회의(Council of 500): 30세 이상의 성인남자로 구성되며, 정치적 발안 및 제안들을 토의 결정한다. 즉 공공 토론의 조직 및 제안을 위한 책임을 진다.
③ 50인 위원회(Committee of 50): 500인 회의 또는 공직(公職)에서 각 지역구(demes)의 크기에 비례하여 선출된 후보자들로 구성되어 500인 회의의 기능을 보다 효율적으로 만드는 역할을 한다. 처음에는 후보자들을 추첨으로 결정하고, 선출된 후보자들 중에서 실제로 공무에 봉사할 후보자를 추첨으로 선정한다. 시민들의 직접선거와 반복적인 재선거를 통하여 선출된 50인 위원회는 500인 회의로부터 윤번제(rotation)에 의하여 구성되며 매년 공직의 10분의 1씩 봉사한다.
④ 위원회장: 임기는 하루이며 50인 위원회를 이끈다.
⑤ 이밖에 10인 군사위원회(10 Military Generals)와 201명 이상, 때로는 501명 이상의 시민배심원으로 구성된 재판소(Courts)가 설치 운영되었다.

(3) 고대 민주주의의 문제점 및 비판

고대 아테네 도시국가의 시민은 전체인구의 소수에 불과했고, 단지 20세 이상의 남자만이 시민권을 지님으로써 아테네의 정치문화는 성인남자의 정치문화일 뿐이었다. 페리클레스(Pericles: B.C 490-429) 시대 아테네의 노예와 시민의 비율은 3:2로 80,000-100,000명이 노예이었다고 한다.[6] 따라서 고대 아테네에서의 정치적 평등이란 고작해야 고전적 의미를 지닐 뿐, 모든 성인들의 동등한 권력이라는 사상과는 거리가 먼 것이었다. 단지 그것은 아테네 출신자로서 동등한 지위를 가진 성인남자들을 위한 정치적 평등의 형태이었다. 그러므로 앞장에서 논의한 것처럼 아테네의 정치사회를 참된 의미의 민주주의사회라고 할 수 있느냐는 데에는 문제가 제기될 수 있다. 도리어 사회구성원의 다수를 이루고 있는 노예나 이방인 그리고 여성의 입장에서 보면, 고대 아테네의 정치는 고도로 비민주적 기반에 토대를 두고 있었다고도 볼 수 있다. 다만 핀리(Finley)가 지적했듯이 소수인의 지배 또는 다수인의 지배 사이에서 어떤 정치적 지배를 선택하느냐는 의미 있는 선택이라는 점을 강조할 필요는 있을 것이다. 비록 전체인구의 소수이었다 하더라도 다양한 집단이 스스로를 내세우고 스스로의 권익을 위하여 투쟁할 수 있었던 권리는 매우 큰 중요성을 지닌다고 할 수 있다.7)

이런 점에서 플라톤(Plato: B.C. 428-348)의 지적은 의미가 있다. 플라톤은 청년기에 펠로포네시안 전쟁(Peloponnesian War: B.C. 431-404) 아테네와 스파르타가 싸운 전쟁에서 아테네가 패배하는 것을 경험하였기 때문에 아테네 민주주의에 대하여 비판적 입장을 전개하였다. 특히 플라톤은 선장에 비유한 항해지도자와 선원의 관계를 예시하면서, 평등 때문에 군중과 섞이고 군중의 인기를 얻으려는 모든 구성원을 선원에 비유하였다. 따라서 민주주의에는 적당한 리더십이 있을 수 없고, 지도자들은 인기에만 영합하여 그들 자신의 인기와 지위만을 확보하기 위해서 행동하게 된다고 하였다. 따라서 면밀한 판단, 어려운 결단, 불편한 선택, 불유쾌한 진리추구 등이 대체로 회피되게 마련이고, 이 점에서 민주주의는 현명한 사람을 최저화시킬 가능성이 크다고 보았다. 따라서 민주주의에서 추구하는 자유와 평등의 주장은 권위 질서 및 치안의 유지와는 부합하지 않는다는 것이다. 또한 그는 그릇된 쾌락의 평등은 민주주의적 인간을 그날 그날을 살아

---

6) A. Andrews, *The Greeks*(London: Hutchinson, 1967); P. Anderson, *Passages from Antiquity to Feudalism*(London: Verso, 1974).
7) M. I. Finley, *Politics in the Ancient World*(Cambridge: Cambridge University Press, 1983), p.9.

가는 인간으로 만들며, 따라서 결과적으로 사회적 결합은 위협받게 되고, 정치생활은 점점 분파화(分派化)되며, 정치는 파당적 분쟁투성이가 된다고 보았다. 파당적 이익 사이의 심한 갈등은 결국 전체로서의 국가이익보다는 각 분파자신의 이득을 따르게 되므로, 공동체의 선과 사회정의에 대한 폭넓은 책임은 불가능해 진다는 것이다. 이러한 상태는 끊임없는 음모 책략과 정치적 불안정 즉 억제할 수 없는 욕망과 야욕의 정치를 낳게 된다는 것이다. 이런 점에서 플라톤은 '정의(justice)란 무엇인가?'라는 질문에 대한 해답으로 『공화국론(The Republic)』을 저술하였고, 철인지배가 이루어질 때까지 세계문제는 해결될 수 없다는 입장을 취하였던 것 같다. 그러나 어쨌든 고대 아테네의 민주주의 모델이나 그것에 대한 비판론이 모두 도시국가의 범주를 뛰어넘어 그 뒤 서양의 민주주의론에 이론적 그리고 실질적인 영향을 주었다. 특히 이탈리아의 르네상스 이후 루소와 맑스 및 엥겔스에게 깊은 영향을 주었다는 점은 고대 아테네 민주주의의 사상적 중요성을 보여주는 것이라고 평가할 수 있을 것이다.

헬드는 이와 같은 고대 아테네 민주주의를 다음과 같이 요약 정리하고 있다.[8] 그는 아테네 민주주의의 정당화의 원칙으로는 시민이 자유롭게 지배하고 아울러 번갈아 지배받기 위해서 정치적 평등을 누리는데 있으며, 주요 특징으로는 ① 입법 사법기능에 대한 시민들의 직접 참여, ② 시민의 민회(民會)가 최고주권을 가짐, ③ 주권의 범위는 도시의 모든 공공업무를 포함, ④ 공직 후보자 선출의 다원적 방법 채용(직접선출 추첨 순번제 등), ⑤ 일반시민과 공직자를 차별하는 특권의 배제, ⑥ 전쟁에 관련된 직위를 제외하고는, 동일한 공직에 동일인이 동시에 두 번 임명될 수 없음(公職의 單任原則), ⑦ 모든 공직에 대한 단기 재임제, ⑧ 공공업무 수행에 대한 보수제(報酬制) 등을 지적하였다. 또한 일반적 조건으로는 ① 소규모 도시국가, ② 시민의 자유시간을 확보해줄 노예경제(slave economy), ③ 여성의 가정봉사 즉 남성의 공무수행을 자유롭게 해줄 여

---

8) Held, *op.cit.*, p.34.

성의 노동, ④ 상대적으로 소수인에게만 시민권을 제한하는 일을 들었다.

2) 보호 민주주의의 발전

(1) 기독교 민주주의

고대 민주주의에 있어 인간의 능동적 판단을 본질로 보았던 인간학적 시민의 의미는 중세에 이르러 참된 신앙인으로 대치되었다. 기독교는 권위와 지배의 원천을 시민(또는 철인왕)으로부터 내세(來世)의 대변자로 옮겨놓았다. 기독교적 세계관은 정치적 행위의 존재이유를 도시국가(polis)의 존립이 아니라 신학적 틀로 변화시켰다. 도시에서 삶을 영위하는 인간이라는 헬레니즘의 인간관은 어떻게 하면 인간이 신(神)과의 영적(靈的) 교감을 이루며 살아갈 수 있는가의 문제로 바뀌었다.9) 도시국가가 정치적 선의 구성체라는 그리스적 관점과는 대조적으로, 기독교적 세계관은 신의 의지에 대한 복종 속에 선이 존재한다고 주장하였다. 따라서 앞장에서 논의한 것처럼 능동적 주체자로서의 인간학적 개인은 신의 의지 속에 그 개성이 매몰되게 마련이었다.

아우구스티누스(St. Augustinus: 354-430)의 『신의 도시』는 이와 같은 세속권(世俗權)에 대한 교권(敎權)의 우월성을 가장 권위적으로 설명한 논리로 평가되어왔다. 교회의 역사는 지상에서의 신의 행진이고, 참된 기독교인은 일시적인 세속생활에 초점을 두어서는 안된다는 아우구스티누스의 주장은 중세 유럽에 매우 큰 영향을 미쳤다.10)

이러한 중세의 정치관념은 16세기 말에 이르러 합법적 권위의 영역을 둘러싼 군주와 영주의 투쟁, 무역 및 시장의 확대, 르네상스 문화의 융성, 유

---

9) J. G. A. Pocock, *The Machiavellian Movement: Florentine Political Thought and the Atlantic Republican Tradition*(Princeton, N.J.: Princeton University Press, 1975), pp.84, 550.
10) Q. Skinner, *The Foundations of Modern Political Thought*, 2vols. (Cambridge: Cambridge University Press, 1978), pp.349-350.

럽에서의 민족국가의 등장과 절대국가체제의 공고화, 가톨릭의 보편적 권위에 대한 종교적 투쟁과 도전, 교회와 국가의 갈등 등으로 변화되었다. 이 중 가장 중요한 것은 무엇보다 프로테스탄트 종교개혁이라고 할 수 있다. 종교개혁은 유럽 전역에 걸쳐 교황의 지배권과 권위에 대한 도전에 그치지 않고 교회권력으로부터의 국가권력의 분리 및 세속적 활동에 있어서의 자율성을 가진 개인이라는 관념을 창출시켰다. 이와 같은 변화는 곧 인간을 둘러싼 사회와 국가의 본질을 재조명(再照明)하는 중요한 계기가 되었다.

(2) 보호민주주의

보호민주주의는 모든 종류의 억압, 특히 국가에 의한 억압으로부터 피치자를 보호하기 위한 민주적 제도의 중요성을 강조하며 이는 서양에서의 자유주의 발전의 다양한 사상적 전통과 밀접한 관계를 맺고 있다. 전제군주와 절대주의체제에 맞서 선택의 자유 이성 관용의 가치를 주장하는 자유주의는 전제군주의 권력과 그들에 대한 신의 지지라는 주장에 대항하여 국가권력을 제한하고 국가행위와는 독립적인 개인영역을 규정하려고 하였다. 이러한 시도의 중심에는 시민사회를 국가권위에 의한 간섭과 그 동시적 한계설정으로부터 해방시키려는 목표가 자리잡고 있었다. 사상가에 따라서 해석의 차이는 있지만, 개인의 이익들을 조화시키는 중심 메커니즘으로서의 입헌국가 사유재산 경쟁적 시장경제의 옹호라는 면에서는 모두 동일한 입장을 가지고 있었다. 초기의 자유주의 논리에서 개인들은 자연권(natural rights), 즉 태어나면서부터 부여된 양도 불가능한 권리를 갖춘 자유롭고 평등한 존재로 인식되었으며, 그러한 개인들은 남자를 의미하였다. 따라서 관심의 초점은 재산을 소유한 남자 개인이었으며, 새로운 자유는 무엇보다 신중간계급 또는 부르주아 남성이었다. 공적 사적 영역에서 남성의 우위는 19세기까지 자유주의 사상가들에게 당연한 것으로 인식되었다.

마키아벨리(Niccolo Machivelli: 1469-1527)와 홉스(Thomas Hobbes: 1588-1679) 이래 자유주의 정치이론의 중심문제는 정당한 개인이익의 추구로 특징지어지는 세계 속에서 어떻게 정부가 유지될 수 있고, 어떤 형태의 정부가 구성되어야 하는가의 문제였다. 이에 대하여 홉스는 통치권이 시민 각자에게 맡겨졌을 때 오직 강력한 보호적 국가만이 시민이 당면하게 되는 사회적 혼란의 위험을 적절하게 제거할 수 있다고 보았다. 홉스의 사상은 사회 정치질서를 보장하기 위한 국가의 충분한 권력과 개인의 자유를 모두 확립할 필요성을 제시하였다는 점에서 자유주의 전통의 형성에 결정적 기여를 하였다. 그럼에도 불구하고 그의 정치적 결론은 전지전능한 국가의 필요성을 강조하는 것으로서 국가행위를 제약하는 데 필요한 원칙이나 제도를 형성하지 못하였다.

로크(John Locke: 1632-1704)와 몽테스키외(Charles-Louis de Secondat de Montesquieu: 1689-1755)는 홉스와는 다른 입장에 있었다. 로크는 자연상태로부터 국가를 형성하는 과정에 있어 인간의 모든 권리가 국가에 양도되지 않는다는 점을 강조하였다. 로크 사상의 핵심은 자기이익에 대한 최종 판단자인 시민의 권리와 자유를 보호하기 위해 국가는 존재하며, 따라서 모든 시민의 가능한 최대의 자유를 확보하기 위해 국가는 그 범위 내에서 제약되어야 하고, 행동면에서 규제되어야 한다는 것이었다. 이러한 기본 원리에 따라 그는 개인의 권리보호 인민주권 다수결원칙 권력분립 입헌군주제 대의정부의 대표체제 등의 중요성을 지적하였다. 이런 점에서 로크는 자유주의의 최대 옹호자였다고 볼 수 있다. 그럼에도 불구하고 그의 논의는 정당이나 계급 성(性) 인종에 관계없는 자유의 보호와 같은 민주적 대의정부의 핵심적 요소들을 예견하지 못하는 초보적 단계에 불과한 것이었고, 누구를 인민으로 보아야 하는지 또 어떠한 조건에서 권리가 양도될 수 있는지에 대해서 명확히 설명하지 못하였다는 한계를 가지고 있는 것이었다. 아울러 앞장에서 논의한 대로 로크는 자연상태에서의 인간의 본질적 자연권으로 생명 자유 건강 재산을 지적하고 그 가운데서도 재산권이 가장 중요하다[1]고 하였다. 이는 당시 극소수 재산가[2]의

---

11) John Locke, *Two Treatises of Government* II, Sec.87.
12) 로크의 생존기인 1689년의 왕위계승법(The Act of Settlement)에 의하여

재산상의 이기욕 추구의 자유가 보장된 상태가 자연상태라는 말이 되며, 그가 주장한 자연법은 바로 이러한 재산권 신장의 자유를 보장하는 법을 뜻하였다고 볼 수 있다. 이러한 측면 때문에 로크의 자유주의 사상이 자본가계층의 재산권 옹호론에 지나지 않는다는 비판을 받기도 하였다.

권력분립론으로 유명한 몽테스키외는 로크와 기본적으로 동일한 입장에서 개인의 자유를 보호하는 중심 메커니즘으로서 입헌정부를 옹호하였다. 동시에 그는 로크보다 훨씬 정밀하게 행정 사법 입법을 구분하였다. 그는 자유란 국가 내에서 권력의 제도화된 분리와 균형을 면밀히 형성함으로써만 그 기반이 유지될 수 있는 것으로 보았다. 그러나 몽테스키외는 이처럼 중요한 제도적 혁신을 옹호했음에도 불구하고 법률의 제정주체를 인민으로 보지 않았다. 그는 입법자나 대표자가 유권자에게 책임져야 한다고 생각하지 않았으며, 입법부의 해산권을 포함한 막대한 권력을 군주에게 귀속시켰다. 또한 시민이 자신의 권리를 수탁한 자를 제거할 권리 혹은 필요하다면 정부형태를 변경할 권리 등 로크가 중요하게 보았던 문제들을 도외시하였다. 이런 점에서 몽테스키외의 사상은 자유주의 발전에 공헌하였지만 그 한계 역시 큰 것이었다.

이와 같은 17, 18세기의 자유주의론자들을 중심으로 한 보호민주주의론은 19세기 메디슨(James Madison: 1751-1836)과 벤담(Jeremy Bentham: 1748-1832) 및 밀(John Stuart Mill: 1806-1873)과 같은 공리주의자들에 의해서 세련화된다. 메디슨은 홉스와 로크 그리고 몽테스키외의 사상을 적극적으로 흡수하여 그것을 자신의 정치이론과 정치전략으로 전환시켰다. 메디슨은 개인에 의한 자기이익의 정당한 추구와 그러한 이익의 증진수단으로서의 정부에 초점을 맞추었다. 그는 연방구조와 권력분립에 기초한 연방대의체 국가를 개인 이익의 결집 및 보호의 핵심 메커니즘으로 파악하

성립한 의회의 상원(The House of Lords)과 하원(The House of Commons)은 대지주와 부호들로 구성되었을 뿐이고, 로크 출생 200년 뒤에 제정된 1832년의 제1차 선거법 개정(Reform Act)에서의 투표권자로서의 시민은 고작해야 20세 이상 전체 영국 인구의 단 7%에 불과하였다.

였다. 그러한 국가에서 인격과 재산의 안전이 확보될 수 있으며, 무역 상업 국제관계의 복잡한 양상을 갖춘 대규모 근대 민족국가의 요구와 정치가 조화를 이룰 수 있다고 믿었다. 다음으로 벤담과 밀은 두 가지 기본 가설 즉 인간의 가장 중요한 행위동기는 욕구의 충족, 다시 말해 만족 또는 효용의 극대화와 고통의 최소화이며, 사회는 자신이 원하는 모든 것으로부터 효용성을 얻을 수 있는 한 효용을 추구하는 개인들로 이루어져 있다는 가설을 기반으로 정치이론을 전개하였다. 그들은 사회의 구성원이 집단이나 정치권력으로부터 억압당하지 않도록 보호하는 것이 민주주의이며, 이를 위해서는 투표 비밀선거 정치대표자들간의 경쟁 권력분립 언론 및 결사의 자유 등 공동체적 이익을 수호하는 민주정부가 필요하다고 하였다. 이와 함께 공리주의자들은 자의적인 정치간섭의 위협 없이 개인의 자기이익 추구, 경제적 거래에의 자유로운 참여, 시장에서 노동과 재화의 교환, 그리고 자원의 사적 소유라는 자유민주주의 국가의 가장 명확한 정당화의 논리를 제공했다. 이와 같은 공리주의의 민주주의론은 개인은 무한한 욕구를 지니고 일단의 소비자 대중을 형성하며, 개인적 만족의 극대화에 주력하는 사회를 통치하는 데 필요한 논리를 제공하였다는 가치를 지닌 사상이었다. 그럼에도 불구하고 이전 자유주의 사상가들에 비해 훨씬 진전되기는 하였으나 여전히 공공 및 개인생활에 있어서의 가부장적 구조를 지지하였고, 이에 따라 계급적 성적(性的)으로 차별이 없는 시민의 정치참여를 주장하지 못하고 오히려 이를 배제시키는 한계점을 가지고 있었다.

헬드는 이상과 같은 보호민주주의론의 다양성에 유의하면서 다음과 같이 그 특성을 요약 정리하였다.13) 그는 정당화의 원칙으로 시민은 그들의 이익에 부합하는 정책들을 추구할 수 있도록 보장받기 위해서, 시민 상호간은 물론 집권자들로부터 보호를 받아야 하며, 따라서 최선의 정부는 최소의 정부(The best government is the least government)라는 시각을 낳았고, 보호민주주의의 변형이 자유민주주의라고도 할 수 있음을 들었다. 또한 이것

---

13) Held, *op.cit.*, p.70.

의 주요 특징으로는 국가의 주권이 궁극적으로는 인민에게 있지만, 현실적으로는 정당하게 국가기능을 수행할 수 있는 대표자에게 주어지며, 정상적인 선거 비밀투표 잠재적인 파벌지도자 또는 정당간의 경쟁, 다수결 등이 통치할 사람들의 책임성을 확립하는 제도적 바탕이라는 점, 국가권력은 객관적 요소로서 법적으로 보호되어야 하며, 입법 행정 사법의 분권이 법적으로 보장되어야 하며, 자유 특히 언론 표현 결사 투표 신앙의 자유를 비롯한 정치적 및 시민적 권리를 포함한 법 앞에서의 평등과 전제적 처우로부터의 자유 등을 보장할 입헌주의 시민사회로부터의 국가의 분리 즉 경쟁적 권력의 다원화와 이익집단의 활동 등을 지적하였다. 그리고 일반적 조건으로는 정치적으로 자율적인 시민사회의 발달, 생산수단의 사유화 보장, 경쟁적인 시장경제체제, 가부장적 가족, 민족국가의 영역 확대 등을 들었다.

(3) 급진적 발전민주주의

마키아벨리와 홉스 이래 전개된 보호민주주의론의 영향 하에서 많은 민주주의론은 적극적으로 참여하는 시민의 형성을 위한 민주적 제도의 필수불가결성을 강조하였고, 시민의 권리와 의무에 대한 새로운 관점과 민주주의를 연계시키려는 노력이 진행되었으며, 대표적인 사상이 루소(J. J. Rousseau)의 사상으로 대표되는 급진적 발전민주주의론이다.

루소는 홉스와 로크처럼 자연상태와 사회계약의 논리를 제시하였다. 그러나 정도의 차이가 있기는 하지만 홉스와 로크의 사회계약론이 공통적으로 주권이 인민으로부터 국가와 통치자에게 양도되는 것을 가정한 것에 비하여 루소는 주권의 양도가 이루어질 필요도 없고 이루어져서도 안 된다고 하였다. 루소에게 있어 인간 자신의 삶을 규정하는 법의 직접 제정에 참여하는 가장 이상적인 주체는 개인들이다. 각자 자신이 생활하는 규칙을 제정한다는 점에서 인민은 최고의 주권을 지닌 존재인 것이다. 모든 시민은 공동체를 위한 최선의 일을 결정하는 올바른 법을 제정하기 위해 함께 모여야 하며, 피지배자가 곧 지배자이어야 한다고 그는 주장한다. 따라서 공공업무의 운용에 참여기회를 제공하는 정치질서는 국가이어서는 안되고 일정한 형태의 사회가 형성이어야 한다는 점을 강조하였다. 개인이 열망할 수 잇는 최고의 역할은 시민의 역할이고, 시민들에 의한 권력의 행사가 자유를 유지할 수 있는 유일하고 정당한 방법이라는 것이다. 시민은 공동선이 공적으로 표출된 일반의사(general will)의 최고명령을 결정할 뿐만 아니라 일반의사에 구속되어야 한다는 것이다. 루소는 이 점에 있어 공동선에 대한 개인들의 의견이 다를 수 있음을 인정하여 의사결정에서 다수결원칙을 받아들였다.

루소에게 있어 자유와 평등은 연관되어 있다. 사회계약은 시민이 모두 똑 같은 권리를 향유해야 한다는 점에 있어서 시민들간의 평등을 확립하기 때문이다. 똑같은 권리라는 말을 루소는 평등한 정치적 권리의 의미로 단순히 사용하지 않았다. 그는 평등한 정치적 권리가 법으로 제정되어 있다 하더라도 부와 권력의 불평등 앞에서는 그것이 보호될 수 없다고 보았다. 루소는 소유권을 신성한 것으로 보았지만 개인의 물질적 안정과 정신적 독립을 이루는 데 필요한 양만큼의 재산에 대한 제한적 권리로 소유권을 이해하였다. 시민은 경제적 예속에서 벗어나야 자신의 생계에 대한 위협을 겪지 않고 자기 견해를 표현 개발할 수 있기 때문이다. 이런 점에서 루소는 어떤 시민도 다른 시민을 매수할 정도로 부자가 아니고, 어느 누구도 자신을 팔 수밖에 없을 정도로 가난하지 않은 상태를 희망하였다.

루소는 입법기능과 행정기능이 분명히 분리된 정치체제를 선호하였다. 입법기능은 인민에 속하며 행정기능은 정부 또는 군주에 속한다. 인민은 입법회의를 형성하며 국가의 권위를 구성한다. 정부 또는 군주는 인민의 법률을 집행한다. 정부가 필요한 것은 편리성 때문이다. 즉 공공집회를 조정하고, 커뮤니케이션의 수단으로 기능하며, 법률의 초안작성 및 법률체계의 집행과 보호를 위해 정부가 필요한 것이다. 정부는 시민들 간의 합의의 산물이며 일반의사의 지시를 충실히 이행하는 정도에 따라 정당성을 가진다. 그렇게 하지 못하면 정부는 최소 변경될 수 있다. 정부의 인적 구성은 선거를 통해 직접 선출되거나 추첨에 의해 임명되기 때문이다.

이와 같은 루소의 정치이론은 프랑스혁명의 사상조류 뿐 아니라 맑시즘에서 무정부주의에 이르는 혁명사상의 전통에도 영향을 미쳤다. 그의 자치 개념은 지금까지의 사상조류 중에서 가장 도발적인 것이었다고 평가할 수 있다. 그러나 루소 역시 여성을 시민으로부터 배제하였고, 소규모 재산소유자에 한정되는 시민권을 상정하였다는 점에서 빈자를 정치적 평등권에서 배제시키는 한계성을 지녔다. 아울러 공동선 및 일반의사라는 공공권력에 대해 개인의 사생활이 침해당하는 위험에 대해 적절히 고려하지 못하였다는 비판을 받는다.

헬드는 이러한 급진적 발전민주주의론의 특징을 다음과 같이 요약 정리하였다.14) 헬드에 의하면 급진적 발전민주주의론의 정당화의 원칙은 어떠한 사람도 다른 사람의 주인이 될 수 없고, 모든 사람이 집단의 발전과정에서 평등한 자유와 공존을 향유할 수 있도록 모든 시민은 정치적 및 경제적 평등을 향유하여야 한다는 것이다.

그는 급진적 발전민주주의의 주요 특징으로 입법기능과 행정기능의 분립, 공중집회에서의 시민들의 직접참여가 입법기관을 구성해야 한다(인민회의, 인민재판), 공공문제에 대한 만장일치가 바람직하지만, 합의하지 못하는 경우 다수결에 의한 투표제, 집행관 또는 행정관의 수중에 있는 행정부의 직위 확보, 직선 또는 추첨에 의하여 임명되는 행정체제 등을 들었고, 일반적 조건으로는 소규모 비산업 공동체, 다수인의 소유로 재산소유권의 분산과 재산소유권에 좌우되는 시민권, 즉 독립적 생산자들의 사회, 남성을 노동과 정치로부터 자유롭게 할 여성의 가정봉사를 지적하였다.

2. 현대 민주주의론

1) 엘리트 민주주의론

대표적인 학자로는 모스카(Gaetano Mosca: 1858-1941)15)와 슘페터

---

14) Held, *op.cit.*, p.79.

(Joseph A. Schumpeter: 1883-1950)16)를 들 수 있다. 고전적 민주주의의 신화는 모든 국민에 대한 최대한의 정치참여가 가장 바람직하다고 보아 참정권, 즉 최대한의 선거권 확대에 민주주의의 목표를 두었다. 다시 말하면 직접 또는 참여민주주의의 구현, 즉 참정권으로서의 선거권의 확대가 민주주의의 목표로 보였다. 그러나 20세기에 이르러 정치에 대한 광범위한 국민의 참여는 도리어 본질적인 위험성을 지니고 있다는 점을 강조하는 주장들이 민주주의 이론들의 특징으로까지 나타나게 되었다. 심지어는 민주주의가 아니라 군중주의(mobcracy)의 위험성이 있다고 혹평하는 주장도 있게 되었다.

이러한 동향 때문에 다음과 같은 두 가지 문제점이 제기되어왔다. 첫째 모든 국민에게 최대한의 정치참여를 확장해야 한다는 초기 민주주의론자들의 민주주의 이론에 대한 수정론이 제기된 점이다. 즉, 최대한의 참여가 반드시 최선의 결정을 가져올 수 있는가? 둘째 정치체제의 안정 없이 사회발전을 이룩할 수 있는가? 특히 20세기에 들어서서 산업사회의 대두로 사회규모의 확대 및 복합성, 그로 인한 관료제적 조직의 대두는 민주주의 사회의 성취 가능성에 대한 회의론까지 낳게 되었다. 심지어 모스카는 모든 사회에서 엘리트가 지배하여야 한다고 주장하기도 하였다. 히틀러의 나치즘이 독일을 지배하기 전의 독일 사회민주당을 연구한 마이클스(Robert Michels: 1875-1936)는 과두제의 철칙(Iron law of oligarchy)을 주장하면서, 집단의 지배와 민주주의 둘 중에 하나를 선택하여야 하는 상황에 이르렀다7)고 주장하였다.

따라서 모든 국민에 대한 최대한의 참여방식으로서의 인민의 지배(rule of the people)라는 민주주의의 원리가 이상(理想)이 될 수는 있을지 모르나, 이상의 실현가능성에 대하여는 많은 회의론이 일었다. 더욱이 파시

---

15) Gaetano Mosca, *The Ruling Class*(New York: McGraw-hill, 1939).
16) Joseph Schumpeter, *Capitalism, Socialism and Democracy*(London: Allen and Unwin, 1954).
17) Robert Michels, *Political Parties*(New York: Free Press, 1962).

즘 및 공산주의 등 전체주의 정권을 경험한 뒤인 20세기 중반에 이르러서는 민주주의의 이상 자체에 대하여도 많은 문제점을 제기하였고, 민중의 적극적인 참여에 대한 회의론이 등장함으로써 참정권의 확장이라는 민주주의이론은 고전적 이론에 불과한 것으로 취급되어왔다.

특히 높은 비율의 민중참여(mass participation)를 가능하게 한 독일 바이마르공화정의 파시즘에로의 전락과 민중참여에 바탕을 둔 2차 세계대전 후의 전체주의체제로서의 공산주의 정권의 수립은, 민중의 정치참여가 민주주의의 특성 또는 본질적 개념이라기보다는 도리어 전체주의(totalitarianism)의 논리와 연계된 것처럼 보여지게 되었다. 이와 같은 민주주의의 초기 이론에 대한 회의론으로 인하여 현대 정치사회학(political sociology)은 다음과 같은 참여의 특성들을 제기하기도 하였다.

정치행태에 관한 광범위한 조사연구에 의하면, 낮은 사회경제적 집단에 속한 사람들에게서 광범위한 비민주적 또는 권위주의적 태도가 두드러지게 존재한다는 점이다. 따라서 이들 낮은 사회경제적 계층의 정치참여를 확대시키는 것은 도리어 민주체제의 안정을 저해한다는 결론을 내리기도 하였다.[18]

초기의 민주주의이론은 지나치게 규범적(normative)이고 가치 중심적인데 반하여, 현대 민주주의론은 실제의 정치현상에 대한 과학적 경험적 분석에 초점을 두고 있다는 점이다. 이러한 경험적 사실을 강조하는 이론은 베버(Max Weber: 1864-1920)와 슘페터의 영향을 받았다.

슘페터에 의하면[19] 민주주의란 어떤 특수한 이상 또는 목표와는 무관한 이론이며, 민주주의란 정치방법에 불과하다는 것이다. 슘페터는 민주주의란 정치적 특히 입법적 행정적 정책결정에 도달하는 데 필요한 일종의 제도적 조정수단이다[20]라고 하였다. 따라서 그는 선거대중은 우르르

---

18) Carole Pateman, *Participation and Democratic Theory*(Cambridge: Cambridge Univ. Press, 1970), pp.2-3.
19) Joseph Schumpeter, *Capitalism, Socialism and Democracy*, 4th ed. (London: Allen & Unwin, 1954), 이영재 역(한서출판사, 1985) 참조.
20) Schumpeter, *ibid.*, p.242.

몰려다니는 군중 이상의 행동을 할 수 없다[21]고 하였다.

이들 엘리트 민주주의론을 계승하고 있는 헬드에 의하면, 경쟁적 엘리트민주주의 모델은 다음과 같은 특성을 지닌다고 한다.[22] 헬드는 경쟁적 엘리트민주주의의 정당화의 원칙으로 필요한 입법적 행정적 결정을 할 수 있는 능력을 지닌 상상력이 풍부한 정치 엘리트의 선출방법, 지나친 정치적 지도력에 대한 저지 등을 들며, 주요 특징으로는 강력한 집행부를 지닌 의회제 정부, 경쟁적 정치 엘리트 및 정당간의 경쟁, 정당정치에 의한 의회의 장악, 정치지도력의 집중, 독립적이고 잘 훈련된 행정 관료제, 효율적인 정치적 결정의 범주에 대한 실질적 입헌적 제한을 지적하였다.

아울러 이 경쟁적 엘리트민주주의 모델의 성공을 위한 일반적 조건으로 산업사회, 분절된 유행의 사회적 및 정치적 갈등, 빈약한 정보를 소유한 자로서의 또는 감성적인 유권자, 상이한 여론을 포용하는 정치문화, 노련하고 기술적으로 훈련된 전문가와 경영자계층의 출현, 국제체제에서 권력과 이익을 얻기 위한 국가간의 경쟁 등을 들었다.

2) 다원론적 민주주의론

(1) 다원주의의 특성

다원주의(pluralism)에 바탕을 둔 민주주의란 다양한 시민 및 집단들의 리더십에 의한 합의와 타협의 의사결정, 즉 타협과 합의의 정치를 의미한다. 따라서 다원주의에서 가장 중요한 요소란 리더십과 이익집단의 대표성(interest-group representation)이라고 할 수 있다. 다원주의의 특성은 다음 두 가지로 요약될 수 있을 것 같다.

첫째 리더십에 대한 강조를 들 수 있다. 다원주의가 리더십을 강조하는 까닭은, 현대산업기술사회에서의 전문적 기능분화라는 현실성에서 기인한

---

21) *Ibid.*, p.283.
22) David Held, 이정식 옮김, 앞의 책, 207쪽.

다. 정치에 깊이 관여할 전문적 식견을 갖춘 소수자에게 지도할 권한을 제공함과 동시에, 대다수 국민에게는 그들의 지도자를 선출할 기회를 마련해준다는 점을 강조한다. 정통성을 지닌 리더십은 사회가 요구하는 변화에 대한 개방과 안정간의 사회적 균형을 이룩하는 데 필요한 불가결의 요소라는 점을 강조한다.

둘째 집단대표성에 대한 강조이다. 다원론자들은 현대사회에서 다원적 사회집단들은 인간이 기대할 수 있는 의미 있는 근본적 대표성을 창출할 수 있다는 점을 강조한다.23)

다음은 헬드가 요약 정리한 다원주의의 특징이다.24)

	고전적 다원주의(classic pluralism)	신다원주의(neo-pluralism)
정당화 원칙	· 소수파에 의한 정치의 확보 및 그로 말미암은 정치적 자유 · 지나치게 강력한 정파발전의 저지 및 무반응적인 국가에 대한 강력한 억제	
주요 특징	· 1인1표제, 표현의 자유, 조직의 자유를 포함한 시민권 확보 · 입법, 사법, 행정부 관료 사이의 견제와 균형체계 · 적어도 2개 이상의 정당을 지닌 경쟁적 선거체제	
	· 정치적 영향력을 추구하는 다양한 범위의 이익집단 · 정부는 여러 요구들을 조정하고 중재하는 기능 수행 · 지지하는 정치문화 속에 내포된 입헌적 규정	· 다양한 압력단체들이 존재하지만, 조합적 권력에 치우친 정치 일정 · 국가와 국가 부처들은 각 부처의 분파적 이익들을 조정 · 입헌적 법규들이 다양한 정치 문화와 지나치게 불평등한 경제 자원체제 속에서 기능
일반적 조건	· 수많은 사회집단들에 의한 권력의 공유 및 교환 · 광범위한 다양한 유형의 자원 기반의 전체 사회에 확산 · 정치적 절차, 정책대안의 범위, 합법적 정치영역 등 가치에 대한 공동체 구성원간의 합의 · 정치적 안정을 위하여 충분한 능동적 시민과 수동적 시민간의 균형	· 권력을 얻기 위한 수많은 집단들간의 경쟁 · 많은 집단의 취약한 자원바탕이 완전한 정치참여를 방해 · 사회 경제적 힘의 배분이 정치적 선택을 위한 기회와 한계성을 제공 · 불평등한 정치참여: 불충분하게 개방된 정부

---

23) Robert Booth Fowler & Jeffrey R. Orenstein, *Contemporary Issue in Political Theory*(New York: Praeger, 1985).
24) Held, *op.cit.*, p.204.

(2) 베렐슨의 이론

베렐슨(Bernard Berelson)에 의하면[25] 민주주의체제란 보통 시민들의 행위에 의해서는 성공적으로 운용될 수 없고, 다양한 기능적 사회집단의 공존과 이들 사회집단들의 공존을 통한 정치체제의 안정이 이루어질 때 가능하다고 한다. 따라서 그는 정치적 민주주의를 유지하는 데 필요한 조건으로 다음과 같은 조건들을 들었다. 즉 민주사회에는 강렬한 갈등이 제한되어야 하고(극심한 갈등의 제한), 변화의 속도가 제약되어야 하며(급진적 변화의 제약), 사회경제적 안정이 유지되어야 하고(사회경제적 안정의 유지), 다원적 사회집단과 그들 간의 기본적 합의가 존재하여야 하는(다원적 사회집단 간의 합의) 것들이다. 단적으로 말하여 그는 다원적 사회집단의 공존과 그들의 기능적 특성의 유지 및 여러 집단간의 합의를 통한 안정의 유지가 민주주의체제 존속의 조건임을 강조하였다.[26]

페이트만(Carole Pateman)에 의하면 베렐슨은 인민대중의 제한된 참여와 정치적 무관심이 도리어 사회집단간의 갈등 적응 및 변동 등의 충격을 완화시킴으로써 사회 전체의 안정적 발전을 위한 긍정적 기능을 하게 된다고 주장하였다[27]는 것이다. 그러나 페이트만은 베렐슨이 시민에 대한 최대한의 참정권 확장이 민주주의의 발전을 어렵게 만든다고 주장한다면, 민주적이라고 말할 수 있는 정치체제의 필요조건이 무엇인가라는 문제에 대하여 베렐슨은 명확한 해답을 주지 못하고 있다[28]고 비판하였다.

(3) 달의 이론

달(Robert A. Dahl)은 하나의 민주주의이론이란 존재하지 않으며, 다양

---

25) Bernard Berelson, *Voting*(Chicago: Univ. of Chicago Press, 1954).
26) Carole Pateman, *Participation and Democratic Theory*(Cambridge: Cambridge Univ. Press, 1970), p.7.
27) *Ibid.*, p.7.
28) *Ibid.*, p.8.

한 민주주의 이론들이 있을 뿐이라고 하였다.29) 그의 이론은 다음과 같이 요약될 수 있다.30)

첫째 민주주의는 다두정(多頭政: polyarchy)이라고 할 수 있다는 것이다. 다두정이란 복합적 소수 엘리트의 지배를 의미한다. 달은 다두정이야말로 고전적 민주주의론을 대신할 수 있는 대체이론으로서 적절한 현대 민주주의론이라고 주장했다. 다만 선거는 지도자가 아닌 민중이 지도자들을 통제할 수 있는 장치이기 때문에, 민주적 방법의 중추적 요소라는 것이다. 따라서 민주주의 이론에서는 보통의 시민들이 지도자들에 대하여 상대적으로 높은 정도의 통제력을 행사하는 과정이 중요하다고 주장하였다.

이와 유사한 시각에서 보면 다음의 사회분류에서 보여주는 것처럼 에치오니(Amitai Etzioni)는 공동체 구성원간의 합의의 정도와 지도자의 공동체 구성원에 대한 통제정도라는 두 가지 준거로서 공동체의 성격을 설명하면서, 미래에는 두 개의 준거가 다 같이 높은 사회가 되기를 희망하여 이러한 사회를 능동사회(active society)로 규정하였다.31) 즉 그는 구성원간의 합의의 정도도 낮고 지도자의 구성원에 대한 통제도 잘 안되는 사회를 소극사회(passive society)로 규정하고 저개발국가를 그 예로 들었고, 구성원간의 합의의 정도는 낮지만 지도자의 구성원에 대한 통제의 정도가 높은 사회를 과도한 관리사회(overmanaged society)로 규정하고 전체주의국가를 예로 들었으며, 반대로 구성원간의 합의는 비교적 잘 이루어지지만 지도자의 구성원에 대한 통제가 잘 안 되는 사회를 전환기 사회(drifting society)로 규정하고 자본주의적 민주국가를 예로 들었다. 결국 에치오니는 구성원간의 민주적 합의도 잘 이루어지고 지도자의 구성원에 대한 민주적 설득으로 통제도 잘 되는 사회를 능동사회로 규정하고 미래의 국가가 능동사회로 나아가기를 희망하였다.

---

29) Robert A. Dahl, *A Preface to Democratic Theory*(Chicago: Univ. of Chicago Press, 1956).
30) Pateman, *op.cit.*, pp.8-10.
31) Amitai Etzioni, *Active Society*(New York: Free Press, 1968).

에치오니의 사회분류

		구성원에 대한 통제의 정도	
		약	강
구성원간 합의의 정도	약	소극사회(Passive society) *저개발 국가	과도관리사회 (Overmanaged society) *전체주의 국가
	강	전환기사회(Drifting society) *자본주의적 민주국가	능동사회(Active society) *미래의 국가

그러나 어떠한 형태의 사회집단에서도 상대적으로 작은 비율의 개인들이 의사결정(정책결정)의 기회를 갖게 되는 것은 불가피하므로, 민주적 정치방법이란 지도자들간의 경쟁에 불과하다는 것이다. 따라서 달은 정치적 평등이란 1인 1표의 보통선거제, 선거와 선거 사이의 과정을 통해서 정책결정자들에게 영향을 줄 수 있는 통로에 대한 접근기회의 평등을 의미한다고 주장한다.

둘째 달 이론의 특성은 다두정체제의 전제조건에 관한 주장이다. 달은 다두정의 기본적 전제조건으로 지도자들 간의 민주적 규범에 대한 합의를 강조하였다.[32] 그리고 이러한 규범에 대한 합의의 정도는 가정 학교 교회 신문 등을 통해서 이루어지는 사회적 훈련에 좌우된다고 하였다. 그러나 무엇보다도 중요한 것은 민주적 규범에 대한 합의를 촉진시킬 엘리트의 의식구조를 어떻게 훈련시킬 것인가의 훈련방법이 과제라고 한다.

셋째 달은 보통 사람들에 대한 지나친 참정권 확대가 지닌 위험 가능성을 지적하였다. 특히 그는 낮은 사회경제적 집단들은 정치적으로 별로 능동적이지 못할 뿐만 아니라 이러한 낮은 사회경제적 집단에서 권위주의적 성향이 더 두드러지게 나타날 수 있다고 하였다. 따라서 이들 낮은 사회경제적 집단을 정치영역으로 끌어들여 그들의 활동을 확대시키는 일은, 도리어 민주적 규범에 대한 합의를 줄이고 동시에 다두정치를 약화시

---

32) Robert A. Dahl, *A Preface to Democratic Theory*(Chicago: Univ. of Chicago Press, 1956), pp.75-76.

키게 된다는 것이다. 그러므로 현행의 투표참여 이상으로 시민의 참여를 지나치게 확대한다는 것은, 민주주의체제의 안정을 위해서 위험성이 뒤따를 수 있다는 점을 강조하였다.33)

(4) 사르토리의 이론

사르토리(Giovanni Sartori)의 이론은 달의 과두정으로서의 민주주의론을 더욱 확장한 이론34)이라고 한다. 즉 민주주의에서 지배하는 것은 소수세력이 아니라 경쟁하는 엘리트라는 것이다. 더욱이 그는 정치과정에서의 인민의 지나친 능동적 참여는 곧바로 전체주의로 유도될 위험성이 있다는 점을 지적하면서, 국민은 반응하여야 하지만 행동해서는 안되고, 반응은 경쟁하는 엘리트의 주장과 정책에 대한 것이어야 한다고 하였다.

(5) 엑스타인의 이론

엑스타인(Henry Eckstein)은 민주체제 자체의 유지에 필요한 요건 또는 전제조건에 초점을 두고 있다.35) 엑스타인이 말하는 민주주의란 선거에 의하여 정책과 권력을 위한 경쟁이 결정되는 정치체제이며, 만일 이 정치체제가 안정된 체제가 되려면 사회 전체가 민주주의형태가 되어야 한다는 것이다.

따라서 엑스타인 이론의 첫째 가설은 어떤 통치방법에 있어서, 정치체제의 권위형태가 그 사회의 다른 권위형태와 합치한다면 그 정치체제가 안정적이 될 것이라는 점이다. 정치적 패턴과 사회분야의 권위패턴 사이에 상호 융합성이 이루어질 수 있다면, 정치적 안정도 이룩될 수 있고,

---

33) *Ibid.*, ch.3.
34) Giovanni Sartori, *Democratic Theory*(Detroit: Wayne State Univ. Press, 1962)
35) Harry Eckstein, *A Theory of Stable Democracy*(Princeton: Princeton University Press, 1966).

사회심리적 무정부상태와 유사한 심리적 무규범상태 및 사회적 긴장으로서의 갈등도 피할 수 있다는 것이다. 따라서 사회의 갈등과 긴장은 개인들이 민주적 행위패턴을 배울 수 있는 충분한 기회를 가질 때 최소화될 수 있다고 보았다. 그러나 엑스타인은 정치와 가장 밀착되어 있는 권위구조(authority structure)만을 민주화한다는 것은 거의 불가능하다고 말하였다. 따라서 그는 안정된 민주주의를 위해서는 정치의 권위패턴이 사회 내의 지배적 권위구조와 합치되어야 한다는 점을 강조하였다.

그는 또 사회에는 서로 다른 요소간의 균형과 건전한 권위주의 요소가 있어야 한다고 하였다. 그는 그 이유로 다음과 같은 두 가지를 들었다. 첫째는 사회 내에 이러한 권위주의 요소가 존재할 때만이 효과적인 정책결정이 이루어질 수 있다는 안정의 의미에서이고, 둘째는 심리적인 의미에서 인간은 확고한 권위적 지도자와 리더십(지도성)을 요구하며, 이러한 요구는 체제의 안정이 유지될 때 충족되게 마련이라는 것이다. 따라서 엑스타인 이론의 결론은 안정된 정치체제를 위하여서는 국가통치상의 권위구조가 적어도 순수하게 민주적인 구조일 수만은 없을 것이라는 점이다. 여하간 위의 엘리트민주주의 이론들은 민주주의를 정치방법 또는 제도적 장치로 정의하는 이론들이다.

3) 참여민주주의론

(1) 참여민주주의의 근본적 시각

참여민주주의론(participatory democracy)은 신좌파(New left) 이론으로 알려져왔으며, 대표적인 학자로는 페이트만(Carole Pateman)[36] 풀란차스(N. Poulantzas)[37] 맥퍼슨(C. B. Macpherson)[38] 등을 들 수 있다.

---

[36] Carole Pateman, *Participation and Demcratic Theory*(Cambridge: Cambridge Univ. Press, 1970).
[37] N. Poulantzas, *Political Power and Social Class*(London: New Left Books,

참여민주주의란 공동체의 의사결정에 대한 그 공동체 구성원의 직접적 참여를 원칙으로 하는 민주주의 이론이다. 참여민주주의론에 의하면 다원주의는 민주주의의 기본적 원리와는 거리가 멀고, 민주주의란 지역적이든 전국적 수준의 정치이든간에 가능한 한 직접적으로 구성원에 의하여 수행될 때만이 최선이라고 한다. 즉 참여민주주의론자들은 민주정치란 바로 자치(self-government) 직접지배(direct rule) 공동체 통제(community control) 분권화(decentralization) 근린정치(neighborhood government) 공동체 기준(community standards) 등 민주주의의 영원한 이상을 의미한다고 주장한다. 따라서 직접민주주의를 주장하는 참여민주주의론자들은 도덕적으로 설득력 있는 실제적인 민주주의란 직접민주주의뿐이라고 말한다.

참여민주주의론자들은 민주주의란 시민들이 그들의 정치체제 안에서 그들이 원하는 정책들을 의회 또는 회의체에서 가능한 한 직접적으로 참여하여 결정할 때만이 진실로 생명력을 지니게 된다고 주장한다. 대부분의 민주주의론자들 특히 다원론자들이 중앙정부 전국적 선거 압력단체의 필요성을 인정하고 있는 데 반하여, 참여민주주의자들은 가능한 한 권력과 권위를 분산화시켜 시민 자신들에게 직접적인 권력을 줌으로써, 중앙정부의 기능 총선거 압력단체의 필요성을 최소화시키려고 한다. 그들은 시민들이 자신들의 생활에 대한 실질적인 통제권을 지닐 때만이 민주주의가 존재하게 된다고 주장한다. 참여민주주의자들은 정치에 대한 의미 있는 개인의 참여라는 측면에서 보면, 대의제(representation)란 진정한 참여에 대한 공허한 대체물에 불과하다고 주장한다(대의제의 부인). 직접적 자치만이 명실상부하게 정치제도들을 국민에게 반응하도록 할 수 있다고 한다. 그들은 다원주의자들의 이론이란 단지 선거귀족제(elective aristocracy)의 주장에 불과하다고 말한다.

참여민주주의론자들은 진실로 고려해야 할 민주주의의 목표는 인간존

1973).
38) C. B. Macpherson, *The Life and Time of Liberal Democracy*(Oxford Univ. Press, 1977).

엄성이라고 주장한다. 따라서 참여민주주의만이 인간의 개성을 발전시킬 수 있을 뿐이고, 다른 형태의 민주주의란 단지 통치장치에 불과하다고 주장한다. 바크라(Peter Bachrach)는 참여민주주의를 개인능력의 완전한 개발이라 하였고, 보다 좋은 사람을 보장하게 될 것이라고 하였다.[39]

또한 참여민주주의자들은 참여민주주의야 말로 변화에 개방적이고 성장과 발전을 열망하기 때문에, 다원론적 민주주의의 편협한 보수주의, 즉 변동을 위험시하고 안정만을 찬미하는 데 초점을 두는 보수주의와는 크게 다르다는 점을 강조한다. 그들은 다원주의란 보수주의의 산물일 뿐이라고 비판한다.

(2) 참여민주주의에 대한 비판

다원론자들은 공동체 구성원에 의한 공동체의 직접적 통제만이 민주적이라는 참여민주주의자들의 주장에 대하여 다음과 같은 측면에서 비판한다.

첫째 다원론자들은 리더십의 불가피성을 든다. 다원론자들은 작은 마을 또는 소집단에서도 구성원의 직접적 참여가 보장되지 않고 소수 엘리트가 지배하고 있으며, 현실사회에서 완전하게 평등하고 자유로운 참여민주주의의 실제를 찾아보기란 어렵고, 대소집단을 포함한 어떤 공동체를 막론하고 리더십이 인간사회의 불가피한 특성이라고 주장한다.

둘째 다원론자들은 참여민주주의의 비효율성을 지적한다. 복지사회를 이룩하기 위해서는 효율성(efficiency)이 보다 중요한 정치적 가치이기 때문에, 참여민주주의란 성공적으로 기능하고 있는 정치를 위해서는 단지 비효율적인 도구에 불과하다고 비판한다. 더욱이 현대와 같이 다원화하고 전문화되어 있는 복합적 사회에서는 참여민주주의란 실현 불가능한 이상에 불과하다는 비판을 받고 있다.

셋째 민중의 비합리성적 성향을 지적한다. 직접민주주의에 의한 민중의

---

39) Peter Bachrach, *The Theory of Democratic Elitism*(Boston: Little, Brown & Company, 1967).

참여확대는 비합리성(irrationality)과 전체주의(totalitarianism)를 초래할 위험성을 지닌다는 회의론이 제기되었고, 파시즘과 공산주의 등 전체주의 정권의 등장으로 이를 입증하였다고 비판한다.

4) 인민민주주의론

직접민주주의의 한 형태로서 능동적인 다수결주의와 인민에 의한 강력하고 결정적인 중앙정부의 통제를 특성으로 한다. 특히 인민민주주의(Populist democracy or Populism)에서는 주요 정책에 대한 국민투표와 의회를 통과한 정책에 대한 국민투표(referendum) 및 소환제도(선거로 선출된 공직자의 해임을 요구하는 리콜)들이 활용된다. 인민민주주의자들은 인민민주주의는 직접민주주의처럼 민주적이므로, 특수이익이 지배하는 사회의 종말을 초래할 것이라고 주장한다. 그들은 리더십의 중요성을 인정하지만 다원론적 엘리트론자들이 주장하는 것과 같이 한 두 번의 선거로 인민과 친숙해질 수는 없다고 주장한다.

인민민주주의란 과업을 수행하는 행동양식이라고 믿는다. 따라서 인민민주주의자들은 기득권을 지닌 엘리트들과 특수 이익집단들은 새로운 정책들이 수행될 수 없도록 하는 장애요인으로 작용하고 있다고 주장한다. 그들은 강력한 정부가 반드시 독재로 나아가지 않으며, 강력한 정부만이 공공의 요구에 보다 효율적으로 책임을 질 수 있다고 말한다.

그러나 많은 사회과학자들은 인민민주주의자들이 주장하는 다수의지 또는 국민의사란 낭만적 환상에 불과하다고 비판한다. 현실적으로는 국민의사를 빙자한 권력장악자의 발상과 정책결정자의 독재를 초래하여 전체주의를 낳은 역사적 사실을 지적한다.

5) 사회주의 및 공산주의론

사회주의(Socialism) 및 공산주의(Communism)에 관해서는 헬드가 양자의 보편적 특성을 비교한 다음의 〈표 2-1〉이 유용할 것으로 판단된다.

〈표 2-1〉 사회주의와 공산주의의 비교

	사회주의(socialism)	공산주의(dictatorship of proletariat)
목표	-모든 대규모 자본의 국가 독점 -국가에 의한 중앙집권적 생산구조 -급속한 생산력의 증대 -유산자 국가(bourgeois state)의 점진적 해체 -낡은 구질서의 잔재들의 청산을 주장하는 혁명의 옹호	-모든 형태의 노동 착취의 종언 -모든 공공문제에 대한 합의의 사회 실현으로 법도 강제도 규율도 없는 사회 실현 -모든 물질적 요구의 충족 -집단적으로 할당된 의무와 노동 -자치(self-government)
사회의 성격	-무거운 누진세 부과 -상속의 부인 -모든 아동에 대한 자유교육 -전국 인구의 적절한 균형분포와 노동 및 비노동환경의 통합을 통한 도시와 농촌의 통합화	-협동원리의 모든 공무집행에 확대 -갈등의 요인으로서의 사회적 문화적 지역적 인종적 차별의 제거 -국민 능력의 완전한 발전 -가정을 공동체 조정의 바탕에 두고, 일부일처제 유지
전체적 성격	-계획적인 생산 확장과 물질적 결핍의 제거 -사람의 행정을 업무의 행정으로 대체시킴으로써 국가의 소멸 -점진적으로 수립될 정의의 원리: 각자의 능력에 따르는 개인으로부터 각자의 필요에 따르는 개인으로의 전환	
국가	-행정기능과 입법기능의 통합 -잦은 선거에 의하여 모든 정부 공무원은 선거구민 및 소환에 종속 -모든 행정관료는 물론 집권자와 사법 관리의 선거제 및 소환제 -군사력 및 경찰력을 국민군으로 대체 -피라미드체제내의 완벽한 지역자치	-입법 및 행정기능의 폐지 -순번제와 선거에 의한 행정적 과업의 배분 -일체의 군사력 및 강제력의 해체
경제	-산업장(공장) 국유제의 확대 -금융(신용)의 국가통제 -교통통신의 국가통제 -토지 및 일체의 토지개발에서의 사유재산제의 점진적 폐지 -노동에 대한 시민의 공평한 책무 부여 및 공공기관에 의한 고용 감독	-시장, 교환 및 금융 역할의 폐지 -분업의 종결, 모든 업무의 순환제 -인민의 다양한 형태의 노동 및 여가의 향유 -노동시간의 최소화 -결핍의 해소와 함께 모든 욕구가 충족되고 사유재산권의 무의미

6) 민주사회주의 또는 사회민주주의

(1) 민주사회주의의 특성

대다수의 민주사회주의자들은 민주사회주의(democratic socialism 또는 socialist democracy)의 특성으로 다음 4 가지를 지적한다. ① 모든 시민들 사이에 경제적 평등을 극대화시키는 것이 중요하다. ② 전체 공동체가 주요 생산수단을 소유하여야 하며, 적어도 주요 생산수단에 대한 효과적 통제수단을 지녀야 한다. ③ 주요한 경제문제 결정에 대한 다수 노동자의 참여 즉 노동자민주주의(worker democracy)를 지지한다. ④ 시민들이 정치적으로 평등하지 않으면 민주주의가 존재할 수 없다 등을 든다.

(2) 민주사회주의론의 기본적 시각

특히 다음의 3가지 기본적 시각이 민주사회주의론의 핵심이다.

① 인간 존엄성의 확보를 위한 모든 시민의 평등화
민주주의란 국민들이 서로 인간적으로 존중하는 국민들의 생활양식이 되어야 한다는 것이다. 이러한 측면에서 경제생활을 포함한 생활에서의 최대한의 시민의 평등화가 이루어지고 유지되는 민주주의만이 이러한 존중을 낳을 수 있다는 것이다. 이러한 시각에서 보면 평등이 존재하지 않을 때에는(그것이 비록 증오에 찬 존경이라 할지라도), 존경이 권력자와 부자에게 돌아가는 것은 불가피하다는 것이다.

② 사회정의의 구현
민주사회주의론자들은 민주주의는 정의로운 생활과 정의사회가 되어야 한다고 주장한다. 즉 민주사회주의는 결코 망각될 수 없는 일종의 생활양식이라는 것이다. 사회민주주의자들이 요구하는 사회정의란 대체로 맑스

가 정의한 정의로서, 남녀를 불문하고 각자의 비슷한 욕구에 따른 요구이다.

③ 평등한 정치적 참여의 실현

사회민주주의자들은 사회민주주의가 실제의 정치적 이유 때문에 가치가 있다고 믿는다. 사회민주주의만이 정부의 정책결정과정에서 시민들을 거의 평등하게 참여시킬 수 있다고 주장한다. 그들은 근본적인 경제적 평등이 존재할 때만이, 어느 정도의 정치적 평등도 존재할 수 있다고 믿는다. 따라서 그들은 오늘의 민주주의이론들 가운데 사회민주주의만이 경제적 평등과 정치적 평등 사이를 강하게 연계시킬 수 있다고 주장한다. 공유와 경제적 통제는 민주주의를 위하여 본질적 요소라는 것이 사회민주주의의 주장이다. 따라서 공유(共有) 또는 통제경제는 전체 공동체에 기여할 것이며, 인간 불평등의 주요 원천으로 작용하지 않을 것이라고 주장한다.

(3) 민주사회주의 또는 사회민주주의에 대한 비판

이러한 사회민주주의 주장에 대한 비판론들이 제기되고 있다. 특히 다원론자들의 비판론이 강하다.

첫째 다원론자들은 정치 또는 경제생활에서의 기회의 균등에 찬성하는 것과 본질적 평등을 강제하는 일은 별개의 것이라고 주장한다. 특히 사회민주주의는 경제적 민주주의와 공공이익의 잠정적인 필요성(temporary necessity)의 명분 아래 민주적 자유를 희생시키고 있다고 비판한다.

둘째 사회민주주의가 주장하는 정치적 평등과 경제적 평등에 대한 요구는 바로 인간성에 반대되고 적어도 인간의 경험에 배치된다고 비판한다. 인간사회에는 각자의 이해관계 행운 재능의 차이로 인한 불평등이 인간성과 경험상 불가피하다고 주장한다.

결론적으로 민주주의의 이론에 비추어 정부권력의 유형에 따라 현대의 정부들을 분류한40) 다음의 〈표 2-2〉로 이 장을 마무리한다.

〈표 2-2〉 정부권력의 유형

완전한 민주주의 (power in hands of the people)		-초당적 정치 -개인의 완전한 정치참여의 보장 -실질적인 무제한의 개인자유 -절대적 사회경제적 평등 -행정 관청에 대한 자유로운 접근 -언론자유의 절대적 보장
민주정부 (democratic government)	민주주의 (democracy: 미국, 영국, 프랑스)	-양당 또는 다당 정치 -보편적 참정권 행사의 보통선거제 -개인자유의 신중한 보호 -사회경제적 평등 지향의 수직적 사회이동 -정부에 대한 구체적인 입헌적 제약 -언론의 자유 -공직에 대한 광범위한 접근 -무제한의 정치집단 결성의 자유
	제한민주주의 (Limited democracy: 이집트, 유고)	-주도 정당의 정치 -제한적 보통선거제 -개인자유의 제한적 허용 -약간의 언론자유 -약간의 사회경제적 평등 -정부에 대한 제한된 헌법적 제약 -공직에 대한 어느 정도의 접근 -약간의 정치집단 결성의 허용
비민주정부 (non-demo- cratic Government)	권위주의 (Authoritarianism: 시리아, 미얀마)	-단일정당 또는 무정당 정치 -독재 또는 당 독재적 리더십 -선택의 자유 없는 각종 선거 -개인자유에 대한 비정상적 허용 -정부에 대한 약간 또는 전무한 입헌적 제약 -간헐적인 계엄령 선포 -정부에 대한 직접적인 군사적 영향력 행사 -경제체제 및 구조에 대한 정부의 결정 -정부의 언론통제

---

40) Michael G. Roskin, et al., *Political Science: An Introduction*(Upper Saddle River, N.J.: Prentice Hall, 1997), p.63.

비민주정부	전체주의 (Totalitalianism: 중국, 이탈리아의 파시스트정권, 나치 독일)	-단일정당 정치 (Single-party politics) -독재 또는 당 독재적 리더십 -정당 공천 후보자에 대한 제한된 범위내의 투표 참여 -입헌주의의 결여 -극히 제한된 정치적 자유 -국가에 의한 사회구조의 결정 -정부에 의한 본질적인 경제적 통제 -대중매체의 정부통제
	완벽한 전체주의 (All power held by government: 쿠바, 북한)	-단일 정당 정치 -투표참정권의 결여 -개인자유의 결여 -정부의 언론통제 -강제적 경제 사회적 계층구조 -정부에 의한 전체적인 경제 통제 -사상통제와 개인양심의 말살

제3장 참여로서의 민주주의와 민주화의 척도

　제1장과 제2장에서 민주주의의 세 가지 핵심가치(자유 평등 참여) 가운데 주로 자유와 평등이라는 가치에 대한 사상들의 변천과 이론들을 살펴보았다. 그러나 아무리 인간의 자유와 평등의 가치와 중요성을 강조한다고 하여도, 누가 이 두 가치의 성격을 규정하고 조화롭게 실현할 수 있는 어떤 방법을 채택하느냐에 따라 현실사회에서의 민주주의체제의 양상은 판이하게 다를 수가 있다. 따라서 앞으로 다루게 될 부분은 누가 어떻게 이러한 자유와 평등의 가치를 조화롭게 실현할 것이냐는 방법과 방안들의 결정과정과 참여방식에 초점을 두게 될 것이다. 그러므로 민주주의의 본질적 의미도 과정으로서의 참여와 이러한 민주적 참여절차의 현실적 문제에 강조점을 두어 다루고자 한다.

1. 참여로서의 민주주의

　참여라는 가치에 강조점을 두어 민주주의를 말한다면 민주주의란 일종의 공동체 정치[1]라고 한다. 이때에 공동체의 성격이 매우 다양하기 때문에 공동체의 정치현실도 다양할 수밖에 없을 것이다. 즉 공동체의 규모 종류 조직형태 존속기간 등의 차이에 따라 민주정치의 실상도 다르게 마련이다.

---

[1] Carl Cohen, *Democracy*(Athens, GA: The Univ. of Georgia, 1971), p.5.

규모면에서 보더라도 공동체는 원초적 집단이라고 하는 가족과 같이 가장 작은 크기의 공동체로부터 인류 전체를 포함하는 세계사회에 이르기까지 다양하다. 아울러 공동체의 규모도 단지 지리적 범위만으로 말할 수 없을 뿐 아니라 공동체의 단위가 혈연적 인종적 종교적 경제적 관계에 따라 그 성격과 규모에 있어서 매우 다양하다.

대체로 공동체 조직의 두 가지 특성이라는 측면에서 보면, 수직적 축에 강조점을 두는 기능집단적 특성과, 수평적 축에 강조점을 두는 지역집단적 특성을 중심으로 논의하게 된다. 그러므로 민주주의체제를 논의하는 경우 수평적 측면의 지리적 범위에 강조점을 두는 지역 및 국가공동체만을 생각할 수는 없을 것이다.

따라서 비록 공동체의 유형 및 규모가 매우 다양할지라도 그 공동체를 구성하는 개인이 자기 자신의 목적을 세우고 그것을 실현하기 위한 방법을 강구하는 데 있어서 스스로 다스리고 자아 지향적이며 자율적이어야 한다는 의미에서 보면, 각 개인 또는 개개 집단의 자아 지향 또는 자율성이 민주적 공동체의 핵심가치라고 할 수 있을 것 같다. 예컨대 우리가 민주주의 정치체제를 국민에 의한 정치(government by the people)로 규정하는 것도, 국가 공동체의 구성원이 그가 속한 공동체의 정책결정 또는 의사결정에 참여할 수 있는 자율성을 지녀야 한다는 점을 의미한다.

동시에 지역 및 국가공동체이든 다른 소규모의 공동체이든간에 공동체의 의사와 정책은 항상 결정되고 또 재결정되어야 하기 때문에, 공동체의 방향과 의사 등을 정하는 정책결정은 그 공동체 구성원의 계속적인 자율적 참여가 보장될 때에 민주적인 공동체라고 할 수 있다. 그러므로 자치란 계속적인 정책결정과정 또는 의사결정과정을 뜻하며, 공동체 구성원이 어떠한 정책 또는 의사를 선택하느냐에 관계없이 구체적인 의사결정에의 자율적 참여가 보장될 때만이 그 공동체를 민주적이라고 할 수 있다.

따라서 코헨(Carl Cohen)이 지적한 것처럼, 민주주의란 어떤 공동체의 구성원들이 그들 모두에게 영향을 줄 정책 또는 의사결정에 직접 또는 간접적으로 참여하거나 참여할 수 있는 정치체제[2]라고 할 수 있다.

2. 민주주의의 척도

앞서도 지적한 대로 민주주의의 본질적 가치인 자유 평등 참여 가운데 자유와 평등의 조화로운 신장을 결정하는 일은 바로 공동체를 구성하고 있는 구성원의 참여에 의한 합의로 결정되어야 하기 때문에, 민주주의의 가치 중에서 실제로 중요한 가치는 참여일 수밖에 없다. 따라서 실질적인 민주주의의 현실적 척도로서 참여의 문제를 논의하게 된다. 특히 우리는 1945년 광복 이래로 민주화 또는 민주주의의 토착화라는 말을 귀가 닳도록 들어왔고 사용해왔다. 그러나 무엇을 기준으로 민주화와 비민주화, 그리고 민주주의의 미정착과 정착 또는 토착화를 구분할 것이냐는 문제에 직면하여서는 애매 모호하였다. 그러나 공동체의 정책 또는 의사결정에 대한 구성원의 참여를 기준으로 민주화를 논의한다면, 민주화의 의미에 대하여 보다 분명하게 이해할 수 있을 것 같다.

첫째 어떤 공동체의 전체 구성원 가운데 어느 정도 비율의 구성원이 정책 또는 의사결정에 참여할 수 있느냐는 참여자의 비율로 민주화의 정도를 가늠할 수는 있다. 즉, 공동체의 정책 또는 의사결정에 참여하는 참여자의 수적 비율로 민주화 정도를 말하는 경우, 이는 양적 측면에서의 민주화라고 할 수 있을 것이다.

둘째 참여의 수적 비율도 중요하지만 어느 정도의 의사결정 능력을 지닌 구성원이 참여하느냐는 참여자의 질적 수준이 문제가 된다. 이러한 참여자의 의사결정능력을 높이는 일이 바로 질적 민주화라고 할 수 있다.

셋째 참여하는 공동체 구성원이 어떤 문제의 의사결정에 그리고 어느 정도로 참여하는 것이 바람직하느냐도 중요하기 때문에 민주주의의 범위 문제가 제기되기도 한다. 이러한 세 가지 문제의 측면에서 민주화의 의미를 밝힐 필요가 있다.

---

2) Carl Cohen, *op.cit.*, p.7.

1) 양적 민주화로서의 민주주의의 폭

민주주의의 폭이란 참여의 양적 문제라고 볼 수 있다. 완전한 민주주의 체제에서는 모든 공동체 구성원이 그들에게 영향을 미칠 일체의 공동체 의사결정에 직접적으로 참여하여야만 완전한 민주주의의 실현이라고 할 수 있을 것이다. 그러나 현대 사회의 규모 확대와 복합성 때문에, 성인 구성원 가운데 일부의 권력엘리트만이 실질적으로 그 공동체를 관리하고 다스리는 것이 현실이라고 한다.[3]

따라서 참여의 폭은 민주주의의 실제적 환경을 의미하며, 공동체의 규모, 공동체의 종류 및 성격, 그리고 공동체에서 결정해야 할 특수한 쟁점의 성질 등에 의하여 좌우된다고 볼 수 있다. 대체로 민주주의체제에서 참여의 폭은 그 체제의 정책결정에 참여하는 참여자의 비율에 의하여 좌우된다. 그러나 이와 같이 참여의 폭이 공동체의 의사결정에 참여하는 구성원의 비율에 의하여 좌우됨에도 불구하고, 대체로 어떠한 공동체이거나를 막론하고 어느 정도의 불참자가 생기게 마련이다. 그러므로 이들 의사결정에의 불참률을 줄이는 일이 바로 양적(量的) 민주화라고도 할 수 있다.

그러나 지금까지의 민주화의 역사에서 완전한 양적 민주화를 이룰 수 없었고, 다음과 같은 범주의 불참자를 초래하였으며, 이들 유형의 불참자 비율을 줄이는 일이 바로 양적 민주화의 역사이었다고 볼 수도 있다.

첫째 범주의 불참자는 공식적인 규정 또는 공동체의 법규 등으로 참여가 금지된 불참자이다. 이러한 불참자를 민주주의의 폭에 대한 구조적 제한이라고 한다. 예컨대 영국에서의 참정권 확장의 역사만 보더라도, 여성이 그것도 30세 이상의 여성이 대표선출의 선거권을 가지게 된 것은 1918년에 이르러서야 실현되었다. 따라서 양적 민주화의 측면에서 보면 영국에서 여성의 참정권 제한은 민주주의의 구조적 불참이었고, 이러한 구조적 제약을 제거하고 민주화를 추진한 역사로 보면 우리 한국보다 30

---

3) C. Wright Mills, *Power Elite*(London: Oxford University Press, 1956) 참조.

년 정도 앞서 제도적으로 확보된 셈이다. 이러한 불참의 실례는 1860년대 초 링컨이 노예해방을 선언하기 전 미국에서의 흑인에 대한 참정권 제한을 비롯하여, 우리의 경우 1961년 5·16 쿠데타 후 소위 구정치인에 대한 피선거권의 박탈 등 정치활동의 규제 등을 들 수 있을 것이다.

따라서 정상적인 공동체의 구성원이 그 공동체의 모든 구성원에게 관련된 결정에 참여하는데 있어서 어떤 규정 또는 법률에 의하여 금지되거나 제약된다면, 그 공동체의 민주주의는 불완전하고 비민주적이라고 할 수 있다. 이와 같은 민주주의의 구조적 불완전성은 민주주의의 폭을 제한하는 일이며, 참여에 대한 구조적 제약은 확실히 비민주적이라고 볼 수 있다.

〈표 3-1〉 영국에서의 참정권 확장

연도	선거관계 법률 개정	내용
1689	왕위계승법(The Act of Settlement)	대지주로 구성한 상원(The House of Lords)과 대지주 또는 부호로 구성한 하원(The House of Commons)을 두는 의회제도 채택
1832	제1차 선거법 개정 (Reform Act)	20세 이상의 인구 가운데 7%(75만명)만이 선거권자: 전체 선거권자가 선거법 개정 전의 50만 명에서 75만 명으로 증가
1876	제2차 선거법 개정 (Second Reform Act)	도시공원(都市工員)에게 투표권 부여: 20세 이상의 인구 16%가 선거권 취득
1884	제3차 선거법 개정 (Third Reform Act)	농민에게 투표권 부여: 20세 이상의 인구 28%만이 선거권 취득
1918	인민대표법(4th Reform Act: Representation of the People Act)	21세 이상의 남성과 30세 이상의 여성에게 투표권 부여: 20세 이상의 인구 78%가 선거권 취득
1928	선거법 개정	여성의 선거권 연령을 21세로 낮춤: 20세 이상의 인구 97%가 선거권 취득
현재		18세 이상의 모든 성인 남녀에게 선거권 부여

둘째 참여에 대한 제한이나 규제가 없는데도 참여하지 않는 불참자의 유형이다. 즉 태만에 의한 불참자(non-participants by fault)로서 정치적 무관심자를 들 수 있을 것이다. 공동체 구성원의 정치적 무관심 또는 태

만으로 자기가 속한 공동체의 의사 또는 정책결정에 참여하지 않는 것도 민주주의 과정에서 저해요인으로 작용하기 쉽다. 물론 참여에 대한 법적 구조적 제한보다는 덜 심각할지는 몰라도, 이러한 불참자가 많게 된다는 것은 양적 민주화를 위해서 바람직한 일은 아니다. 물론 이와 같은 불참자 때문에 민주주의체제가 파멸되는 심각성은 없겠지만, 이런 유형의 불참자가 많게 된다는 것은 다음에 논의할 질적 민주화를 위해서도 바람직하지 않다. 특히 문맹의 노인이나 투표의 성향이 확실한 정당 대표의 투표참가보다는, 보다 많은 양질의 건전한 시민이 선거에 참여하는 일이 사회발전을 위하여 바람직하고 동시에 양질의 지도자를 선출할 수 있는 길이기도 하다. 참고로 앞의 제1장에서 본 주요 선진국의 국회의원(하원)선거결과에 나타난 것처럼, 최근 대부분의 선진국들에서의 국회의원 총선거 투표율은 높은 편이다.

〈표 3-2〉 주요 선진국의 최근 국회의원 선거방법 및 투표율(2003.7.1 현재)

국명	선거방법	선거일자 및 투표율(%)
호주	상원: 선택투표 하원: 소선구제	상원(3, 6년): 2001.11.10 하원(3년-소선거구): 2001.11.10 / 투표율: 87.8
오스트리아	상원: 지방의회선출 하원: 비례	대통령(6년-직선): 1998.4.19 / 투표율: 74.4% 상원(4, 6년-각주대표): 2001.4월 하원(4년): 2002.11.24 / 투표율: 84.3
벨지움	상원: 40(비례)+31(선거인단 선출) 하원: 비례	상원(4년): 2003.5.18 / 투표율: 91.9 하원(4년): 2003.5.18 / 투표율: 91.1
캐나다	상원: 임명 하원: 소선거구(1구1원)	상원(종신) 하원(5년): 2000.11.27 / 투표율: 62.9
덴마크	135(17구 비례+4(전체득표율 비례)+2(Faroe I./Greenland)	단원(4년): 2001.11.20 / 투표율: 89.3
핀란드	200: 비례	대통령(6년-직선):2000.1.16 / 결선투표:2000.2.6 단원(4년): 2003.3.16 / 투표율: 66.6

프랑스	상원: 선거인단 간선(321=본토296+해외영토13+해외동포12) 하원: 577(소선거구/ 1구1원)	대통령(5년-직선): 2002.4.21(1차) / 투표율: 71.6 2002.5.5(결선투표) / 투표율: 79.7 상원(9년-선거인단 간선): 2001.9.23 하원(5년): 2002.6.9(1차 투표) / 투표율: 64.4 2002.6.16(결선투표) / 투표율: 60.7
독일	상원: 69(주정부 대표) 하원:603. 비례:299(소선거구-1구1원)+299(비례)+5(배분 보충)	상원(4년): 16주 대표 하원(4년): 2002.9.22 / 투표율: 79.1
그리스	단원: 295(51개 다의원 선출구+5개 소선거구-1구1원)	단원(4년): 2000.4.9 / 투표율: 75.0
아일랜드	상원: 60. 49(5개 직능단체추천·대학선출)+11(수상임명) 하원: 166(비례-단기이양)	대통령(7년-직선): 1997.10.30 상원(5년): 2002.7.16-17 하원(5년): 2002.5.16 / 투표율: 63.0
이스라엘	120: 비례	수상: 2001.2.6 단원(4년): 2003.1.27 / 투표율: 67.8
이탈리아	상원: 326=232(1구1원)+83(지역별 비례대표)+11(전대통령 등-종신) 하원: 603=(475(1구1원)+155 (비례)	상원(5년): 1996.4.21 / 투표율: 82.3 하원(5년): 2001.5.13 / 투표율: 81.3
일본	참의원: 247=(149(다의원 선출구)+98(비례대표) 중의원: 480=(300(소선거구-1 구1원)+180(11선거구-비례)	참의원(6년): 2001.7.29 / 투표율: 56.4 중의원(4년): 2000.6.25 / 투표율: 62.5
네덜란드	상원: 75(12개 지자체 비례대표) 하원: 150(비례)	상원(4년): 2003.5.25 하원(4년): 2003.1.22 / 투표율: 79.9
뉴질랜드	단원: 120=67(마오리족 선거구 포함 소·1구1원)+53(후보자명단-비례)	단원(3년): 2002.7.27 / 투표율: 75.4
노르웨이	단원: 165(비례)	단원(4년): 2001.9.10 / 투표율: 74.5
포르투갈	230: 비례(중선거구)	대통령(5년/직선): 2000.1.14 / 투표율: 50.9 단원(4년): 2002.3.17 / 투표율: 62.3
스페인	상원: 208(1구4원)+40(지방의회 임명) 하원: 350(지역 비례)	상원(4년): 2000.3.12 / 투표율: 70.0 하원(4년): 2000.3.12 / 투표율: 70.6
스웨덴	단원: 349 (비례-다의원 선출구)	단원(4년): 2002.9.15 / 투표율 80.1
스위스	상원: 46(다의원구+1의원구+cantons) 하원: 200(비례-다의원 선거구)	상원(4년): 1999.10.24 하원(4년): 1999.10.24 / 투표율: 43.4
터키	550: 비례	단원(5년): 2002.11.3 / 투표율: 78.9

영국	상원: 557(종신의원)+118(세습귀족)	상원(종신): 2001.6. 현재
	하원: 659(소선거구-1구1원)	하원(5년): 2001.6.7 / 투표율: 59.4
미국	상원: 100(각 주-2명×50주)	대통령: 2000.11.7 / 투표율: 51.3
	하원: 435(인구비례)	상원(6년): 2002.11.5 / 투표율: 39.0
		하원(4년): 2002.11.5 / 투표율: 39.0
평균		하원 총선거 평균투표율: 71.2
한국	273: 227(소선거구-1구1원)+ 46(비례)	단원(4년): 2000.4.13 / 투표율: 57.2
		대통령(5년 단임): 2002.12.19 /
		투표율: 70.8

* 최근의 선거결과는 www.electionworld.org에서 추출.

아울러 〈표 3-3〉이 보여주는 것처럼 주요 선진국의 경우 1960~95년 간의 국회의원(하원의원) 총선거에서의 투표율[4]도 높은 편이었다.

〈표 3-3〉 1960-95년간 주요 선진국의 국회(하원)의원 총선거 평균투표율

국명	투표율(%)	국명	투표율(%)	국명	투표율(%)
호주	95	오스트리아	92	벨지움	91
이탈리아	90	룩셈부르크	90	아이슬랜드	89
뉴질란드	88	덴마크	87	독일	86
스웨덴	86	그리스	86	네덜란드	83
노르웨이	81	이스라엘	80	포르투갈	79
핀란드	78	캐나다	76	프랑스	76
영국	75	아일랜드	74	스페인	73
일본	71	미국	54	스위스	54
24개국평균	80.6	한국	57.2(16대총선)		

셋째 공식적으로는 참여가 금지된 것은 아니지만, 그 공동체의 정치 사회적 문화의 환경 때문에 실질적으로 참여를 제약받는 불참자의 유형이다. 즉 정치 사회적인 압력의 결과 특히 정치문화적 제약 때문에 나타나는 불참자이다. 사회적, 인종적 또는 종교적 소수세력이 보이지 않는 사

---

[4] Lawrence LeDuc, Richard G. Niemi & Pippa Norris, ed., *Comparing Democracy: Elections and Voting in Global Perspective*(Thousand Oaks, CA: SAGE Publications, 1996), p.218.

회적 요인이나 정치문화적 차별 때문에 참여과정에서 제약을 받는 경우이다. 예컨대 미국에서 소위 WASP(White-Anglo-Saxon-Protestant) 우월주의에 의한 사회문화로 말미암은 소수세력의 참여제한, 한국에서 남존여비(암탉이 울면 나라가 망한다는 식의 의식구조)의 통념으로 인한 여성의 사회진출 및 정치참여의 한계 등을 들 수 있다.

넷째 의식적으로 참여를 거부하는 불참자의 유형이다. 불참을 무언의 반대 또는 항의(저항)의 표시로 사용하는 경우이다. 즉 선거보이코트와 같이 투표에 참여하지 않는 예이다.

그러나 위의 어떠한 경우에도 불참자의 비율이 높다는 것은, 양적 민주화의 측면에서는 바람직한 일이라고 볼 수 없을 것이다. 왜냐하면 악화(惡貨)가 양화(良貨)를 구축하듯이 양질의 시민이 자기가 속한 공동체의 의사 또는 정책결정에 참여하지 않으면, 저질의 시민이 비민주적으로 그 공동체의 정책결정을 좌우하는 결과를 초래할 우려가 있기 때문이다.

2) 질적 민주화의 과제

민주주의의 폭이 공동체 구성원의 참여율에 의하여 좌우된다면, 민주주의의 질적 수준은 참여의 충실성 즉 참여자의 질적 성향에 의하여 결정된다고 볼 수 있다. 따라서 참여자의 질적 수준을 높이는 일은 제2의 민주화의 척도라고 볼 수 있다. 따라서 민주주의의 질적 수준은 정책결정에 대한 구성원의 참여율이라는 양적 문제가 아니라, 의사 또는 정책결정의 질적 수준을 좌우하는 민주화의 깊이의 문제이다.

독재체제에서도 인민대중은 정치무대에 참여하고, 인민의 의사가 독재자에게 영향을 준다고 주장된다. 그러나 인민 대중의 개별적인 의사나 참여가 이루어지기보다는, 만장일치 또는 절대다수 의사가 1인 또는 소수인들에 의하여 조작 또는 좌우되기 때문에, 국민이 참된 의미의 참여를 할 수 없다.

우리는 흔히 민주화를 공동체 문제에 대한 구성원의 참여율 확장으로 생각해왔다. 물론 민주화의 초기에는 참여의 양적 문제인 민주주의의 폭의 확대가 중요하다. 그러나 참된 의미의 민주화는 의사 또는 정책 결정에 참여하는 참여자의 질적 수준을 높이는 일이 중요하다. 즉 참된 민주화는 참여자의 성실성과 질적 수준에 의하여 좌우된다. 그러므로 이상적인 민주주의란 지도자를 선출하는 투표자로서의 역할뿐만 아니라 공동체의 문제점을 이해하고 자기 주장을 합리적으로 나타내며 자신의 입장을 논리적으로 설명하고 자기가 지지하는 후보자를 지명하는 일에 참여하는 것이 중요하다. 이러한 측면에서 보면 공동체의 민주화를 위해서는 다양한 주장과 반론이 공존해야 하고 구성요소간의 배타적 갈등이 아니라 타협과 공존이 중요하다.

그렇다면 실제 질적 민주화란 어떠한 조직 또는 집단에서 가능한가? 즉 실제 생활에서 어떻게 하면 민주주의가 폭 넓고 깊이 있게 실현될 수 있을 것이냐의 문제가 가장 중요하다. 실제 사회에서 참된 민주주의를 실현하기 위해서는, 우리가 매일 매일 참여하게 되는 다양한 공동체에서 실질적으로 민주화가 이루어지고 있느냐가 문제이다. 개개인이 속해 있는 다양한 공동체인 가정 학교 종교단체 클럽 직장 지역사회 등에서의 민주적 의사결정 또는 정책결정이 가능하냐의 문제이다. 따라서 이와 같은 질적 민주화의 실현 가능성의 문제는 다음 두 가지 측면에서 논의되어야 할 것으로 보여진다.

첫째 소규모 공동체에서 민주주의의 실현 가능성이 높다는 점이다. 즉 가정 학교 종교단체 읍 면 동과 같은 소규모의 공동체에서는 질적 민주주주의의 실현 가능성이 높다고 한다. 그 이유는 공동체 구성원이 서로를 충분히 알고 이해할 기회가 많기 때문에, 민주적 의사결정에서 가장 중요한 타협과 공존이 가능하기 때문이다. 반대로 공동체 구성원의 수가 너무나 많을 경우에는, 깊이 있는 대화와 협의를 통한 질적 참여가 사실상 불가능하다.

그럼에도 불구하고 커다란 국가공동체의 경우에도 국민 전체의 질적 수준의 향상에 의한 양질의 국가 공동체의 대표자들을 선출하는 일은 중요하다. 따라서 공동체의 규모에 관계없이 그 공동체 구성원이 양질의 의사를 투입할 수만 있다면 민주주의 질적 향상에 도움이 될 수 있다고 보아야 할 것 같다.

둘째 몇몇 특수한 개인이나 소수세력에 의한 깊이 있는 참여가 아니라,

전체적으로 성인 구성원 모두의 의미 있는 질적 참여가 가능하도록 할 대규모 공동체에서의 민주화도 소홀히 할 수 없다는 점이다. 따라서 대규모의 공동체에서는 질적 민주화를 실현하기 어려운 것도 사실이기는 하지만, 그것이 불가능한 이상이고 환상이라고 주장하는 것도 잘못이다.

위의 두 문제 즉 질적 민주화는 소규모 집단에서 가능하다는 시각과 대규모 집단에서도 구성원의 질적 수준의 제고를 통한 민주화의 중요성을 주장하는 시각이 필요하다. 즉 시민들이 국가 공동체와 같은 대규모 조직에서 대표를 선거하는 투표권 이외에 다른 참여 기회를 지니지 못한 체제와, 대규모 공동체에서의 투표권 이외에도 많은 다양한 하위의 공동체에서의 참여통로를 이용할 수 있는 체제 사이에는 커다란 차이가 있다는 점에 유의할 필요가 있다.

여하간에 참된 의미의 민주화 또는 민주주의의 정착을 위해서는 양질의 국민대중이 양질의 대표를 선출하는 선거참여가 양질화되어야 할 것으로 보인다. 아울러 의사 결정에 참여하는 국민대중의 의사결정 능력의 향상을 위한 교육의 질적 향상이 중요하다. 즉 공동체 구성원의 질적 향상 없이 건전한 민주주의 사회를 이룩하기는 힘들 것이다. 그렇다면 어떠한 방법으로 이러한 양질의 국민대중을 확보할 수 있을 것인가? 한국의 경우 인적 자원이 발전의 가장 중요한 자원이기 때문에, 사회발전을 위해서나 질적 민주화를 위해서도 전체 국민에게 고등교육의 기회를 부여하는 정책적 노력이 필요할 것이다. 동시에 각종 각급 교육과정에서 민주시민성5) 또는 민주적 훈련을 위한 적극적인 민주 사회화6)의 노력을 기울일 필요가 있다.

이러한 측면에서 보면 질적 민주화의 지름길은, 소집단에서의 민주적

---

5) 민주시민성(democratic citizenship)은 윤리도덕적으로 자유로운 행위의 주체자로서, 법적 제도적으로 평등한 권리 의무의 이행자로서 그리고 정치문화적 측면에서 합리적 의사결정의 참여자로서의 시민을 의미한다고 볼 수 있다.
6) 사회화란 인간이 태어나서 사고방식과 생활태도 등 퍼스낼리티가 형성되는 과정을 의미하며, 정치사회화란 정치적 사고방식과 태도가 형성되는 과정이고, 민주사회화란 민주적 사고방식과 생활태도가 형성되는 과정을 의미한다.

생활과 훈련(가정 학교 종교집단 등)을 통한 민주사회화로부터 각종 각급 사회에서의 민주주의의 질적 향상을 위한 제도적 확립도 필요하다. 따라서 어떻게 하면 질적 민주주의 사회를 조성할 수 있을 것이냐는 과제는, 소규모 공동체에서의 민주화와 특수한 개인이나 극소수인에 의한 참여가 아니라, 가능한 한 보다 많은 공동체 구성원의 질적 수준을 높이는 민주시민성 교육과 이들 민주시민에 의한 합리적 참여를 확립하는 일이 무엇보다도 중요하다.

3) 민주주의의 범위

양적으로나 질적으로 참된 의미의 민주화를 이룩하는 문제는 공동체의 의사결정에 참여하는 참여자의 양적 확대와 질적 수준의 제고라고 할 수 있다. 그러나 그에 못지 않게 중요한 민주주의의 과제는 어떻게 하면 공동체 구성원의 참된 자유의사가 그가 속한 공동체의 정책결정에 실질적으로 반영되느냐의 문제이다.

따라서 민주주의의 범위는 정책 또는 의사결정에 참여하는 참가자의 의식수준 문제라기보다는 정책 또는 쟁점의 종류, 내용 및 결정에 미치는 공동체 구성원의 실질적인 영향력 및 권한의 정도를 의미한다고 볼 수 있다. 이러한 의미에서의 민주주의의 범위는 국가공동체의 경우 주권의 영역과 효과적인 주권의 행사라는 두 측면에서 생각해볼 수 있다.

(1) 주권의 영역

주권의 영역이란 공동체의 구성원이 그가 속한 공동체의 의사 및 정책 결정에 참된 의미의 결정적 영향력을 궁극적으로 지니고 있느냐에 의하여 좌우된다. 그러나 공동체의 모든 구성원이 모든 문제의 결정에 참여한다는 것이 사실상 불가능하기 때문에, 민주주의체제에서는 전체 구성원이 적절하게 다룰 수 없는 복잡하거나 특별히 전문적이고 기술적인 문제에 대해서는 합리적이고 지성적인 해결을 위하여 대의제(代議制)를 채택하여 대표로 하여금 결정하도록 한다. 이러한 대표에는 지역을 단위로 하는 지역의 대표일 수도 있고, 직능을 대표하는 직능대표일 수도 있다. 그러나 대의제는 민주적 참여를 위한 도구에 불과하며 그 자체가 민주주의의 목적일 수는 없다. 전체주의체제나 독재체제에서도 대의제를 채택하고 있지만, 그 체제를 민주주의라고 할 수는 없을 것이다.

따라서 대표가 정상적인 공동체 구성원의 자유선거를 통해서 선출되고 또 자유선거로 교체되지 않으면 민주주의체제라고 볼 수 없다. 궁극적으로 자유선거가 보장되지 않은 대의제란 의미가 없다. 가장 완벽한 전체주의체제이고 김일성 김정일 왕조라고 하는 북한에도 형식적으로는 대의제가 존재하지만, 자유선거가 보장되어 있지 않기 때문에 북한을 민주주의체제라고 생각하는 사람은 없다. 그러므로 궁극적으로 공동체의 구성원이 자유선거를 통하여 공동체의 의사 또는 정책을 결정할 대표를 교체할 수 있는 주권이야말로 민주주의의 최후 보루라고 할 수 있다. 즉 공동체 구성원이 주권을 지니지 못한다면 어떠한 대의제도나 참여장치라도 참된 민주주의의 실현을 위해서는 의미가 없다.

특히 국가공동체의 경우 자유선거를 통하여 국가를 관리할 인물의 교체, 정당의 교체, 세대의 교체가 정상적으로 이루어질 때만이 민주주의체제라고 할 수 있을 것이다. 그럼에도 불구하고 한국정치에서 민주화가 제대로 이루어지지 않았던 까닭은, 해방 이후 50여년 동안 비정상적으로 인물과 정당(개인의 사당)이 교체된 적이 많았을 뿐, 정치를 주도해야 할 정당체제의 정착을 통한 정상적인 인물 정당 세대의 교체가 이루어지지 않았기 때문이라고 할 수 있다.

(2) 효과적인 주권력 또는 권위의 행사

제2의 민주주의의 범위는 얼마나 많은 또는 중요한 공동체의 쟁점들이 그 공동체의 구성원에 의하여 실질적으로 결정되느냐, 즉 공동체의 구성원이 중요한 의사 및 정책 그리고 쟁점들에 대하여 어느 정도의 효과적인 영향력을 행사할 수 있느냐의 문제이다. 이것은 공동체의 종류와 특성의 다양성 그리고 정책 및 쟁점의 다양성에 따라 다양한 참여기회를 확대함으로써 가능하다고 볼 수 있다. 이와 같은 주권력 행사의 효율성 문제는 공동체의 중요한 의사 및 정책이 전체 공동체 구성원의 실질적인 영향력 행사에 의하여 결정되느냐 만일 공동체 구성원이 간접적인 통제를 바란다면 그 간접적인 대의기구가 정상적인 절차를 거친 여러 결정들에 대하여 어느 정도의 효과적인 영향력을 행사하거나 또는 그 결정을 변경시킬 수 있느냐에 의하여 좌우된다.

그러나 아주 작은 공동체를 제외하면 이러한 민주주의의 효과적인 주권력 행사의 범위는 한계가 있을 수밖에 없고, 대규모의 공동체에서 효과적인 민주적 주권력 행사는 지극히 제한적이게 마련이다. 따라서 효과적인 주권력 행사로서의 민주주의의 범위는 공동체의 크기와 특성에 크게 좌우된다고 볼 수 있다. 이러한 측면 때문에 대의제란 효과적인 민주적 주권력 행사를 약화시키므로 가능하면 국민의 직접적인 참여영역을 넓혀야 한다고 주장한다. 즉 시민운동을 통하여 시민들의 요구에 보다 민감하게 반응하는 대의기구가 바람직하다는 발상까지 하게 된다.

그렇지만 이와 같은 시민의 직접적인 참여를 강조하는 주장은 다음과 같은 문제점을 지닌다.

첫째 국민의 직접적인 주권력 행사의 확장을 강조하는 이러한 시각은, 도리어 군중주의를 촉진시켜 정상적인 참여의 질적 저하를 초래하는 민주주의의 본질에 대한 심각한 손실을 초래할 위험성이 더 크다. 다시 말하면 이러한 임의의 시민단체는 정상적 민주제도를 외면하고 비정상적이고 임의적인 집단활동을 통해서 특수한 권력 추구자의 사적 욕구를 충족하기 위한 수단으로 이용될 위험성이 크다.

둘째 시민의 직접 참여로 정상적인 대의제의 기능을 약화시키는 일은, 공동체의 정상적인 대표가 수행해야 할 의무와 책임을 제약함으로써 장기적으로 보면 대의제도의 효율성과 본질을 저해하는 결과를 초래하게 된다. 예컨대 맑스주의자들은 경제문제와 같은 가장 근본적인 문제들이 공동체 구성원의 직접적인 통제 하에 두지 않기 때문에, 서구의 정부들이 주장하는 자유민주주의란 날조라고 주장하였다. 그러나 실제적으로는 공산주의국가 들에서 중대한 문제의 결정들이 인민대중 또는 그들 대표의 의사에 의하여 이루어지기보다는, 집권 공산당의 당수 및 소수 당료들에 의하여 이루어졌으므로 비민주적이었다.

따라서 공동체의 규모나 성격에 관계없이, 중요한 공동체의 의사 및 정책에 대하여 그 공동체 구성원이 결정적인 영향력을 행사할 수 있는 주권이 확보될 때만이 민주적이라고 할 수 있다. 이것이 바로 민주주의의 주권범위라고 한다.

위와 같은 세 측면에서 국가 공동체의 민주화를 예로 들면, 민주화란 첫째는 국가공동체의 의사 및 정책결정에 참여하는 국민의 참여율 확대를 의미하고, 둘째는 참여하는 구성원의 의사결정 능력의 제고를 의미하며, 셋째는 중요한 국가 공동체의 의사 및 정책결정에 대하여 성인시민이 어느 정도의 실질적 영향력을 지니고 있느냐는 주권범위의 확충을 의미한다고 볼 수 있다.

3. 민주화의 척도에 비추어 본 한국사회의 과제와 전망

1) 양적 민주화의 과제

앞에 지적한 민주화 또는 민주주의의 척도에 비추어 과거 우리의 민주화운동은 주로 양적 민주화에 치중하였다고 볼 수 있다. 1945년 일제로부터 해방된 직후의 반민족자를 처벌하기 위한 반민특위법(1948.8.5 제정)[7]

---

[7] 일제와 음모하여 한일합방에 협력한 자, 일제로부터 작위를 받은 자, 일제 하에서 독립운동가족을 박해 살해한 자, 중추원 부의장, 고문 참의원, 칙임관 이상의 관리를 지낸 자들을 처벌하기 위하여 1948년 8월 5일 제정했으나 정부 수립 후 대통령 이승만의 공포 시행 보류로 사문화(死文化)되고 말았다.

과 1960년 4·19혁명 뒤 민주당정권 때 제정된 공민권 제한법(1960.12.31 제정)8)을 제외하고, 박정희 장군 및 전두환 장군 등의 군부세력에 의하여 쿠데타에 반대하거나 반대할 가능성이 있는 민간인과 정치인을 부정부패자 또는 구정치인으로 몰아 정치활동을 금지했으며, 바로 이러한 군부세력의 제도적 정치통제의 철폐를 민주화운동으로 여기기도 하였었다. 즉 박정희 장군 등은 1961년 5·16 쿠데타에 성공한 뒤, 계속 집권하기 위하여 정치정화법(1962.3.16 공포)9)을 제정하여 기성 정치인과 민간인 지도층의 공민권을 제한하였고, 전두환 장군 등도 1980년 5월 17일 이후 박정희와 같은 방법으로 민간인 정치인의 정치활동을 규제할 목적에서 정치풍토쇄신법10)을 제정하였다.

물론 위와 같은 쿠데타에 의한 군부세력이 국민의 참정권을 강제적으로 금지하는 규제나 통제조치는 더 이상 발생하지는 않을 것이다. 그러나 앞으로 민주주의의 폭을 넓히는 양적 민주화를 위하여 개선해나가야 할

---

8) 1960년 4·19혁명 뒤 민주당정권이 주도하는 국회에서 1960년 12월 31일 제정된 법률로서, 자유당정부 각료, 자유당 간부, 지방행정 및 금융기관장 등 자동케이스 612명(7년간 공민권 정지)과 현저한 반민주행위를 한 654명의 심사케이스(법관, 변호사, 교수, 기타 인사 등 14인 심사위원회에서 심사)의 반민주행위자(5년간 공민권 정지)에게 공민권을 제한하고 해당자를 관보에 게재하였다.
9) 쿠데타에 성공한 박정희 장군 등은 정치정화법을 제정하여(1962.3.16), 위원 7인으로 구성한 정치활동정화위원회를 구성하고 민주당 정권시 공민권 제한법 해당자, 5대 민의원 및 참의원 의원, 민주당정부의 각료 대사 공사, 정당 간부, 지방장관 및 지방의원, 국영 국책기업체의 장, 부정축재자 등 4,363명을 6년간 정치활동 금지자로 공고하였다. 그러나 그뒤 1차로 1,336명을 구제하고, 4차에 걸쳐 해외도피자 등 74명을 제외한 거의 전원을 해금(解禁)하였다.
10) 1980년 5·17 이후 정권을 장악한 전두환 장군 등 군부세력은 그해 11월 정치풍토쇄신법을 제정하고 9인으로 구성된 정치쇄신위원회를 두어, 10대 국회의원, 정당의 중앙당 및 시도 지구당 간부, 보안처분 대상자, 1968.8.16~1980.10.26 기간 중 정치 사회 부패 혼란 책임자 등에 대하여 8년간(1988.6. 30까지) 정치활동을 금지하도록 하였으며, 그들 정치활동 금지자에 대하여 대통령 재량으로 해금할 수는 있지만 정치활동 금지자가 행정소송 등을 할 수 없도록 규제하고, 위반자에 대하여는 징역 5년 이하 또는 벌금 1천만원 이하의 형벌에 처하도록 하였다.

과제도 적지 않다. 우선 제도적인 측면에서 아직도 참여하지 못하는 성인 시민이 있다면 가능한 한 그들에게도 참여의 폭을 넓혀야 할 것이다. 예컨대 다음에서 보듯이 거의 대부분의 나라들이 대학입학 적령인 만18세부터 참정권으로서의 보통선거권을 부여하고 있다. 특히 한국과 일본을 제외하고 경제개발협력기구(OECD)에 가입한 대부분의 선진국들이 18세부터 보통선거권을 부여하고 있는 점을 고려하여, 우리도 선거권자의 연령을 낮추는 것이 민주주의의 폭을 확대하는 양적 민주화를 위하여 바람직할 것으로 보여진다.

다음으로 OECD 가입국가들 가운데 여성 국회의원의 비율이 가장 낮은 나라가 한국과 일본이다. 이것은 정치문화에서 남존여비의 차별적 유교주의 사고가 크게 지배하고 있기 때문이다. 따라서 양적 민주화를 위해서는 여성의 사회적 진출을 위한 보다 정치문화적인 시민성교육과 더불어 적극적인 제도적 개선책이 필요할 것으로 보인다.

또한 태만으로 인한 투표참여율의 저하도 민주주의의 발전을 위해서는 바람직한 일이 아니며, 더욱이 미래를 담당할 건전한 청년층의 정치무관심 내지 선거 불참은 참된 민주주의의 정착을 위하여 바람직하지 않다. 특히 한국의 경우 최근 몇 차례 국회의원 및 지방자치선거에서의 매우 낮은 투표율은, 아무리 정치에 대한 불신에 그 요인이 있다고 하여도 민주주의의 발전을 위해서 바람직한 일은 아니다. 즉 제16대 국회의원총선거(2000.4.13)의 투표율 57.2%와 제3회 전국동시지방선거(2002.6.13)의 투표율 48.8%를 비롯하여, 지난 국회의원 재보궐선거(2002.8.8) 투표율은 불과 29.6%에 지나지 않아, 선진국의 국회(하원)의원 총선거 평균투표율 70~80%선(〈표 3-2〉 및 〈표 3-3〉 참조)에 크게 미치지 못한다.

선거권자의 연령도 다음의 〈표 3-4〉가 보여주는 것처럼, 우리도 대부분의 선진국과 같이 현행의 20세에서 18세로 낮추는 것이 바람직할 것으로 보여진다. 왜냐하면 현재 한국의 교육제도에서 대학입학 적령이 만 18세이므로 대다수 대학생에게 투표권을 주지 않는다는 것은 양적 민주화로서의 민주주의 폭을 제한하는 일일 뿐 아니라, 고등교육을 받고 있는 질적으로 우수한 국민에게 선거권을 제한하는 일이기 때문이다.

〈표 3-4〉 세계 각국의 보통선거권 연령

선거권 연령	국가
최근 1997년 오만의 선거에서는, 정부가 선정한 대략 5만 명만이 일종의 국회인 Majlis ash-Shura의 선거에 참여 가능	오만 2001년 7월 현재, 오만(212,460㎢)의 총인구는 2,622,198명이고, 15세 이하 인구는 1,088,354명(41.5%), 15-64세 인구는 1,471,650명(56.12%), 65세 이상 인구는 62,194명(2.37%) 1국(0.45)
80세 이하의 추기경만이 교황 선거에 참여	바티칸 시티(Holy See) 2001년 7월 현재 바티칸시(0.44㎢)의 인구는 890명 1국(0.45)
귀화하여 30년 이상 살았거나, 1920년 이전부터 쿠웨이트에 거주한 성인남자와 21세에 도달한 그들의 자식에게만 선거권 부여	쿠웨이트 2001년 7월 현재 쿠웨이트(17,820㎢) 총인구(204만 1,961명) 가운데 10%만이 선거권자이고, 1920년 이전부터 거주하지 않았으나 귀화하여 30년 이상 거주한 귀화시민에게 최초로 선거권을 부여한 것도 1996년의 일이다. 1국(0.45)
21세에 보통선거권 부여	카메룬, 중앙아프리카공화국, 코트디부아르, 피지, 가봉, 레바논, 말레이시아, 몰디브, 말리, 모나코, 모로코, 파키스탄, 사모아, 싱가폴, 솔로몬제도, 토켈로, 통가 17국(7.62)
20세에 보통선거권 부여	한국, 일본, 요르단, 리히텐슈타인, 나우르, 튀니지아, 타이완 7국(3.14)
19세에 보통선거권 및 대통령 선거권 부여	오스트리아 1국(0.45)
18세에 보통선거권 부여	알바니아, 알제리아, 미국령 사모아, 안도라, 앙고라, 앙길라, 앤티가 바부다, 아르헨티나, 아르메니아, 아루바, 호주, 아제르바이잔, 바하마, 방글라데시, 바베이도스, 벨로루시, 벨지움, 벨리즈, 베닌, 버뮤다, 볼리비아, 보츠와나, 영국령 버진 아일랜드, 불가리아, 미얀마, 캄보디아, 캐나다, 케이프 베르드, 케이맨 제도, 차드, 칠레, 중국, 콜롬비아, 코모로스, 콩고민주공화국, 콩고공화국, 코스타리카, 크로아티아, 키프러스, 체코공화국, 덴마크, 도미니카, 도미니카공화국, 에콰도르, 이집트, 엘살바도르, 적도 기니, 에리트리아, 에스토니아, 이디오피아, 포클랜드 군도, 페로 제도, 핀란드, 프랑스, 프랑스령 기아나, 프랑스령 폴리네시아, 감비아, 그루지아, 독일, 가나, 지브랄터, 그리스, 그린랜드, 그레나다, 과달루프, 괌, 과테말라, 건지, 기니, 기니비사우, 가이아나, 하이티,

18세에 보통선거권 부여	온두라스, 홍콩, 헝가리, 아이슬란드, 인도, 이라크, 아일랜드, 이스라엘, 이탈리아, 자마이카, 카자흐스탄, 케냐, 키르기스스탄, 라오스, 라트비아, 레소토, 라이베리아, 리비아, 리투아니아, 룩셈부르크, 마카오, 유고슬라비아, 마다가스카르, 말라위, 말타, 맨섬, 마샬 군도, 마르띠니크, 모리타나, 모리셔스 마요트, 멕시코, 마이크로네시아 연방, 몰도바, 몽고, 몽트세라, 모잠비크, 나미비아, 네팔, 네덜란드, 네델란드령 앤틸리스, 뉴칼레도니아, 뉴질랜드, 니제르, 나이지리아, 니우에, 노퍽 제도, 북마리아나제도, 노르웨이, 팔라우, 파나마, 파푸아뉴기니, 파라과이, 페루, 필리핀, 핏케이른제도, 폴란드, 포르투갈, 푸에르토리코, 리유니온, 루마니아, 러시아, 르완다, 세인트 키츠네비스, 세인트 루시아, 세인트 피에르 미쿠엘론, 세인트 빈센트 그레나딘, 산마리노, 상투메 프린시페, 세네갈, 시에라레온, 슬로바키아, 슬로베니아, 남아프리카공화국, 스페인, 스리랑카, 수리남, 스웨덴, 스위스, 시리야, 타지키스탄, 탄자니아, 태국, 트리니다드토바고, 터키, 투르크메니스탄, 터크스케이커스 제도, 투발루, 우간다, 우크라이나, 영국, 미국, 우루과이, 우즈베키스탄, 바누아투, 베네수엘라, 베트남, 버진 군도, 월리스·후투나, 잠비아, 짐바브웨, 예멘	176국(78.92)
17세가 되었거나, 연령에 관계없이 기혼자에게만 보통선거권 부여	인도네시아, 북한, 세이셸	3국(1.35)
직업이 있는 경우 16세 및 18세에 보통선거권 부여	보스니아·헤르체고비나, 브라질, 쿠바, 니카라과, 세르비아·몬테네그로	5국(2.24)
15에 보통선거권	이란	1국(0.45)
NA: 15 50세외 남자에게 선거권 부여	아프가니스탄, 부룬디, 코코스 제도, 쿡 제도, 지부티, 저지, 세인트 헬레나, 수단, 스와질랜드, 토고	10국(4.48)
전 체		223국(100.0)

* 자료: http://education.yahoo.com/reference/factbook/invert/suffrage.html

2) 질적 민주화의 과제: 대학제도의 반시대성과 개혁방안

민주주의의 질적 발전을 위해서는 공동체를 구성하고 있는 구성원의 의사결정 능력의 제고가 필수적인 요건이다. 더욱이 자연의 부존자원이 적고 국토가 협소한 한국의 경우 국가발전을 위해서나 건전한 민주주의

사회를 이룩하기 위해서는, 인적자원으로서의 국민의 자질을 높이는 교육이 가장 중요하다고 볼 수 있다. 즉 교육을 통한 국민의 자질 향상이 바로 질적 민주화와 국가발전의 지름길이라 하여도 과언이 아니다. 따라서 교육기회의 확대 특히 국민의 질적 능력의 제고를 위한 고등교육의 확충이 가장 중요하고, 초 중등교육의 정상화도 바로 대학교육 기회의 확충과 개선에 있기 때문에, 대학의 개방과 전국민의 대학 졸업자화는 민주주의의 질적 향상은 물론 사회발전의 지름길이기도 하다. 이러한 측면에서 아직도 군부집권정부 때나 문민정부 때나 마찬가지이고 10년 전이나 지금이나 크게 바뀌지 않은 대학교육정책의 문제점을 지적하고, 모든 국민에 대한 대학교육 기회의 확충에 대한 절실성을 밝힘으로써,11) 질적 민주화의 과제에 대한 실마리를 시사하고자 한다.

(1) 대학개혁의 긴박성

1993년 김영삼 정부와 1998년의 김대중 정부 그리고 2003년의 노무현 정부가 들어선 이래 교육개혁 특히 대학개혁이 그 어떤 부문의 개혁 보다 중요하다는 의견들이 지배적이었다. 교육개혁 없이 사회개혁을 성공적으로 수행하기 어렵다는 데에도 이론의 여지가 없고, 또 선거 때에 교육개혁을 계획 추진하겠다고 공약하고 모두 교육개혁을 부르짖었다. 그러나 개혁이 아니라 개악만 하였다는 비판론만이 비등하였을 뿐이다. 따라서 교육부나 정부 관계자들이 내세우는 개혁안이나 개선책들에 기대를 걸기 힘들었다. 그 이유는 국가의 기본이념 교육의 본질 그리고 한국의 역사성과 국민성에 대한 기본철학이나 방향감각도 없이, 몇 개의 법령조항만 고치거나 경제적 효율성만에 치중하여 교육을 흔들어 놓았기 때문이다. 예컨대 초 중등 교원의 정년 하향 조정도 그렇고 또 대학입학에서의 복수지원제 확대, 대입분할 모집 등 모두가 개선의 본질을 외면한 지엽적 문

---

11) 김만규, 「한국의 대학제도 이대로 두어야 하나: 대학제도의 반시대성과 개혁방안」, 『내나라』, 제4권 1호(서울: 내나라연구소, 1994), 5-29쪽 참조.

제에 불과하였다. 이렇게 해서는 교육 대통령도, 21세기의 밝은 한국을 내다볼 교육개혁도 공염불이 되었다는 개탄의 소리만이 높아왔을 뿐이다. 해방 전 일제시대의 한국인 교육이 독립운동이었다면, 이제 교육개혁은 민주화운동 선진국화운동 사회안정과 국가보위운동이요 자유민주주의의 수호라는 입장에서 과감하게 단행해야 할 긴박성을 지닌다고 할 수 있다.

① 자유민주주의에 부합하지 않는 반시대적 대학제도

한국은 1948년 정부수립 이래 국가의 기본이념을 자유민주주의에 두어 왔고, 현행 헌법도 헌법 전문에 "유구한 역사와 전통에 빛나는 우리 대한민국은 … 조국의 민주적 개혁과 민족의 단결을 공고히 하고, 모든 사회적 폐습과 불의를 타파하며, 자율과 조화를 바탕으로 자유민주적 기본질서를 더욱 공고히 하여, 정치 경제 사회 문화의 모든 영역에 있어서 각인의 기회를 균등히 하고, 능력을 최고도로 발휘하게 하며…"라고 천명함으로써 자유민주주의 이념의 구현이 국가의 기본 목표임을 명시하고 있다.

본래 자유민주주의 이념의 발전은 자유와 평등의 조화로운 신장에 그 목적을 두어왔다. 본래 자유민주주의란 경제적 재산권 신장의 자유에다가, 부익부 빈익빈의 불평등을 줄이려는 목적에서 정치적 평등(1인1표주의)을 결부시켜 자유와 평등의 조화를 이루려는 이념이다. 따라서 투기 사기 협잡 폭력 등 비이성적 방법이 아닌 근면 성실 정직한 부(富)의 신장과 재산권 확장의 자유는 최대한으로 보장해주어야 하고, 그래서 나타나는 불평등은 정치적 평등권인 1인1표로 선출되는 대표기구에 의하여 모든 국민에게 평등한 기회를 신장시켜줌으로써, 적극적 자유를 향유하기 어려운 국민을 돕는 것이 자유민주주의의 근본정신이기도 하다. 이러한 자유의 보장이 바로 공산주의와 다른 자유민주주의 강점이었다.

그러나 1961년 5·16 군사 쿠데타에 의한 군부집권 이래 1992년으로부터 시작된 소위 문민 또는 국민 그리고 현재의 참여정부에 이르기까지, 우리의 대학정책은 자유민주주의 기본정신과 배치되는 제도를 시행하여 왔다고 하여도 과언이 아니다. 교육받고 교육하고 교육을 시키려는 자유는 투기성과 사기성을 지닌 비윤리적 결과를 낳는 것도, 또 반사회적 불안 내지 폭력과 범죄를 조성하는 것도 아니다. 또 교육의 자유와 권리는 사회의 불평등성을 조장하는 것도 아니므로, 교육의 자유는 신장하면 신장할수록 사회의 자원이 되고 개인적으로는 인격적 자산의 확장이 된다. 그러나 우리의 교육제도 특히 대학제도는 자유민주주의와 배치되는 법령으로 교육의 자유와 권리를 규제하고 제한하여 왔다. 예컨대 2002년도의 경우 67만 713명의 고교졸업자를 포함하여 수학능력시험응시자 85만 306명으로서 90만 명 정도가 대학 가기를 바라고 있는데, 아무리 능력이 있어도 4년제 대학의 경우 2002년도 입학정원을 32만 4,309명(재수생을 제외한 2002년도 고교졸업자의 48.4%)으로 제한해놓았기 때문에 지원자의 반도 들어갈 수 없도록 막고 있는 대학입학정원령을 들 수 있다. 정원령 고수의 이유는 여러 가지다. 정원을 자율화하면 국가가 필요로 하는 우수 기술인력의 부족과 고학력 실업자의 양산으로 대학졸업자의 수급조절이 안 되어 국가적 낭비요 손실이라는 것이다. 또 세칭 일류대를 향한 경쟁 치열과 함께 교육여건 부실대학을 조장할 우려가 있다고도 한다. 그렇다면 40여 년 동안 대학교육의 자유를 막으면서 수급조절에 성공했고, 입시지옥을 해소했으며, 대학입시를 국가가 주관함으로써 국제경쟁에서 이길 수 있는 대학을 육성해 왔는가? 그 어느 것도 실패하여 이제는 교육이 죽어 교육을 살리자는 구호가 나올 지경이다. 이 모든 원인은 자유민주주의를 외면하고 교육 특히 대학을 규제하려는데 있다. 누구나 갈 수 있는 대학이라면 경쟁이 치열할 리도 없고, 취업에 따른 수급조절도 시장경쟁 원리에 따라 저절로 이루어 졌을 것이다. 가만히 앉아 있어도 정원을 채울 수 있으며, 대학이 학생충원을 위하여 경쟁할 필요가 없었기 때문에 부실대학이 나오고 부정입학도 시키게 되었을 것이다. 부실대학도 생존할 수 있게 만든 것은 국가가 대학간의 경쟁을 막았기 때문이다. 중등학교에서의 입시경쟁 그것도 획일적이고 배타적인 국가가 강요하는 학력고사 또는 수학능력시험의 점수 올리기 위한 경쟁만 있었지, 대학간의 경쟁도, 교수간의 경쟁도, 대학생간의 경쟁은 거의 없었다. 국가가 주관하는 획일적 시험으로 대학의 등급, 학과의 등급, 입학생의 등급이 정해지니, 경쟁은 대학입시로 끝나고 그 뒤는 경쟁할 필요도 없게 된다. 학생수가 정해지니 교수수도 정해지고 전임교수가 되면 경쟁할 필요성도 적어지게 되며, 언제나 정원을 채우기 쉬웠으므로 대학이 경쟁하는데 투자할 필요도 노력도 하지 않을 수밖에 없었다. 경쟁이 없는 대학에서 대학의 질적 향상을 기대한다는 것은 연목구어격(緣木求魚格)일 것이다.

어떤 이들은 고등교육 인구면에서 고교졸업자의 대학취학률이 미국에 이어 세계 2위이니 더 이상 정원을 늘려서는 안되고, 또 앞으로 대학의 입학정원을 동결해도 2005년 4년제 입시경쟁률이 2.7:1, 전문대 포함하면 1.2:1이 될 것이니 걱정할 필요 없다고 한다. 2002학년도 수능응시자는 85만 306명이고, 2002학년도 4년제 대학 입학자수는 32만 5,505명(교육대학 포함)으로서, 4년제 대학을 선호하는 국민의 의식구조를 고려하면 아직도 입시경쟁은 치열하다.

미국과 일본 그리고 선진국은 이미 선진국이고 그들은 우리보다 그래도 부존자원이 많고 땅도 넓은 나라이다. 우리의 가장 큰 자산인 인적자원의 고질화(高質化) 없이 어느 세월에 일류선진국을 따라갈 것이며, 그 동안 패배감에 사로잡혀 사회와 국가를 원망할 국민은 어떻게 보상해 줄 것인가? 또 대학 못간 낙오자에게 생산성 향상을 기대할 수 있을지도 의문이다.

대학 졸업자의 낮은 취업률은 대기업지향성(그것도 일류대학 지향성에서 길러진 가치관)의 결과이지 중소기업의 경우는 인문계든 이공계든 부족한 현상이다. 취업 못한 대졸자가 부랑자가 되는 것이 아니라, 대학입시에 몇 번 실패한 청소년이 부랑자가 될 가능성이 높다. 취업 못한 대졸자에게는 자기변명의 구실이라도 있다. 직장이 신통치 않아 취업하지 않는다는 구실 말이다. 그러나 대학입시에 실패한 청소년에게는 패배감 좌절감 열등감만 쌓일 뿐 변명의 구실조차 없다. 그들이 직장에 취업했을 때, 그들의 욕구불만은 무엇으로 나타나겠는가? 장래의 이 나라를 걸머질 과반수가 훨씬 넘는 젊은이 그것도 청소년들에게 4년제 대학교육 받을 자유를 근원적으로 봉쇄하고 있는 현행 대학입시제도의 개혁 없이 건전한 자유민주주의 사회의 조성을 기대할 수 있을 것인가?

돈이 드는 경제적 사회적 문화적 평등권은 접어 두고라도, 돈 안 드는 인격적 평등권을 위하여 국민의 고등교육기회의 자유만이라도 보장해 주어야 할 것이다. 그러나 우리의 대학입시제도는 민주주의의 본질적 가치인 인격적 평등권마저 무시하고 인격의 차등화와 불평등·차별화를 촉진하는 제도를 취하고 있다. 앞으로 발전과 성장의 가능성이 무한한 청소년을 획일적 시험점수로 차등화함으로써 자유민주주의의 본질적 가치와 배치되는 입시제도를 시행하여왔다. 대학에 입학하려는 청소년을 일등에서 80여만 등까지 점수로 차등화하는, 국가 주관의 전국단위 획일적 시험제(그것이 학력고사이든 또는 수능시험이든 마찬가지다)는 평등을 중요시하는 민주주의 이상과 배치되고, 개인의 인격적 평등권을 국가가 공개적으로 모독하는 반자유민주주의의 제도이다.

어떤 사람은 자유주의사회에서 어차피 구성원간의 불평등은 불가피하고 또 막을 수도 없다고 한다. 그렇다고 국가가 불평등과 차등화를 촉진시켜 국민간의 갈등을 조장한다면, 우리가 자유민주주의의 이념에 따라 가능한 한 국민 모두의 고른 행복을 목표로 복지사회를 이룩한 다른 일류선진국을 따라가기는 요원한 일일 수도 있다. 모든 고교졸업 청소년에게 획일적으로 실시하여 점수화하는 국가주관의 시험만 없다면, 가시적 점수로 등급화 되어 받는 마음의 상처는 적어질 것이다. 세칭 서울 소재의 일류대학이 아닌 대학의 교수직에 있으면서도, 매년 대학별 학과별 학력고사 또는 수능시험의 합격점수를 보면서 느끼는 소외감이 참을 수 없을 정도인데, 하물며 감수성이 가장 강한 청소년들이 가시적으로 받는 인격적 차등화의 점수, 그것도 국가가 부여한 점수 때문에 입는 상처와 고통을 상상이나 할 수 있겠는가?

국가가 주관하는 전국단위 시험은 1%의 청소년을 위하여 99%의 청소년에게 인격적 열등감과 차별감을 심어주는 비민주적 제도이다. 더욱이 요즈음 대학별로 공개하고 있는 대학별 학과별 수능시험 평균합격점수는 특정대학 소수의 전공학과 학생에게는 지나친 우월감을 그리고 절대 다수의 전공학생에게는 열등감을 심어주어, 그들이 사회의 주역이 되었을 때 사회적 갈등으로 연장되어 앞으로 민주사회의 조성을 저해하지나 않을까 두렵다. 일선 고등학교에서는 대학별시험을 반대하는 이유로 진학지도의 어려움과 고교교육의 정상화를 드는 경우도 있는 것 같다. 그러나 지금의 고교교육을 정상적이라고 보는 사람은 아무도 없을 뿐 아니라, 비정상화의 요인도 정원제와 획일적 시험이 있기 때문이다. 따라서 대학의 학생선발방법 자체가 다양화되면 특별히 일정기준으로 시험준비를 할 필요가 없어서, 고교교육의 정상화는 저절로 이루어질 수밖에 없을 것이다. 수십 개의 대학이 각각 다른 경향의 시험을 치거나 수십 개 방식으로 학생을 선발하는 경우에는 별도의 입시준비를 할 필요도 없고, 할 수도 없을 것이며, 시킬 수도 없게 될 것으로 보여진다. 가령 진학지도에 어려움이 있더라도 단순한 점수의 차등화에서 오는 인격적 모멸감을 감수하는 것보다는 훨씬 나을 것이다. 결국 현행 대학입시제도는 자유민주주의의 본질적 가치인 인격 자산 신장의 자유도, 인격자산 신장의 기회균등도 외면한 제도로 볼 수밖에 없을 것 같다.

② 시대착오적인 대학정책의 전환
현행 대학교육정책은 시대변천과 사회적 요구를 외면한 획일적 보편적 폐쇄적 지배엘리트를 양성하는 산업사회 이전의 상아탑적 사고에서 벗어나지 못하고 있는 것으로 보여진다. 이제 대학은 상아탑도 아니고 특권 엘리트 양성기관도 아니다. 대학이 대중화의 추세에 있는 것은 오래 전의 일이다. 그럼에도 대학졸업자를 지나치게 고급 엘리트로만 생각하는 사고에서 대학정책을 수행하고 있는 듯 싶다. 이 때문에 고학력자가 생산직을 기피하는 그릇된 가치관이 조장되어 왔다고 볼 수도 있다.

교육이란 무엇인가? 교육의 기능을 한마디로 정의한다면, '문화의 보관 전달 창조의 기능을 수행하는 일'로 볼 수 있다. 옛날의 전근대적인 계급사회에서는 지배계급이 문화를 독점하였고, 그들이 가장 중요시하는 철학

정치학 예술만을 문화로 보았다. 당시의 비민주적 사회지배층은 놀고 먹는 유한계급이었으므로 비생산적 품목만을 중요시하여 그것들을 문화로 보았다. 따라서 산업화 이전 사회에서는 물질문화를 중요시하지 않았기 때문에, 정신적 소산물만을 문화로 보고 지배계급이 이를 독점하였다. 그러나 산업화 이후 정신문화 못지 않게 물질적 소산물이 중요하게 됨에 따라, 이제 '문화란 인간이 인간의 욕구를 충족하기 위하여 만든 일체의 소산물'로 보고 있다. 산업화 이전에 문화로 보지도 않았던 물질적 품목 특히 과학과 기술이 더 중요시되고도 있다. 즉 옛날의 문화는 지배계급에게만 필요한 것이었으므로, 교육에서 엘리트 양성이라는 교육목표의 단일성, 경전 등 인문·사회적 교양과 지식에 치중하는 교육내용의 획일성, 지배계급에게만 교육기회를 허용하는 폐쇄성이 작용하였다. 그러나 이제 문화는 시공을 초월하여 일체의 인간 소산물로 개념 정의되기 때문에, 다원성이 많고 각 부문별 전문성이 강조될 뿐만 아니라 그것은 인류 공유의 개방성을 띠고 있다. 정치적 국경만 있을 뿐 경제 문화 과학기술 등 모든 분야가 국경이 없을 정도로 개방화되고 있다. 이렇게 문화는 다원화 전문화 개방화되고 있는 터에, 문화의 보관 전달 창조의 기능을 수행하는 한국의 교육 특히 대학교육정책은 획일화 일반화 폐쇄화되어왔다 하여도 과언이 아니다.

이제 대학은 상아탑도 엘리트 양성기관만도 아니고, 다양한 문화를 보관 전달 창조할 다양한 전문인력의 양성과 국민을 고질화(高質化)하는 기능을 수행하는 조직으로 볼 수밖에 없다. 이와 같이 문화는 다원화 전문화 개방화되고 있음에도 불구하고 이를 보관 전달 창조하는 한국의 대학기능은 도리어 획일화 일반화·폐쇄화되어온 것 같다. 대학의 문화보관 기능을 수행하는 도서관은 독서실로 획일화되었고, 문화 전달의 주역인 교수활동과 교과과정까지도 법령으로 규정함으로써 일반화 획일화 시켰다. 더욱이 5·16 쿠데타 이후 정부는 대학에 필수국책 과목까지 설정하여 간섭한 적이 있었고, 현재의 교육법시행령은 대학의 교과과정까지도(심지어 필수 선택과목의 구분까지도) 규제하고 있다. 교육을 받으려는 학생도,

교육을 하는 교사도, 대학교육을 시키려는 부모도, 대학을 엘리트 양성기관으로 보고 대학에 들어가는 길이 엘리트가 되는 길이란 통념을 지니고 있다. 대학이 엘리트 양성을 목표로 하는 것으로 볼 때, 자기 기능에 대한 충실성보다는 엘리트로서의 대우에 더 큰 관심을 두게 되고, 책임보다는 이기주의에 빠질 가능성이 크다. 대학을 진리의 상아탑, 최고지성의 산실이라고 보기보다는 고질의 전문인력을 양성하는 기관으로 보는 것이 정당할 것 같다.

이제 노동이나 자본으로는 더 이상 새로운 것을 만들어내지 못하고, 전문적 지식만이 가능하며, 지식이 생산의 근원이 되고 경제활동의 기본이 된다고 한다(미래학자 드러커의 1994.1.13 KBS 대담). 그런가 하면 기술과 제도는 얼마든지 다른 나라에서 수입할 수 있지만, 그것을 활용할 인력투자 없이는 어떤 발전도 기대할 수 없다(다니엘 벨, 1994. 1.10 KBS 신년대담)고도 한다.

그럼에도 인문사회계 고학력자의 공급과잉과 학사 이상 산업기술 인력의 부족, 그리고 기능공의 부족을 우려하면서 또 다른 대학교육의 획일화를 주장하고 있다. 첨단기술의 창조와 과학기술 인력의 양성이 중요하지만, 그것만이 국제경쟁에서 이길 수 있다고 생각할 수는 없다. 어차피 과학기술은 세계가 공유할 수밖에 없다. 문화와 경제에는 국경이 없기 때문이다. 우리가 이제까지 발전한 것이 어디 기술 창조에서만 가능했는가? 우리보다 앞선 선진국의 경우도 마찬가지다. 첨단기술의 창조에 힘을 기울여야 하겠지만, 그것만으로 국제경쟁에서 이길 수 있다고 생각해서는 안 될 것이다. 첨단기술로 어떻게 철저하게 완벽한 제품을 만들어 정직하고 신용을 가지고 국제시장에 적응하느냐가 더 중요할 수도 있다. 기술인력이 많으면 무엇하겠는가? 한국의 노동생산성이 일본 100에 비해 57에 불과하다면, 기술인력이 문제가 아니라 기술인력에게 국제경쟁에서 이길 수 있는 긍지와 자부심 그리고 올바른 가치관이 더 중요하다.

가장 좋은 제품을 만들려는 가치관에서 생산되는 고질의 상품, 가장 친절하게 인간 존엄성에 바탕을 둔 봉사정신으로 하는 치밀한 마케팅, 가장 정직하려는 자부심에서 서비스하려는 신속한 AS 등이 국제경쟁에서 중요하다. 이 모든 것은 전국민을 고급화시키려는 대학문화의 개방에서 가능하다. 대학교육의 폐쇄화와 획일화 속에서 경쟁력을 가질 수는 없다. 모든 국민이 근면 성실 정직하고, 인간 존엄성을 중요시하는 가치관을 지니며, 한국인으로서의 자부심을 지니는데 도움이 된다면, 대학에서 인문사회계 이수자의 수가 많으면 많을 수록 한국의 밝은 미래를 전망할 수 있는 길이지 저해요소는 아닐 것이다. 우리와 같이 미래 지향적 교육열이 높은 국민에게 대학을 소수 정예의 엘리트 양성기능으로 생각하는 일은 잘못이고, 대학을 전문직업인 사회봉사자 생활개혁자로서의 선진국민을 양성하는 과정으로 보는 것이 옳을 것 같다.

③ 한국의 역사성과 민족성을 외면하는 대학정책

모든 국민에게 최대한으로 대학교육을 받고 시킬 필요성은 한국의 역사에서 비롯된 민족의식구조로 보아 불가피하다. 지난 1,000년간의 역사를 보더라도 폐쇄적인 관학(官學)의 주도가 아니라 사학(私學)이 자유롭게 중등교육 내지 고등교육을 담당했던 고려 때에 문화도 번창하고 생활도 안정되었으며 국가위기를 자력으로 극복하였다. 그러나 양반지배계급만이 중등교육과 고등교육을 받을 수 있도록 엄격히 제한되었던 조선왕조 500여년 간에는, 문화도 보잘것없고, 국민의 생활도 빈곤과 기아의 연속이었으며, 외침에서 자력으로 나라를 수호한 적이 없고, 드디어는 나라까지 최초로 잃어버리지 않았는가? 고려 때처럼 사학이 번창하여 어디에나 긍지를 지닌 국민이 있었기에, 세계사에서 최대의 영토를 지녔던 몽고족 원에 대항하여 1세대를 버틸 수 있었고, 귀주대첩으로 거란도 막을 수 있는 국력을 지니게 되었다. 이러한 역사를 회고해볼 때, 5·16군사쿠데타 이래 매년 수십 만의 젊은이에게 나라가 대학입학시험으로 낙오자 패배자의 낙인을 찍어왔으니, 국가 위기시에 과연 나라를 위해서 얼마만큼 국민이 앞장설 것인가 생각하니 크게 우려되기도 한다. 무한한 가능성을 지닌 청소년의 앞길과 자아개발의 기회를 가로막아 청소년들에게 지울 수 없는 열등감을 심어준 국가에게 충성하기를 바라고 사회에 봉사하고 공중도덕을 지키기를 바랄 수 있으며, 생산성 향상을 위하여 책임을 다하기를 기대할 수 있겠는가?

나라가 돈을 들여 모든 국민에게 대학교육을 시키지는 못한다 하여도, 제 돈으로 대학교육 시키고 받겠다는 자기발전의 노력마저도 국가가 막아왔으니, 국민에게 나라를 위해서 그리고 사회를 위해서 책임 있는 봉사를 기대할 수 있을 것인지 의심스럽다. 가장 협력과 합의를 잘 할 수 있는 동질성이 많은 한국인이, 도리어 매우 이기적이고 공중의식이 부족하고 합의와 협력을 하지 못하는 이유도, 사회와 국가가 청소년기의 국민에게 대학입시를 통하여 낙오자 패배자의 낙인을 찍어주었기 때문이 아닐까?

더욱이 조선왕조 500여년 동안 아무리 능력과 재능이 있어도 양반지배계급의 자제가 아니면 절대 다수의 노서민(奴庶民)은 공식교육을 받을 기회를 제도적으로 박탈당해 왔다. 양반계급은 교육받아 과거 급제하여 관리가 되면 자신의 가족은 물론 일문(一門)의 생활이 풍족하게 보장되었던 반면에, 절대다수의 국민이었던 노서상민은 아무리 능력이 있어도 과거급제는커녕 중등교육 이상의 공식교육을 받을 수 없었던 것이 조선왕조 때이었다. 따라서 오늘날 내 자식만은 어떤 일이 있어도 교육시키고 또 대학 보내겠다는 국민성은 당연하고 또 미래지향적 자세이기도 하다.

또한 일제 36년간은 4년제 대학이라곤 식민지관리 자제의 교육을 목적으로 설립된 경성제대 뿐이었고, 1919년 3·1운동 직후 민족지도자들이 세우려던 민립대학운동은 일제의 탄압으로 설립되지도 못하였다. 따라서 고작 전문대학 몇 개만이 한국의 고등교육을 유지해 왔던 통한의 식민통치를 겪어야만 한 우리 국민이, 대학교육열이 높고 내 자식의 학력을 높이려는 욕구는 정당한 것이고, 또 우리의 밝은 미래를 보장해 주는 유일한 희망이기도 하다.

고학력 지향과 대학지향의 교육열을 비판하는 일부 정치인이나 사회지도층과 언론의 논조를 보면, 입학관리로 교육부관리의 자리와 예산확보에 이바지하고, 지옥 같은 대입제도로 시험문제 팔아 구독자 늘리고, 광고료 높이기 위한 이기주의가 아니라면 어떻게 이런 논리를 전개할까 의심을 해 보기도 한다. 국가가 돈을 들여 국민의 의무교육 연한을 늘리려는 것이 세계적 추세인데, 국민 스스로가 고학력을 추구하고 대학공부 시키고 또 하겠다는 데 이를 국가가 막을 이유는 없다. 더욱이 지난 두 번의 대통령 당선자가 대학졸업자가 아닌 특수한 사례를 일반화하여, 앞으로 대학 갈 필요 없다는 사고가 보편화되어 국민의 질적 향상 요구를 외면하고 우민화의 정책을 취하지나 않을까 우려되기도 한다.

우리 국민 모두를 대학 졸업자화하는 일은 전체 국민의 수준을 고질화하여 국제경쟁에서 이기는 길이다. 이러한 고학력 지향을 병리현상으로 보아 대학갈 필요 없다는 생각이야말로 망국병일 듯 싶다. 누구나 대학 들어갈 수 있는 길을 넓히는 일이 사회발전의 길이지 제한하는 일이 바람직한 것이 아닐 것이다. 대학졸업자에게 더 범법자가 많고, 생산성이 낮고, 무책임하고, 비합리적이라는 증거는 없고, 도리어 그 반대임을 부인할 수 없다. 대학지향의 국민의식은 우리의 최대장점이요 발전의 원동력이라는 사고가 더 중요하다. 미래의 고도산업정보화 사회에서는 대학교육을 받지 않은 국민은 별 쓸모가 없을지도 모른다. 사회 구조적으로는 다원화 전문화되고, 공간적으로는 민족문화뿐 아니라 첨단의 선진문화를 수용 보관 전달 창조해야 하며, 시간적으로는 고도의 산업정보사회에 살아야 할 젊은 세대가 대학교육을 받지 않고서는 국제사회에 주체적으로 적응할 수 있으리라고 보기는 어렵다. 따라서 누구나 자녀를 대학 보내고, 누구나 대학에 들어가려는 국민의식은 한국의 밝은 미래를 보장해주는 희망일 것이다.

(2) 현행 대학관계 교육법령의 반시대성

① 백년지대계가 아니라 반년지계의 교육법령

교육은 백년지대계라고 하는데, 해방 이후 지금까지 제정된 6,000여 개의 우리나라 전체 법률 가운데 1961년 5·16 군사쿠데타 이래 가장 자주 개정되어 일년지계(一年之計)도 못된 것이 교육법이고, 반년지계(半年之計)도 되지 못한 것이 교육정책이요 교육법시행령이었다. 교육법 보다 더 자주 개정되고 교육법시행령보다 더 자주 바뀐 법령은 하나도 없었다. 이렇게 자주 바뀐 교육법이고 시행령이라면, 그 내용의 대부분이 폐지하여도 무방한 것임에 틀림이 없다. 왜냐하면 평균 1년도 못 가 시행착오를 일으켜 고칠 법이거나 반년도 못 가 고칠 시행령이라면 차라리 처음부터 만들지 말거나 없애는 것이 더 나았을지도 모른다.

1949년 12월 31일자 법률 제86호로 공포된 최초의 교육법이 1950년 3월 10일, 1951년 3월 20일과 12월 1일 3차례 개정된 뒤 10년 동안 잘 시행되었던 것 같다. 그러나 1961년 5·16 쿠데타 후의 1961년 4차 개정 이래 1993년 12월 27일자로 공포된 35차 개정에 이르기까지 무려 32번이나 개정, 평균 1년마다 개정된 셈이다. 교육법시행령의 개정을 보면 교육부 당국자들이 교육에는 생각이 없고 시행령 고치기에 여념이 없었지 않았나 싶을 정도로 기절할 지경이다. 1970년 2월 12일자 대통령령 제 4589호로 공포된 교육법시행령이 1993년 5월 26일자로 공포된 대통령령 13893호 시행령에 이르기까지 무려 48번이나 개정, 평균 5개월 22일마다 바뀐 셈이니 기절초풍할 일이다.

이 점을 가장 커다란 사회변천과 이에 따른 국민의 요구가 가장 민감하게 반영되어야 할 다른 법률의 개정과 비교하면 더욱 극명하게 드러난다. 교육법 및 그 시행령의 개정과 몇 개의 다른 법령의 개정 빈도수를 예시적으로 비교하면, 〈표 3-5〉에서 알 수 있는 것과 같이 사회변천과 더불어 그에 맞게 적절하게 개정해야 할 산업 및 경제분야의 법령은 도리어 그대로 적용하면서, 그대로 두거나 폐지해도 마땅한 교육관계법령만 수 없이 개정한 꼴이다.

〈표 3-5〉 여러 법령의 제정 및 개정 회수

법령	제정	전문 및 일부 개정 연도	개정 횟수
교육법	1949.12.31-1997.12	1950.3.10/ 1951.3.20/ 1951.12.1/ 1961.8.12/ 1962.1.6/ 1963.8.7/ 1963.11.1/ 1963.12.5/1963.2.6/ 1964.10.20/ 1967. 2. 28/ 1968.3.15/ 1968.7.3/ 1968.11.15/ 1970.1.1/ 1972.12.16/ 1973.2.22/ 1973.3. 10/ 1974.12.24/ 1975.7.23/ 1976.12.31/ 1977.12.31/ 1981.2.13/ 1981.12.31/ 1982.3.20/ 1984.8.2/ 1987.8.29/ 1988.4.6/ 1990.12.27/ 1990.12.31/ 1991.3.8/ 1991.12.31/ 1992.12.8/ 1993.3.6/ 1993. 12.27	1997년 12월 13일자로 교육기본법을 폐기하고, 고등교육법과 초·중등교육법 등 2개 법으로 확대한 후 2000년까지 2개 법의 개정 5회를 합하면, 1961-2000년까지 40년간에 42회 개정함으로써 매년 1회 이상 개정
교육법 시행령 (대통령령 제4589호)	1970.2.12-1997.12	1970.2.26/ 1970.12.26/ 1971.3.2/ 1971.10.7/ 1971.12.31/ 1972.2.28/ 1972. 8.26/ 1972.11.9/ 1973.4.20/ 1973.7.14/ 1973.9. 14/ 1974.8.14/ 1975.1.27/ 1975.6.14/ 1975.9.8/ 1975.12.31/ 1976.2.23/ 1977.2. 8/ 1977.7.2/ 1977.12.31/ 1978.9.13/ 1978.12.19/ 1979.6.19/ 1981.2.28/ 1981. 11.25/ 1982.3.20/ 1982.9.25/ 1983.5.4/ 1983.9.2/ 1983.12.30/ 1985.2.21/ 1985.6.24/ 1986.12.1/ 1987.11.24/ 1988.9.1/ 1989.2.28/ 1989.7.4/ 1989.11. 23/ 1991.2.1/ 1991.2.1/ 1991.4.23/ 1991.9.14/ 1992.3.6/ 1992. 3.28/ 1992.8.25/ 1993.2.24/ 1993.3.6/ 1993.5.26	1970-1993년까지 24년간 48회 개정함으로써 평균 6개월마다 개정하였고, 1998년 고등교육법 및 초중등교육법 시행령으로 확대한 뒤 (1998-2003) 5년간에 2개 시행령을 합하여 9회 개정함으로써, 역시 평균 약 6개월에 1회씩 개정한 꼴
상법	1962.1.20	1962/ 1984/ 1991/ 1991/ *1994.12.22/ 1995/ 1998/ *1999.2.5/ 1999.12.31	1962-2000(39년간) 평균 4년 4개월에 1회 개정
소비자 보호법		1986.12.31(전문개정)/ *1995.12.6/ 1995.12.29/ *1997/ 1999(시행령:전문개정. 1996.3.30/ 1997.12.31/ 1998.4.1/ 1999.3.31/ 2000.6.23)	1986-2000(15년간) 평균 3년 6개월에 1회 개정
사회보장 기본법	1995.12.30	시행령: 1996.7.13 제정 후, 1998.8.1 1회 개정	
민법	1958.2.22	1962/ 1962/ 1964/ 1970/ 1977/ 1984/ 1990/ *1997/ *1997	1958-2000(43년간) 평균 4년 9개월에 1회 개정
형법	1953.9.18	1975/ 1988/ 1995/ *1997	1953-2000(48년간) 평균 10년에 1회 개정
과학기술 진흥법	1967.1.16	1967/ 1972/ 1977/ 1991.11.22(전문개정)/ *1997/ 2000	1976-2000(34년간) 평균 5년 8개월에 1회 개정

특허법	1973.2.8	1973/ 1976/ 1980/ 1982/ 1986/ 1990(전문개정)/ 1993/ *1993/ *1994/ 1995/ *1995/ 1997/ 1998/ *1999	1973-2000(28년간) 평균 2년에 1회 개정
형사소송법	1954.9.23	1961/ 1963/ 1973/ 1973/ 1980/ 1987/ *1994/ 1995/ 1997/ *1997	1954-2000(40년간) 평균 4년에 1회 개정

* 타 법률의 개정으로 인하여 일부 개정된 것이므로 실질적인 의미의 개정이라고 보기 어려울 것임.

여기에서 이러한 문제를 제기하는 이유는 우리의 교육정책이 국가의 기본목표나 이념 그리고 교육의 본질에 대한 근본적 이해나 방향감각 없이 지엽말단의 문제에서 그리고 정치적 통제의 목적에서 법령만 조령모개식으로 바꾸었다고 보기 때문이다. 이제 교육의 본질, 그리고 미래에도 계속 추구되어야 할 국가의 기본이념인 자유민주주의의 본질과 정신에 비추어, 개혁 정도가 아니라 혁명적으로 대학의 위상을 재정립하여 나아가야 할 것이다. 그렇지 않을 경우 앞으로도 계속 교육법령 그것도 국민의 기본적 자유와 권리를 제한하는 교육법령만 바꾸었지, 일류 선진국화를 향한 교육개혁 특히 대학개혁이 공염불이 될 우려가 많다.

② 헌법정신과 유리된 대학관계 법령

앞서도 언급한 바와 같이 현행 헌법 전문에는 "우리 대한민국은 … 정의, 인도와 동포애로써 민족의 단결을 공고히 하고 … 자율과 조화를 바탕으로 자유민주적 기본질서를 더욱 공고히 하여 정치 경제 사회 문화의 모든 영역에 있어서 각인(各人)의 기회를 균등히 하고, 능력을 최고도로 발휘하게 하며"라 하여 자유민주주의 이념에 국가목표를 두고, 국민들의 인도(人道)와 동포애(同胞愛)로써의 인권과 자유, 그리고 모든 분야에서의 기회균등과 능력발휘를 촉진하도록 하고 있다. 이는 모든 국민에게 교육받을 기회를 균등히 함으로써, 누구나 자신의 능력을 개발할 수 있는 자아발전의 기회를 최대한으로 넓혀주고 그 자유를 보장하려는 데 근본정신이 있다고 할 수 있다. 이러한 헌법정신은 기본적 인권의 보장, 국민의 자유와 권리의 존중, 그리고 교육받을 권리, 의무, 평생교육의 진흥 조항들을 통하여 보장되고 있다.

그럼에도 불구하고 현행 교육관계법령은 이러한 헌법정신과 배치되는 지나친 제한규정과 규제요소를 내포하고 있는 것 같다. 따라서 현행 대학제도는 국민의 교육요구나 자유 및 권리와 괴리하여 계속 문제점을 발생시켜왔으며, 무수히 많은 시행착오와 법령의 개정만 거듭하여왔다.

첫째 헌법이 보장하고 있는 기본적 인권을 제한하고 있는 대학관계 교육법령을 들 수 있다. 헌법은 기본적 인권의 보장을 위하여, 제10조에 모든 국민은 인간으로서의 존엄과 가치를 가지며, 행복을 추구할 권리를 가진다. 국가는 개인이 가지는 불가침의 기본적 인권을 확인하고 이를 보장할 의무를 진다고 규정하고 있다. 그럼에도 불구하고 고등교육법 제32조(학생의 정원) 대학(산업대학 교육대학 전문대학 방송 통신대학 기술대학 및 각종학교를 포함한다)의 학생정원에 관한 사항은 대통령령이 정하는 범위 안에서 학칙으로 정한다고 하였고,12) 그 시행령 제28조(학생의 정원) 법 제32조의 규정에 의한 대학(산업대학 교육대학 전문대학 기술대학, 방송 통신대학 및 각종학교를 포함하되, 대학원 및 대학원대학을 제외한다)의 학생정원은 입학정원을 기준으로 하여 학칙이 정하는 모집단위(이하 '모집단위'라 한다)별로 학칙으로 정하되, 교육부장관이 학교의 여건상 필요한 경우로서 교원 1인당 학생수 등에 관한 정원책정기준을 정한 경우에는 당해 기준의 범위 안에서 정하여야 한다고 규정함으로써,13) 아무리 능력이 있어도 대학입학정원 외의 대부분의 청소년들이 대학교육을 받아 행복을 추구하려는 기본적 인권을 침해당하고 있는 셈이다. 구 교육법 및 교육법 시행령과 크게 개혁했다는 고등교육법과 고등교육법 시행령도, 대학 입학자의 수를 통제하는 본질에 있어서는 하나도 변

---

12) 구 교육법 제109조 2[大學 師範大學의 定員] 대학 사범대학의 학생정원에 관하여는 대통령령으로 정한다고 규정한 조항을 말만 바꾼 셈이다.
13) 구 교육법 시행령 제56조 5항: 대학 및 사범대학의 학생정원은 각각 따로 대통령령으로 정한다와 큰 차이가 없다.

한 것이 없고, 구체적 제한을 더 첨가한 것에 지나지 않는다.

한때 대학졸업정원제의 실시가 청년의 인권을 침해하는 교육개악이라는 비판을 받아 폐지된 적이 있지만, 현행의 입학정원제는 능력 있는 청소년의 인권을 유린하는 더 나쁜 법령인 것 같다. 더욱이 대학입학지원자에 대한 수적 제한인 대학입학정원령은, 국가안보 질서유지 공공복리를 위하여 필요한 경우에 한하여 법률로써 제한할 수 있는 불가피한 조치도 아니다. 도리어 능력 있는 개인의 자아발전은 물론 사회와 국가발전을 위하여도 바람직하지 않은 자유와 권리에 대한 규제법령에 불과하다.

둘째 고등교육법시행령은 교육받을 선택의 자유권을 침해하고 있다는 점이다. 즉 제71조의 3(대학입학지원 방법 및 제한) 조항은 교육받을 선택의 자유마저 침해하는 요소로서, 국민의 자유와 권리의 존중(헌법 37조)이라는 헌법정신과 배치되는 규정이라고도 할 수 있다. 잘못된 선택은 국민 스스로의 자유판단에 의하여 수정하도록 하여야지 자유를 제한하는 규정을 두어 억압할 수 없는 것이 자유민주주의의 근본정신임에 유의하여야 한다.

셋째 현행 고등교육법 내지 그 시행령은 한국에서 근면 성실하게 공부하는 정상적인 고등학교학생으로서 대학을 지망하는 사람의 거의 2/3에 가까운 젊은이들이 4년제 대학에 입학할 수 없는 반면에, 그렇지 않은 학생이 정원 외로 입학할 수 있는 신입생선발의 예외를 허용하고 있다. 즉 특기자, 외국에서의 초 중등교육을 이수한 자, 외국인학생에 대한 특례입학을 허용함으로써(고등교육법시행령 제29), 14) 모든 국민은 능력에 따라

---

14) 고등교육법시행령 제29조 (입학·편입학 등) ① 대학(산업대학· 교육대학· 전문대학·기술대학, 방송·통신대학 및 각종학교를 포함하되, 대학원 및 대학원대학을 제외한다)의 장은 제28조제1항의 규정에 의하여 학칙이 정하는 모집단위별 입학정원의 범위 안에서 입학(편입학 및 재입학을 포함한다. 이하 이 조에서 같다)을 허가한다. 이 경우 모집단위의 폐지로 인하여 폐지된 모집단위의 재적생이 다른 모집단위로 옮기는 경우에는 당해 학생이 그 모집단위에 재적하는 동안에는 그 정원이 따로 있는 것으로 본다. ② 다음 각 호의 1에 해당하는 자의 입학의 경우에는 제28조제1항의 규정에 불구하고 그 정원이 따로 있는 것으로 본다. 이 경우 제2호에 해당하는 자의 학년별 총학생수는 당해 학년 입학정원의 100분의 2를, 제3호에 해당

균등하게 교육을 받을 권리를 지닌다(헌법 제29조 1항)는 평등의 헌법정신에도 어긋나는 제도를 채용하고 있다고 할 수 있다. 정상적인 고교생은 입학정원제와 수능시험, 내신성적 등 모든 조건을 갖추어도 그 1/3 정도만 4년제 대학에 들어갈 수 있는데 반하여, 위의 특례자는 정원 외로 입학할 수 있으니, 능력에 따른 교육평등의 정신에 어긋난다고 할 수 있다. 그보다는 정상적으로 국내에서 고교교육을 이수한 자에게는 대학수학의 기회를 개방하고 특례자에게는 도리어 적응기간이 필요할 것으로 보여진다.

넷째 현행 대학관계 교육법령들이란 거의 대부분 대학의 자율성과 전문성에 일임하여도 큰 부작용이 없는 것들이며, 도리어 교육의 자주성 전문성 및 정치적 중립성은 법률이 정하는 바에 의하여 보장된다(헌법 제29조 4항)는 헌법정신과도 부합하지 않는 것들이란 점이다. 예컨대 고등교육법 제21조 (교육과정의 운영)15) 제22조 (수업등)16) 제23조 (학점의

하는 자의 학년별 총학생수는 당해 학년 입학정원의 100분의 5(교육대학 및 방송·통신대학 입학의 경우에는 100분의 20)를, 제5호에 해당하는 자의 학년별 총학생수는 당해 학년 입학정원의 100분의 3을, 제8호에 해당하는 자의 모집단위별 총학생수는 당해 모집단위별 입학정원의 100분의 10을 각각 초과할 수 없으며, 제2호·제3호 및 제5호에 해당하는 자의 모집단위별 총학생수는 당해 모집단위별 입학정원의 100분의 10(교육대학 및 방송·통신대학 입학의 경우에는 100분의 20)을 각각 초과할 수 없다.<개정 2000.11.28>

1. 제53조의2의 규정에 의한 산업체 위탁학생 그밖에 교육부령이 정하는 위탁학생
2. 재외국민 및 외국인(제6호 및 제7호의 규정에 의한 재외국민 및 외국인을 제외한다)
3. 학사학위를 취득하고 제3학년에 편입학하는 자(전문대학의 경우를 제외한다)
4. 특수교육진흥법 제10조의 규정에 의한 특수교육대상자
5. 학교의 장이 정하는 농·어촌지역의 학생
6. 북한이탈주민 및 부모가 모두 외국인인 외국인
7. 외국에서 우리나라 초·중등교육에 상응하는 교육과정을 전부 이수한 재외국민 및 외국인

15) ① 학교는 학칙이 정하는 바에 의하여 교육과정을 운영하여야 한다. 다만, 외국의 대학과 공동으로 운영하는 교육과정에 대하여는 대통령령으로 정한다(개정 99.8.31). ② 교과의 이수는 평점 및 학점제 등에 의하되, 학점당

인정)17) 제27조 (외국박사학위의 신고)18) 제35조(학위수여)19) 등은 대학의 전문성과 자율성에 맡기는 것이 바람직할 것이다.

다섯째 지금까지의 대학제도가 '국가는 평생교육을 진흥하여야 한다'(헌법 제29조 5항)고 규정한 헌법정신을 살리는 데에는 매우 미흡하다는 점이다. 물론 방송통신대학 및 독학사 학위제로 대학수학의 기회를 놓친 자에게 고등교육의 길을 열어주고는 있으나, 평생교육의 헌법정신을 살리는 데는 매우 미흡한 것 같다. 평생교육의 실효를 거두려면 고교를 졸업한 근면 성실 정직한 직장인들이 언제라도 정규대학과정에서 공부할 수 있도록 모든 대학들이 개방되어야만 할 것이다. 그러나 현행의 대학입시제도 하에서는 수능시험이라는 어려운 난관을 극복하지 않고서는 대학에 입학할 수 없기 때문에, 직장 근로자들에게는 정규대학에서의 수학이 사실상 막혀 있다고 하여도 과언이 아니다. 이러한 대학제도는 국민의 교육받을 자유와 권리를 극도로 제한하여놓고, 제대로 사회적인 인정도 받지 못할 뿐 아니라 차별대우 받는 제도(방통대 또는 독학사제도 등)만을 이용할 수밖에 없도록 한 비민주적 제도에 불과하다.

필요한 이수시간 등은 대통영령으로 정한다(개정 99.8.31).
16) ① 학교의 수업은 학칙이 정하는 바에 의하여 주간수업, 야간수업, 계절수업, 방송·통신에 의한 수업 및 현장실습수업 등의 방법에 의하여 할 수 있다. ② 학교는 학생의 현장적응력을 높이기 위하여 필요한 경우 학칙이 정하는 바에 의하여 실습학기제를 운영할 수 있다.
17) 학교는 국내외의 다른 학교에서 취득한 학점을 대통령령이 정하는 범위 안에서 학칙이 정하는 바에 의하여 이를 당해 학교에서 취득한 학점으로 인정할 수 있다.
18) 외국에서 박사학위를 받은 자는 대통령령이 정하는 바에 의하여 교육부장관에게 신고하여야 한다.
19) 제35조(학위의 수여) ① 대학(산업대학·교육대학을 포함하며, 대학원대학을 제외한다)에서 학칙이 정하는 과정을 이수한 자에 대하여는 학사학위를 수여한다. ② 대학원에서 학칙이 정하는 과정을 이수한 자에 대하여는 해당 과정의 석사학위 또는 박사학위를 수여한다. ③ 석사학위 및 박사학위의 과정이 통합된 과정을 중도에 퇴학하는 자로서 학칙이 정하는 석사학위의 수여기준을 충족한 자에 대하여는 석사학위를 수여할 수 있다. ④ 박사학위과정이 있는 대학원을 둔 학교에서는 명예박사학위를 수여할 수 있다. ⑤ 학위의 종류 및 수여에 관하여 필요한 사항은 대통령령으로 정한다.

(3) 대학개혁방안

① 학생선발방법의 자율화

자기 대학이 가르칠 학생을 언제, 어떤 방법으로, 몇 명을 선발할 것인 가를 그 대학이 자율적으로 결정하도록 대학의 자율성에 일임하는 것이 바람직하다. 자기가 가르치거나 책임질 학생도 아닌데, 정부가 대신 시험을 관장하며 입학에 간여하는 지금까지의 대학입학선발제도는 대학을 통제하려는 정치적 목적뿐이라는 비판을 면하기 어렵다. 이러한 입시제도는 과거 공산주의사회에서도 시행하지 않았던 국가의 대학통제제도라 하여도 과언이 아니다.

본고사를 실시하여 신입생을 선발하든 무시험전형을 하든 자기 대학이 가르칠 학생을 선발하는 권한을 교육을 책임질 대학의 자율에 맡기는 것이 당연하다. 따라서 이러한 개혁을 단행하기 위해서는 1961년 5·16 이래 특히 유신체제 및 소위 5공 초에 군부집권세력이 대학통제를 목적으로 만든 자유민주주의 정신에 반하는 대학규제제도를 폐기하는 것이 개혁의 제일차적 과제일 것 같다.

첫째 대학 학생정원령이 폐기되어야 한다. 만일 학생정원제를 폐지하고 대학의 신입생 선발인원을 대학의 완전자율에 맡겼을 경우, 대학교육의 질이 저하되고 부정입학과 부실대학이 생길 것이라고 우려하는 이들도 있다. 그러나 학생수에 대한 양적인 통제만으로 대학교육의 질적 향상을 기할 수 있다고 볼 수는 없다. 그리고 부정입학과 부실대학이 생기는 것은 선발인원을 통제하기 때문이지, 누구나 대학에 들어 갈 수 있도록 대학의 문이 언제나 열려 있으면, 부정한 방법으로 대학에 들어가려는 일은 없어지게 될 것이다. 동시에 과도한 대학졸업자의 증가로 고급인력의 과잉과 수급불균형이 생길까 우려하기도 하나, 이는 대학을 특권엘리트 양성기관으로 보아 신입생 선발을 지나치게 국가가 통제하였기 때문에 생긴 현상이지, 누구나 대학졸업자가 될 수 있는 길이 열려 있게 된다면 결국 시장경제원리에 따라 수급은 자동적으로 조절될 것이다. 그 동안 강력하게 정원제를 고수해 왔지만 대학졸업자의 수급조절도 제대로 이룩하지 못하였고, 그렇다고 정원제가 대학교육의 질적 향상에 크게 기여한 것도 아니다. 학생 정원령은 다만 능력 있는 청소년을 외국으로 방출하여 나라를 원망하게 만드는 역효과만 빚었을 뿐이다.

유행병이 되다시피 한 조기유학 때문에 소위 '기러기아빠'가 날로 늘어나고, 젊은 세대의 이민 붐이 일고 있는 가장 커다란 원인도 현행의 대학학생정원령에 의한 수학기회의 통제에 있다고 하여도 과언이 아니다. 결국 앞으로 이 정원령 때문에 외국의 대학은 자유롭게 한국의 청소년을 유치할 수 있게 되고, 한국의 대학들은 정원도 채우지 못하는 현상이 나타날 수도 있다. 정원령에 안주하는 대학이 아니라, 학생유치를 위하여 노력하는 경쟁력 있는 대학을 만들기 위해서는 현행의 정원령이 폐기되어야 할 것이다.

둘째 전국을 단위로 하여 획일적으로 실시하고 있는 수학능력시험제는 폐기되어야 한다. 정부가 획일적으로 실시하고 있는 수학능력시험은, 대학진학을 희망하는 모든 고교졸업자를 단 한번의 시험점수로 등급화 함으로써, 청소년의 인격을 차등화하고, 대학의 학과를 등급화하고, 대학을 차별적으로 서열화하며, 지역의 격차를 촉진시키는 비민주적이고 반사회적인 제도이다. 따라서 전국적으로 정부가 주관하여 일률적으로 실시하는 시험제도는 사회의 불평등과 갈등을 조장하는 제도일 뿐이다. 만일 정부가 대학입시에서 대학에 봉사하려고 한다면, 수능시험 대신에 대학별시험을 원하는 대학에 합리적 선발에 기여할 시험문제를 개발하여 제공하는 데 그치는 것이 나을 것이다. 그럼에도 불구하고 도리어 대학별시험을 폐지하고 수능시험으로 일원화한다는 발상은, 청소년을 차등화 차별화하는 반민주성을 촉진시키고 대학의 자주성과 전문성 보장이라는 헌법정신에도 반하는 시대착오적 대학정책의 지속이라는 비판을 면하기 어려울 것이다. 정부가 주관하여 전국적으로 실시하는 획일적 시험이 있는 한, 고교내신성적도 사실상 이 시험에 대비하기 위한 준비성적일 뿐, 참된 의미의 내신성적이 되기 어려울 것으로 보여진다.

셋째 특례입학제의 폐지와 동시에 위탁추천제를 활용할 필요가 있다. 학생정원제가 폐지되면 정원 외 입학의 특례입학제도 자연 폐기될 것이다. 그 대신에 각 대학은 고등학교를 졸업한 산업체 근로자에게 대학수학의 길을 활짝 열어주어 주경야독·야경주독하게 함으로써 긍지와 책임감을 가지고 근면 성실하게 일하여 최고의 제품을 만들고 생산성을 높이는데 최선을 다하도록 하는 위탁추천제를 활용할 필요가 있다. 위탁추천제란 대학의 신입생선발에 있어서 기업체의 위탁추천장을 장래성 평가점수와 같은 것으로 환산함으로써, 선발기준에 반영하는 방법이다. 기업의 위탁추천 소견이 대학입학에 반영되고, 대학이 기업의 소견을 받아들일 수 있는 자율성을 지닐 때 산학협동도 촉진될 수 있을 것이다. 즉 대학이 신입학생 선발에서 기업의 위탁교육과 추천소견을 적극적으로 수용할 수 있는 자율성이 있을 때, 기업도 적극적으로 대학을 지원하게 될 것이다. 기업으로서는 이 제도가 근로자의 생산성을 높이고 노사갈등을 완화시키는 복지수단으로 활용할 수 있기 때문이다. 그러나 대학이 기업의 소견을 수용할 재량도 힘도 없을 때, 기업은 대학이 양성한 인력을 빼오기만 하면 되고, 기술혁신을 위하여 대학에 투자하기보다는 로열티 주고 외국기술을 사오는 것이 더 편하다고 생각할 것이다.

② 대학의 개방화 및 교육과정의 다양화

조선왕조 말에 서양에 대한 개국론과 쇄국론이 엇갈릴 때, 문호개방하면 망하고 위정척사론으로 쇄국해야 살 것으로 착각한 적이 있었고 쇄국론이 절대 다수이기도 하였다. 이제 대학의 완전개방과 자율화를 위해서는 한말의 문호개방의 개화론자와 같은 자세와 노력이 필요할 것 같다. 더욱이 동족인 국민에게도 개방시킬 수 없고 자율성을 줄 수 없는 대학이라면, 세계화시대에 국제경쟁에 노출되어서는 생존하기 더욱 어려울 것이다. 지나친 불평등을 조장하는 것이 아니라면 국민의 대학교육에 대한 자유권을 최대한으로 확장해 주고, 다른 사람의 본질적 자유를 침해하는 행위가 아니라면 기회의 평등을 최대한 넓혀주는 것이 자유민주주의 사회일 것이다. 예컨대 돈 가지고 교육도 못시켜서는 안되고, 돈 없어서 교육받을 수 없는 일이 있어서도 안될 것이다. 돈 가진 사람이 자녀를 교육시킬 수 있는 자유를 보장해주고, 돈 없어서 공부 할 수 없는 사람들을 위하여 국가와 사회가 교육시켜주는 대학제도의 확립이 자유민주주의의 대학정책이어야 한다.

현행 우리의 대학제도는 교육의 의지가 있고 학비가 있어도 대학교육 받을 수 없고, 돈이 없어서는 더욱 대학공부 시키기 어려운 제도인 것 같다. 그러니 전문대든 4년제 대학이든 무슨 수를 써서라도 대학에 보내려는 입시부정이 잇달아 발생하게 되었다. 이러한 입시부정은 대학교육의 문을 획일화하고 교육의 기회를 제한한 국가의 대학제도에 그 일차적 책임이 있지 학부모만을 탓할 일이 아닐 것이다. 이러한 대학제도의 모순과 병리 그리고 대학의 부정과 비리를 막기 위해서는 무엇보다도 폐쇄적 대학교육제도를 대학교육을 원하는 모든 국민에게 개방하여 교육과정을 다양화하여야 할 것이다. 그러기 위해서는 선진국에서 이미 시행하고 있는 제도들을 과감히 수용할 필요가 있다.

첫째 현행 1년 2학기제로 고정화되어 있는 학기제를 다원화하여야 한다. 지금의 우리의 대학 학기제는 3월과 9월의 2학기제를 법령으로 고정화시키고, 계절학기를 학점 보충의 예외로 규정하고 있을 뿐이다. 다양한 직업과 계층의 국민이 계절과 시간의 제약을 받지 않고 어느 때라도 누구나 대학교육을 받을 수 있도록 계절학기 등 학기를 다원화함으로써 국민의 고등교육 요구에 부응할 수 있게 현행 학기제 제한법령을 폐기하여 자율화해야 한다. 즉 학기제 운영을 대학의 자율성과 전문성에 맡겨 탄력적으로 운영할 수 있도록 일임함으로써, 누구나 언제라도 대학에 들어가 수학할 수 있도록 대학을 개방하는 것이 바람직하다. 이것이 바로 평생교육을 촉진시키려는 헌법정신이기도 하다.

둘째 학점단위 등록제를 실시함으로써, 학비가 없거나 시간이 적은 국민에게 대학수학의 기회를 마련해주어야 한다. 이는 교육의 기회균등정신을 살린다는 점에서도 당연히 시행하여야 할 제도일 뿐만 아니라 대학개방의 전제이기도 하다. 간혹 학사행정의 혼란을 우려하는 의견도 있지만, 이미 실시하고 있는 선진국에서 그 부작용을 발견한 적이 없고 도리어 이러한 제도 때문에 학사행정의 현대화가 촉진될 수 있을 것이다. 1970년대에 학점단위등록제를 촉진시키기 위하여 야간 전문대학원을 5학기제로 하는 제도가 채택되었으나, 1년 2학기제의 제한 때문에 그 근본정신을 악용함으로써 결국 등록금만 인상한 꼴이 되고 말았다. 본래의 취지는 여름방학과 겨울방학 기간중의 집중강의를 통한 계절학기제의 운용으로 직장인의 평생교육을 촉진하는데 있었음에도 불구하고, 2학기제의 제한 때문에 실효를 거둘 수 없었다.

셋째 대학의 교육시간을 대폭 확장하고 기존교육시설과 교수자원을 최대한으로 활용함으로써, 국민의 대학교육 기회를 신장하여야 할 것이다. 현재 70% 정도의 가동률에 그치고 있는 대학 강의실을 배(140%)로 활용할 수 있도록 교육시간을 대폭 확장할 필요가 있다. 현재 오전 9시부터 오후 5시까지 주로 이용하고 있는 강의실을 오전 8시부터 1시간 앞당기고 오후 10시까지 활용한다면, 지금의 대학수용능력을 배가시킬 수 있을 것이며, 계절학기제까지 시행한다면 현재의 대학수용능력을 200%까지도 확장할 수 있을 것이다. 박사학위를 소지한 교수요원도 많은 편이다. 특히 인문 사회계 학과의 경우 교수요원으로 활용할 수 있는 박사학위소지자는 얼마든지 있다. 이공계의 경우도 기업의 인력까지 활용하면 부족하지 않을 것으로 보여진다. 인문 사회계의 대학교육은 가능해도 이공계의 대학교육은 실험 실습 때문에 대학의 수용능력에 한계가 있다고 주장할 수도 있다. 그렇다면 인문 사회계 대학교육만이라도 대폭 확대하는 것이 필요하다. 그 이유는 명백하다. 아무리 기술민족주의의 장벽을 쌓는다 하여도 문화에는 국경이 없기 때문에, 어차피 과학기술은 세계가 공유하게 될 것이다. 따라서 국제경쟁에서 살아 남는 길은 같은 기술이라도 근면 성실한 자세로 누가 더 그리고 어느 나라 국민이 더 결함이 적은 고질의 제품을 만들어 친절하고 정직하고 치밀하게 AS 잘 하느냐에 달려 있게 될 것이다. 많은 사람이 첨단기술을 창조하는 것이 아니다. 그러나 모든 사람이 이용할 수 있도록 좋은 제품을 만들고 AS 하는 데는 많은 사람이 필요하고 또 하자 없는 제품을 만들려는 올바른 가치관와 의식 그리고 자부심이 중요하다. 따라서 산업체근로자에게는 인문 사회과학적 식견과 서비스정신이 더 중요할 수도 있다. 아무리 좋은 기술이면 무엇하나? 열등의식과 패배의식으로 말미암아 비뚤어진 자세로 물건을 만들거나, 장기간 노사분규로 국제신용이 떨어지면 결코 국제경쟁에서 살아남을 수 없을 것이다. 지금 우리에게 절실한 것은 서비스정신이므로 인문 사회계 대학교육이 도리어 더 중요할 수도 있다. 따라서 대학교육의 수요와 공급 불균형도 우려할 일이 아니며, 대학만 개방한다면 인력수급에도 시장경제원리가 작용하여 저절로 조절 될 것으로 보인다.

　결국 모든 국민 특히 산업체 근로자에게 대학수학의 길을 활짝 열어주는 일은, 생산성을 높이고, 책임 있는 제품을 만들고, 장인정신에 투철하도록 자부심과 긍지를 길러주는 자아혁신의 지름길임에 유의할 필요가 있다. 생산성이 올라가니 기업이 번성하고, 좌절감과 열등감에서 벗어나 자아 발전할 수 있으니 근로자가 자부심을 갖게 되고, 입시지옥이 완화되니 청소년이 쾌재를 부를 것이며, 육지의 왕(王)이라는 고3 자녀 때문에 스트레스 받지 않으니 학부모가 해방감을 갖게 될 것이고, 교사들이 입시준비에만 매달리지 않아도 되니 중등교육이 정상화될 것이고, 유휴 고급 인력이 직장을 얻게 될 터이니 인력자원의 손실이 적어 국가에 도움이 되며, 산학협동이 순조로워 대학의 재정난도 완화될 터인데 왜 대학이 활성화할 대학개방을 하지 않는 이유를 모르겠다. 아마도 통제위주의 관료주의가 아니면 특권의식에 젖어온 엘리트주의의 타성 때문이 아닐까? 오랫동안 복용해온 독성정책에 면역이 된 탓이 아닌가 의심스럽다.

③ 균형적 국가발전을 위한 대학지원정책
　우리나라 수도권 인구집중 요인중의 하나로 세칭 일류대학의 수도권 집중현상이 큰 작용을 하고 있음을 부인할 수 없을 것이다. 청소년을 가진 대부분의 부모들이 지닌 가장 큰 소망 중의 하나가 '제발 서울에 있는

대학에만 들어가다오'라는 응답이었다는 조사결과도 있었다고 한다. 서울시청 중심 반경 50km 이내의 수도권에 전국인구의 과반수가 거주하고 있다고 하니,20) 대한민국이 아니라 서울공화국이라는 말도 이제는 옛말이 되었을 정도이다. 이러한 현상이 초래된 것은 중앙집권적 권력정치에 그 1차적 책임이 있겠지만, 이제까지의 대학정책에도 그 원인이 있다. 인구로야 1/4 이상이 서울에 살고 있지만, 땅 넓이로 보나 지역단위로 보면 전국 8도에 7개 광역시도 있다. 그러나 모든 정책이 서울과 지방으로 양분론적으로만 비교 투자하고 지원하는 정책을 취하여 왔으니, 서울 중심이 되지 않을 수 없었고, 대학정책에서도 예외가 아니었다. 이제부터라도 대학정책만은 수도권/중부권/호남권/영남권 등 4대 교육권으로 나누고, 수도권의 비중을 전체의 1/4 정도로만 비중을 두는 정책적 노력이 필요할 것 같다. 대학에 대한 지원정책에 있어서도 서울시청 중심 반경 50km 내의 수도권 소재 대학에 대하여는 전체 지원예산의 1/4 정도에 그치고, 나머지를 다른 교육권에 균형 있게 지원하는 정책이 요구된다. 집중적으로 재정투자하면 몇 년 가지 않아서 경쟁력 있는 대학으로 발전시킬 수 있음은 포항공대의 예에서 입증된 셈이다. 국가가 할 일이란 대학교육을 받고 시키려는 국민의 자유와 권리를 막는 일이 아니라, 바로 자유의 추구에서 발생하기 쉬운 지역적 불균형과 계층적 불평등을 완화하기 위해서 지원하고 보완하는 정책을 추구하는데 있다.

---

20) 전세계를 통틀어 대도시권으로서의 서울권의 인구집중률이 세계 최고라고 한다. 2001년 현재 한국전체 총인구의 46.6%(=22,515,000명/48,289,000명)가 서울권에 밀집해 살고 있으며, 수도권 인구집중률 역시 세계 최고다. 동경권 인구가 3,510만 명으로 우리나라 수도권 인구 2,252만 명보다 많아 세계 최대지만, 동경권 인구집중률은 우리나라 수도권 인구집중률보다 10% 가량 낮은 27.6%(=35,099,000명/126,974,600명)이다. 현재 세계에는 동경권과 우리나라 수도권 이외에 2천만 명 이상의 인구를 지닌 대도시권으로 뉴욕권과 멕시코시티권이 있는데, 뉴욕권의 인구집중률은 7.7%(=21,650,000명/280,563,000명), 멕시코시티권의 인구집중률은 20.3% (=20,950,000명/103,400,200명)이다. 도시국가를 제외하고 우리나라처럼 인구 두 명 중 한 명꼴로 수도권에 모여 사는 나라는 지구상에 존재하지 않는다고 한다.

4대 교육권역에 대한 고른 지원정책으로 대학을 중심으로 한 젊은 청년문화의 지역적 균형을 이룸으로써, 장기적으로는 인구분산의 효과도 얻고 균형적 국가발전도 이룰 수 있는 것이다. 동시에 수도권 이외의 산업체에서 근무하는 소외감 지닌 근로자들에게 고등교육과 현대문화 수혜의 기회를 넓혀주게 됨으로써, 서울 이외의 지역을 기피하는 그릇된 사고도 줄어들 것이다. 수도권 대학으로 하여금 농어촌학생에게 특혜입학의 길을 터주어 수도권 선호를 더욱 부채질하기보다는, 수도권 이외의 지역에 대한 균형적 지원정책으로 농어촌의 낙후의식을 완화하려는 대학정책이 필요할 것 같다.

청년문화의 지역적인 균형발전 없이는 수도권 인구집중현상을 막을 길이 없고, 청년문화의 지역적 균형발전은 대학에 대한 지역별 고른 집중투자와 지원에서 가능하다는 점에 유의해야 할 것이다. 예컨대 김대중 정부 초기에 기간산업도 아닌 어떤 생명보험회사의 주인을 바꾼 것에 불과한 구조조정에 공적자금 2조 9천억 원을 투입한 적이 있었다. 만일 매년 4대 교육권에 2개 대학씩 선정하여 8개 대학에 각각 2천억 원씩 전체 합하여 1조 6천억 원을 투자한다고 가정해 보면, 각 지역의 고른 청년문화의 활성화는 물론 지역사회간의 문화와 사회균형이 확연하게 달라질 것이다.

앞으로 한국의 민주적 리더십은 국민의 가장 큰 요구가 무엇인지를 알고 또 국민의 의사결정 능력을 제고해야만 민주사회로 발전할 수 있을 것이라는 점에서, 질적 민주화의 과제로 모든 각급 교육에 결정적 영향을 미치는 대학교육의 개혁이 무엇보다도 중요하다.

마지막으로 한국에서 민주화의 과제는 국민이 국가공동체의 정책을 결정하는 데 있어서 최후의 결정자로서의 역할을 할 수 있어야 한다. 따라서 국민은 군사독재든 민간인 독재든 독재나 권위주의적 독선을 막을 수 있는 최후의 결정권을 지닐 때, 민주주의의 주권이 보장될 것이다. 공동체의 이러한 최후의 민주적 보루는 선거에 의한 공동체 대표의 교체일 것이다. 이러한 측면에서 주권행사에서 선거만큼 중요한 것은 없을 것 같다. 바로 이 선거 문제가 다음 장에서 다루어야 할 과제이다.

제4장 민주주의 발전을 위한 도구의 활용

1. 민주주의 도구 활용의 전제조건

　1) 공동체를 전제로 한 의사결정체제의 정착

　민주주의 본질적인 세 가치(개체의 자유, 평등, 그리고 참여) 가운데 실질적으로 중요성을 지니는 참여의 측면에서 보면, 민주주의는 공동체를 전제로 한 합리적 의사결정체제라고 할 수 있다. 따라서 두 사람이 합하여 형성되는 최소의 원초적 사회집단이라고 할 수 있는 가족 하나도 구성해보지 못했거나 제대로 관리하지 못한 사람에게 공공조직이나 국가와 같은 커다란 조직의 관리나 책임을 맡기기 어렵다는 민주적인 선진국 국민의 의식은 우리에게 시사하는 바가 많다.
　그러므로 민주주의의 전제로서 단순히 공동체가 존재한다고 해서 또는 권력욕에 급급해서 온갖 감언으로 어떤 조직이나 지방자치단체 정부 또는 국가와 같은 공동체를 관리하고 책임지겠다고 해도, 그 공동체를 민주적으로 운영하고 구성원에게 그 공동체 관리의 공정성 책임성 예측성 가시성을 보장하기는 어렵다. 왜냐하면 민주주의 과정이란 공동체 내에서 구성원의 의사결정 참여과정이기 때문이다. 공동체의 의사결정과정에서 구성원의 의사를 민주적으로 수용하고 참여하도록 하는 관리경험이 없는 사람이 갑자기 구성원간의 의사의 차이나 이해관계를 조정하여 합의를 끌어낼 능력을 발휘하기를 기대하는 것은 어려운 일이다. 특히 공익공동체의 경우에는 구성원들이 전체적인 참여를 통해서 공공업무를 해결할 수 있다는 점을 인식하게 마련이다. 결국 공동체 구성원으로서의 민주적인 참여와 관리능력에 대한 검증 없이 어떤 공동체의 민주적 리더십을 기대할 수는 없을 것이다.

이러한 시각에서 보면 정상적인 사회공동체 구성원으로서의 민주적 참여와 합리적 관리를 한 경험이 없는 권력추구형의 인물에게 국가관리를 비롯한 공공집단의 관리를 맡겨서 낭패를 본 것도 타산지석으로만 보아서는 안 될 것 같다. 즉 정상적인 사회 공동체에서의 민주적 참여와 관리의 경험은 어떤 인물의 평가에서 매우 중요하다고 볼 수 있다. 물론 공동체의 크기, 존속기간, 지위, 구성원의 성향 등이 그 공동체의 민주적 성격을 좌우한다. 그러나 그 어떤 경우에도 공동체가 민주적 공동체로 발전하려면, 그 공동체 구성원들을 능동적으로 참여하도록 함으로써 자의식적 개체로 결합시키는 공동체적 합의나 의식의 형성은 매우 중요하다는 점에 유의해야 할 것이다. 더욱이 어떤 공동체를 조직하거나 정상적인 조직체에서 조직을 관리한 경험이 없는 사람이 권력욕에 급급하여 거대하고 복합적인 국가조직을 관리하려고 한다면, 이는 국민이 경계해야 할 가장 중요한 과제일 것이다. 특히 거대하고 복합적인 현대국가를 민주적으로 관리하는 데 필요한 리더십은, 어떤 사회집단 또는 공동체에서 민주적 참여체제의 조직자(organizer) 위임자(delegator) 조정자(coordinator) 평가자(evaluator)로서의 훈련과 경험을 쌓은 사람이어야 한다.[1] 이러한 리더십은 학교와 사회 공동체의 생활을 통해서 정상적으로 훈련받고 조직관리를 한 경험이 무엇보다도 중요하다는 점을 선진국의 지도자들에게서 실증적으로 보아 왔다.

다음으로 우리가 중요시해야 할 문제는 모든 사람은 불가피하게 지역사회집단 지방자치단체 국가와 같은 정치적 공동체의 시민권을 지니게 되고, 동시에 가족 등 혈연집단과 각종 사회집단 그리고 종교집단과 같은

---

[1] 김난수, 『대학개혁론』(서울: 양서원, 1989), 476-478쪽 참조.

비정치적 공동체의 구성원이게 마련이다. 그러므로 정치공동체든 비정치 공동체든 인간이라면 누구나 공동체의 의사결정(공동체 구성원간의 갈등조정)에 참여하게 되고 또 참여해야 하기 때문에, 공동체 구성원으로서의 합리성에 바탕을 둔 공존공생(共存共生)의 가치관이 요청된다. 예를 들어 국가는 주권적 정치공동체이고 이 국가공동체의 구성원 자격이 시민권 또는 국적 취득이 된다고 할 수 있다.

2) 합리성을 바탕으로 한 공존공생의 가치관 확립

앞서 동서양의 자유 평등론의 본질과 변천에 관하여 논의한 것은 바로 공동체 구성원의 합리적 공존공생의 가치관 없이는 민주적 발전을 기대하기 어렵기 때문에, 여러 사상들의 시와 비를 가리려 한 것이다. 특히 우리의 의식구조에는 권력지향의 지배학이오 차별질서를 당위로 여겨온 유학사상의 영향이 너무 커서, 민주주의의 본질적 가치와는 거리가 먼 개체성보다는 전체성, 서로의 공평을 중요시하는 상대성보다는 절대성, 현실적 과학성보다는 당위성, 경험적 참여를 통한 실증성보다는 자기가 바라는 기대의 추리성, 사회의 발전적 변천성보다는 온고지신이라는 수구적 고정관념에 사로잡혀 사회와 사물을 보는 가치관이 강하게 작용하고 있는 것으로 보여진다. 이제 민주주의의 본질적 가치가 자유, 평등, 참여이기 때문에 우리의 의식을 이에 부합하는 개체성 상대성 변천성 현실성 실증성을 바탕으로 하는 가치관의 확립이, 참여의 제도적 틀을 마련하는 것 못지 않게 중요하다는 점에도 유의해야 할 것이다.

2. 다수결법칙

1) 민주적 의사결정 법칙

어떤 의사결정법칙이 민주적 의사결정법칙이냐 아니냐를 좌우하는 기본적 요건은, 첫째 그 결정법칙이 공동체 구성원의 의사를 보호하는 보호적 기능을 하는 결정법칙이어야 하며, 둘째 공동체의 의사를 효과적으로 결정할 수 있는 효율적 기능을 수행하는 법칙이어야 한다. 즉, 민주적 의사결정 법칙은 구성원의 의사의 보호성과 결정의 효율성으로 평가된다.

공동체의 의사 또는 정책결정에서 구성원의 의사를 최대한으로 보호하기 위해서는 구성원 모두가 그 공동체의 모든 의사결정에 직접 참여하여야 가능하다. 그러나 현대 대부분의 공동체는 구성원의 수가 한 자리에 모여 의사 결정할 수 없을 정도로 많고 또 구성원의 특성에 있어서도 매우 다양하기 때문에, 모든 구성원에 의한 직접적인 의사결정이란 실제 불가능하다. 더욱이 지역 및 국가공동체는 구성원의 수가 너무 많고 다양한 특성을 지닌 사람들로 구성되기 때문에, 만일 자유로운 토론을 통하여 민주적으로 의사를 결정하려고 한다면 구성원 수만큼의 시간을 써서 토론하여도 어떤 의사결정도 불가능하다. 따라서 민주적으로 모든 구성원의 의사를 직접 공동체 의사결정에 반영하려고 한다면, 의사결정의 효율성이라는 측면에서는 매우 비효율적일 수밖에 없다. 반대로 독재정치를 하는 사회에서는 한 사람 또는 소수 권력자가 공동체 의사를 결정하기 때문에, 독재자나 소수권력자의 의사를 제외한 절대 다수 구성원의 의사는 무시되지만 신속한 의사결정으로 결정의 효율성은 매우 높을 것이다.

예컨대 어떤 국가공동체가 다른 나라의 침략을 받아 징집을 하는 경우 18세 이상의 모든 청소년을 전쟁에 동원할 것이냐 또는 20세 이상의 남자만 동원할 것이냐는 문제를 놓고 전국민을 소집하여 의사를 결정하려고 한다면 그 나라가 망할 때까지도 의사를 결정하지 못하는 결정의 비효율성을 나타낼 것이고, 반대로 한 나라의 독재자가 독재정을 영원히 지속시키려는 목적에서 모든 반대자들의 의사를 무시하고 혼자 국가의 정책을 결정하려고 한다면 모든 국민의 자유의사가 무시되어 자유의 박탈은 말할 것도 없이 사회는 극도의 억압적 정체를 면하지 못할 것이다. 따라서 바람직한 의사결정 법칙이란 구성원의 의사를 최대한 보호하면서 아울러 의사결정의 효율성도 높일 수 있어야 한다. 이러한 측면에서 지금까지 인류가 만든 가장 바람직한 효율적 의사결정 법칙은 다수결 법칙으로 알려져왔다.

2) 다수결 법칙의 다양성

다수결법칙(majority rule)은 의사결정의 보호성과 효율성을 조화시킬 수 있는 타협의 산물로서 가장 잘 활용되고 있는 의사결정법칙으로서, 최선의 의사결정법칙은 아니지만 최후의 결정법칙이기도 하다. 그러나 다수결 법칙은 그 자체로서 애매모호성을 지니고 있음에 유의하여야 한다.

첫째 다수의 의미에 대한 불확실성, 즉 어느 정도를 다수로 볼 것이냐는 문제이다. 다수는 흔히 과반수 이상을 의미하지만, 때로는 집단의 최다득점인 종다수(從多數: plurality)와 동의어로 사용되는 경우가 많다. 즉 단순다수(simple majority)와 같은 의미로 사용하기도 한다.

둘째 다수를 필요로 하는 집단의 성격에 대한 불확실성, 즉 어떤 공동체의 구성원 가운데 누구의 다수이냐는 문제이다. 정치공동체의 경우, 실제로 투표한 투표자의 다수이냐, 투표할 수 있는 유자격자인 선거권자의 다수이냐 그렇지 않으면 모든 전체 구성원의 다수이냐의 문제가 제기된다. 예컨대 1,000명의 주민이 살고 있는 마을 공동체의 경우, 모든 전체 주민의 과반수 이상을 다수로 계산하면 501명 이상이 다수가 되고, 20세 이상의 선거권자 600명의 과반수 이상을 다수로 계산하면 301명 이상이 다수이며, 유권자 중 실제로 투표한 400명의 과반수 이상을 다수로 계산하면 201명이 다수가 된다. 그러나 실제 투표한 투표자의 다수는 주민 전체 또는 성인유권자 전체로 보면 그 다수는 소수에 불과하게도 된다.

셋째 다수결의 남용이 민주주의 발전을 저해한 경험이 적지 않았다는 점이다. 따라서 다수결의 남용을 방지하는 일도 매우 중요하다. 예컨대 2차 세계대전 이전의 독일과 이탈리아의 파시스트 정권은 그 대표적 실례라고 할 수 있다.

3. 대의제

다수결원리가 공동체 구성원의 참여를 통한 의사결정방식이라면, 대의제도(Representation)는 공동체 구성원 개개인의 의사가 공평하게 청취될 수 있도록 하는 참여의 통로이고 참여방식이다. 따라서 효율적인 대의제의 운용을 위해서는 다음과 같은 대의제의 기본 요소들이 분석되고 고려되어야 한다.

1) 대의제의 기본요소

(1) 대표성의 정도

대표성의 정도는 대의제가 어느 정도로 직접민주주의와 가까운가의 정도를 의미하며, 최대한의 대표성 정도는 어떤 공동체에서 공동체 구성원 모두가 스스로 자기 자신을 대표할 수 있는 제도라고 할 수 있다. 즉, 모든 구성원이 자신의 의사를 100% 보호받을 수 있는 제도라고 볼 수 있다.

따라서 대표성의 정도는 어떤 공동체의 경우 전체 공동체 구성원을 대표하게 될 구성원의 비율로 나타나게 마련이다. 예컨대 100명의 구성원을 지닌 공동체에서 1명의 대표를 선출한다면 대표성은 1%가 될 것이고 10명으로 구성된 공동체에서 1명의 대표를 뽑는다면 대표성은 10%가 될 것이다. 그러므로 대표성의 정도가 낮으면 낮을수록(대표선출 선거구의 선거인수가 많으면 많을수록) 개개 구성원과 대표들로 구성된 대의기구 사이의 거리가 더욱 멀어지게 된다. 즉, 1만 명 가운데 1명의 대표일 때보다는, 100명 중에 1명의 대표를 선출할 경우에 개인은 보다 효과적으로 정책 또는 의사결정에 참여할 수 있게 된다는 뜻이다. 그러나 대표성을 높이기 위하여 1,000명 이상의 대표로 구성한 대의기구를 구성한다면, 그 기구는 어떠한 결정도 민주적인 토론과정을 거쳐 의사결정을 하기가 어려울 것이다. 즉 대표성을 높이기 위하여 대표의 수를 너무 많게 한다면 의사결정의 효율성을 높이기 어렵다. 따라서 비록 대표성의 정도가 낮아 구성원의 의사의 보호성은 낮을지라도 의사결정의 효율성을 기할 수밖에 없는 것이 대의제 운용의 현실이기도 하다. 이런 측면에서 보면 바람직한 대표성의 정도란 공동체 구성원의 의사의 보호성과 의사결정의 효율성을 조화롭게 보장할 대표성을 뜻한다고 볼 수 있다.

(2) 대표기구의 선정문제

대의제에서 어떠한 대의기구를 채택하느냐는 문제는 그 공동체 구성원의 의사를 어느 정도로 보호할 수 있느냐는 의사의 보호성 정도를 나타낸다고 할 수 있다. 예를 들어 국가공동체의 대의기구인 국회 구성에서 상하 양원의 의원선출 방법을 다르게 하는 양원제를 채택한다면, 다수의 횡포를 막고 소수의 이익을 보호할 수 있는 효과적인 방법이 될 수도 있다. 예컨대 미국의 의회제도처럼 상원을 소수권을 보호하기 위하여 인구수에 관계없이 각 주의 대표 2명으로 구성하고, 하원을 인구비례에 의한 대표기구로 하되 전체 의원수를 435명으로 구성하는 경우를 들 수도 있다.

한국의 경우 출신 지역을 배경으로 하여 정치적 기반을 형성했던 소위 3김(김영삼 김대중 김종필)이 남겨놓은 지역갈등을 해소하고 지역사회간의 불균형을 완화하기 위하여 국가 대표기구를 활용하는 방안을 고려해 볼 필요도 있다. 예컨대 전국을 5대 지역권(수도 중부 충청 호남 영남)으로 나누어 지역별 대표로 상원을 구성하고, 현행의 지역구를 기준으로 인구비례에 의한 대표를 선거하여 하원을 구성하는 방안이 있을 수도 있다.

(3) 대표성의 기반

각 대표가 어떤 종류의 선거구민에서 선출되느냐? 즉 어떤 원칙에 따라 선거구가 구성되느냐의 문제가 대표성의 기반을 결정하게 된다. 환언하면 어떻게 선거구를 구성하느냐는 문제는 좋은 양질의 대의제를 발전시키는 데 있어서 가장 중요하고도 어려운 과제이기도 하다. 따라서 여러 가지의 가능한 대표성의 기반이 있을 수 있지만, 대표의 선거구가 전적으로 동질적인 구성원으로 구성되는 경우도 있고, 이질적인 구성원으로 구성되는 경우도 있다. 그러므로 민주주의체제는 상황에 따라 그 어느 하나 또는 둘을 병용하는 경우가 있다. 예컨대 동질의 구성원으로 구성되는 선거구의 경우는 노동집단 직업집단 또는 그 외의 전문기능집단 등이기도 하고, 이질적 구성원으로 구성되는 선거구는 지역사회의 경우일 것이다. 대체로 국가공동체의 경우는 이 두 가지 선거구로 구성하는 대의제를 채택하는 경우가 흔하다. 즉 이질적 구성원을 대표성의 기반으로 하는 대의제는 지역대표제를 채택하는 경우이고, 동질의 구성원을 대표성의 기반으로 하는 대의제로 비례대표제를 활용하는 경우도 있다.

비례대표제는 대의제의 동질성과 기능성을 높이기 위하여 채용하게 되며, 지역대표제는 가장 흔히 활용되고 있는 지역중심 대표성의 기반이지만 지연 혈연의 중첩으로 부패선거구가 된 경우도 적지 않았다. 특히 한국의 경우 소위 3김씨가 자기 출신지역을 배경으로 한 정치를 함으로써 지역갈등을 심화시켰다는 비판을 받았다.

〈표 4-1〉 OECD 가입국가의 국회의원 선거제도(1990년대 중반)

국가 (하원 선거일)	국회(하원) 의원 선거제도	의석(하원) 배분방법	의석(하원) 배분 제한 규정	의석수 (하원)	선거구 수(하원)	하원의원 임기(년)	상원의원 총선거	대통령 선거/임기	1945년 이래 국민 투표수
Australia (2001.11.10)	선택투표제 (제1위제)	N/A	N/A	150	150	3	76	N/A	23
Austria (200.11.24)	비례대표제 (명부식)	D'Hondt 및 Hagenbach-Bishoff	지역구 1석	183	9+2	4	64(지방 의회선거)	선거/6년	1
Belgium (2003.5.18)	비례대표제 (명부식)	D'Hondt	최소 1개군 33%투표	150	21	4	71(40-비례+31-선거인단	N/A	1

국가	선거제도	의석배분방식	봉쇄조항	의석수	선거구	임기	상원	선거주기	여성의원비율
Canada (2000.11.27)	제1위제 (소선거구)	N/A	N/A	301	301	5	104(총독 임명)	N/A	1
Czech Rep (02.6.14,15)	비례대표제 (명부식)	LR-Droop	득표율 5% 이상	200	8	4	81(소선 거구제)	의회/5년	
Denmark (2001.11.20)	비례대표제 (명부식) (17구 비례 135+전체득 표율비례40)	LR-Hare & Modified St.Lague	지역구 1석 또는 득표율 2% 이상	179	17+2(해 외-Faroe + Greenland)	4	단원제	N/A	13
Finland (2003.3.16)	비례대표제 (명부식)	D'Hondt (다석선거구)	없음	200	15		단원제	선거/6년	1
France (02.6.9,6.16)	종다수제 (소선거구)	2차 결선 투표	N/A	577	577	5	320 (간접선거)	선거/5년	12
Germany (2002.9.22)	혼합선거제 (지역-299+ 비례-299+5)	-	전국 5% 이상 또는 3구 이상 득표	603	299+1	4	69 (주 대표)	No	
Greece (2000.4.9)	비례대표제 (명부식)	LR-Droop (51선거구)	득표율 3% 이상	300	51(다의 석구)+5 (1석구)	4	단원제	No	4
Hungary (02.4.7,4.21)	혼합선거제 (지역-176+비 례-152+58)	지역(2차 결선투표)	-	386	176(1석 구)+20(다 석구)+1	4	단원제	의회/5년	5
Iceland (2003.5.10)	비례대표제 (명부식)			63		4	단원제	선거/4년	
Ireland (2002.5.16)	비례대표제 (중선거구)	단기이양 식 투표	없음	166	41	5	60(11-지명 +43-직능 +6-대학)	선거/7년	20
Italy (2001.5.13)	혼합선거제 (지역-475+ 비례-155)	-		630	475(소 선거구) +1	5	315(232- 소+83-비 례+종신)	선거/5년	29
Japan (2000.6.25)	혼합선거제 (지역-300+ 비례-180)	하원: 300(소)+1 80(11구 비례)	-	480	300(소) +11(중 선거구)	4	247(149- 중선거구 +98-비례)	N/A	
Korea, ROK (2000.4.13)	1위제-병행 (지역-227+ 비례-46)	N/A	N/A	273	227(소) +1(비례)	4	단원제	선거/5년	6
Luxembourg (1999.6.13)	비례대표제 (명부식)	4개 다의석구 비례		60	4(다의 석구)	5	단원제	N/A	

Mexico (2000.7.2)	혼합선거제 (지역-300+비례-200)	300(1석구)+200(다석구)	-	500	300(소)+1	3	128(96-3석 지역구+32-비례)	선거/6년	
Netherlands (2000.5.15)	비례대표제 (명부식)	D'Hondt	득표율 0.67% 이상	150	1	4	75(비례)	N/A	
New Zeal-Land (2002.7.27)	혼합선거제 (지역-65+비례-55)	65(다의석구)+55(후보명부)	N/A	120	65+1	3	단원제	N/A	10
Norway (2001.9.10)	비례대표제 (명부식)	Modified St. Lague	없음	165	19+1	4	단원제	N/A	1
Poland (2001.9.23)	비례대표제 (명부식)	D'Hondt (다의석구)	득표율 5% 이상	460	52+1	4	100(40 중선거구)	선거/5년	5
Portugal (2002.3.17)	비례대표제 (명부식)	D'Hondt (다의석구)	없음	230	22	4	단원제	선거/5년	
Spain (2000.3.12)	비례대표제 (명부식)	D'Hondt	득표율 3% 이상	350	50	4	248(208-4석구+40-지방의회)	N/A	4
Sweden (200.9.15)	비례대표제 (명부식)	Modified St. Lague (다의석구)	전국득표율4% 또는 지역구득표율12% 이상	349	28+1	4	단원제	N/A	3
Switzerland (1999.10.24)	비례대표제 (명부식)	D'Hondt (다의석구)	없음	200	26	4	46(21-중선구+5-소)	No	275
Turkey (2002.11.3)	비례대표제 (명부식)	D'Hondt (다의석구)	득표율 10% 이상	550	79	5	675(557종신+118세습)	의회선거/7년	4
U.K (2001.6.7)	제1위제 (소선거구)	N/A	N/A	659	659	5	100(50주×2명)	N/A	1
U.S.A (2000.11.7)	제1위제 (소선거구)	N/A	N/A	435	435	2	100(50주×2명)	선거/4년	

* N/A : 비교할 수 없음. No : 상원선출 또는 지방의회 대표자에 의한 선출.
* 자료: Lawrence LeDuc, Richard G. Niemi & Pippa Norris, op.cit., pp.13-15 및 Andrew Reynolds & Ben Reilly, *The International IDEA Handbook of Electoral System Design*(Stockholm: International Institute for Democracy and Electoral Assistance, 1997), pp.139-142 그리고 www.elctionworld.org

(4) 대표성의 수준

어떤 민주주의체제에서 대의제의 수준은 의사결정이 이루어지기까지 몇 단계를 거치게 마련이다. 예컨대 대표를 선출하는 의사결정의 경우, 총선거를 통하여 선출된 국회의원은 제1단계 수준의 대표이고, 국회의원들에 의하여 선출되는 내각제 하의 각료는 제2단계 수준의 대표이며, 각료가 임명하는 행정관리는 제3단계 수준의 대표라고 할 수 있다. 따라서 임용단계의 수가 많으면 많을수록 국민의 참여도에 있어서의 직접적 영향력은 그만큼 줄어들고 민주주의 운영의 순수성도 적어지게 마련이다.

대통령제의 정부권력구조에서 국민이 직접 투표하여 대통령을 선거하는 의사결정은 대표성의 수준에서는 제1단계의 참여로서 의미가 있지만, 의사의 보호성이라는 측면에서는 대통령선거에서의 유권자의 참여는 2002년 12월 19일 한국 대통령선거의 경우 전체 유권자 3,500만 분의 1의 대표성을 갖는데 반하여, 인구 20만 명을 기준으로 하여 1명의 의원을 선출하는 국회의원선거에서의 유권자의 참여는 성인유권자를 기준으로 하면 15만 분의 1의 대표성을 지니게 되기 때문에, 국민의 의사의 보호성에서는 대통령제보다는 의원내각제가 더 의미가 있을 수 있다. 반대로 정책결정의 신속성이나 효율성에서는 대통령제가, 선거구민의 자기 출신지역 의원에 대한 지나친 압력 또는 간섭 때문에 의원내각제보다 더 효율적일 수도 있을 것이다.

(5) 선거와 선거 사이의 대표성

대의제 아래에서 단지 4년에 한 번 또는 5년이나 7년에 한 번의 선거로 대표선출에서 구성원의 영향력을 발휘할 수 있게 된다면, 선거와 선거 사이에는 어떻게 대표에게 영향을 줄 수 있느냐가 매우 중요하다. 이러한 구성원의 의사결정에 대한 지속적인 영향력을 확보하기 위하여, 국가공동체의 경우 국민투표(refrendum) 소환(recall) 국민발의(intiative) 등의 방법이 활용되기도 하나, 이것이 도리어 독재자나 독재정권에 의하여 군중주의로 악용되는 일이 많았다는 비판론도 적지 않다.

한국의 경우 6번의 국민투표를 실시하였으나 다음 표에 나타난 것처럼, 지난 1987년 대통령직선제 개헌을 제외하고 5번은 1961년 5.16 이후 군부세력에 의하여 군부집권 또는 그들의 집권연장 수단으로 악용되었을 뿐이다.

〈표4-2〉 한국 역대 국민투표의 투표율 및 찬성률

시행일자	투표사유	투표자수 (명)	투표수 (투표율%)	찬성수 (찬성률%)	유권자비 찬성률(%)	정치상황
1962.12.17	박정희장군 등 군부에 의한 집권연장의 대통령 중심제 헌법개정(3공화국 구성의 민정이양 면목)	12,412,798	10,585,998 (85.3)	8,339,333 (78.8)	67.2	1961.5.16~ 1962.12.5 계엄령
1969.10.17	박정희 집권연장을 위한 3선 개헌 헌법개정	15,048,925	11,604,038 (77.1)	7,553,655 (65.1)	50.2	
1972.11.21	박정희의 영구집권을 위한 유신: 헌법개정(소위 제4공화국 선포)	15,676,395	14,410,714 (91.9)	13,186,559 (91.5)		1972.10.17 ~1972.12.13 비상계엄령
1975.02.12	헌법개정 및 정부에 대한 신임 투표	16,788,839	13,404,245 (79.8)	9,800,201 (73.1)	58.3	
1980.10.22	전두환장군 등 군부 집권연장의 대통령 7년 단임제 헌법개정(제5공화국 구성 넝목)	20,373,869	19,453,926 (95.5)	17,829,354 (91.6)		1979.10.18 ~1981.01.24 비상계엄령
1987.10.27	대통령 직선제 헌법개정	25,619,648	20,028,672 (78.2)	18,640,625 (93.1)	72.7	

자료: 중앙선거관리위원회.

(6) 지역적 이익과 전국적 이익의 갈등

특히 지역대표제의 경우 대표로 하여금 지역적 이익과 전국적 이익을 어떻게 조화롭게 조정하여 합리적 의사결정을 하도록 하느냐도 매우 중요하다.

2) 선거제도론

민주주의의 원리가 아무리 좋다 하더라도 그것을 실제 어떻게 구현하느냐가 중요하고, 이를 구현하기 위한 방법으로서 도구의 민주적 활용이 그보다 더 중요하다. 아울러 우리는 아무리 훌륭한 도구라 하더라도 그것을 악용하는 제도를 만들어 이용한다면, 민주주의 원리와는 배치되는 비민주적 독재나 전체주의로 흐른 위험성을 지금까지의 역사에서 보아왔다. 따라서 위에 논의한 다수결원칙이나 대의제도도 이를 활용하고 관리할 대표선출이 자유롭고 공정하게 이루어지지 않으면 악용될 가능성이 크다. 그러므로 자유선거를 보장할 선거제도의 확립 없이 민주주의 특히 대의제를 바탕으로 하는 민주주의의 구현 가능성은 적게 마련이다. 이러한 측면에서 민주주의의 구현을 위하여 자유롭고 합리적인 선거제도의 확립만큼 중요한 것은 없다고 하여도 과언이 아니다. 1945년 광복 이래 한국의 민주주의 역사도 정치사적 측면에서 보면 선거의 역사이었고 선거제도의 변천사라고 할 수도 있을 것 같다.

(1) 선거의 의미

① 자치 공동체 존립의 정통성을 부여하는 제도: 어떤 정부가 정통적이냐 아니냐는 그 정부가 공정하고 자유로운 선거를 통하여 수립된 정부이냐 아니냐에 좌우된다. 따라서 선거란 민주적으로 정통적 정부를 수립하기 위한 수단이라고 볼 수 있다.

② 공동체 구성원으로 하여금 민주주의의 핵심 가치인 참여의 가치를 확보해 주는 장치: 특히 국가공동체의 경우 선거는 국민에게 공동체의 의사결정에 대한 참여감을 부여함으로써, 구성원의 공동체에 대한 일체감과 공공업무에 대한 참여의 책임감을 확보할 수 있는 민주적 의사결정 방식이기도 하다.

③ 평화적인 리더십의 교체를 위한 방편: 선거는 공동체의 민주적 발

전을 위하여 중요한 공동체의 관리를 담당할 인물의 교체와 정당의 교체 및 세대의 교체 등을 평화적으로 수행하는 제도적 장치이다. 즉 선거란 공동체의 책임자 등 리더십이 임기만료 또는 질병 사망 등으로 교체되어야 할 경우에 새로운 지도자에게 리더십을 평화적으로 이양함으로써, 리더십의 정상적인 계승과 평화적인 교체를 보장하는 수단이다. 특히 국가공동체의 경우는 정부 또는 정권의 정상적인 계승과 평화적인 교체를 이룰 수 있는 방법이다. 따라서 선거라는 합리적인 의사결정의 참여제도가 있는 한 폭력적 정치행위나 지나친 군중주의적 시민운동은 건전한 공동체 구성원의 공감을 얻기 어려운 것이 선진국의 예이다.

④ 사회발전의 계기: 선거는 선거과정을 통하여 공동체의 현안 문제들이 노출되고 새로운 발전 방안들이 제안되기 때문에 사회발전의 전기가 된다. 즉 선거과정은 정치적 쟁점은 물론 모든 사회경제적 생활환경의 문제들을 부각시킴으로써 사회발전과 공동체 운영의 쇄신을 기할 수 있는 계기가 된다.

(2) 선거권과 피선거권

① 선거권자(투표자)

국가공동체의 경우 공민권 또는 시민권은 주권적 국가가 부여하는 멤버십(시민권자 또는 국적 취득자)으로서, 선거권이 국적 취득에서 가장 주요한 권리라고 할 수 있다. 따라서 국적취득자라도 선거권에는 연령 성별 거주조건 등에 대한 일정한 자격기준을 규정하게 마련이다.

② 피선거권자(입후보자)

피선거권은 공동체 구성원의 의사를 대신할 대표이기 때문에 투표자의 자격요건에 연령 거주조건 겸직금지 등을 강화하여 선거권자보다 필요조건을 추가하여 자격을 강화하는 경우가 보통이다. 특히 입후보자의 난립을 방지하기 위하여 일정한 수의 선거권자의 서명을 요하는 추천제(한국의 2,

3, 4대 대통령선거), 공탁금제(deposit: 일정한 득표율을 얻지 못한 후보자의 공탁금 몰수) 또는 공천제(정당의 공천) 등을 활용하기도 한다.

　(3) 선거방법

① 제1위제로서의 중다수제 또는 단순다수제
　후보자 가운데 최고 득표자를 당선자로 결정하는 선거제도로서, 중다수제(plurality) 또는 단순다수제(simple majority)로도 알려진 선거제도이다. 한국의 거의 모든 선거(대통령선거를 비롯하여 국회의원선거, 지방자치단체장 및 지방의원 선거 등)에서 사용되고 있는 선거제도이고, 영국 미국 캐나다의 하원의원선거와 지역선거에서 주로 활용되고 있다. 1948년 이래로 한국의 모든 선거에서 채택하여오고 있다.
　제1위제(First-Past-The-Post: FPTP)를 선호하는 주장자들은 투표권 행사가 용이한 점, 즉 투표자가 이해하기 쉬운 단순한 제도라는 점, 선거인에게 직접적인 정부 선택권을 부여하게 됨으로써 밀실정치를 방지할 수 있을 뿐 아니라 투표자가 어느 정당이 다음 정부를 구성해야 하는가에 대한 의사를 나타낼 수 있다는 점, 소수 정당의 난립을 방지하고 양당제(two-party system)를 지향하게 함으로써 연립정부의 구성 없이도 단일정당의 집권이 가능하여 정국의 안정을 기할 수 있다는 점, 지역구민과 의원의 직접적인 관계의 유지(참정권의 효율성)가 가능하다는 점, 즉 선거구민과 그를 선출한 의원간의 강한 유대관계를 이룰 수 있다는 점, 최고 득표자가 낙선하는 경우가 없기 때문에 당선자는 국민의 의사를 대표할 수 있다는 점 등을 장점으로 들고 있다.
　그러나 제1위제는 다음과 같은 문제점들을 지니고 있다.
　첫째 대개의 선거에서 당선자를 제외한 다수 투표자의 투표가 대표 선정의 의사결정에 반영되지 못하고 사표(死票)가 되는 경우가 많은 점이다. 대표적인 사례는 바로 인천광역시 남구갑의 16대 국회의원선거(2000.4.13)에서 나타났었다.

후보자(소속 정당)	득표수	득표율(%)	순위
서상섭(한나라당)	21,724	30.43	1
이세영(자유민주연합)	21,231	30.16	2
서정화(새천년민주당)	20,352	28.51	3
홍기택(무소속)	6,517	9.13	4
합계	69,824	98.23	

 위와 같은 득표에 따라 한나라당 후보자가 1순위(30.43%)로 최고 득표자가 되어 국회의원으로 당선되었으나, 결국 유효표의 절대 다수인 투표자 2/3 이상(67.8%)의 의사가 반영되지 못하여 사표가 되고, 단지 1/3 이하 투표자의 의사만이 선거권을 행사한 셈이다.
 다양한 국민의 의사를 의회에 반영할 수 없는 비민주적 제도라는 점이다. 특히 두드러진 거대 정당 또는 양대 정당이 정치를 주도하는 경우 어느 한 정당의 후보자가 당선될 가능성이 높기 때문에, 실질적으로 투표자는 정당을 보고 투표하거나 또는 거대 정당을 지지하지 않는 경우 선택의 폭이 좁아지게 된다.
 둘째 많은 투표자로 하여금 부정적 성향의 투표를 하게 할 우려가 있다는 점이다. 예컨대 자기가 가장 좋아하는 후보자에게 투표하기보다는 싫어하는 후보자에게 반대하기 위한 투표성향을 나타내기 쉽다는 점을 지적하기도 한다. 지난 제3회 전국동시지방선거(2002.6.13)의 경우 투표율이 50%(전체 선거인 총수 3,474만 4,232명 중 1,694만 6,236명 투표)에도 미치지 못하였다. 특히 이러한 투표성향 때문에 2002년의 8월 8일 국회의원 재보궐선거(13명의 국회의원 결원 재보궐선거)의 투표율이 29.6%(선거권자 198만 8,865명 중 58만 7,718명 투표)이었고, 지난 2003년 4월 23일 3명의 국회의원 재보궐선거 투표율은 사상 최저인 26%(선거권자 58만 255명 중 15만 941명 투표)에 지나지 않았을 뿐만 아니라, 정치에 대한 강한 불신의 성향이 투표에 영향을 주었다는 분석이기도 하다.
 셋째 선거구의 획정(gerrymandering)이 선거에 커다란 영향을 주기 때문에, 정략적으로 선거구를 획정할 가능성이 크다는 점이다. 현행 한국의 국회의원 선거법에 의한 선거구 획정도 대의제의 기본정신에 비추어 15대 국회보다 50~100석쯤 늘려야 할 의원 정수를, 도리어 299석을 273석으로 줄이면서 정략적 타협으로 인하여 선거구간 선거권자수의 불균형을 더욱 크게 함으로써 위헌이라는 헌법재판소의 판결을 초래하게 되었다.

따라서 제1위제는 보다 공정하지 못한 대표선출방법이기 때문에 이에 대한 대체 또는 개선방안이 제기되어왔다. 그럼에도 불구하고 오랜 의회 민주주의의 역사를 통하여 양당제도가 정착되어온 미국 영국 캐나다에서는 제1위제가 비교적 잘 시행되어왔다고 할 수 있다.

② 다수대표제

다수대표제(majoritarian systems or majority representation)는 원칙적으로 절대다수 또는 다수표(과반수 이상)를 얻은 후보자를 당선자로 결정하는 선거방법이다. 즉 선거권자 또는 투표자의 과반수 이상 득표를 당선의 요건으로 하는 선거방법으로서, 이 선거방법의 장점으로 다수결법칙의 촉진, 선거비용의 절감, 투표율의 증가, 적극적인 선거쟁점의 부각, 선거운동의 과열 방지, 사표(死票)의 최소화 등 종다수제 또는 단순다수제의 약점을 보완할 수 있다는 점들이 지적된다. 다수대표제의 방법으로는 다음과 같은 것들이 있다.

첫째 2차 투표제(two-round system: TRS): 이것은 1차 투표에서 절대다수 표를 얻은 득표자가 없을 경우 2차 투표에서 당선자를 결정하는 일종의 종다수-다수대표제(plurality-majority system)의 선거방법으로서, 다득표-종다수제(majority-plurality)와 다득표-결선투표제(majority-runoff) 등의 2차 투표제가 있다.

다득표-종다수제는 1차 투표에서 과반수 득표자가 없을 경우, 1차 투표 결과의 상위 득표자에 대한 2차 투표의 실시로 당선자를 결정하는 선거방법으로서, 2차 투표에서는 과반수 이상의 절대 다수표 득표 여하에 관계없이 종다수제로 당선자를 결정한다. 1차 투표에서 12.5% 이상의 득표율을 얻은 후보자들에 대한 결선투표에서 종다수제(단순다수제)를 적용하는 프랑스의 각종 선거방법이 대표적 예이며, 오스트리아 프랑스 포르투갈이 이 제도로 국가원수를 선출한다.

그리고 다득표-결선투표제는 1차 투표의 결과로 1, 2위의 득표를 한 상위 득표자 2명에 대한 2차 결선투표로 당선자를 결정하는 선거방법으로서, 2차 투표에서는 종다수제를 적용하며 가장 흔히 활용되고 있는 2차 투표제이다.

둘째 선택투표(alternative vote: AV 또는 preferential voting): 이는 투표자에게 지지의 우선순위를 표시하는 투표용지를 사용하여 후보자 명단에 투표자의 지지 정도에 대한 순위를 기록하는 투표방법으로서, 1선거구에서 1의원만을 선출하는 소선거구에서 사용하는 일종의 선택적 종다수-다수대표제(preferential plurality-majority system)이다. 1순위를 기록한 표의 득표가 전체 투표자의 50%를 상회하는 후보자가 있으면 그 후보자가 당선자로 결정되지만, 그러한 후보자가 없으면 다음 순위를 표시한 득표수에 따라 재계산하는 방식에 의하여 당선자를 결정한다. 따라서 모든 투표자로 하여금 자신의 1순위 지지자가 과반수 미달로 실패할 것을 예상하고 지지의 2순위 또는 3순위 후보자를 표시하도록 하는 선거제도이다. 이 제도는 호주에서 하원의원 선거를 비롯하여 타스마니아주를 제외한 모든 주의 주 하원의원 선거에서 활용되고 있다. 예컨대 당선자는 다음과 같은 방식으로 결정된다.

1의원 선출 소선거구의 선거 예(당선자는 후보자 C)

후보자	1순위 득표수	후보자 B 득표의 배분	전 체
A	10,000	500	10,500
B	4,000	-	-
C	8,000	3,500	11,500(당선)
전체	22,000	4,000	22,000

2의원(또는 다의원) 선거구의 의석배분 예(당선자는 A1, A2)

정당별 후보자		1순위 득표	2 순위 득표		3 순위 득표	
			A1의 2순위 득표의 배분	전체	A2의 3순위 득표의 배분	전체
A당	A1	200,000(당선)	-			
	A2	5,000	195,000	200,000(당선)	-	
	A3	2,000	1,000	3,000	194,000	197,000
B당	B1	180,000	3,000	183,000	4,000	187,000
	B2	4,000	500	4,500	1,000	5,500
	B3	1,000	500	1,500	1,000	2,500
전 체		392,000	200,000	392,000	200,000	392,000

이 선거방법은 종다수제의 단점인 소수표 득표자가 당선되고 다수 투표자의 의사가 사표가 되는 현상을 방지할 뿐만 아니라, 극단적 정책을 주장하는 정당이 지지표를 얻기 어려운 장점이 있기는 하다. 그러나 투표자의 득표율에 비례하는 정당의 의석 비례가 이루어지기 어렵다는 문제점을 지니고 있다.

셋째 정수투표(Block Vote: BV) : 이는 여러 명의 의원을 선출하는 다의원 선거구(multi-member districts)에서 활용되는 종다수-다수대표제로서, 투표자 각 개인에게 선거구 의원정수만큼의 연기투표권을 주어 정당 또는 입후보자에게 투표하도록 하는 선거제도이다. 이 제도에 의한 당선자의 결정은 종다수제에 의하여 그 득표순위대로 의원정수만큼 결정한다. 영국의 지방선거에서 활용되고 있다.

넷째 한정투표(limited vote: LV) : 이는 투표자에게 선거구 의원정수보다 적은 연기투표권을 줌으로써 소수 표를 얻은 득표자가 당선자가 되는 일을 방지하려는 선거방법이며, 최고 득표자를 당선자로 결정하는 제1위제의 계표(計票) 방법을 따른다.

③ 비례대표제

첫째 비례대표제(Proportional Representation: PR)는 대의민주주의의

원칙이라고 할 만큼 대부분의 선진 민주국가에서 비례대표제 선거방법을 채용하고 있다. 왜냐하면 비례대표제는 예컨대 어떤 정당이 40% 득표율의 지지를 받았으면 그에 비례하여 40%의 의석을 획득할 수 있도록 하는 선거방법이기 때문이다. 따라서 비례대표제의 원칙은 유효투표수에 비례하여 의석을 배분하는 제도이다. 다음 표에서 보는 것처럼 36개 주요 민주국가 가운데 30개 국가가 비례대표제를 채택하고 있다.

〈표 4-3〉 세계 주요 민주주의 국가에서의 선거:
하원의원 또는 단원제의 의원 선거

국가	비례대표제(PR)	소선거구제 (1구 1의원)	혼합선거제(SMD-PR)
호주*		SMD(선택투표IRV)	
오스트리아	PR(명부식 비례대표제)		
벨기에	PR(명부식 비례대표제)		
베닌	PR(명부식 비례대표제)		
볼리비아	PR(MMPR)		
캐나다		SMD(소선거구제)	
코스타리카	PR(명부식 비례대표제)		
체코공화국	PR(명부식 비례대표제)		
덴마크	PR(명부식 비례대표제)		
핀란드	PR(명부식 비례대표제)		
프랑스**		SMD(소선거구제)	
독일	PR(MMPR)		
그리스	PR(명부식 비례대표제)		
헝가리			MIXED(PR)
아일랜드	PR(STV)		
이스라엘	PR(명부식 비례대표제)		
이탈리아			MIXED(SMD)
자마이카		SMD(소선거구제)	
일본			MIXED(SMD)
한국			MIXED(SMD)
라트비아	PR(명부식 비례대표제)		
리투아니아			MIXED(equal)

네덜란드	PR(명부식 비례대표제)		
뉴질랜드	PR(MMPR)		
노르웨이	PR(명부식 비례대표제)		
폴란드	PR(명부식 비례대표제)		
포르투갈	PR(명부식 비례대표제)		
루마니아	PR(명부식 비례대표제)		
슬로바키아	PR(명부식 비례대표제)		
슬로베니아	PR(명부식 비례대표제)		
남아프리카	PR(명부식 비례대표제)		
스페인	PR(명부식 비례대표제)		
스웨덴	PR(명부식 비례대표제)		
스위스	PR(명부식 비례대표제)		
타이완			SNTV(w/PR)
영국**		SMD(소선거구제)	
미국		SMD(소선거구제)	
우루과이	PR(명부식 비례대표제)		
전체	26개국	6개국	6개국

주: ■성숙한 민주주의: 1998년 Freedom House의 평균자유지수(average freedom score)가 2 또는 그 이하인 국가를 의미.
　　■주요 민주국가: 인구 200만 이상의 국가를 의미.
　* 호주의 경우 하원의원은 소선거구에서 단순다수제로 선출되고, 상원의원은 12석 선출의 주선거구와 2석 선출의 자치령선거구에서 선택투표제(alternative vote)로 선거.
　** 프랑스와 영국은 유럽연합의 의원선거에서 비례대표제를 사용.
　　■캐나다 자마이카 미국은 전국단위 선거에서 비례대표제를 채용하지 않는 국가.
　■IRV: 동시결선투표제(instant runoff voting)는 호주의 선택투표제의 경우. 혼합선거제(MIXED): 비례대표제(PR)와 소선거구제(1구 1의원 선거구제)를 병행하여 활용.
　■MMPR: 소선구제(1구 1의원 선거)와 비례대표제의 혼합 선거제.
　■PR: 비례대표제.
　■SMD: 소선구제(1구 1의원 선거)
　■STV: 단기이양식 투표(single transferable vote). 혼합선거제도의 경우, 소선거구제(SMD) 또는 비례대표제(PR)의 요소가 지배적임.
자료: Center for Voting and Democracy(Takoma Park, Maryland 20912, USA)에서 출판되었으나, 데이터는 미국 미시건 대학의 존스(Mark Jones) 교수가 제공한 것임.

둘째, 비례대표제의 유형은 다음과 같다.

명부식 비례대표제(list proportional representation: List PR 또는 list system)은 각 정당이 투표자에게 제시하는 의원 입후보자의 명부에 투표하고, 정당들은 전체 전국 단위의 유효표에 비례하여 의석을 획득하는 선거방법으로서, 정당의 당선자 수는 득표비율에 따라 결정된다. 명부식 비례대표제에는, 투표자가 선호하는 정당에만 투표하고 정당의 후보자 명부에서 선호하는 후보자에게 투표할 수 없는 한정명부제(closed list)와, 투표자가 선호하는 정당에 투표할 뿐 아니라 정당의 후보자 명부에서 투표자가 선호하는 후보자를 선택하여 투표할 수 있도록 하는 개방명부제(open list)가 있다.

혼합식 비례대표제(mixed member proportional: MMP)는 일부 의석은 소선거구제 지역구선거에서의 득표율 또는 당선자수에 비례하여 의석을 배분하고, 나머지 일부 의석은 명부식 비례대표제에 따라 배분하는 선거제도를 병용하는 혼합식 비례대표제이다.

단기이양식투표(single transferable vote: STV)는 한 선거구에서 여러 명의 의원을 선출하는 다의원 선거구에서, 즉 예컨대 3~4명의 의원을 선출하는 중선거구제에서 투표자에게 1표씩의 투표권을 부여하고, 각 후보자 또는 정당이 얻은 총 유효 득표수에 비례하여 의석을 배분하는 선거제도로서, 동일 정당소속 후보자 가운데 당선에 필요한 득표수를 제외한 나머지 득표를 같은 정당 소속의 타 후보자에게 이양하여 계산하는 당선순위식 비례대표제(preferential proportional representation)이다. 예컨대 5명을 선출하는 중선거구에서 단기이양식으로 당선자를 결정하는 방법은, 전체 유효표를 의원정수(5명)+1로 나누는 Hagenbach-Bishoff quota 산출방식에 의하여 당선에 필요한 최소득표수를 산출하여 이 최소득표수 이상을 얻은 후보자를 당선자로 한다. 따라서 당선에 필요한 최소득표수는 480/5+1=80표이며, 단기이양식으로 5명의 당선자를 결정하는 단계는 다음과 같게 된다.

5명의 의원을 선출하는 선거구의 의석배분 예

제1단계					제1단계					제1단계			
후보자	정당	득표	결과		후보자	정당	득표	결과		후보자	정당	득표	결과
김일남	A	30	-		김일남	A	60	-		김일남	A	60	-
이일녀	B	80	당선		이일녀	B	80	당선		이일녀	B	80	당선
박이남	A	160	당선		박이남	A	80	당선		박이남	A	80	당선
최이녀	B	40	-		최이녀	B	40	-		최이녀	B	-	-
정삼남	A	30	-		정삼남	A	80	당선		정삼남	A	80	-
강삼녀	B	60	-		강삼녀	B	60	-		강삼녀	B	100	-
송사남	A	80	당선		송사남	A	80	당선		송사남	A	80	당선
		480	-				480					480	-

최종결과

후보자	정당	1단계	2단계		3단계		결과
김일남	A	30	+30	60		60	차점
이일녀	B	80		80		80	당선
박이남	A	160	-80	80		80	당선
최이녀	B	40		40	-40	-	
정삼남	A	30	+50	80		80	당선
강삼녀	B	60		60	+40	100	당선
송사남	A	80		80		80	당선
전 체	2정당	480표		480표		480표	5명 당선

단기비이양투표(單記非移讓投票: single non-tansferable vote)는 1선거구에서 여러 명의 의원을 선출하는 다의원선거구에서 투표자에게 1표를 주고, 득표순위대로 정해진 당선자를 결정하는 준비례대표제(semi-proportional system)로서, 일본의 중, 참의원 가운데 다의원을 선출하는 중선거구에서 사용하는 제1위제의 변형이라고 할 수 있다. 일본의 경우 참의원 전체의 석은 252석이고, 3년마다 50%(126석)를 개선하며, 그 중 76석은 47개 다의원 선거구에서 선출하고 50석은 하나의 전국단위에서 비례대표제로 선출한다. 중의원의 경우 전체 480석 중 180석은 11개 다의원 선거구(3~5명을 선출하는 중선거구)에서 선출하고, 300명은 소선거구(1구 1의원 선거구)에서 선출한다.

3명의 의원을 선출하는 선거구의 단기이양식 의석배분의 예

후보자	득표수	득표율(%)	당선자
A	500	2.4	당선 당선
B	6,000	28.6	
C	5,500	26.2	
D	1,000	4.8	당선
E	4,000	19.0	
F	2,500	11.9	
G	1,500	7.1	
전체	21,000	100.0	3명

비례대표제의 의석배분 방법

산출방법	당선기(표)수 산출공식	의원정수=5, 총유효표=6,000 경우
Hare Quota	$Q=V/M$ 즉 $Q=V\times 1/M$	$Q=60,000 \div 5 = 12,000$표
Hagenbach-Bishoff	$Q=V/M+1$	$Q=60,000 \div 5+1 = 10,000$
Droop Quota	$Q=V/(M+1)+1$	$Q=60,000 \div (5+1)+1 = 10,001$
Imperiali Quota	$Q=V/(M+2)$	$Q=60,000 \div (5+2) = 8,571$

Hare Quota 산출방법에 의한 의석배분의 예

정당	득표수	Hare Quota	의석	Remainder	의석	전체의석
A	8,700	4,800	1	3,900	1	2
B	6,800	4,800	1	2,000	0	1
C	5,200	4,800	1	400	0	1
D	3,300	-	0	3,300	1	1
전체	24,000					5

동트 방식(D'Hondt Formula)은 명부식 비례대표제에서 최고 득표율을 얻은 정당부터 득표율에 따라 1, 2, 3 등 비율로 의석을 배분하는 방법으로서 1882년 벨기에의 Victor D'Hondt에 의하여 창안된 의석배분 방법이며, 세인트-라구 방식(Sainte-Lagu Formula)은 명부식 비례대표제에서 최고 득표율을 얻은 정당부터 득표율에 따라 1,3,5,7 등 비율로 의석을 배분하는 방법이다.

셋째 대부분의 선진국들이 채택하고 있는 비례대표제는 많은 강점을 지니고 있다. 즉 선거권자의 투표가 의석배분에 반영될 가능성이 가장 큰 선거제도이므로, 투표자의 선거참여율 즉 투표율을 높인다는 점이다. 일반적으로 종다수제를 채용하고 있는 국가보다는 비례대표제를 채택하고 있는 국가들의 투표율이 10~15% 높다. 또한 소수라도 의석을 지닐 가능성이 가장 큰 공정한 소수대표제(fair minority representation)라는 점이다. 예컨대 1996년 뉴질랜드는 최초로 비례대표제를 실시한 결과, 최초로 아시아계 시민이 의원으로 선출되었을 뿐 아니라 태평양 군도와 원주민인 마오리족도 그들을 대표할 의원을 선출하게 되었다. 그리고 여성의 선거직 점유율의 증가로 여성의 권익이 증가한다는 점이다. 이는 종다수제에 의한 미국 국회의 여성의원 비율이 11%에 지나지 않는데 비하여, 비례대표제를 채택하고 있는 국가의 경우 여성 국회의원의 비율이 매우 높은 점으로 알 수 있다. 예컨대 비례대표제를 채택하고 있는 국가들의 여성 국회의원의 비율은 스웨덴 40%, 노르웨이 39%, 핀란드와 덴마크 33%이고, 1996년의 뉴질랜드 총선거에서 여성의원의 비율은 지역구 의석 15%와 비례대표의석 45%를 차지하였다. 또한 정략적인 선거구 획정(gerrymandering)을 막을 수 있으며, 비례대표제의 본질은 충분한 토의 뒤에 다수가 정책문제를 결정해야 한다는 원리이므로, 다양한 대표들의 합의에 의한 의사결정이 가능하다.

따라서 이제 21세기의 민주주의 문제를 논의하는 경우, 사회의 다원화 특히 지리적 영역이 중요하지 않은 다양한 이익공동체 세계로 나아가게 된다면 비례대표제 선거방법에 의한 대의민주주의가 더욱 중요성을 지니게 될 것으로 보여진다. 즉 모든 사람들이 자기 목소리를 공동체의 의사결정 과정에 투입할 수 있는 가장 바람직한 대의제로 더욱 비례대표제 선거방법에 의존하게 될 것이다.

④ 혼합선거제도

제1위제와 비례대표제를 병용하는 혼합선거제도(Mixed systems)는, 한국을 비롯하여 일본 이탈리아 헝가리 리투아니아 대만 등의 국회의원 선거제도에서 사용되고 있으며, 국가에 따라 어느 정도의 차이가 있다.

(4) 선거행정 및 판결

공동체 구성원의 민주적 참여를 보장할 공정하고 자유로운 선거는 선거방법 못지 않게 이를 공정하게 관리 집행할 선거관리행정이 중요하다. 특히 선거관리방법, 선거구의 획정, 선거인 등록과 투·개표의 관리 그리고 선거소송의 판결 등에 있어서의 공정성이 확보되어야만 자유선거가 이루어질 수 있다.

① 선거관리방법

각급 선거관리위원회의 독립성과 관리행정의 공정성이 보장되어야 민주적인 자유선거가 실시될 수 있다. 따라서 이를 위하여 관리위원회 구성의 균형과 독립성이 중요하고, 집권당의 조작과 영향을 받지 않을 비정치적 선거행정관리의 채용이 필요하기도 하다.

② 선거구의 획정

균등한 선거구의 획정 특히 모든 투표자의 투표가 동일한 권리행사가 될 수 있도록 하는 인구균등의 원칙이 반영되는 선거구 획정이 되어야 한다. 따라서 인구변동에 따라 투표해야 할 선거인이 차별 받아서는 안될 것이다. 매년 선거연령에 도달하는 인구와 지역적 이동에 따른 인구의 변동은 선거구의 획정을 불가피하게 만들기 때문에, 선거구 획정의 행정은 선거제도의 운용에도 매우 중요한 영향을 준다. 특히 인구균등 행정적 편의문제 지리적 조건 등이 선거구 획정의 정략적 대상이 되어서는 안된다.

③ 선거인 등록과 선거운동 및 투표개표의 관리

자기편에 유리한 선거인 등록의 조작으로 인한 선거부정이 빈번한 점 (주민등록의 변경 또는 등록의 누락 등)을 고려하여 선거인 등록의 공정성과 엄격성이 보장되어야 한다. 아울러 선거운동과정 및 투표와 개표과정에서의 부정을 예방할 수 있는 엄격한 선거법의 관리가 선거권자의 투표권을 보장하는 매우 중요한 요소이다. 아무리 많은 선거인이 투표를 한다 해도, 그가 행사한 표가 매수된 표이거나 또는 절취되어 계표되지 않으면 자유선거의 의미가 없기 때문에, 엄격한 선거법의 집행과 관리가 매우 중요하다.

④ 선거소송의 판결

선거소송은 많은 사건이 단시간에 발생하는 재판량이기 때문에, 신속하고 공정한 판결제도와 법집행 절차를 마련하지 않으면 부정한 대표가 대표권을 행사하게 될 뿐만 아니라, 선거 자체를 무의미하게 할 우려가 있다. 한국의 경우 대표적인 부정선거와 지연판결의 예는 1967년 6월 8일의 7대 국회의원 총선거이었다. 전체 131명(전국구 44명을 포함하여 전체 국회의원은 175명)을 선출하는 지역구 국회의원 총선거에서 276건의 선거소송이 제기되었으니, 평균 1지역구당 2건 이상의 선거무효 및 부정 소송이 발생한 셈이다. 특이한 판결의 경우는 예산 지역구의 경우 1970년 12월 24일 선거무효판결이 났으나 이미 7대 국회의원의 임기가 만료된 뒤의 판결이기 때문에 재선거가 불가능하였으므로, 부당한 후보자가 4년간 국회의원을 한 꼴이 되었다.

(5) 한국에서의 정치병리와 선거제도의 개선방안

한국에서 선거의 병리문제는 바로 한국정치의 풍토 및 정치인의 병리문제라고 하여도 과언이 아니다. 우선 민주주의의 본질적 가치(자유 평등 참여) 가운데 참여라는 측면에서 볼 때, 민주주의란 두 사람 이상이 모여 사는 어떤 공동체(가정 사회집단 국가를 막론하고)에서 그 공동체를 구성하고 있는 구성원들이 그들 스스로에게 영향을 줄 어떤 의사결정 또는 정책결정을 함에 있어서, 직접 또는 간접적으로 참여할 수 있는 체제이고 원리라는 점을 이미 앞에서 논의하였다. 그러므로 한 사람 또는 특정 집단의 참여만이 중요시되면 독재체제를 낳게 마련이다. 반대로 지나치게 다수의 참여만을 강조하다보면 참여의 본질이 흐려져 국민의 지배라는 민주주의의 본뜻(democracy=demos〈people〉+kratos〈rule〉)이 소홀히 되고, 비합리적인 감성적 군중심리가 크게 작용하는 군중의 지배라는 군중주의(mobcracy=mob+rule)를 초래함으로써, 합리적인 의사결정인 참여의 본질을 훼손하고 비이성적 다수의 폭력을 초래할 가능성도 크다. 그 때문에 민주정치에서 공동체 구성원의 참여에 대한 공정하고 합리적인 룰을 만들고 이를 법과 제도로 정착시킴으로써, 모든 공동체 구성원들이 자신의 생활을 설계하고 밝은 미래의 전망을 세워나가도록 사회를 안정화시키는 일이 무엇보다도 매우 중요하다. 또한 국제적으로도 국가 전체의 사회체제가 안정되게 보여 안심하고 그 국가를 신뢰하고 장기적으로 투자하게 하는 일이, 국제사회에서 어떤 국가가 생존하고 발전하는 요건이기도 하다. 그러므로 정치에서 선거제도 정당체제 법률체제의 안정이 무엇보다도 중요시되는 까닭이 있다.

따라서 선거제도란 지나치게 많은 공동체 구성원의 비합리적 참여로 인한 의사결정의 비효율성을 막기 위하여, 소수의 공동체 대표자를 선출하여 이를 담당시키려는 대표자 선정이라는 의사결정의 참여방법이기도 하다. 그렇기 때문에 민주정치의 본질적 가치인 참여를 어떻게 효율적으로 구현하느냐에서 선거제도는 매우 중요하다.

① 한국정치의 병리와 과제

1997년 외환위기 이래로 정치 경제 사회 문화 등 모든 분야의 지도적 인물은 물론 온 국민 전체가 우리의 가장 중요한 문제를 온통 경제에 있는 것처럼 말하여왔다. 물론 외환위기에서 비롯된 한국경제가 심각한 국가적 위기를 경험했기 때문에, 경제의 안정적 발전이 무엇보다 중요하다는 점을 인정하지 않을 수는 없다. 그러나 이 문제는 경제논리만으로는 해결하여 나갈 수 없는 과제이다.

우리의 근본적 과제는 정치에 있지 경제만의 문제가 아니라는 점에 유의해야 한다. 군부세력의 군사독재체제가 무너지고 한창 민주화 바람이 불 때, 경제인들은 걸핏하면 경제는 경제인에게 맡기고 정치권이 경제를 내버려만 두면 경제논리에 의하여 경제를 잘 할 수 있다고 주장하였었다. 지금도 한국경제의 미래를 논의할 때마다 시장경제원리에 맡겨 경제문제를 해결해야 한다고 말한다. 그러나 관치금융에 좌우되는 취약한 경영구조를 지닌 기업이 어떻게 정치의 도움 없이 시장경제 논리만으로 과도한 빚을 갚고 자생적 경영을 해나갈 수 있겠는가? 특히 매출액 대비 순이익률이 1% 미만의 기업이 대부분인 한국의 기업들이 자기 자본의 몇 배 부채를 어떻게 경제논리로 해결할 수 있겠는가? 상식적으로도 불가능한 일이다. 경제논리로만 해결하려면 파산하는 길 밖에는 없을 것이다. 정경유착으로 성장한 파행적 기업현실을 공정하고 합리적인 룰로 바로 잡지 않고는 정상화시키기 어려울 것이다.

결국 장기적인 측면에서 보면, 근면 성실 정직한 정부가 정경유착으로 인한 파행적 경제구조를 정상적 구조로 조정하는 길 밖에 없을 것이다. 그러기 위해서는 근면 성실 정직한 공직자와 정권 담당자 그리고 안정된 정당이 공정하고 효율적인 룰을 만들어 관리하는 정치풍토의 조성 없이, 오늘의 국내외 위기와 당면 경제문제를 해결해나가기 어려울 것으로 보여진다. 공정하고 합리적인 선거제도를 통하여 국민 다수의 지지를 받는 책임 있고 안정된 정당과 미래예측이 가능한 안정된 정당체제에서 유능한 정책결정자가 선출되지 않고서는, 다시 말하면 정치 경제 사회체제를 안정화시킬 지속적인 정당체제의 확립 없이 그리고 경제 특히 시장경제의 룰을 합리적으로 정착시킬 법체제의 정비와 집행 없이는 경제를 안정시키고 지속적으로 발전시키기란 불가능하다 하여도 과언이 아니다.

그렇다면 지금 한국 정치의 과제는 무엇인가? 결론적으로 아직도 1970년대의 정치인 정치풍토에서 벗어나지 못하고 있는 한국의 정치구조를 쇄신하는 일이다. 정치체제의 안정화 없이는 경제의 안정과 지속적 발전을 기대하기 어렵다. 그러나 우리의 경우 국민통합을 기할 수 있는 민주적 선거제도의 정착, 안정된 정당체제의 확립 그리고 합리적인 법체제의 구비 등 어느 것 하나도 안정화된 것이 없다.

14대 대통령선거를 계기로 형식적으로나마 선거체제가 어느 정도 안정화되는 과정에 있는 것 같다. 폭력선거 금권선거 등 부정선거의 시비가 사라진 것만 하여도 커다란 발전이라고 할 수는 있다. 그러나 선거제도의 본질적 측면에서 보면, 정치체제의 안정을 기할 수 있는 제도가 되기에는 아직도 크게 미흡하다. 현재와 같이 모든 선거에서 획일적으로 적용하고 있는 단순다수제의 대표자 선출방식으로는 국민적 통합이나 사회의 안정적 발전을 기대하기 어렵다. 즉 현행 한국의 단순다수제 선거제도 아래에서는 지연 혈연 학연이라는 비합리적 요소가 대표선출에서 결정적 작용을 하기가 쉽다. 그리고 모든 정치인들이 말로는 이러한 전근대적 요소의 타파를 부르짖고 있지만 실제로는 이러한 연(緣)을 이용하고 있을 뿐 제도적으로 타파할 의지가 없는 듯하다.

최근 10여년간의 각종 선거결과를 보면, 〈표 4-4〉에 나타난 것과 같이 집권정당의 득표율이 과반수를 상회한 적이 단 한번도 없었을 뿐 아니라, 대부분의 선거에서 집권당의 득표율이 전체 유효표의 1/3 수준에 지나지 않았다. 이는 2/3라는 다수 국민이 대표권을 행사하지 못하고 있을 뿐만 아니라 그들의 참여권이 사실상 사장(死藏)되어왔음을 의미한다.

다수 국민의 의사가 무시되고 소수만이 대표권을 행사할 수 있도록 되어 있는 선거제도는, 가장 문화적 동질성이 큰 한국인을 가장 이기적이고 비생산적 갈등으로 나아가게 하는 정치풍토를 조성하여왔을 뿐이다. 이러한 선거제도로 인하여 지역감정과 정치적 갈등이 심화되었던 것 같다. 합리적 선거제도를 갖추지 않는 한, 지역감정 또는 학연과 같은 비합리적인 요인이 국정을 담당할 대표자 선정에서 절대적인 요인으로 작용하게 마련이다. 자기 출신의 확실한 지역표에 약간의 표만 추가하면 대통령이 될 수 있다는 사고에서 지역감정을 악용해온 정치인이 3김씨라 하여도 과언이 아니다. 3 김씨만 그런가 하면 그를 추종하는 거의 모든 정치인이 어느 정도의 지연 학연 혈연 기반에 약간의 다른 표를 추가하면 국회의원도 시도지사 시장 군수도 될 수 있다는 생각에서 현행의 단순다수제의 선거제도를 바꾸지 않고 있다. 이 점에서 보면 한국의 정치인 가운데 민주주의를 정착시키려고 노력하는 정치인도 애국심을 지닌 지도자도 없다고 하여도 과언이 아니다. 권력욕에 급급하거나 대통령병에 걸린 사람들만이 우리의 정치를 좌우하고 있는 것으로 보여진다.

<표 4-4> 최근 각종 선거에서의 정당별 득표상황

선거종류		제1위 득표율(%)	제2위 득표율(%)	제3위 득표율(%)	제4위 득표율(%)
13대 대통령선거 (1987.12.16)		盧泰愚 (민주정의당) 36.6	金泳三 (통일민주당) 28.0	金大中 (평화민주당) 27.0	金鍾泌 (신민주공화당) 8.1
13대 국회의원 총선거(1988.4.26)		민주정의당 34.0	평화민주당 19.3	통일민주당 23.8	신민주공화당 15.6
14대 국회의원 총선거(1992.3.24)		민주자유당 38.5	민주당 29.2	통일국민당 17.4	신정당 1.8
14대 대통령선거 (1992.12.18)		金泳三 (민자당) 42.0	金大中 (민주당) 33.8	鄭周永 (국민당) 16.3	朴燦鍾 (신정당) 6.4
제1회 지방자치 동시선거 (1995.6.29)	광역단체장	민자당 33.2	민주당 30.2	자유민주연합 17.3	무소속 19.1
	기초단체장	31.8	28.7	8.1	31.4
	광역의원	36.4	32.7	7.2	23.7
15대 국회의원 총선거(1996.4.11)		신한국당 34.5	새정치국민회의 25.3	자유민주연합 16.2	통합민주당 11.2
15대 대통령선거 (1997.12.18)		金大中 (국민회의) 40.3	李會昌 (한나라당) 38.7	李仁濟 (국민신당) 19.2	
제2회 지방자치 동시선거 (1998.6.4)	광역단체장	한나라당 40.6	새정치국민회의 34.5	자유민주연합 15.3	국민신당 1.5
	기체단체장	32.8	32.1	12.9	1.5
	광역의원	35.6	35.6	14.0	1.3

16대 대통령선거 (2000.4.13)		한나라당 39.0	새천민주당 35.9	자유민주연합 9.8	민주국민당 3.7
제3회 전국동시 동시선거 (2002.6.13)	광역 단체장	한나라당 52.0	새천년민주당 28.7	자유민주연합 5.1	민주노동당 4.6
	기체 단체장	43.5	26.1	4.1	1.1
	시·도 의원	46.1	29.4	3.5	2.5
	광역 의원	50.6	28.3	6.3	7.9
16대 대통령선거 (2002.12.19)		노무현 (민주당) 48.9	이회창 (한나라당) 46.6	권영길 (민주노동당) 3.9	

예컨대 대통령 직선제가 부활된 1997년 이래로 4번 실시한 대통령선거에서도 호남권에서 비호남권 대통령 후보자에게 5% 이상의 지지율을 보여준 적이 없고, 반대로 영남권에서 호남 출신 후보자에게 15% 이상의 지지율을 나타낸 적이 없다(〈표 4-5〉〈표 4-6〉〈표 4-7〉〈표 4-8〉〈표 4-9〉참조). 어느 면에서 보면 군부독재시대 보다도 영호남의 지역감정은 더 심화된 듯한 투표성향을 나타냈다.

더욱이 지난 13대부터 2002년의 16대 대통령선거까지의 투표성향에서 호남권의 유권자들이 호남권에 기반을 둔 정당의 대통령후보자에게 90% 이상의 지지율을 그리고 나머지 정당의 후보자에게는 5% 이내의 지지율만을 나타냈고, 반대로 영남권에서는 영남권에 기반을 둔 정당의 대통령후보자에게는 약 60% 이상의 지지를 그리고 나머지 정당의 대통령후보자에게는 25% 미만의 지지율을 나타냄으로써, 지역감정의 해소란 정치인이 자기 편의대로 이용하는 구호에 불과하였음을 알 수 있다. 특히 지난 2002년의 대통령선거의 투표성향은 영호남 지역감정의 극치라 할 수 있으며, 한국 민주화의 최대 걸림돌이라 해도 과언이 아니다.

대통령선거야 자기의 출신지역을 대표하는 유일한 인물이니 어쩔 수 없는 일이라 하여도, 국회의원이나 지방자치단체 선거에서 특정 정당의 후보자만이 특정지역에서 당선을 휩쓰는 현실에서는 우리의 지역감정 및 지역갈등 해소와 안정을 기대하기 어렵다. 전국적 지지율에서의 소수파가, 어떤 특정지역에서는 절대 다수표를 획득하는 이율배반적인 정치풍토의 혁신 없이 한국사회 선진화는 요원한 일일 수밖에 없다. 상호 배타와 독선의 정치는 있어도, 화합과 합의에 의한 공정한 정치적 게임이 제도화되기는 어려울 것으로 보여진다.

인물 중심의 지역분할 정치구조를 벗어나지 못하고, 정책 중심 정당의 제도화가 이루어지지 않고 있는 한국의 정치현실에 비추어 선거제도상의 개혁이 무엇보다도 중요할 것 같다. 현행과 같은 최고 득표자를 당선자로 결정하는 단순다수제 선거방식은, 국민 다수의 참여에 의한 합의의 정치가 외면되고, 국민의 다수의사는 물론 소수의사도 소외시킬 우려가 많다. 해방 이래로 국민의 다수가 언제나 정부에 대하여 부정적 태도를 지니게 된 데에는, 이러한 단순다수제 투표방식 때문에 투표자 전체로 보면 소수표를 득표한 후보자가 당선되고 다수표는 사표(死票=죽은 표)가 되는 일이 많았으므로, 다수 선거인은 언제나 정치불신에 빠질 수밖에 없었을 것이다.

〈표 4-5〉 제13대 대통령선거 득표현황(1987.12.16 실시)

시, 도별		선거인수 (명)	투표자수 (명)	투표율	다득표 후보자별 득표수 및 득표율(%)			
					노태우	김영삼	김대중	김종필
수도권	서울	6,486,710	5717,805	88.1	1,682,824 30.0	1,637,347 29.1	1,833,010 32.6	460,988 8.2
	인천	955,271	841,983	88.1	326,186 39.4	248,604 30.0	176,611 21.3	76,333 9.2
	경기	3,352,554	2962,014	88.4	1,204,235 41.5	800,274 27.5	647,934 22.3	247,259 8.5
	계	10,794,535	9521,802	88.2	3,213,245 33.7	2,686,225 28.2	2,657,555 27.9	784,580 8.2
충청권	충북	854,232	777,739	91.0	355,222 46.9	213,851 2802	83,132 11.0	102,456 13.5
	충남	1,788,014	1578,557	88.3	402,491 26.2	246,527 16.1	190,772 12.4	691,214 45.0
	계	2,642,246	2356,296	89.2	757,713 32.2	460,378 19.5	273,904 11.6	793,670 33.7

지역	시도	선거인수	투표자수	투표율				
호남권	전북	1,298,522	1172,867	90.3	160,760	17,130	948,955	8,629
					14.1	1.5	83.5	0.8
	전남	1,659,767	1498,755	90.3	119,229	16,826	1,317,990	4,831
					8.2	1.1	90.3	0.3
	광주	520,488	481,126	92.4	22,943	2,471	449,554	1,111
					4.8	0.5	94.4	0.2
	계	3,478,777	3,152,748	90.6	302,932	36,427	2,716,499	14,571
					9.6	1.2	86.2	0.5
영남권	경북	1,878,025	1,709,244	91.0	1,108,035	470,189	39,756	43,227
					66.4	28.2	2.4	2.6
	대구	1,275,293	1,146,652	89.9	800,363	274,880	29,831	23,230
					70.7	24.3	2.6	2.1
	경남	2,193,206	1,963,376	89.5	792,757	987,042	86,804	51,242
					41.2	51.3	4.5	2.6
	부산	2,290,038	2,024,324	88.4	640,622	1,117,011	182,409	51,663
					32.1	56.0	9.1	2.6
	계	7,636,562	6,843,596	89.6	3,341,777	2,849,122	338,800	169,362
					48.8	41.6	5.0	2.5
기타	강원	1,040,632	943,379	90.7	546,569	240,585	81,478	49,954
					59.3	26.1	8.9	5.4
	제주	280,872	248,598	88.5	120,502	64,844	45,139	10,930
					49.8	26.8	18.6	4.5
	계	1,321,504	119,1977	90.2	667,071	305,429	126,617	60,884
					56.0	25.6	10.6	5.1
전 체		25,873,624	23,066,419	89.2	8,282,738	6,337,581	6,113,375	1,823,067
					35.9	27.5	26.5	7.9

자료: 중앙선거관리위원회.

〈표 4-6〉 제14대 대통령선거 득표현황(1992.12.18 실시)

시, 도별		선거인수 (명)	투표자수 (명)	투표율	다득표 후보자별 득표수 및 득표율(%)			
					김영삼	김대중	정주영	박찬종
수도권	서울	7,394,,554	6,021,311	81.4	2,167,298	2,246,636	1,070,629	381,535
					36.0	37.3	17.8	6.3
	인천	1,346,964	1,081,011	80.3	397,361	338,538	228,505	84,211
					36.8	31.3	21.1	7.8
	경기	4,354,271	3,502,774	80.4	1,254,025	1,103,498	798,356	239,140
					35.8	31.5	22.8	6.8
	계	13,095,789	10,605,096	81.0	3,818,684	3,688,672	2,097,490	704,886
					36.0	34.8	19.8	6.6

시,도별		선거인수	투표자수	투표율			
충청권	충북	922,701	750,483	81.3	281,678 37.5	191,743 25.5	175,767 23.4	68,900 9.2
	충남	1,232,586	973,070	78.9	351,789 36.2	271,921 27.9	240,400 24.7	64,117 6.6
	계	2,155,287	1,723,553	80.0	633,467 36.8	463,664 26.9	416,167 24.2	133,017 7.7
호남권	전북	1,321,778	1,126,597	85.2	63,175 5.6	991,483 88.0	35,923 3.2	9,320 0.8
	전남	1,500,662	1,285,110	85.6	53,360 4.2	1,170,398 91.1	26,686 2.1	7,210 0.6
	광주	769,300	685,797	89.3	14,504 2.1	652,337 95.1	8,085 1.2	2,827 0.6
	계	3,591,740	3,097,504	86.2	131,039 4.2	2,814,218 90.9	70,694 2.3	19,357 0.6
영남권	경북	1,934,544	1,559,478	80.6	991,424 63.6	147,440 9.5	240,646 15.4	124,858 8.0
	대구	1,494,057	1,172,636	78.5	690,245 58.9	90,641 7.7	224,642 19.2	136,037 11.6
	경남	2,504,339	2,118,601	84.6	1,514,043 71.5	193,373 9.1	241,135 11.4	115,086 5.4
	부산	2,565,831	2,135,546	83.2	1,551,473 72.6	265,055 12.4	133,907 6.3	139,004 6.5
	계	8,498,771	6,986,261	82.2	4,747,185 68.0	696,509 10.0	840,330 12.0	524,985 7.4
기타	강원	1,025,018	834,891	81.5	340,528 40.8	127,265 15.2	279,610 33.5	56,199 6.7
	제주	330,470	265,252	80.3	104,292 39.3	85,889 32.4	42,130 15.9	23,077 8.7
	계	1,355,488	1,100,143	81.2	444,820	213,154	321,740	79,276

자료: 중앙선거관리위원회

<표 4-7> 제15대 대통령선거 득표현황(1997.12.18 실시)

시, 도별		선거인수 (명)	투표자수 (명)	투표율 (%)	다득표 후보자별 득표수 및 득표율		
					김대중	이회창	이인제
수도권	서울	7,358,549	5,926,686	80.5	2,627,308 44.9	2,394,309 40.9	747,856 12.8
	인천	1,639,655	1,311,516	80.0	479,839 38.5	470,560 36.4	297,739 23.0
	경기	5,707,087	4,600,021	80.6	1,781,577 39.3	1,612,108 35.5	1,071,704 23.6
	계	14,705,291	11,838,223	80.5	4,888,724 41.7	4,476,977 37.8	2,117,299 17.9

충청권	충북	1,015,921	805,500	79.3	295,666 37.4	243,210 30.8	232,254 29.4
	충남	1,330,627	1,024,226	77.0	483,093 48.3	235,457 23.5	261,802 26.1
	대전	881,474	692,823	78.6	307,493 45.0	199,266 29.2	164,374 24.1
	계	3,228,022	2,522,549	78.1	1,086,252 43.1	677,933 26.9	658,430 26.1
호남권	전북	1,391,537	1,190,193	85.5	1,078,957 92.3	53,114 4.5	25,037 2.1
	전남	1,519,292	1,325,748	87.3	1,231,726 94.6	41,534 3.2	18,305 1.4
	광주	870,554	783,025	89.9	754,159 97.3	13,294 1.7	5,181 0.7
	계	3,781,383	3,298,966	87.2	3,064,842 92.9	67,942 2.1	48,523 1.5
영남권	경북	1,988,379	1,574,465	79.2	210,403 13.7	953,360 61.9	335,087 21.8
	대구	1,708,338	1,347,062	78.9	166,576 12.5	965,607 72.7	173,649 13.1
	경남	2,094,036	1,681,589	80.3	182,102 11.0	908,808 55.1	515,869 31.3
	부산	2,692,311	2,124,138	78.9	320,178 15.3	1,117,069 53.3	623,756 29.8
	울산	654,125	529,794	81.0	80,751 15.4	268,998 51.4	139,824 26.7
	계	9,136,189	7,257,048	79.4	960,010 13.2	4,213,842 58.1	1,788,185 24.6
기타	강원	1,077,853	846,574	78.5	197,438 23.8	358,921 43.2	257,140 30.9
	제주	361,680	278,999	77.1	111,009 40.6	100,103 36.6	56,014 20.5
	계	1,439,533	1,125,573	78.2	308,447	459,024	313,154
전 체		32,290,416	26,042,359	80.7	10,326,275 40.3	9,935,718 38.7	4,925,591 19.2

<표 4-8> 제16대 대통령선거 득표현황(2002.12.19 실시)

시, 도별		선거인수 (명)	투표자수 (명)	투표율 (%)	다득표 후보자별 득표수 및 득표율		
					노무현	이회창	권영길
수도권	서울	7,670,682	5,475,715	71.4	2,792,957 51.30	2,447,376 44.96	179,790 3.30
	인천	1,824,905	1,236,447	67.8	611,766 49.83	547,205 44.57	61,655 5.02
	경기	6,944,934	4,831,412	69.6	2,430,193 50.65	2,120,191 44.19	209,346 4.36
	계	16,440,521	11,543,574	70.2	5,834,916 50.55	5,114,772 44.31	405,791 3.91
충청권	충북	1,079,642	734,385	68.0	365,623 50.42	311,044 42.89	41,731 5.75
	충남	1,398,762	922,882	66.0	474,531 52.16	375,110 41.23	49,579 5.45
	대전	998,541	675,029	67.6	369,046 55.09	266,760 39.82	29,728 4.44
	계	3,476,945	2,332,296	67.08	1,209,200 51.85	952,914 40.86	121,038 5.19
호남권	전북	1,427,135	1,064,744	74.6	966,053 91.59	65,334 6.19	14,904 1.41
	전남	1,521,109	1,161,511	76.4	1,070,506 93.39	53,074 4.63	12,215 1.07
	광주	967,222	755,398	78.1	715,182 95.18	26,869 3.58	7,243 0.96
	계	3,915,466	2,981,653	76.15	2,751,741 92.29	145,277 4.87	34,362 1.15
영남권	경북	2,044,285	1,463,664	71.6	311,358 21.65	1,056,446 73.47	62,522 4.35
	대구	1,827,162	1,299,968	71.1	240,745 18.68	1,002,164 77.75	42,174 3.27
	경남	2,249,044	1,628,033	72.4	434,642 27.08	1,083,564 67.52	79,853 4.98
	부산	2,786,142	1,983,492	71.2	587,946 29.86	1,314,274 66.75	61,281 3.11
	울산	729,645	510,496	70.0	178,584 35.27	267,737 52.88	57,786 11.41
	계	9,636,278	6,885,653	71.5	1,753,275 25.46	4,724,185 68.61	303,616 4.41

기타	강원	1,131,168	773,560	68.4	16,722	400,405	38,722
					41.51	52.48	5.08
	제주	391,151	268,227	68.6	148,423	15,744	8,619
					56.05	39.93	3.25
	계	1,522,319	1,041,787	68.4	465,145	06,149	47,341
					44.65	48.58	4.54
전 체		34,991,529	24,784,963	70.8	2,014,277	1,443,297	957,148
					48.91	46.59	3.90

자료: 중앙선거관리위원회.

〈표 4-9〉 지역권별 13-16대 대통령선거 결과

1. 제13대 대통령선거(1987.12.16) 득표현황

지역권별	선거인수 (명)	투표자수 (명)	투표율 (%)	다득표 후보자별 득표수 및 득표율(%)			
				노태우	김영삼	김대중	김종필
수도(서울·경기·인천)	10,794,535	9,521,802	88.2	3,213,245	2,686,225	2,657,555	784,580
				33.7	28.2	27.9	8.2
충청(충북·충남)	2,642,246	2,356,296	89.2	757,713	460,378	273,904	793,670
				32.2	19.5	11.6	33.7
호남(전북·전남·광주)	3,478,777	3,152,748	90.6	302,932	36,427	2,716,499	14,571
				9.6	1.2	86.2	0.5
영남(경북·대구·경남·부산)	7,636,562	6,843,596	89.6	3,341,777	2,849,122	338,800	169,362
				48.8	41.6	5.0	2.5
기타(강원·제주)	1,321,504	1,191,977	90.2	667,071	305,429	126,617	60,884
				56.0	25.6	10.6	5.1
전 체	25,873,624	23,066,419	89.2	8,282,738	6,337,581	6,113,375	1,823,067
				35.9	27.5	26.5	7.9

2. 제14대 대통령선거(1992.12.18) 득표현황

지역권별	선거인수 (명)	투표자수 (명)	투표율 (%)	다득표 후보자별 득표수 및 득표율(%)			
				김영삼	김대중	정주영	박찬종
수도(서울·경기·인천)	13,095,789	10,605,086	81.0	3,818,684	3,688,672	2,097,490	704,886
				36.0	34.8	19.8	6.6
충청(충북·충남)	2,155,287	1,723,553	80.0	633,467	463,664	416,167	133,017
				36.8	26.9	24.2	7.7
호남(전북·전남·광주)	3,591,740	3,097,504	86.2	131,039	2,814,218	70,694	19,357
				4.2	90.9	2.3	0.6

영남(경북·대구·경남·부산)	8,498,771	6,986,261	82.2	4,747,185 68.0	696,509 10.0	840,330 12.0	524,985 7.4
기타(강원·제주)	1,355,488	1,100,143	81.2	444,820 40.4	213,154 19.4	321,740 29.2	79,276 7.2
전체	29,422,658	24,095,170	81.9	9,977,332 42.0	8,041,284 33.8	3,880,067 16.3	1,516,047 6.4

3. 제15대 대통령선거(1997.12.18) 득표현황

지역권별	선거인수 (명)	투표자수 (명)	투표율 (%)	다득표후보자별 득표수 및 득표율(%)		
				김대중	이회창	이인제
수도(서울·경기·인천)	14,705,291	11,838,223	80.5	4,888,724 41.3	4,476,977 37.8	2,117,299 17.9
충청(충북·충남)	3,228,022	2,522,549	78.1	1,086,252 43.1	677,933 26.9	658,430 26.1
호남(전북·전남·광주)	3,781,383	3,298,966	87.2	3,064,842 92.9	67,942 2.1	48,523 1.5
영남(경북·대구·경남·부산)	9,136,189	7,257,048	79.4	960,010 13.2	4,213,842 58.1	1,788,185 24.6
기타(강원·제주)	1,439,533	1,125,573	78.2	308,447 27.4	459,024 40.8	313,154 27.8
전체	32,290,416	26,042,359	80.7	10,326,275 40.3	9,935,718 38.7	4,925,591 19.2

4. 제16대 대통령선거(2002. 12. 19) 득표현황

지역권별	선거인수 (명)	투표자수 (명)	투표율 (%)	다득표 후보자별 득표수 및 득표율(%)		
				노무현	이회창	권영길
수도(서울·경기·인천)	16,440,521	11,543,574	70.2	5,834,916 50.55	5,114,772 44.31	405,791 3.91
충청(충북·충남)	3,476,945	2,332,296	7.08	1,209,200 51.85	952,914 40.86	121,038 5.19
호남(전북·전남·광주)	3,915,466	2,981,653	6.15	2,751,741 92.29	145,277 4.87	34,362 1.15
영남(경북·대구·경남·부산)	9,636,278	6,885,653	71.5	1,753,275 25.46	4,724,185 68.61	303,616 4.41
기타(강원·제주)	1,522,319	1.041,787	68.4	465,145 44.65	506,149 48.58	47,341 4.54
전체	34,991,529	24,784,963	70.8	12,014,277 48.91	11,443,297 46.59	957,148 3.90

15대 대통령선거에서 전체 투표의 60%가 사표(死票)가 되고, 40%의 투표자만이 참정권을 행사한 셈이며, 16대 국회의원 총선거에서도 어느 정당도 40% 이상의 득표율을 얻지 못하였다. 더욱이 5년 이상 된 제1당과 제2당도 없어 정당체제가 정착되지 못한 한국의 경우에는 언제나 정치가 불안정하여 소위 안개정국이었고, 몇 달 앞의 정치는 물론 경제와 사회의 변화를 내다볼 수 있는 예측성이 거의 불가능하여왔다. 그렇기 때문에 이런 불안정한 정치구조와 정당체제의 미정착 아래서 어느 누구에게 또 어떤 정당에게 국민에 대한 책임성과 국가관리의 공정성을 기대할 수 있을 것인가?

따라서 경제 사회발전의 필수요건인 정치체제의 안정과 정치적 갈등과 불신의 해소를 최소화하고, 민주주의의 본질적 가치 중에서 중요한 국민의 참여감을 제고하기 위해서는 비례대표제의 확대를 비롯하여 다수대표제 또는 결선투표제의 활용 등 선거제도의 획기적 개혁이 필요하다.

다수 국민의 정치참여가 제도적으로 안정화되지 않고서 경제적 선진국이 된 나라는 아직 없었다. 1990년대에 가입한 국가를 비롯하여 29개 OECD 국가들 중에 단순다수제의 선거제도를 채택하고 있는 나라는 한국을 제외하면 미국 영국 캐나다뿐이다. 그러나 한국과 이들 세 나라의 정치풍토 사이에는 큰 차이가 있다. 미국 영국 캐나다 등 세 나라는 100년 이상 지속된 안정된 정당체제를 지니고 있을 뿐 아니라, 오랫동안 양당제도가 정착되어왔기 때문에 어느 정당이 정권을 담당하여도 전체 국민의 과반수 이상이라는 다수의 지지와 참여에 의하여 정책결정이 이루어져왔다. 그러므로 정치안정이 제도적으로 확립되어온 국가들이라고 할 수 있다. 따라서 비례대표제나 다수대표제를 채택하지 않아도 다수 국민의 합의에 의한 정부가 탄생하게 마련이다. 그러나 여러 정당이 난립하여 있는 대부분의 OECD 국가의 경우, 단순다수제 선거방식만을 채택하고 있는 국가는 한 나라도 없고, 다수 국민의 의사의 보호성을 기할 수 있는 비례대표제나 적어도 다수대표제 내지는 결선투표제를 채택하고 있다(〈표 4-1〉 참조).

한국의 경우 철새처럼 이합집산하는 불안정한 패거리 정치풍토를 청산하고, 예측 가능한 안정된 정치풍토를 조성하기 위해서는 선거제도부터 근본적으로 개혁하여야만 한다. 과반수 이상의 다수표가 아니라 소수표를 얻고도 집권자 또는 대표자가 될 수 있다는 안이한 의식구조 때문에, 쉽게 이합집산하는 철새족의 정치인이 있게 마련이다. 따라서 1/3의 대표자가 아니라 다수국민의 대표자가 될 때 소신 있는 정치행위도 가능하고 철새족이 될 필요 없이 국민의 소리에 귀를 기울이게 될 것이고, 정국의 안정화에도 도움이 될 것으로 보여진다. 제도화된 정치풍토의 조성 없이 경제발전과 복지사회를 이룩한 나라가 없었음에 유의할 필요가 있다.

그리고 한국정치의 불안정은 무엇보다도 정당체제의 불안정에 있다고 하여도 과언이 아니다. 한국의 정당들이야말로 가장 후진성을 지니고 있을 뿐 아니라 정당이라고 보기보다는 권력욕에 급급한 패거리집단의 사당(私黨)에 불과한 것 같다. 해방 이래로 50여년이 지났지만 패거리의 이합집산만 있어왔지, 정치의 안정적 주도조직으로서의 기능을 해왔다고 보기 어렵다. 앞서도 언급했듯이 최근 10년간만 보더라도 5년 이상 지속된 정당도 없을 정도로 이합집산이 심하였다. 우리보다 잘 사는 선진국의 경우 적어도 30년 이상 지속되어온 정당이 국정을 담당하고 있다. 정치를 주도하는 정당체제는 정치안정의 구심체로서 끊임없이 새로운 정치지도자를 양성하고 교체하면서 국민의 요구에 부응하려고 한다.

앞의 제1장 〈표 1-2〉에서 보여주는 것처럼, 최근 1990년대에 가입한 국가들(한국을 비롯하여 폴란드 체코공화국 헝가리 멕시코)을 제외하면, 거의 모든 OECD 국가의 정당들은 1960년대 이래로 안정적 정당체제를 유지하여왔다. 정부를 책임질 정당체제가 안정화되어 있고, 정부를 담당할 정당지도자만을 그 능력에 따라 새롭게 교체하여왔기 때문에, 정책의 지속성이 보장되는 가운데 경제의 안정적 발전을 이룩할 수가 있었다.

예컨대 1997년 외환위기로 말미암아 아시아의 여러 나라들이 경제위기에 봉착하였음에도 불구하고, 대만 싱가포르는 우리와는 달리 거센 파고에 어느 정도 견디었던 것은, 외환보유고가 많은 데 그 직접적인 원인이 있겠지만 무엇보다도 안정된 정당체제 아래서 정치의 안정을 이루었기 때문이었던 것으로 보여진다. 아시아 국가 중 싱가포르 대만과 같이 정당체제가 안정화되고 그 체제를 관리할 지도자만을 바꾸어 새로운 수혈을 해온 나라는 경제도 지속적으로 발전하였다. 그러나 인도네시아처럼 정당도 정치지도자도 바꾸지 않은 독재체제는 부정과 부패로 인하여 제일 먼저 경제위기를 맞았으며, 정당체제가 불안정하고 정치풍토가 변하지 않고 불안정한 한국과 같은 경우는 언제나 경제위기의 위험성을 지니게 된다. 일본의 경우처럼 세계 최다의 외환보유고(1996년 말 2,150억 달러), 세계 50대 은행자산 총액의 34.9%(5조 4,654억 9,400만US$)를 지녀 세계 최다의 은행자산 보유국, 세계 제2의 무역 흑자국이었으며, 가장 근면 성실 절약하는 국민임에도 불구하고 1993년 이래로 10여년간 불황이 지속되었던 이유는 무엇일까? 그것은 무엇보다도 집권정당의 불안정 때문이었다고 할 수 있다.

제2차 세계대전 종전 이래로 일본의 경제발전과 선진국화는 정당체제의 안정에 있었다고 볼 수 있다. 1955년에 창설된 자민당은, 38년간 집권하면서 정치체제를 안정시키고 끊임없는 지도자 교체의 지속적 수혈을 통하여 일본을 주요 선진국 G7의 선두국가로 발전시켜왔다.

그러나 1993년 7월 총선에서 자민당이 국회의석 과반수 미달로 정권이 교체되고 연립정부가 성립되면서부터 정국의 불안정으로 인하여 경제적 불황에 처하게 되었다. 정권을 내놓은 지 3년 만인 1995년 9월에 자민당은 연립정부를 구성함으로써 재집권에는 성공하였으나, 자민당을 제외한 주요 정당의 이합집산으로 인한 정당체제의 불안정으로 말미암아 안정된 정당구조를 지니고 있는 유럽 선진국의 연립정부와는 달리 정치불안정의 위험성을 지녀왔다. 이와 같이 경제의 안정은 정치안정에 좌우되고, 정치안정은 정당체제의 안정에 있음에 유의해야 한다.

우리는 흔히 한국의 기업현실을 비유하여 기업은 망해도 기업인은 산다는 말들을 해왔다. 이와 비슷하게 한국의 정치현실은 정당은 망해도 정치인은 언제나 살아왔다고 해도 과언이 아닐 정도이다. 한국의 정치지도자들은 누구를 막론하고 자신의 권력욕구 충족을 위해서는 자기가 속한 정당을 자기가 만든 정당으로 사유화하여 파괴하고, 다시 패거리들을 모아 새로운 패거리당을 만드는 선수들이었다. 그것도 정치적인 이념과 철학 또는 정책 때문이 아니라, 고작해야 자신의 출신지역을 볼모로 한 특정 지역 패거리당을 만들어 선거에 이용하여왔을 뿐이다. 이와 같은 정치지도자나 정치인이 주도하는 정치풍토가 상존하고 있는 한, 한국정치의 체제안정과 정치를 통한 사회·경제적 선진화는 기대하기 힘들다. 1997년 한 김씨는 대통령의 임기를 채우게 되었고, 후임 당선자로부터 정치보복 않겠다는 다짐까지 받았다는 풍문이었었고, 개인적으로는 전직 대통령으로서의 예우를 받으면서 살아남을 수 있었다. 그러나 그가 만들어놓은 정치체제의 불안정성과 정당체제의 혼란은 국가경제를 망쳐놓았고, 국민생활을 한 순간에 위기와 궁지로 몰아넣었었다. 지난 1997년에 조성된 한국경제의 위기는 재벌과 행정관료에게도 그 직접적인 책임이 있겠지만, 그 근본적인 책임은 김영삼 대통령 자신이 정치를 불투명하고 불안하게 했을 뿐 아니라, 자신이 책임지고 있는 정당체제마저 불안정하게 만든 안개정국 때문이었던 것으로 보여진다. 우리의 금융구조를 하루아침에 삼류로 전락시킨 것도, 정당체제를 자기 패거리의 사당화하고, 정부를 사당의 시녀로 전락시키고, 실명제를 빌미로 정부가 손쉽게 흔들 수 있는 금융질서를 혼란시켰기 때문에 초래된 위기로 볼 수 있다. 1996년 말로 324억 달러에 이르던 외환보유고가 일시에 바닥을 보이기 시작한 것은, 정치체제 특히 집권정당체제의 불안정 때문이었다고 하여도 과언이 아니다.

정치체제의 안정 특히 정치체제를 주도할 정당체제의 안정 없이는 경제의 지속적 안정과 발전을 기대할 수 없을 뿐 아니라, 정치불안정 속에서 경제를 발전시킨 예가 없다. 그러나 장기적인 측면에서 보면 정치체제의 안정은 정치지도자 개인의 능력과 리더십에만 의존할 수 없고 체제의 역량과 제도의 효율성에서만이 가능한 것이다.

능력 있는 한 개인의 직접적 리더십은 3개월 내지 2년쯤 효과가 있고, 한 집단이 지니는 조직의 리더십은 2~10년간의 효율성이 있으며, 사회 전체의 체제리더십은 10~20년간의 효과를 가져 올 수 있다고 한다.2) 한때 국민의 열렬한 지지를 받는 카리스마적 정치지도자는 있었으나, 장기적으로는 그러한 리더십이 국가와 사회를 발전시킨 역사적 실례는 없다. 도리어 그러한 지도자의 사망으로 나라가 흔들리고 혼란으로 떨어진 예는 허다하다. 20세기에만도 독일의 히틀러, 구소련의 스탈린, 스페인의 프랑코, 중공의 모택동 등 탁월한 카리스마적 리더십이 만든 체제는 그들의 사망과 동시에 국가와 사회를 위해서는 모두 쓸모 없는 체제이었고 그들의 사망과 함께 붕괴되고 말았다. 이러한 독재적 스타일이 아니면서도 생전에 탁월한 조정능력을 발휘하여 한때 국가통합의 유능한 지도자로 꼽혀 국제적 각광을 받았던 정치지도자로 유고의 티토 대통령을 들 수 있다. 그러나 그도 개인적 역량과 리더십에만 충실하였지 정당체제와 같은 체제의 역량과 효율성을 제도화하지 못하였기 때문에, 그의 사망과 함께 유고연방은 유럽에서 가장 혼란스럽고 오랫동안 전쟁의 극한대립과 파괴에 빠지고 말았다. 만일 그가 미합중국의 창건자들처럼 이질적인 인종과 민족을 조정하는 정치체제와 이를 뒷받침할 정당체제를 확립하는 데 힘을 기울였더라면, 사후의 유고 비극은 없었을는지도 모른다. 이와 같이 카리스마적 리더십으로 그 개인은 영웅이 되었는지 몰라도 나라와 국민을 망쳐온 역사적 사실에 비추어, 우리의 정치지도자들만은 이러한 어리석음을 범하지 않게 되기를 바란다.

해방 이래로 한국정치에서 인물 중심의 파벌정치는 존재하였어도 제도화된 정당정치는 확립되지 못하였으며, 인치(人治)는 있어도 법치(法治)는 존재하지 않는다고 말한다. 이제까지 우리는 법과 제도보다는 의리와 인맥을 더 중요시해 왔고, 위기에 처하여서도 올바른 법과 제도를 마련하기보다는 자기편의 이익과 자기 정파의 이익, 즉 이기주의적 발상에서 모든 법과 제도를 운용하려고 하였다. 혈연 지연 학연에 따른 인간관계를 의리라는 비합리성으로 합리화하였다.

---

2) James G. Hunt, *Leadership: A New Synthesis*(London: SAGE Publications, Inc., 1996) 참조.

온 국민이 합심하고 근면·성실·정직하게 일하여도 명실상부한 선진국이 되기 어려운 터에 지금과 같은 법체제와 제도를 가지고는 국민적 합의와 사회적 통합은 힘들 것이다. 선진국이란 바로 합리적이고 공정한 법체제와 제도를 갖춘 나라이고, 지금까지 IMF측이 요구하고 있는 것도 바로 이러한 선진국형 법과 체제의 정비이기도 하다. 합리적인 법체제와 제도의 확립이 선진국이 되는 길이기도 하다. 근면 성실 정직한 근로자와 기업인이 법의 보호를 받지 못하고, 특정한 세력만이 법의 보호를 받는 일이 되풀이되어서는 안될 것이다.

정치란 공동체 내 자원의 권위적 배분이라고 정의한다. 그러나 그 권위를 행사하는 것은 사람이 아니고 체제요 법과 제도이어야만 공정성과 권위를 지니게 마련이다. 40%대의 투표자만이 대통령 당선자를 지지하고 과반수 이상의 다수의 투표자가 지지하지 않았어도, 대통령직선제라는 법과 제도에 의하여 대통령 당선자가 결정되었기 때문에 온 국민이 그 결과에 승복하는 것이다. 이와 같이 정치적 권위를 부여하는 것은 법과 제도이다. 따라서 권위에 대한 합리성 객관성 공정성이 보장될 법체제를 제대로 갖추는 일이야말로 정치의 일차적 과제이기도 하다. 때문에 그 어느때보다도 정치의 구조조정이 시급하다는 데는 이론의 여지가 없다.

그러나 무엇을 어떻게 구조 조정하느냐가 문제이다. 비용절감의 경제적 효율성만을 내세워 의원 수를 줄이는 것만이 능사가 아니며, 또 줄이는 것이 꼭 정치의 효율성을 높인다고도 보기 어렵다. 그보다도 정치의 가장 중요한 과제는, 모든 정치인 정치지도자들이 자신의 입지를 위한 이기주의적 발상에서 벗어나, 근면 성실 정직한 국민이 법과 제도의 보호를 제대로 받고 잘 살 수 있도록 법체제를 정비하는 일이다. 결국 오늘의 경제문제들도 비합리적으로 법체제를 악용하여 기업과 금융을 파행적으로 운용한 결과라고도 볼 수 있다. 지금 우리의 법체제 특히 경제관계의 법체제는 근면 성실 정직하게 노동하고 기업하는 사람을 도와주는 법체제로서는 미흡하였기 때문에, 법을 넘어 정치와 경제가 유착할 수밖에 없었다고도 볼 수 있다. 따라서 정치의 구조조정은 바로 정치인으로 하여금 근면 성실하게 법체제를 재정비하는 일에 전념하고, 근면 성실한 국민이 낸 세금을 효율적으로 국리민복을 위하여 사용되도록 하는 일에 온 힘을 기울이도록 하는 풍토를 조성하는 일일 것이다. 국회이든 지방자치 의회이든 365일 24시간 가동하는 생산적 의회가 될 수 있도록 제도화하는 일이다. 온 국민이 읍 면 동사무소나 시 군 구청을 찾아가지 않고도 생활할 수 있도록 하는 제도를 마련하고 법제화하려면 할 일은 무한히 많을 듯 싶다.

이제 우리는 정당과 정치인 및 정치풍토(정당, 의회활동, 정치인의 활동 등)의 평가기준으로, 얼마나 합리적인 법체제 개혁을 위하여 근면 성실 정직하게 활동했느냐 얼마나 국민의 복리를 위하여 효율적인 예산심의 또는 경제문제 해결의 실적을 쌓았느냐 그리고 법체제와 전문가의 도움을 받기 어려운 사람들의 고충을 조정하는 데 힘을 기울였는가를 중요시하여야 할 것이다. 집권당과 정치인의 부정과 비리를 막기 위한 부정방지법 못지 않게 생산적인 입법활동을 평가하는 제도적 장치부터 갖추어야 할 것 같다.

선거제도의 개선 방안을 논의하면서 왜 이렇게 민주정치의 원론적 과제들을 논의하였는가 하면, 이제까지 50여년간의 우리 정치풍토를 그 기초부터 새로 다지지 않고서는 어떠한 경제 사회적 발전도 사상누각이 될 위험성이 있기 때문이다. 유사 이래로 정치체제 정치풍토처럼 중요한 것은 없다. 모로 가도 서울만 가면 된다는 식의 사고와 행태로는 위기의 근본적 치유나 앞서가는 선진국으로의 진입이 어렵기 때문에, 정치의 주춧돌부터 새로 놓는 일이 도리어 시급하다고 하겠다.

우리의 정치이념은 자유민주주의이다. 본래 자유민주주의란 경제적 재산권 신장의 자유와 정치적 평등(대표적 예는 1인 1표의 투표권)의 결합이고 조화의 산물이다. 따라서 어떻게 하면 경제적 재산권 신장의 자유를 보장하면서 동시에 지나친 빈익빈 부익부의 불평등이 적은 공평한 사회를 이룩하느냐가 한국이 지향해야 할 정치이념이기도 하다. 바로 이러한 자유권과 평등권을 조정하는 의사결정에 공평하게 참여하는 정치적 평등이 중요하고 이를 제도화함으로써 사회를 안정화하여야 한다. 그럼에도 불구하고 국정을 담당할 대표자를 선출하는데 있어서, 다수가 소외되고 소수만이 참정권을 행사하는 결과를 낳는다면, 그 정치체제가 안정적일 수 없고, 공동체 구성원들 간의 갈등과 이기주의가 해소되기 어려울 것이다. 소수가 다수를 이끌어가려는 데에서 항상 무리한 권력의 남용과 파행적 정치행태가 나타나게 마련이다.

그러므로 한국정치 개선의 제일차적 과제는 정치적 평등의 가장 중요한 장치인 선거제도의 개혁일 수밖에 없다. 정치인의 이합집산, 지역분할구조 그리고 패거리정치풍토를 쇄신하고 정치체제를 예측 가능하도록 안정화하기 위해서는, 선진국형의 비례대표제 다수대표제 소수대표제 등을 각종 선거에서 활용함으로써 국민적 합의와 통합을 제도화하여야 할 것이다. 정당제도가 정착될 때까지는, 대통령선거 및 지방자치단체장 선거에서는 다수대표제를 채택함으로써 정국의 안정과 국민의 정치적 평등권을 보장하여야 할 것이다. 국회의원 및 지방자치 의원선거에서는 중대 선거구제를 기준으로 한 비례대표제를 채택함으로써 소수대표권도 보장하여야 할 것이다.

둘째 사회 경제적 안정과 발전을 위해서는 정치체제에 대한 예측성 공정성 투명성 안정성을 확보하는 일이 매우 중요하다. 이러한 정치체제는 정당체제의 정착과 지속성에서 가능하다. 따라서 정치지도자는 물론 모든 정치인들이 파벌적 이해관계와 독선적 이기주의를 버리고 정당체제를 정착시키려는 결단과 의식개혁이 요구된다. 특히 지역감정과 지역을 볼모로 한 정당과 정치지도자가 더 이상 발을 붙이지 못하도록 하는 국민의 의식개혁 없이는, 결코 안정적인 민주적 정당체제를 정착시킬 수 없을 뿐 아니라 참된 선진국이 될 수 없다는 점에 유의하여야 할 것이다.

셋째 모든 정치인들은 개인 파벌 또는 집단이기주의를 벗어나, 현행의 법체제와 제도를 근면 성실 정직한 국민을 돕고 보호하는 법체제와 제도로 개선하는 일에 온 힘을 모아야 할 것이다. 이를 위하여 살신성인의 정치인의 의식개혁과 자세가 필요하다.

끝으로 이러한 요구들은 이를 수용할 정치지도자와 정치인들의 행태에 좌우되기 때문에, 단지 주장하는 사람의 희망에 그칠 우려가 많다. 따라서 장기적으로 한국정치의 발전은 올바른 정치적 태도와 사고방식 및 행동양식이 형성되는 정치사회화에 의하여 좌우되고, 정치사회화과정인 교육에 의존할 수밖에 없을 것이다. 60~70년간에 걸쳐 이루어진 비합리적인 정치의식이 하루아침에 대통령이 되고 집권세력이 되었다고 바꾸어지기를 기대하기는 어렵다. 또 정치인 자신과 직접적인 이해관계가 있는 제도를 자신의 생존권을 걸고 고치기를 바라기도 힘들다. 물론 집권세력은 앞의 정권이 너무나 많은 과오와 실정을 저질렀기 때문에 스스로 다짐하고 자성하려 노력하겠지만 이제까지 수십 년간 형성되어온 가치관과 의식구조가 일시에 바꾸어지기는 어려울 것 같다. 그러나 조금만이라도 오늘의 한국 정치지도자들이 국가와 사회의 지속적인 발전에 대한 충정이 있다면, 직접적인 정치적 이해관계가 적은 미래의 정치인 정치풍토를 선진화할 교육체제만이라도 자유민주주의에 부합하도록 개선하는데 온갖 노력을 기울이기를 바란다. 교육을 받으려는 학생, 교육을 시키려는 학부모, 교육을 하는 교원의 자유권을 최대한 보장하고 이를 위한 제도의 정착에 온갖 노력을 다하기를 바란다.

② 선거제도상의 문제와 개선방안

앞에서 논의한 것처럼 현재와 같이 모든 선거에서 획일적으로 적용하고 있는 종다수제(단순다수제)의 대표자 선출방식으로는 국민적 통합이나 사회의 안정적 발전을 기대하기 어렵다. 즉 현행 한국의 단순다수제(종다수제) 선거제도 아래에서는 지연 혈연 학연이라는 비합리적 요소가 대표자 선출에서 결정적 작용을 하기가 쉽다. 그리고 모든 정치인들이 말로는 이러한 전근대적 요소의 타파를 부르짖고 있지만 실제로는 이러한 연(緣)을 이용하고 있을 뿐, 제도적으로 타파할 의지가 없는 듯하다. 부정선거가 만연했던 때를 제외하면 1945년 광복 이래의 50여년 간 국회의원 선거에서 그리고 최근 10여년 간의 각종 선거에서, 집권정당의 득표율이 과반수를 상회한 적이 없을 뿐 아니라, 대부분의 선거에서 집권당의 득표율이 전체 유효표의 1/3 수준에 지나지 않았다. 이는 2/3라는 다수 국민이 대표권을 행사하지 못하고 있을 뿐만 아니라, 그들의 참여권이 사실상 사장되어왔음을 의미한다. 다수 국민의 의사가 무시되고 소수만이 대표권을 행사할 수 있도록 되어 있는 선거제도는, 가장 문화적 동질성이 큰 한국인을 가장 이기적이고 비생산적 갈등으로 나아가게 하는 정치풍토를 조성하여왔을 뿐이다. 이러한 선거제도로 인하여 지역감정과 정치적 갈등이 심화되었던 것 같다. 합리적 선거제도를 갖추지 않는 한, 지역감정 또는 혈연 및 학연과 같은 비합리적인 요인이 국정을 담당할 대표자 선정에서 절대적인 요인으로 작용하게 마련이다. 자기 출신의 확실한 지역표에 약간의 표만 추가하면 대통령이 될 수 있다는 사고에서 지역감정을 악용해온 정치인이 3김씨라 하여도 과언이 아니다. 이 점은 국민 직선제의 대통령 선거를 실시한 1963년, 1967년, 1971년의 대통령선거와 1987년 이래의 대통령 선거를 비교해보면(〈표 4-9〉과 〈표 4-10〉의 비교), 3김씨가 이러한 지역감정을 이용한 측면이 분명하게 드러난다.

〈표 4-10〉 대통령 직선제에 의한 1963-1971년 대통령선거 결과

1. 제5대 대통령선거(1963.10.15) 득표현황

		선거인수 (명)	투표자수 (명)	투표율 (%)	다득표 후보자별 득표수 및 득표율(%)	
					박정희	윤보선
수도권	서울	1,676,262	1,298,460	77.5	371,627(30.2)	802,052(65.1)
	경기	1,492,207	1,281,166	85.9	384,764(33.1)	661,984(63.2)
	계	3,168,469	2,579,626	81.4	756,391(29.3)	1,464,036(56.8)
충청권	충북	657,380	571,401	86.9	202,789(38.8)	249,397(48.9)
	충남	1,278,294	1,112,494	87.0	405,077(40.8)	490,663(49.4)
	계	1,935,674	1,683,895	87.0	607,866(36.1)	740,060(44.0)
호남권	전북	1,076,248	926,028	86.0	418,556(50.6)	343,171(41.5)
	전남	1,687,302	1,457,183	86.4	765,712(57.2)	480,800(35.9)
	계	2,763,550	2,383,211	86.2	1,184,268(49.7)	823,971(34.6)

영남권	경북	1,940,975	1,653,766	85.2	837,124(55.6)	543,392(36.1)
	경남	1,427,810	1,240,412	86.9	706,079(61.7)	341,971(29.9)
	부산	665,545	532,571	80.0	242,779(48.2)	239,083(47.8)
	계	4,034,330	3,426,749	84.9	1,785,982(52.1)	1,124,446(32.8)
기타	강원	938,143	834,453	88.9	296,711(39.6)	368,092(49.1)
	제주	144,849	128,241	88.5	81,422(69.9)	26,009(22.3)
	계	1,082,992	962,694	88.9	378,133(39.3)	394,101(40.9)
전 체		12,985,015	11,036,175	85.0	4,702,640(46.6)	4,546,614(45.1)

2. 제6대 대통령선거(1967.5.3) 득표현황

		선거인수(명)	투표자수(명)	투표율(%)	다득표 후보자별 득표수 및 득표율(%)	
					박정희	윤보선
수도권	서울	2,043,573	1,363,388	66.7	595,513(45.2)	675,716(51.3)
	경기	1,601,160	1,355,758	84.7	525,676(41.0)	674,964(52.6)
	계	3,644,733	2,719,146	74.6	1,121,189(41.2)	1,350,680(49.7)
충청권	충북	690,873	611,885	88.6	269,830(46.6)	252,469(43.6)
	충남	1,326,846	1,143,212	86.2	489,516(45.3)	505,076(46.8)
	계	2,017,719	1,755,097	87.0	759,346(43.3)	757,545(43.2)
호남권	전북	1,126,393	987,042	87.6	392,031(42.3)	451,611(48.7)
	전남	1,808,952	1,554,478	85.9	652,847(44.6)	682,622(46.6)
	계	2,935,345	2,541,520	86.6	1,044,878(41.1)	1,134,233(44.6)
영남권	경북	2,031,093	1,784,273	87.8	1,083,939(64.0)	447,082(26.4)
	경남	1,463,119	1,278,546	87.4	838,426(68.6)	281,545(23.0)
	부산	692,039	545,680	78.9	338,135(64.2)	164,077(31.2)
	계	4,186,251	3,608,499	86.2	2,260,500(62.6)	892,704(24.7)
기타	강원	992,128	885,154	89.2	429,589(51.3)	349,807(41.7)
	제주	158,917	135,799	85.5	73,158(56.5)	41,572(32.1)
	계	1,151,045	1,020,953	88.7	502,747(49.2)	391,379(38.3)
전 체		13,935,093	11,645,215	83.6	5,688,666(51.4)	4,526,541(40.9)

3. 제7대 대통령선거(1971.4.27) 득표현황

		선거인수 (명)	투표자수 (명)	투표율 (%)	다득표 후보자별 득표수 및 득표율(%)	
					박정희	김대중
수도권	서울	2,891,806	2,066,406	71.3	805,772(40.0)	1,198,018(59.4)
	경기	1,792,128	1,457,087	81.1	687,985(48.9)	696,582(49.5)
	계	4,683,934	3,523,493	75.2	1,493,757(42.4)	1,894,600(53.8)
충청권	충북	676,572	574,571	84.8	312,744(57.3)	222,106(40.7)
	충남	1,367,038	1,089,283	79.5	556,632(53.5)	461,978(44.4)
	계	2,043,610	1,663,854	81.4	869,376(52.3)	684,084(41.1)
호남권	전북	1,135,840	911,214	80.0	308,850(35.5)	535,519(61.5)
	전남	1,867,263	1,496,413	79.9	479,737(34.4)	874,974(62.8)
	계	3,003,103	2,407,627	80.2	788,587(32.8)	1,410,493(58.6)
영남권	경북	2,141,917	1,833,063	85.4	1,333,051(75.6)	411,116(23.3)
	경남	1,508,957	1,258,900	83.2	891,119(73.4)	310,595(25.6)
	부산	942,421	708,529	75.0	385,999(55.7)	302,452(43.6)
	계	4,593,295	3,800,492	82.7	2,610,169(68.7)	1,024,163(26.9)
기타	강원	1,010,175	875,340	86.4	505,722(60.2)	325,556(38.8)
	제주	176,199	147,010	83.2	78,217(56.9)	57,004(41.4)
	계	1,186,374	1,022,350	86.2	583,939(57.1)	382,560(37.4)
전체		15,510,316	12,417,816	79.8	6,342,828(53.2)	5,395,000(45.3)

따라서 앞서 논의한 것처럼 경제 사회발전의 필수요건인 정치체제의 안정과 정치적 갈등과 불신의 해소를 최소화하고, 민주주의의 본질적 가치 중에서 중요한 국민의 참여감을 제고하기 위해서는 비례대표제의 확대를 비롯하여 다수대표제 또는 결선투표제의 활용 등 선거제도의 획기적 개혁이 필요하다. 즉 국회의원 및 지방의원 선거에서는 현행제도를 유지하는 경우, 의원정수의 50% 이상을 비례대표제 의원으로 하고 지역구도 중선거구제 채택 시는 비례대표제를 그리고 소선거구제 채택 시는 결선투표제나 선택투표제를 활용할 필요가 있다. 대통령 및 지방자치단체장 선거에서는, 다수대표제로서의 결선투표제를 채택하는 것이 다수결원리나 민주적 참여감의 제고를 위하여 바람직하다.

한국의 국회의원 지역구 획정은 헌법재판소의 판결과 마찬가지로 매우 불합리하고 민주적 참여가치에서 가장 중요한 인구균등의 원칙과 거리가 먼 위헌적 획정일 뿐 아니라, 국민 의사의 보호성이라는 측면에서는 OECD 가입국가 가운데 가장 조악한 의원정수라고 할 수 있다.

따라서 앞에서도 살펴보았지만 OECD 국가들의 국회의원 1인당 인구수 (〈표 4-11〉 참조)에 비추어, 현행 한국의 국회의원 수를 국민의 의사의 보호성이라는 측면에서 보면 너무 적은 수이다. 일부의 민주주의의 본질을 오해하는 사람들이 현재 한국의 국회의원 수가 많고 세비만 축내는 것으로 많은 국민을 오도하고 있지만, 적은 수는 담합도 가능하고 부정과 부패를 은폐할 수 있지만 많은 사람의 눈은 속이기도 어렵고 담합하기도 힘들어 패거리나 파당정치의 위험성과 부패를 예방하는데도 도움이 될 것으로 보인다. 세비의 경우에도 오늘의 정치적 비리와 경제적 실책으로 수 조 또는 수십 조의 국가적 손실을 초래하고 있는 점을 고려하면, 국회의원의 세비는 400명 중 한 사람이 적발하거나 대안을 제시하여 이를 감독하기만 하더라도 커다란 부담이라고 볼 수 없을 것도 같다. 예컨대 국회의원 1인의 세비가 월 2천만 원(봉급 1천만 원+직무유지비 1천만 원)이라고 치면 2천만 원×12개월×4년=9억 6천만 원이고, 400명의 전체 세비는 9억 6천만 원×400명=3,840억 원이다.

실례로 김대중 정권의 도덕성이 크게 훼손되었던 옷 로비 사건으로 유명한 대한생명의 경영권 변경을 위하여, 김대중 정부가 기간산업도 아닌 대한생명 한 회사에 공적 자금 2조 9천억 원을 투입하여 단지 경영주만 바꾼 일과 비교해 보면, 국회의원 400명 중 몇몇 의원이라도 부정과 부패를 적발하고 예방하는 감시를 할 수만 있다면 400명의 세비는 큰 문제가 되지 않을 것이다. 따라서 통일 후 600명 정도를 최대한의 국회의원 수로 친다 하더라도, 현재 한국의 경우 400명 선의 국회의원 정수는 많다고 볼 수 없을 것 같다.

<표4-11> OECD 29국의 1인당 국내총생산(GDP) 하원의원수(선거구 인구) 문자해득률

국명	인구(2001. 7월 현재)	1인당 GDP (구매력 기준US$/ 2000)	최근 선거결과의 국회의원수 및 의원당 선거인수				문자해득률 (%/연도)
			최근 하원 선거일	하원의원(의원 당 인구수)	상원 의원	전체의원(의원 당 인구수)	
호주	19,357,594	23,200	2001.11.10	150(129,050)	76	224(86,418)	100(80)
오스트리아	8,150,835	25,000	1999.10.3	183(44,540)	64	247(32,999)	98(94)
벨기에	10,258,762	25,300	1999.6.13	150(68,392)	71	221(46,420)	98(95)
캐나다	31,592,805	24,800	2000.11.27	301(104,959)		301(104,959)	97(86)
덴마크	5,352,815	25,500	2001.11.18	179(29,904)		179(29,904)	100(97)
핀란드	5,175,783	22,900	1999.3.21	200(25,879)		200(25,879)	100(80)
프랑스	59,551,227	24,400	02.9.9/9.16	577(103,208)	321	898(66,315)	99(80)
독일	83,029,536	23,400	2002.9.22	603(137,694)		669(124,110)	99(77)
그리스	10,623,835	17,200	2000.04.09	300(35,413)		300(35,413)	95(91)
아일랜드	277,906	24,800	1999.05.08	63(4,411)		63(4,411)	100(97)
이스라엘	3,840,838	21,600	2002.05.16	166(23,138)	60	226(16,995)	98(81)
이탈리아	57,679,825	22,100	2001.05.13	630(91,555)	315	945(61,037)	98(98)
일본	126,771,662	24,900	2000.06.25	480(264,108)	252	732(173,185)	99(70)
룩셈부르크	442,972	36,400	1999.06.13	60(7,383)		60(7,383)	100(97)
네덜란드	15,981,472	24,400	2002.05.16	150(106,543)	75	225(71,029)	99(00)
뉴질랜드	3,864,129	17,700	1999.11.27	120(32,201)		120(32,201)	99(80)
노르웨이	4,503,440	27,700	2001.09.10	165(27,294)		165(27,294)	100(94)
포르투갈	10,066,253	15,800	1999.10.10	230(43,766)		230(43,766)	90(95)
스페인	40,037,995	18,000	2000.03.12	350(114,394)	248	598(66,953)	97(95)
스웨덴	8,875,053	22,200	2002.09.15	349(25,430)		349(25,430)	99(79)
스위스	7,283,274	28,600	1999.10.24	200(36,416)	46	246(29,607)	99(80)
터키	66,493,970	6,800	1999.04.18	550(120,898)		550(120,898)	85(00)
영국	59,647,790	22,800	2001.06.07	659(90,513)	618	659(90,513)	99(78)
미국	278,058,881	36,200	2000.11.07	435(639,216)	100	535(519,736)	97(79)
한국	47,904,370	16,100	2000.04.13	273(175,474)		273(175,474)	98(95)
체코공화국	10,264,212	12,900	00.11.12/19	200(51,321)	81	281(36,527)	99.9(99)
헝가리	10,106,017	11,200	98.5.10/24	386(26,181)		386(26,181)	99(80)
폴란드	38,633,912	8,500	1997.09.21	460(83,987)	100	560(68,989)	99(98)
멕시코	101,879,171	9,100	2000.07.02	500(203,758)	128	628(162,228)	89.6(95)

주: 1) 한 나라 전체 국회의원의 수는 국민의사의 보호성과 의사결정의 효율성을 조화시키는 범위 내에서 결정되어야 한다. 따라서 국민의 의사를 최대한으로 보호하기 위해서는 의원수를 최대한으로 늘리는 것이 바람직 하겠지만, 자칫하면 군중심리나 의사결정의 지연 및 전체주의적 의사결정으로 흐를 위험성이 있으므로, 의사결정의 효율성과 합리성을 위해서는 의석수가 지나치게 많은 것도 바람직하지 않다. 선진국의 경우 경험에 의하면 의사결정의 효율성과 합리성을

기할 수 있는 전체 의석수가 최대한 600명 정도일 때, 개개 국민의 의사를 최대한으로 보호할 수 있는 바람직한 의석수인 것으로 보인다. 미국과 일본을 제외하면 한국보다 인구가 많은 선진국으로서 국회의원수가 500명 이하인 나라는 단 한 나라도 없으므로, 우리의 경우 남북한 통일 후를 고려하여(600명선) 남한의 국회의원수는 350~400명 정도가 적정한 의석수일 것으로 보여진다.

2) Spain: 1975. 11. 20에 Francisco Franco(1936.7~1975.11.20 집권)가 사망함으로써, 왕정복고와 1976년 6월 자유선거 실시, 입헌군주제/Portugal: 1932년부터 1968년 9월 병으로 은퇴할 때까지 Antonio de Oliveira Salazar가 36년간 집권하였고, 1970년 Salazar 사망후 그의 후계자 Marcello Cactano.가 1974년 4월 25일 혁명까지 집권/Greece: 1923년 공화정, 2명이 군사독재정, 1941년말 왕정복귀, 1967년 군부정권, 1973년 공화정 선포와 계엄령 해제, 1974년 7월 24일 민정회복으로 1967년 이후 중단된 민주정부 수립/Turkey: 1919-1938까지 Mustafa Kemal(Atatürk)의 형식적 공화정, Ismet Inönü장군이 1939, 1943, 1946년 재선되었으나, 1950년 패배, 1980년 군사쿠데타로 군부정권 수립, 1982.11.6 국민투표로 헌법개정, 1983년말 민정 Motherland Party의 Turgut Özal 수상정부, 1987년 11월 재선, 1993. 4. Turgut Özal의 급사, 1997년 군부의 정치개입 가능성도 있었음.

자료: US CIA Publications, The World Factbook 2001 : Guide to Country Profiles.

선거의 공정한 시행을 위하여 중립적인 선거내각을 법제화하는 방안을 고려할 필요가 있고, 공평하고 신속한 선거소송의 처리와 판결을 위하여 변호사를 선거재판에 활용하는 특별사법제도도 생각해 볼 수 있을 것이다.

③ 정치문화상의 병리와 개선방향

한국의 경우 해방 이래로 800여 개의 정당이 부침을 거듭해왔고, 특히 3김씨를 비롯한 한국의 지도자들은 정당을 제도화시키기보다는 자신의 개인적 권력욕을 충족하기 위하여 정당을 파괴하고 새로운 패거리 당을 만드는 선수들이었다고 하여도 과언이 아니다.

다음의 〈표 4-12〉이 보여주는 것처럼, 소위 3김씨들은 정당체제의 정착을 통한 정국의 안정에 기여하였다기보다는 자신의 권력욕구 충족을 위하여 정당체제를 파괴하고 수시로 새 정당을 창당함으로써 정국을 불안정하게 하였다는 비판을 면하기 어려울 것 같다. 대통령 직선제 부활 이후 3김씨가 정당의 대표로 있었던 정당의 평균 수명이 김영삼의 경우 2년 4개월, 김종필의 경우 5년 2개월, 김대중의 경우 3년 8개월에 지나지 않는다.

〈표 4-12〉 1980년대 이래 한국 주요 정당의 변동상황

정당명	지속기간(년)	창당시 당수	소속 국회의원(수)
민주정의당	1981.1.15-1990.2.8(9년 1월)	전두환(노태우)	11대 국회: 151석 12대 〃 : 148 13대 〃 : 125
민주한국당	1981.1.17-1985.4.3(4년 2월)	유치송(조윤형)	11대 〃 : 81
한국국민당	1981.1.23- ?	김종철(이만섭)	11대 〃 : 21
신민당	1985.1.18-1991.9.9(6년 8월)	이민우(김영삼)	12대 〃 : 67
평화민주당	1987.11.12-1991.4.8(3년 5월)	김대중	13대 〃 : 70
통일민주당	1987.5.1-1990.2.9(2년 9월)	김영삼	13대 〃 : 59
신민주공화당	1987.10.30-1990.2.9(2년 3월)	김종필	13대 〃 : 35
민주자유당	1990.2.9-1996.2.11(6년)	노태우(김영삼) (김종필)	14대 〃 : 149
민주당	1991.6.15-1991.9.9(1년 2월)	이기택	?
통합민주당	1991.6.15-1995.9.5(4년 2월)	김대중/이기택	14대 〃 : 97
통일국민당	1992.1.10-1993.2.20(1년 1월)	정주영	14대 〃 : 31
신한국당	1996.2.7-1997.11.23(1년 10월)	김영삼 (이회창/조순)	15대 〃 : 139
새정치국민회의	1995.9.5-2000.1.23(4년 4월)	김대중	15대 〃 : 79
자유민주연합	1995.4.3-2003.10(8년 6월)	김종필(박태준/이한 동/김종필)	15대 〃 : 50 16대 〃 : 17
한나라당	1997.11.24-2003.10.(6년)	이회창(조순/이회창 /서청원/최병렬)	15대 〃 : 139 16대 〃 : 133
국민신당	1997.11.?-1998.9.21(0년 10월)	이만섭	15대 〃 : 6
한국신당	1997.11.?-2001.11(4년)	김용환	16대 〃 : 1
새천년민주당	2000.1.20-2003.10.(3년 7월)	김대중 (정대철/박상천)	16대 〃 : 115
민주노동당	2000.1.30-2003.10.(3년 9월)	권영길	16대 〃 : 무
민주국민당	2000.2.-2002.4(2년 9월)	조순	16대 〃 : 1
열린우리당	2003.11.-?)	노무현?	

자료: http//: www.nanet.go.kr(Korea Congress).

김대중 대통령만 하여도 1987년 대통령선거에 출마하기 위해서 만든 평화민주당, 1992년 대통령선거에서 세를 불리기 위하여 만든 통합 민주당, 1997년 대통령선거에 출마하기 위해 만든 새정치국민회의 그리고 대통령에 당선된 뒤 16대 국회의원선거에 대비하기 위해서 만든 현재의 새천년민주당에 이르기까지 15년간 무려 4개의 정당을 자신의 편의를 위하여 만들고 부수고 해왔다는 비판을 면하기 어렵다.

앞으로 노무현 대통령만이라도 이러한 한국의 정치발전을 위하여 국가와 민족의 장래에 해독만을 끼친 전임 대통령들의 전철을 밟지 않기를 기대하였지만 허사이었고 도리어 개혁이란 구호로 정치권을 혼란에 빠뜨리고 있다는 비판을 면치 못하였다. 자신의 대통령 당선을 위해서 필요했던 정당에서의 민주적 리더십도 발휘하지 못하는 대통령이라면 어떠한 정당을 만들어도 국가와 국민에 대한 민주적 리더십을 발휘할 수 없을 것이 분명한 일이다. 한국의 경우 현직 대통령이 만든 정당은 그가 퇴임한 뒤에는 반드시 없어져서 책임을 물을 수 없는 무책임한 정당이었으므로, 앞으로는 어떤 일이 있어도 현직 대통령이 주도하여 만드는 정당은 그의 리더십이 하나님처럼 보여도 지지할 필요가 없다는 논리가 성립한다.

이러한 측면을 고려하여 앞으로 한국정치의 민주화와 정치의 안정적 발전을 위해서는 다음과 같은 개선책과 국민의 의식개조가 필요할 것 같다.

첫째 인물 중심 정치문화를 제도 중심의 정치문화로 개혁하려는 국민적 노력이 필요하다는 점이다. 이의 실현을 위해서는 적어도 5년 내지 10년 이상 지속된 정당이 아니면 각종 선거에서 후보자를 내지 못하게 법제화하는 것이 필요할 것이며, 만일 기성 정치인들이 이러한 법제화에 반대할 경우에는 국민이 급조된 정당을 지지하지 않아서 철새 정치인이 발을 붙이지 못하도록 할 필요가 있다.

둘째 지역감정 해소를 위한 제도개선이 필요하다는 점이다. 이 또한 제도화를 위한 법제화가 필요하다. 즉 공직자의 경우 일정기간 자기 출신지역이 아닌 곳에서 근무한 경력을 승진이나 승급에 반영하는 방안도 고려할 수 있을 것이며, 학연 혈연 지연이 같은 인재의 채용비율을 일정비율

이상은 허용하지 않는 방안도 고려할 수 있을 것이다.

셋째 관권의 이용과 조작을 막기 위하여, 총선거에서 각급 검사장과 경찰서장 및 지방법원 판사를 주민의 직접선거에 의하여 선출해서 임용하는 제도를 채택할 필요가 있다. 미국의 경우 대통령과 연방정부의 상하의원을 비롯하여 주정부 및 군의 주요 공무원을 총선거에서 주민의 직접선거로 선출하거나 임용을 투표로 정하는 선거제도를 채택하고 있다. 한국의 경우 미국식 대통령제도를 채택하고 있을 뿐 아니라 대통령의 권위가 절대군주 못지 않은 제왕적 정치문화를 지니고 있는 점을 고려하여, 이러한 제왕적 정치문화를 제약하는 제도적 장치로서 미국식 총선거제를 수용하는 방안도 필요할지 모른다. 예컨대 다음에 열거한 것처럼 미국 콜로라도주 파크 군(Park County)의 공식 총선거에서 동시에 선출하는 선거직 공직자의 종류는 우리에게 시사하는 점이 많다.

미국 콜로라도주 파크 군의 공식 총선거의 선거직 공직자(1998.11.3)

선거 구분	주민 직선의 선거직 공직자	선거형태
연방정부(Federal)	1) 상원의원(Senator)	후보자 중에서 투표선출
	2) 하원의원(Congressman)	〃
주 정부(State)	3) 주지사(Governor)	〃
	4) 부주지사(Lieutenant Governor)	〃
	5) 국무장관(Secretary of State)	〃
	6) 주재무관(State Treasurer)	〃
	7) 검찰총장(Attorney General)	〃
	8) 전체 콜로라도대학 평의원 (Regent of the University of Colorado-At Large)	〃
	9) 주 하원의원(State Representative)	〃
파크 군(Park County)	10) 군 행정관	〃
	11) 군 서기 겸 기록관	〃
	12) 군 재무관	〃
	13) 군 세무관	〃
	14) 군 보안관	〃
	15) 군 세관 조사관	〃
	16) 군 검사관	〃

사법부(Court)*	17) 주 대법원 판사 18) 주 고등법원 판사 19) 지방법원 판사 20) 군 법원 판사	찬성(Yes)/반대(No) 투표 〃 〃 〃
코로라도 주 헌법 개정		주 헌법 개정안에 대한 찬성(Yes)/반대 (No) 투표

* 재판의 독립성 때문에 사법부의 임용후보자에 대한 찬성과 반대만을 표시하는 투표 형태를 취한다.

넷째 금권의 이용을 통한 부정을 방지하기 위한 철저한 선거법령의 준행 감시가 요구된다. 이를 보장하기 위해서는 대통령의 기소독점권을 제약하여 국민에게 돌리고 정경유착으로 인한 선거부정을 방지할 검찰 및 경찰권의 독립성을 확립할 제도적 개혁이 필요하다. 이러한 선거부정을 감시할 경찰 및 검찰의 자율성을 확보하기 위한 제도적 개혁방안으로는, 미국의 경우처럼 최소한 기초자치단체 단위의 경찰서장 이상의 주요 경찰공직자와 검사장급 이상의 주요 검찰공직자에 대한 국민 직선제를 도입하는 것도 필요할 것으로 보여진다.

제5장 민주주의의 조건과 시민사회의 발전

민주사회의 구현을 위해서는 민주주의의 본질적 가치와 이론 그리고 그 가치와 이론의 정당성에 대한 논의 못지 않게 이를 구현하는 데 필요한 조건들이 매우 중요하다. 즉 민주주의 사회에서는 자유 평등 평화 질서 안정 등의 가치를 중요시하고, 민주주의론자들은 이러한 가치들을 실현하기 위한 이론들을 제시해왔다. 그러나 이러한 이론과 가치가 구현되기 위해서는 다음과 같은 몇 가지 조건들이 갖추어질 때 보다 바람직한 방향으로 이루어질 수 있을 것이므로, 이 장에서 이들 문제들을 다루고자 한다.

1. 민주주의의 외적 물질적 조건

인간은 다양한 물질적 환경 속에서 생활해왔고 앞으로도 이러한 물리적 환경 속에서 살 수밖에 없다. 따라서 이러한 물질적 환경은 민주사회의 구현에 직접적인 영향을 미치는 요소이다. 특히 경제적 조건은 건전한 민주주의 사회를 구현하기 위한 조건일 뿐만 아니라, 어느 측면에서는 바로 민주주의가 추구하는 목표라고도 할 수 있다. 인간은 물리적 생리적 존재이기 때문에 외적 물질적 풍요를 통한 삶의 환경을 보다 안락하게 만들려고 노력하게 마련이다. 특히 국가공동체의 경우 물리적 환경은 구성원의 보편적 참여를 확보하기 위한 필요조건이기도 하다.

1) 환경적 조건

인간은 지구상에 살고 있으므로 특히 어떤 공동체가 존재하는 지상의 환경적 조건은 민주사회의 구현에 커다란 영향을 주게 마련이다. 따라서 물리적 환경은 공동체 구성원들의 보편적 참여를 확보하기 위한 필요조건이 된다. 특히 교통 통신체제의 확보는 공동체 구성원의 참여의 자연적 장애요인을 극복하기 위한 필요조건이다. 이러한 교통 통신이 발전하지 못하여 지구상의 많은 나라들이 민주주의발전에 장애를 받고 있는 것이 사실이다. 예컨대 인도네시아 중국 필리핀 아프리카의 여러 나라들이 대표적 예라 할 수 있다. 따라서 누가 무어라 하여도 앞으로 한국사회의 민주화에 밝은 전망을 갖게 되는 것은 어느 선진국 못지 않게 한국의 교통 통신체제가 현대화되고 있다는 점일 것이다.

2) 경제적 조건

(1) 경제적 복지

경제적 복지와 민주주의 체제확립 사이에는 어느 것이 먼저 이루어져야 하느냐는 선후문제가 제기되어왔다. 다시 말하면 사회의 민주화가 이루어져야만 경제적으로 발전할 수 있느냐, 그렇지 않으면 어느 정도 경제적 발전을 해야만 사회의 민주적 발전이 가능하냐 하는 문제이다. 즉 민주화가 우선해야 하느냐 경제발전을 우선해야 하는 문제들이 제기되어왔다. 그러나 민주적 체제확립과 경제적 복지문제는 그것의 선후문제를 가리기보다는 상호 작용하는 동전의 양면과 같은 관계로 보여진다.

대체로 선진국의 경우 정치 사회적으로 민주적 체제를 갖춘 나라들이고, 경제적으로도 선진국들이다. 다음의 〈표 5-1〉에서 알 수 있는 것처럼, 어떠한 국가공동체의 경우에도 구성원들의 정치적 참여권과 시민의 자유가 확립된 나라들이 경제적으로도 선진 산업국가로서 상대적으로 높은 1

인당 국민소득을 지닌 국가들이다.

따라서 어떤 나라가 독재체제로부터 벗어나 민주화하게 되면 최소 20여년간 정체되었던 경제가 극적으로 성장하게 되며, 그와는 반대로 반민주적인 정치적 변동(쿠데타 또는 독재정의 대두) 이후에는 경제성장이 둔화된다[1]고 한다. 그러므로 자유와 민주주의는 경제적 번영을 이루는 파급효과를 갖게 된다[2]는 것이다. 이러한 측면에서 보면 민주화 및 민주사회의 조성은 경제적 발전과 안정의 필요 조건이라 하여도 과언이 아니다.

아울러 앞서 제2장에서도 논의한 것처럼 인간성에서 물질적 욕구를 비합리적인 것으로 규정하고 이에 대한 사회적 억제를 주장한 사회주의자들은 인간은 본질적으로 이기욕을 지니고 있으므로 재산권을 신장하려는 이기욕을 자율적으로 억제하기를 바라는 것은 어려운 일이라고 보아 이를 제도적으로 억제함으로써 경제적 불평등사회를 시정하려고 하였다. 그러나 이기욕을 추구하려는 인간성을 제도적으로 억제한다고 해서 인간본성에 도사리고 있는 물리적 생리적 심리적인 인간성 자체를 말소시킬 수는 없는 일이다. 인간의 본성에 존재하는 이기욕으로부터 재산권 신장의 자유를 요구하게 마련인데 이러한 본질적 인간성을 제도적으로 억압하려 하니, 도리어 인간으로 하여금 재산을 늘리려는 이기욕구에서 생기는 생산성 향상의욕만 저하시키는 결과를 초래하였다. 드디어 동구권 국가 및 구소련의 와해와 같이 부의 평등실현을 이념으로 하는 극단적 사회주의로서의 공산주의는 현실사회에서는 빈곤의 평등만을 나타냄으로써 실패한 이념이 되고 말았다.

---

1) Richard Roll & John R. Talbott, "Political Freedom, Economic Liberty, and Prosperity," *Journal of Democracy*, Vol.14, No.3(July 2003), p.84.
2) *Ibid.*, p.85.

〈표 5-1〉 세계 각국의 면적, 인구 1인당 GDP 및 자유지수

국가	주요지표			자유지수[3]											
	면적 (km²)	인구 (명)	1인당 GDP	1972-73			1980-81			1990-91			2000-01			2002-03		
				PR	CL	FR	PR	CL	FR	PR	CL	FR	PR	CL	FR	PR	CL	FR
Afghanistan	647,500	27,755,775	800 (2000)	4	5	pf	7	7	nf	7	7	nf	7	7	nf	6	6	nf
Albania	28,748	3,544,841	4,500 (2002)	7	7	nf	7	7	nf	7	6	nf	4	5	pf	3	3	pf
Algeria	2,381,740	32,277,942	5,600 (2001)	6	6	nf	6	6	nf	4	4	pf	6	5	nf	6	5	nf
Andorra	468	68,403	19,000 (2000)	-	-	-	-	-	-	-	-	-	1	1	nf	1	1	F
Angola	1,246,700	10,593,171	1,330 (2001)	-	-	-	7	7	nf	7	7	nf	6	6	nf	6	5	nf
Antigua & Barbuda		67,448	10,000 (2001)	-	-	-	-	-	-	3	2	F	4	2	pf	4	2	pf
Argentina	2,766,890	37,812,817	10,200 (2002)	6	3	pf	6	5	nf	1	3	F	1	2	F	3	3	pf
Armenia	29,800	3,330,099	3,350 (2001)	-	-	-	-	-	-	-	-	-	4	4	pf	4	4	pf
Australia	7,686,850	19,546,792	27,000 (2002)	1	1	F	1	1	F	1	1	F	1	1	F	1	1	F
Austria	83,858	8,169,929	27,700 (2002)	1	1	F	1	1	F	1	1	F	1	1	F	1	1	F
Azerbaijan	86,600	7,798,497	3,300 (2002)	-	-	-	-	-	-	-	-	-	6	5	pf	6	5	pf
Bahamas	13,900	300,529	16,800 (2000)	-	-	-	1	2	F	2	2	F	1	1	F	1	1	F
Bahrain	620	656,397	13,000 (2001)	6	5	nf	5	4	pf	6	5	pf	7	6	nf	5	5	pf
Bangladesh	144,400	133,376,684	1,750 (2001)	2	4	pf	3	3	pf	5	5	pf	3	4	pf	4	4	pf
Barbados	430	276,607	14,500 (2001)	1	1	F	1	1	F	1	1	F	1	1	F	1	1	F
Belarus	207,600	10,335,382	8,200 (2001)	-	-	-	-	-	-	-	-	-	6	6	nf	6	6	nf

국가	주요지표			자유지수[3]												
	면적 (km²)	인구 (명)	1인당 GDP	1972-73			1980-81			1990-91			2000-01			2002-03		
				PR	CL	FR	PR	CL	FR	PR	CL	FR	PR	CL	FR	PR	CL	FR
Belgium	30,510	10,274,595	29,000 (2002)	1	1	F	1	1	F	1	1	F	1	2	F	1	1	F
Belize	22,966	262,999	3,250 (2001)	-	-	-	-	-	-	1	2	F	1	1	F	1	2	F
Benin	112,620	6,787,625	1,040 (2001)	7	5	nf	7	6	nf	6	4	pf	2	2	F	3	2	F
Bhutan	47,000	2,094,176	1,200 (2001)	4	4	pf	5	5	pf	6	5	pf	7	6	nf	6	5	nf
Bolivia	1,098,580	8,445,134	2,600 (2001)	5	4	pf	7	6	nf	2	3	F	1	3	F	2	3	F
Bosnia-Herzegovina	51,129	3,964,388	1,800 (2001)	-	-	-	-	-	-	-	-	-	5	4	pf	4	4	pf
Botswana	600,370	1,591,232	7,800 (2001)	3	4	pf	2	3	F	1	2	F	2	2	F	2	2	F
Brazil	8,511,965	176,029,560	7,400 (2000)	5	5	pf	4	3	pf	2	3	F	3	3	pf	2	3	F
Brunei	5,770	350,898	18,000 (2001)	6	5	nf	6	5	nf	6	5	nf	7	5	nf	6	5	nf
Bulgaria	110,910	7,621,337	6,600 (2002)	7	7	nf	7	7	nf	3	4	pf	2	3	F	1	2	F
Burkina-Faso	274,200	12,603,185	1,040 (2001)	3	4	pf	6	5	pf	6	5	nf	4	4	pf	4	4	pf
Burma	678,500	42,238,224	1,500 (2001)	7	5	nf	7	6	nf	7	7	nf	7	7	nf	7	7	nf
Burundi	27,830	6,373,002	$600 (2001)	7	7	nf	7	6	nf	7	6	nf	6	6	nf	6	5	nf
Cambodia	181,040	12,775,324	1,500 (2001)	6	5	nf	7	7	nf	7	7	nf	6	6	nf	6	5	nf
Cameroon	475,440	16,184,748	1,700 (2001)	6	4	pf	6	6	nf	6	6	nf				6	6	nf
Canada	9,976,140	31,902,268	29,400 (2002)	1	1	F	1	1	F	1	1	F	1	1	F	1	1	F
Cape Verde	4,033	408,760	1,500 (2001)	-	-	-	6	6	nf	5	5	pf				1	2	F
Central African Rep.	622,984	3,642,739	1,300 (2001)	7	7	nf	7	6	nf	6	5	nf				5	5	pf

국가	주요지표			자유지수[3]												
	면적 (km²)	인구 (명)	1인당 GDP	1972-73			1980-81			1990-91			2000-01			2002-03		
				PR	CL	FR	PR	CL	FR	PR	CL	FR	PR	CL	FR	PR	CL	FR
Chad	1,284,000	8,997,237	1,030 (2001)	6	7	nf	6	6	nf	7	6	nf				6	5	nf
Chile	756,950	15,498,930	10,000 (2001)	1	2	F	6	5	pf	2	2	F				2	1	F
China	9,596,960	1,284,303,705	4,600 (2002)	7	7	nf	6	6	nf	7	7	nf	7	6	nf	7	6	nf
Colombia	1,138,910	41,008,227	6,300 (2001)	2	2	F	2	3	F	3	4	pf	4	4	pf	4	4	pf
Comoros	2,170	614,382	710 (2001)	-	-	-	4	5	pf	5	5	pf	6	4	pf	5	4	pf
Congo-ROC (Brazzaville)	342,000	2,958,448	900 (2001)	7	6	nf	6	6	nf	6	6	nf	7	6	nf	6	4	pf
Congo-DROC	2,345,410	55,225,478	590 (2001)	7	6	nf	6	6	nf	6	6	nf	7	6	nf	6	6	nf
Costa Rica	51,100	3,834,934	8,500 (2001)	1	1	F	1	1	F	1	1	F	1	2	F	1	2	F
Côte d'Ivoire	322,460	16,804,784	1,500 (2001)	6	6	nf	6	5	pf	6	4	pf	6	5	pf	6	6	nf
Croatia	56,542	4,390,751	8,800 (2002)	-	-	-	-	-	-	-	-	-	2	3	F	2	2	F
Cuba	110,860	11,224,321	2,300 (2002)	7	7	nf	6	6	nf	7	7	nf	7	7	nf	7	7	nf
Cyprus (Greek)	9,250	767,314	15,000 (2001)	2	3	F	3	3	pf	1	1	F	1	1	F	1	1	F
Cyprus (Turkish)*			7,000 (2002)										2	2	F	-	-	-
Czechoslovakia				7	7	nf	7	6	nf	2	2	F	-	-	-	-	-	-
Czech Rep.	78,866	10,256,760	15,300 (2002)	-	-	-	-	-	-	-	-	-	1	2	F	1	2	F
Denmark	43,094	5,368,854	29,000 (2002)	1	1	F	1	1	F	1	1	F	1	1	F	1	1	F
Djibouti	22,000	472,810	1,400 (2001)	-	-	-	3	4	pf	6	5	nf	4	5	nf	4	5	pf
Dominica	754	70,158	3,700 (2001)	-	-	-	2	2	F	2	3	F	2	3	F	1	1	F

국가	주요지표			자유지수[3]												
	면적 (km²)	인구 (명)	1인당 GDP	1972-73			1980-81			1990-91			2000-01			2002-03		
				PR	CL	FR	PR	CL	FR	PR	CL	FR	PR	CL	FR	PR	CL	FR
Dominican Rep.	48,730	8,721,594	5,800 (2001)	3	2	F	2	3	F	2	3	F	2	2	F	2	2	F
East Timor		952,618	500 (2001)	-	-	-	-	-	-	-	-	-	6	3	pf	3	3	pf
Ecuador	83,560	13,447,494	3,000 (2001)	7	3	pf	2	2	F	2	2	F	3	3	pf	3	3	pf
Egypt	1,001,450	70,712,345	3,700 (2001)	6	6	nf	5	5	pf	5	4	pf	6	5	nf	6	6	nf
ElSalvador	21,040	6,353,681	4,600 (2001)	2	3	F	6	4	pf	3	4	pf	2	3	F	2	3	F
Equatorial Guinea	28,051	498,144	2,100 (2001)	6	6	nf	7	6	nf	7	7	nf	7	7	nf	6	7	nf
Eritrea	121,320	4,465,651	740 (2001)	-	-	-	-	-	-	-	-	-	7	5	nf	7	6	nf
Estonia	45,226	1,415,681	10,900 (2002)	-	-	-	-	-	-	-	-	-	1	2	F	1	2	F
Ethiopia	1,127,127	67,673,031	700 (2001)	5	6	nf	7	7	nf	7	7	nf	5	5	pf	5	5	pf
Fiji	18,270	856,346	5,200 (2001)	2	2	F	2	2	F	6	4	pf	6	3	pf	4	3	pf
Finland	337,030	5,183,545	26,200 (2002)	2	2	F	2	2	F	1	1	F	1	1	F	1	1	F
France	547,030	59,765,983	25,700 (2002)	1	2	F	1	2	F	1	2	F	1	2	F	1	1	F
Gabon	267,667	1,233,353	5,500 (2001)	6	6	nf	6	6	nf	4	4	pf	5	4	pf	5	4	pf
The Gambia	11,300	1,455,842	1,770 (2001)	2	2	F	2	2	F	2	2	F	7	5	nf	5	5	pf
Georgia	69,700	4,960,951	3,100 (2001)	-	-	-	-	-	-	-	-	-	4	4	pf	4	4	pf
Germany	357,021	83,251,851	26,600 (2002)	-	-	-	-	-	-	1	2	F	1	2	F	1	1	F
Germany, E.				7	7	nf	7	6	nf	-	-	-	-	-	-	-	-	-
Germany, W.				1	1	F	1	2	F	-	-	-	-	-	-	-	-	-

국가	주요지표			자유지수[3]												
	면적 (km²)	인구 (명)	1인당 GDP	1972-73			1980-81			1990-91			2000-01			2002-03
				PR	CL	FR	PR	CL	FR	PR	CL	FR	PR	CL	FR	PR	CL	FR
Ghana	238,540	20,244,154	1,980 (2001)	6	6	nf	2	3	F	6	5	nf	3	3	pf	2	3	F
Greece	131,940	10,645,343	19,000 (2002)	6	6	nf	2	2	F	1	2	F	1	3	F	1	2	F
Grenada	340	89,211	4,750 (2001)	-	-	-	5	5	pf	2	2	F	1	2	F	1	2	F
Guatemala	108,890	13,314,079	3,700 (2001)	2	3	F	5	6	pf	3	4	pf	3	4	pf	4	4	pf
Guinea	284,857	7,775,065	1,970 (2001)	7	7	nf	7	7	nf	6	5	nf	6	5	nf	6	5	nf
Guinea-Bissau	36,120	1,345,479	900 (2001)	-	-	-	6	6	nf	6	5	nf	4	5	pf	4	4	pf
Guyana	214,970	698,209	3,600 (2000)	2	2	F	4	4	pf	5	4	pf	2	2	F	2	2	F
Haiti	27,750	7,063,722	1,700 (2001)	7	6	nf	6	6	nf	4	4	pf	6	5	nf	6	6	nf
Honduras	112,090	6,560,608	2,600 (2001)	7	3	pf	4	3	pf	2	3	F	3	3	pf	3	3	pf
Hungary	93,030	10,075,034	13,300 (2002)	6	6	nf	6	5	nf	2	2	F	1	2	F	1	2	F
Iceland	103,000	279,384	27,100 (2002)	1	1	F	1	1	F	1	1	F	1	1	F	1	1	F
India	3,287,590	1,045,845,226	2,540 (2002)	2	3	F	2	3	F	2	3	F	2	3	F	2	3	F
Indonesia	1,919,440	231,328,092	3,000 (2001)	5	5	pf	5	5	pf	6	5	pf	3	4	pf	3	4	pf
Iran	1,648,000	66,622,704	7,000 (2001)	5	6	nf	5	5	pf	6	5	nf	6	6	nf	6	6	nf
Iraq	437,072	24,001,816	2,500 (2001)	7	7	nf	6	7	nf	7	7	nf	7	7	nf	7	7	nf
Ireland	70,280	3,883,159	28,500 (2002)	1	2	F	1	1	F	1	1	F	1	1	F	1	1	F
Israel	20,770	6,029,529	19,000 (2002)	2	3	F	2	2	F	2	2	F	1	3	F	1	3	F

국가	주요지표			자유지수[3]												
	면적 (㎢)	인구 (명)	1인당 GDP	1972-73			1980-81			1990-91			2000-01			2002-03		
				PR	CL	FR	PR	CL	FR	PR	CL	FR	PR	CL	FR	PR	CL	FR
Italy	301,230	57,715,625	25,000 (2002)	1	2	F	1	2	F	1	1	F	1	2	F	1	1	F
Jamaica	10,990	2,680,029	3,700 (2001)	1	2	F	2	3	F	2	2	F	2	2	F	2	3	F
Japan	377,835	126,974,628	28,000 (2002)	2	1	F	1	1	F	1	1	F	1	2	F	1	2	F
Jordan	92,300	5,307,470	4,300 (2002)	6	6	nf	6	6	nf	5	5	pf	4	4	pf	6	5	pf
Kazakhstan	2,717,300	16,741,519	5,900 (2001)	-	-	-	-	-	-	-	-	-	6	5	nf	6	5	nf
Kenya	582,650	31,138,735	1,000 (2001)	5	4	pf	5	4	pf	6	6	nf	6	5	nf	5	4	pf
Kiribati	717	96,335	840 (2001)	-	-	-	2	2	F	1	2	F	1	1	F	1	1	F
Korea, N.	120,540	22,224,195	1,000 (2002)	7	7	nf	7	7	nf	7	7	nf	7	7	nf	7	7	nf
Korea, S.	98,480	48,324,000	19,400 (2002)	5	6	nf	5	6	pf	2	3	F	2	2	F	2	2	F
Kuwait	17,820	2,111,561	15,100 (2001)	4	4	pf	6	4	pf	7	7	nf	4	5	pf	4	5	pf
Kyrgyzstan	198,500	4,822,166	2,800 (2001)	-	-	-	-	-	-	-	-	-	6	5	nd	6	5	nf
Laos	236,800	5,777,180	1,630 (2001)	5	5	pf	7	7	nf	6	7	nf	7	6	nf	7	6	nf
Latvia	64,589	2,366,515	8,300 (2002)	-	-	-	-	-	-	-	-	-	1	2	F	1	2	F
Lebanon	10,400	3,677,780	5,200 (2001)	2	2	F	4	4	pf	6	5	nf	6	5	nf	6	5	nf
Lesotho	30,355	2,207,954	2,450 (2001)	7	4	nf	5	5	pf	6	5	nf	4	4	pf	2	3	F
Liberia	111,370	3,288,198	1,100 (2001)	6	6	nf	6	6	nf	7	7	nf	5	6	pf	6	6	nf
Libya	1,759,540	5,368,585	7,600 (2001)	7	6	nf	6	6	nf	7	7	nf	7	7	nf	7	7	nf

국가	주요지표			자유지수[3]														
	면적 (km²)	인구 (명)	1인당 GDP	1972-73			1980-81			1990-91			2000-01			2002-03		
				PR	CL	FR	PR	CL	FR	PR	CL	FR	PR	CL	FR	PR	CL	FR
Liechtenstein	160	32,842	23,000 (1998)	-	-	-	-	-	-	-	-	-	1	1	F	1	1	F
Lithuania	65,200	3,601,138	8,400 (2002)	-	-	-	-	-	-	-	-	-	1	2	F	1	2	F
Luxembourg	2,586	449,569	44,000 (2002)	2	1	F	1	1	F	1	1	F	1	1	F	1	1	F
Macedonia	25,333	2,054,800	5,000 (2002)	-	-	-	-	-	-	-	-	-	4	3	pf	3	3	pf
Madagascar	587,040	16,473,477	870 (2001)	5	3	pf	6	6	nf	4	4	pf	2	4	pf	3	4	pf
Malawi	118,480	10,701,824	660 (2001)	7	6	nf	6	7	nf	7	6	nf	3	3	pf	4	4	pf
Malaysia	329,750	22,662,365	9,000 (2001)	2	3	F	3	4	pf	5	4	pf	5	5	pf	5	5	pf
Maldives	300	320,165	3,870 (2001)	3	2	F	5	5	pf	6	5	nf	6	5	nf	6	5	nf
Mali	1,240,000	11,340,480	840 (2001)	7	6	nf	7	6	nf	6	5	nf	2	3	F	2	3	F
Malta	316	397,499	17,000 (2002)	1	2	F	2	3	F	1	1	F	1	1	F	1	1	F
Marshall Islands	181.3	73,630	1,600 (2001)	-	-	-	-	-	-	-	-	-	1	1	F	1	1	F
Mauritania	1,030,700	2,828,858	1,800 (2001)	6	6	nf	7	6	nf	7	6	nf	6	5	nf	5	5	pf
Mexico	1,972,550	103,400,165	9,000 (2001)	5	3	pf	3	4	pf	4	4	pf	2	3	F	2	2	F
Micronesia	702	135,869	2,000 (2001)	-	-	-	-	-	-	-	-	-	1	2	F	1	2	F
Moldova	33,843	4,434,547	3,000 (2002)	-	-	-	-	-	-	-	-	-	2	4	pf	3	4	pf
Monaco	1.95	31,987	27,000 (1999)	-	-	-	-	-	-	-	-	-	2	1	F	2	1	F
Mongolia	1,565,000	2,694,432	1,770 (2001)	7	7	nf	7	7	nf	4	4	pf	2	3	F	2	2	F

국가	주요지표			자유지수[3]											
	면적 (㎢)	인구 (명)	1인당 GDP	1972-73			1980-81			1990-91			2000-01			2002-03		
				PR	CL	FR	PR	CL	FR	PR	CL	FR	PR	CL	FR	PR	CL	FR
Morocco	446,550	31,167,783	3,700 (2001)	5	4	pf	4	4	pf	4	4	pf	5	4	pf	5	5	pf
Mozambique	801,590	19,607,519	900 (2001)	-	-	-	7	7	nf	6	6	nf	3	4	pf	3	4	pf
Namibia	825,418	1,820,916	4,500 (2001)	-	-	-	-	-	-	2	3	F	2	3	F	2	3	F
Nauru	21	12,329	5,000 (2001)	2	2	F	2	2	F	1	2	F	1	3	F	1	2	F
Nepal	140,800	25,873,917	1,400 (2001)	6	5	nf	3	4	pf	4	4	pf	3	4	pf	4	4	pf
Netherlands	41,532	16,067,754	26,900 (2002)	1	1	F	1	1	F	1	1	F	1	1	F	1	1	F
New Zealand	268,680	3,908,037	19,500 (2001)	1	1	F	1	1	F	1	1	F	1	1	F	1	1	F
Nicaragua	129,494	5,023,818	2,500 (2001)	4	3	pf	5	5	pf	3	3	pf	3	3	pf	3	3	pf
Niger	1,267,000	10,639,744	820 (2001)	6	6	nf	7	6	nf	6	5	nf	4	4	pf	4	4	pf
Nigeria	923,768	129,934,911	840 (2001)	6	4	pf	2	3	F	5	5	pf	4	4	pf	4	4	pf
Norway	324,220	4,525,116	31,800 (2002)	1	1	F	1	1	F	1	1	F	1	1	F	1	1	F
Oman	212,460	2,713,462	8,200 (2001)	7	6	nf	6	6	nf	6	6	nf	6	5	nf	6	5	nf
Pakistan	803,940	147,663,429	2,100 (2001)	3	5	pf	7	5	nf	4	4	pf	6	5	nf	6	5	nf
Palau	458	19,409	9,000 (2001)	-	-	-	-	-	-	-	-	-	1	2	F	1	2	F
Panama	78,200	2,882,329	5,900 (2001)	7	6	nf	4	4	pf	4	2	pf	1	2	F	1	2	F
Papua New Guinea	462,840	5,172,033	2,400 (2001)	-	-	-	2	2	F	2	3	F	2	3	F	2	3	F
Paraguay	406,750	5,884,491	4,600 (2001)	4	6	pf	5	5	pf	4	3	pf	4	3	pf	4	3	pf

국가	주요지표			자유지수[3]												
	면적 (km²)	인구 (명)	1인당 GDP	1972-73			1980-81			1990-91			2000-01			2002-03		
				PR	CL	FR	PR	CL	FR	PR	CL	FR	PR	CL	FR	PR	CL	FR
Peru	1,285,220	27,949,639	4,800 (2001)	7	5	nf	2	3	F	3	4	pf	3	3	pf	2	3	F
Philippines	300,000	84,525,639	4,000 (2001)	4	6	pf	5	5	pf	3	3	pf	2	3	F	2	3	F
Poland	312,685	38,625,478	9,500 (2002)	6	6	nf	6	4	pf	2	2	F	1	2	F	1	2	F
Portugal	92,391	10,084,245	18,000 (2002)	5	6	nf	2	2	F	1	2	F	1	1	F	1	1	F
Qatar	11,437	793,341	21,200 (2001)	6	5	nf	5	5	pf	7	5	nf	6	6	nf	6	6	nf
Romania	237,500	22,317,730	6,800 (2001)	7	6	nf	7	6	nf	6	5	nf	2	2	F	2	2	F
Russia	17,075,200	144,978,573	8,800 (2002)	-	-	-	-	-	-	-	-	-	5	5	pf	5	5	pf
Rwanda	26,338	7,398,074	1,000 (2001)	7	6	nf	6	6	nf	6	6	nf	7	6	nf	7	5	nf
St. Kitts & Nevis	261	38,736	8,700 (2001)	-	-	-	-	-	-	1	1	F	1	2	F	1	2	F
St. Lucia	620	160,145	4,400 (2001)	-	-	-	2	3	F	1	2	F	1	2	F	1	2	F
St. Vincent & Grenadines	789	116,394	2,900 (2001)	-	-	-	2	2	F	1	2	F	2	1	F	2	1	F
Samoa	2,860	178,631	3,500 (2001)	4	2	pf	4	3	pf	2	2	F	2	2	F	2	2	F
San Marino	60.5	27,730	34,600 (2001)	-	-	-	-	-	-	-	-	-	1	1	F	1	1	F
Sao Tome Principe	1,001	170,372	1,200 (2001)	-	-	-	6	6	nf	5	5	pf	1	2	F	1	2	F
Saudi Arabia	1,960,582	23,513,330	10,600 (2001)	6	6	nf	6	6	nf	7	6	nf	7	7	nf	7	7	nf
Senegal	196,190	10,589,571	1,580 (2001)	6	6	nf	4	4	pf	4	3	pf	3	4	pf	2	3	F
Seychelles	455	80,098	7,600 (2001)	-	-	-	6	6	nf	6	6	nf	3	3	pf	3	3	pf

국가	주요지표			자유지수[3]												
	면적 (km²)	인구 (명)	1인당 GDP	1972-73			1980-81			1990-91			2000-01			2002-03		
				PR	CL	FR	PR	CL	FR	PR	CL	FR	PR	CL	FR	PR	CL	FR
Sierra Leone	71,740	5,614,743	500 (2001)	4	5	pf	5	5	pf	6	5	pf	4	5	pf	4	5	pf
Singapore	647.5	4,452,732	24,700 (2001)	5	5	pf	5	5	pf	4	4	pf	5	5	pf	5	4	pf
Slovakia	48,845	5,422,366	12,200 (2002)	-	-	-	-	-	-	-	-	-	1	2	F	1	2	F
Slovenia	20,253	1,932,917	18,000 (2002)	-	-	-	-	-	-	-	-	-	1	2	F	1	2	F
Solomon Islands	28,450	494,786	1,700 (2001)	-	-	-	2	2	F	1	1	F	4	4	pf	3	3	pf
Somalia	637,657	7,753,310	550 (2001)	7	6	nf	7	7	nf	7	7	nf	6	7	nf	6	7	nf
South Africa	1,219,912	43,647,658	9,400 (2001)	2 5	3 6	F pf	5	6	pf	5	4	pf	1	2	F	1	2	F
Spain	504,782	40,077,100	20,700 (2002)	5	6	nf	2	3	F	1	1	F	1	2	F	1	1	F
Sri Lanka	65,610	19,576,783	3,250 (2001)	2	2	F	2	3	F	4	5	pf	3	4	pf	3	4	pf
Sudan	2,505,810	37,090,298	1,360 (2001)	6	6	nf	5	5	pf	7	7	nf	7	7	nf	7	7	nf
Suriname	163,270	436,494	3,500 (2000)	-	-	-	7	5	nf	6	4	pf	1	2	F	1	2	F
Swaziland	17,363	1,123,605	4,200 (2001)	4	2	pf	5	5	pf	6	5	pf	6	5	nf	6	5	nf
Sweden	449,964	8,876,744	25,400 (2002)	1	1	F	1	1	F	1	1	F	1	1	F	1	1	F
Switzerland	41,290	7,301,994	31,700 (2002)	1	1	F	1	1	F	1	1	F	1	1	F	1	1	F
Syria	185,180	17,155,814	3,200 (2001)	7	7	nf	5	6	nf	7	7	nf	7	7	nf	7	7	nf
Taiwan	35,980	22,548,009	17,200 (2001)	6	5	nf	5	6	pf	3	3	pf	1	2	F	2	2	F
Tajikistan	143,100	6,719,567	1,140 (2001)	-	-	-	-	-	-	-	-	-	6	6	nf	6	5	nf

국가	주요지표			자유지수[3]												
	면적 (km²)	인구 (명)	1인당 GDP	1972-73			1980-81			1990-91			2000-01			2002-03
				PR	CL	FR	PR	CL	FR	PR	CL	FR	PR	CL	FR	PR	CL	FR
Tanzania	945,087	37,187,939	610 (2001)	6	6	nf	6	6	nf	6	5	nf	4	4	pf	4	3	pf
Thailand	514,000	62,354,402	6,600 (2001)	7	5	nf	7	6	nf	6	6	nf	5	5	pf	5	5	pf
Togo	56,785	5,285,501	1,500 (2001)	7	5	nf	7	6	nf	6	6	nf	5	5	pf	5	5	pf
Tonga	748	106,137	2,200 (2000)	4	2	pf	5	3	pf	3	3	pf	5	3	pf	5	3	pf
Trinidad & Tobago	5,128	1,163,724	9,000 (2001)	2	3	F	2	2	F	1	1	F	2	2	F	3	3	pf
Tunisia	163,610	9,815,644	6,600 (2001)	6	5	nf	6	5	pf	5	4	pf	6	5	nf	6	5	nf
Turkey	780,580	67,308,928	7,000 (2002)	3	4	pf	5	5	pf	2	4	pf	4	5	pf	4	4	pf
Turkmenistan	488,100	4,688,963	4,700 (2002)	-	-	-	-	-	-	-	-	-	7	7	nf	7	7	nf
Tuvalu	26	11,146	1,100 (2000)	-	-	-	2	2	F	1	1	F	1	1	F	1	1	F
Uganda	236,040	24,699,073	1,200 (2001)	7	7	nf	5	5	pf	6	5	pf	6	5	pf	6	4	pf
Ukraine	603,700	48,396,470	4,200 (2001)	-	-	-	-	-	-	-	-	-	4	4	pf	4	4	pf
United Arab Emir	82,880	2,445,989	21,100 (2001)	7	5	nf	5	5	pf	6	5	nf	6	5	nf	6	5	nf
United Kingdom	244,820	59,778,002	25,300 (2002)	1	1	F	1	1	F	1	2	F	1	2	F	1	1	F
United States	9,629,091	280,562,489	36,300 (2001)	1	1	F	1	1	F	1	1	F	1	1	F	1	1	F
Uruguay	176,220	3,386,575	9,200 (2001)	3	4	pf	5	5	pf	1	2	F	1	1	F	1	1	F
Uzbekistan	447,400	25,563,441	2,500 (2001)	-	-	-	-	-	-	-	-	-	7	6	nf	7	6	nf
Vanuatu	12,200	196,178	1,300 (2000	-	-	-	2	3	F	2	3	F	1	3	F	1	2	F

국가	주요지표			자유지수[3]											
	면적 (km²)	인구 (명)	1인당 GDP	1972-73			1980-81			1990-91			2000-01			2002-03		
				PR	CL	FR	PR	CL	FR	PR	CL	FR	PR	CL	FR	PR	CL	FR
Venezuela	912,050	24,287,670	6,100 (2001)	2	2	F	1	2	F	1	3	F	3	5	pf	3	4	pf
Vietnam	329,560	81,098,416	2,100 (2001)	-	-	-	7	7	nf	7	7	nf	7	6	nf	7	6	nf
Yemen	527,970	18,701,257	820 (2001)	-	-	-	-	-	-	6	5	pf	5	6	nf	6	5	nf
Yugoslavia	102,350			6	6	nf	6	5	nf	5	4	pf	4	4	pf	3	2	F
Zambia	752,614	9,959,037	870 (2001)	5	5	pf	5	6	pf	6	5	pf	5	4	pf	4	4	pf
Zimbabwe	390,580	11,376,676	2,450 (2001)	6	5	nf	3	4	pf	6	4	pf	6	5	pf	6	6	nf

자료: 자유지수는 Freedom House가 1972-73의 첫 보고서를 낸 이후 2001까지의 Annual Freedom in the World Survey (www.freedomhouse.org)에서 추출한 것이고, 2002-2003의 자유지수는 Adrian Karatnycky, "Liberty's Advances in a Troubled World," *Journal of Democracy*, Vol.14, No.1(January, 2003), pp.106-107에 수록된 것이며, 인구(2002년 7월 현재) 면적 1인당GDP(2000~2002년도 구매력 기준US$)는 US CIA, *The World Factbook 2003: Guide to Country Profiles*에서 뽑은 것임.
① 각 연도의 지표는 왼쪽부터 정치적 권리(pr=political rights), 시민자유(cl=civil liberties), 자유지수(fs=freedom status)를 표시한 것이고, 첫번째의 각 숫자는 자유의 정도를 표시한 것으로서 1은 자유의 정도가 가장 높은 정도를 그리고 7은 자유의 정도가 가장 낮은 정도를 나타낸 것이다.
② 숫자 다음의 문자 위의 정치적 참정권과 시민자유를 종합평균해서, F는 자유로운(free) 나라를, PF는 부분적으로 자유로운(partly free) 나라를 그리고 NF는 자유롭지 못한(not free) 나라를 나타낸 것이다. 따라서 자유지수가 1.0-2.5의 나라는 자유국가, 3.0-5.5의 나라는 부분적으로 자유로운 국가 그리고 5.5~7.0의 나라는 자유롭지 못한 국가로 본 것이다.

전체적으로 보면 ① 천연의 석유자원을 지닌 바레인 브루나이 쿠웨이트 카타르 아랍에미레이트를 제외하고, 자유지수에서 자유롭지 못하거나(NF) 부분적으로 자유로운 국가(PF)로 분류된 나라 가운데 1인당 국민소득(GDP)이 US$10,000 이상인 나라가 없고, ② 아울러 US$10,000 이상인 나라로서 자유지수에서 자유롭지 못한 나라로 분류된 나라는 단 한 나라도 없다는 점에 유의할 필요가 있다. 또한 ③ 비슷한 조건 아래 있는 국가라면 자유로운 나라가 비교적 1인당 GDP가 높고, 반대로 자유롭지 못하거나 부분적으로 자유로운 나라들이 1인당 GDP가 낮다는 점이다. 예컨대 아시아 국가 가운데 가장 자유롭지 못한 북한(7,7)과 아프가니스탄(7,7)이 1인당 국민소득 면에서 최빈국이고, 중남미 국가들 가운데 역시 가장 자유롭지 못한 쿠바(7,7)가 역시 국민소득에서도 최빈국이라는 사실이다. 따라서 종합해서 보면 ④ 1970년대 이래 30여년간 정치적 참정권 및 시민권 행사가 자유로워 자유의 등급이 앞선 나라들이 경제적으로도 1인당 국민소득이 높은 선진국들이고, 1970년대까지는 자유롭지 못했지만 그 이후 또는 1990년대에 들어서서 정치적으로 민주화가 이루어진 나라들이 비교적 1인당 국민소득이 선진국 다음으로 높은 반면에, 1980년대까지 자유의 등급이 낮았거나 현재도 낮은 나라들은 대체로 1인당 국민소득도 낮은 국가들임을 알 수 있다. 물론 자유의 등급이 낮은 나라로서 싱가포르나 석유자원 같은 천연자원이 풍부하여 경제적으로 1인당 국민소득이 비교적 높은 나라도 있지만, 장기적으로는 민주적 선진국이 역시 경제적 선진국이 될 것으로 보여진다.

아울러 구성원들이 최저수준의 물질적 복지를 향유하지 않고서는 그들에게 자치를 기대하기 어렵다는 점도 지적되고 있다. 왜냐하면 건전한 민수주의는 건전하고 합리적인 시민을 필요로 하기 때문이다. 그러므로 무직자, 무능력자, 만성적인 영야실조자, 질병으로 시달리는 사람들이 많은 곳에서 민주주의 사회의 바탕인 공공문제에 대한 공동체 구성원의 사려 깊은 광범위한 참여를 기대하기란 어렵다. 빈곤과 질병으로 욕구불만에 싸여 있는 사람들이 많으면 합리적인 민주적 해결책을 모색하기보다는 급진주의로 나아갈 가능성이 크다.

건전한 민주주의는 시민들이 어느 정도의 경제적 복지를 향유할 때 가능하다. 소수인들만이 풍요로운 생활과 행복을 구가하고 다수의 국민이 빈곤과 질병 등 고난에 시달리면서 살고 있는 사회에서는 민주주의는 실현되기 어렵고, 그러한 사회에서 민주주의란 말은 단지 권력추구자의 미사여구의 감언에 불과할 뿐이다. 그러므로 특수한 경우 물질적 불만이 투표참여율을 높이게 되는지는 몰라도(양적 민주화), 장기적인 면에서 민주주의의 질적 발전에는 커다란 장애요인이 될 뿐이라는 주장이 있다.

(2) 민주주의 조건으로서의 경제적 민주주의의 문제

맑스주의자들은 민주주의 구현을 위한 경제적 조건의 중요성에 대하여 강조하였다. 그들은 모든 정치적 사회적 조건들이 경제적 바탕 또는 하부구조에 의하여 결정된다고 주장하였다. 맑스주의자들은 민주주의란 경제적 바탕을 전제로 한다고 보기 때문에, 경제적 민주주의가 순수민주주의의 조건이라고 주장하였다. 그렇다면 그들이 주장한 경제적 민주주의란 무엇인가? 맑스주의자들에 의하면 경제적 민주주의란 생산수단과 분배수단이 전체공동체의 소유가 되어 있는 곳에서만(재산의 공유화) 존재할 수 있다고 주장하였다. 따라서 맑시즘이 추구한 경제민주주의란 경제적 하부구조의 공유이었고, 경제체제가 혁신되어야만 참된 의미의 정치적 평등과 실질적 자유가 실현될 수 있다고 주장하였다.

그러나 맑시즘에 반대하는 비판론자들은 생산 및 분배수단의 공유는 민주적인 의사결정을 허용하기도 하고 그렇지 못한 경우도 많기 때문에, 공유 자체가 민주주의일 수 없다고 주장한다. 특히 대규모의 국가공동체와 같은 곳에서는 모든 구성원에 의한 직접적인 참여가 불가능하기 때문에, 공유제가 공공의 문제나 경제문제에 대한 의사결정에서 구성원의 민주적 참여를 보장할 수 없다고 비판했다. 즉 경제문제에 대한 의사결정에 있어서 공유제를 채택하고 있는 공산주의체제에서 도리어 공동체 구성원의 참여가 지극히 제한되어 왔기 때문에, 공유제가 바로 경제적 민주주의를 보장하지 못했다고 비판한다. 도리어 현실은 공산당의 당귀족 또는 노동귀족을 낳았을 뿐이고, 이들 당귀족과 노동귀족의 증가로 생산성만 저하하여 결국 구소련 및 동구권이 경제적으로 낙후하여 붕괴하였으며, 가장 부지런한 한국민족을 최빈국으로 전락시킨 북한체제의 실상을 초래하기도 하였다.

결국 경제적 민주주의란 순수민주주의의 필요조건도 아닐 뿐만 아니라, 어떤 특수한 경제체제(그것이 공유제든 사유제든간에)가 경제문제에 대한 의사결정의 민주화를 보장할 수 없다는 점이다. 따라서 역사적으로 보면 어떤 공동체의 생산성과 창의성을 높이는 데에는 그 공동체의 관리 및 운영에 대한 의사결정에서 구성원의 민주적 참여가 중요하다고 할 수 있다.

(3) 민주주의의 경제적 조건

경제적 민주주의와 정치적 민주주의를 비교 또는 대비시키는 일은 바람직하지 않다. 왜냐하면 경제적 평등을 핵심으로 하는 경제적 민주주의란 재산의 공유제와 분배상의 배급제를 채택함으로써, 도리어 공동체 구성원의 경제문제에 대한 의사결정의 민주적 참여나 개인의 물질적 욕구(경제적 자유)를 극도로 제한하는 비민주주의를 초래하였기 때문이다. 따라서 민주주의 조건으로서의 경제적 평등에 대한 문제도 간단한 문제가 아니다. 왜냐하면 절대적인 경제적 평등은 도리어 건전한 민주주의의 실현가능성 뿐 아니라 공동체 구성원의 경제적 복리 자체를 저해하였기 때문이다. 즉 완전한 경제적 평등의 추구는 도리어 경제적 생산성의 향상을 저해하여 빈곤의 평등만을 초래하였기 때문이다. 이러한 측면에서 보면 경제적 평등이란 기회의 평등이라는 시각에서 바람직한 것이지 민주주의의 조건은 아니다. 그렇다고 경제적 불평등의 심화가 민주주의의 발전에 도움이 된다는 것은 아니다. 소수인 또는 특수계층에 의한 부의 독점과 다수 국민의 상대적 빈곤은 민주주의 발전을 저해하기 때문이다. 경제적 평등이 민주주의의 필요 조건은 아니지만, 성공적인 민주주의의 발전을 위해서는 경제적 불평등의 심화를 막는 일도 중요하다.

그러나 경제적 발전을 위해서는 투자자본이 필요한데 투자자본은 부의 축적을 통하여 가능하기 때문에 경제적 평등보다는 부의 축적을 위한 재산증식의 경제적 자유가 더 중요하다. 그렇지만 지나친 경제적 자유의 추구는 빈익빈 부익부의 불평등을 초래하기 때문에, 불평등의 심화를 막으면서 사회경제적 발전을 도모하는 일이 중요하게 된다. 그렇다면 누가 이러한 경제적 자유와 불평등의 심화를 막을 수 있을까? 결국 공동체의 경제문제를 포함한 공동체의 의사결정에서 구성원의 민주적 참여가 중요하게 된다. 이 구성원의 민주적 참여가 바로 정치적 평등이고, 정치적 평등은 대의제 아래서는 바로 1인1표의 투표권행사로 나타내게 마련이다. 따라서 자유민주주의란 경제적 재산권 신장의 자유에 정치적 평등을 조화시키려는 이념이라고 할 수 있다. 이러한 점에서 민주주의 조건으로서 정치적 평등과 투표권 행사를 포함한 의사결정에 대한 참여의 자유를 보장할 제도적 장치가 요구되며, 이것이 바로 민주주의의 입헌적 조건이라고 할 수 있다.

2. 민주주의의 입헌적 조건

국가공동체의 경우, 성문법이든 불문법이든 국민의 민주적 참여를 보장할 제도적 장치로서의 헌법이 필요하다.

1) 자유와 권리

민주주의 헌법은 모든 국민이 어떠한 종류의 활동에도 참여하는데 자유롭도록 보장하여야 한다. 또 이러한 자유에 의하여 참여의 평등도 보장되게 마련이다. 따라서 민주주의에서 자유와 평등은 동전의 양면과 같이 불가분의 관계에 있다. 물론 앞서 우리는 지나친 자유의 추구는 평등을 저해하고, 절대적 평등의 추구는 자유를 제한하게 된다는 점을 지적하였다. 그러나 자유 없는 평등이란 존재할 수 없고, 평등한 기회가 없는 자유란 무의미하다.

개인의 자유는 그 개인을 둘러싼 외적 환경과 이들 환경 내에서의 개인의 행동역량에 따라서 좌우된다. 예컨대 평등한 응시의 자유가 주어진다 하더라도 이 기회를 활용할 수 있는 능력이 없다면, 자유와 평등은 무의미하게 된다. 따라서 개인에게 주어진 행동반경이 제한되면 될수록 그만큼 자유는 적어지며, 동시에 개인의 능력이 제한되면 될수록 자유도 평등도 적어지게 된다. 만일에 한 개인의 행위가 외적 요건(법 관습 인종 등)에 의해서 제한된다면, 고도로 개발된 능력을 지니고 있다 하더라도 그 개인을 자유롭게 할 수는 없을 것이다.

그러므로 전통적 의미에서는, 개인을 둘러싼 외적 제약의 철폐를 소극적 자유(negative freedom)라 하였고, 어떤 행동을 하거나 권리를 획득할 수 있는 능력을 적극적 자유(positive freedom)라고 말한다. 민주주의의 입헌적 조건은 바로 소극적 자유의 보장이고, 적극적 자유는 다음 장에서 논의할 민주주의의 지적 심리적 조건의 확보를 통해서 보장될 수 있다고 할 수 있다.

2) 정치적 자유

정치적 자유는 모든 공동체 구성원의 의사가 평등하게 공동체의 의사결정에 반영될 때 가능하다. 따라서 정치적 자유는 자유권 행사의 평등한 기회의 부여에서 가능하다고도 할 수 있다. 무엇보다도 민주주의 사회의 구성원은 투표할 자유가 있어야 하고, 모든 구성원 개개인은 동일한 가치로 계산되는 평등권이 보장되어야 한다. 이러한 정치적 자유에 대한 평등한 참여의 제도적 실례가 1인1표제라고 할 수 있다.

이러한 평등한 자유권의 행사는 공직자의 선출에 대한 평등하고 자유로운 참여와 공직 취임 기회의 평등과 자유를 보장한 『권리장전』(Bill of rights)으로 제도화되게 마련이다. 이와 같은 권리장전의 실질적 보장이 바로 민주주의 대한 입헌적 조건이며, 그 가운데 가장 중요한 요건이 개인의 자유와 권리를 표현하고 의사결정에 반영할 언론의 자유라고 할 수 있다.

3) 언론의 자유

(1) 대안제시의 자유와 반대의 자유

언론자유에 대한 입헌적 보장은 민주주의의 기본적 조건이라고 할 수 있다. 왜냐하면 민주주의와 반대되는 독재정(dictatorship)이란 바로 독재자 또는 소수인의 언론의 자유만이 보장되는 체제이기 때문이다. 언론의 자유는 대안제시의 자유(freedom to propose)와 반대의 자유(freedom to oppose)를 의미하며, 대안 제시의 자유와 반대할 자유가 없는 민주적 참여란 무의미하다.

무제한의 대안제시의 자유가 때로는 너무나 많은 제안들 때문에 혼란을 야기할 수도 있지만, 그러한 과도한 제안의 혼란을 막는 방법으로 대안제시의 자유를 제약해서는 안되고, 그 자유를 사용하는 질서 있는 절차를 창안하는데 두어야 한다는 것이다. 아울러 민주주의는 공동체 구성원들이 그 공동체를 대표할 후보자, 정책 또는 정당 등에 반대할 자유가 확보되어야 한다. 물론 대안제시의 자유와 반대의 자유를 확연하게 구분하기는 어렵다. 왜냐하면 반대는 대안을 전제하고, 대안제시 또한 반대를 전제하기 때문이다.

바로 이들 대안제시의 자유와 반대의 자유는 민주주의가 필요로 하는 언론의 자유(freedom of speech)를 구성한다. 민주주의가 공동체 구성원의 자유롭고 평등한 참여를 통한 의사결정 원리라면, 의사결정에 대한 참여란 바로 구성원의 사고와 주장의 표현이라고 할 수 있기 때문에, 언론 자유에 대한 입헌적 보장이 필요하다고 한다. 그렇다면 언론의 자유는 무제한으로 보장되어야 하는가? 성공적인 민주주의의 구현을 위해서는 언론의 자유에 대한 제한이 있어서는 안 된다는 자유언론의 옹호론이 주장되고 있다.

(2) 언론자유에 대한 주장

① 언론자유의 절대적 옹호론
언론의 자유는 무조건적이고 절대적이며, 자유언론과 민주주의는 떼어

놓고 생각할 수 없는 불가분리라는 주장이다. 그러나 언론자유에 대한 절대적 옹호론은 다음과 같은 문제점들이 지적되고 있다. 첫째 한 사람 또는 어떤 집단의 주장이 타인 또는 다른 집단의 주장과 갈등을 일으키는 경우의 문제이다. 그 경우 누구의 주장이 옹호되어야 하는가의 문제이다. 둘째 자신의 생각이 옳다는 주장이 과학적이고 합리적일 수 있는 것이냐의 문제이다. 셋째 어떤 특정한 때에 옳다는 주장이 다른 때에도 늘 정당할 수 있느냐의 문제이다. 넷째 나 자신의 자유로운 언론의 자유가 다른 사람의 사생활을 침해하는 경우의 문제이다. 따라서 언론자유에 대한 절대적 옹호론에 대하여 끊임없이 문제가 제기되어왔다.

② 공리주의적 옹호론

자유언론에 대한 공리주의적 옹호론은 언론의 보장이란 자연법 또는 원칙적인 옹호가치 때문에 정당화되는 것이 아니라, 언론자유의 보장으로 얻어지는 실질적인 공리적 결과 때문이라는 주장이다. 즉 언론에 대한 억압은 진실을 밝히는데 도움이 되지 않으며 의견의 자유로운 표현에 대하여 억압하게 되면 진실이 밝혀지지 않는다는 점, 어떤 의견에 대한 억압은 사회악을 초래하고 비판에 대한 제약은 진실파악을 저해한다는 점, 참된 진리는 기존의 의견에 있는 것이 아니라 비판의 소리에 있다는 점 등 공리적인 이익 때문에 언론자유가 보장되어야 한다는 것이다.

③ 민주주의 조건으로서의 옹호론

민주주의를 구현하려면 언론의 자유는 전적으로 보장되어야 하며, 비판과 표현의 자유는 민주주의의 필요조건이라는 주장이다. 즉, 언론의 자유는 민주주의의 장점 때문이 아니라, 바로 민주주의의 필요조건이라는 주장이다.

여하간에 언론 자유에 대한 어떠한 옹호론이든 그리고 그러한 옹호론에 대한 많은 문제점들에도 불구하고, 언론자유에 대한 입헌적 보장과 실질적인 환경의 조성 없이 민주주의 사회의 구현은 불가능하다고 할 수 있다.

3. 민주주의의 지적 심리적 조건

민주주의의 지적 심리적 조건은 시민들로 하여금 그들의 합리적 사고와 판단을 공동문제에 대한 의사결정에 투입하도록 함으로써 민주시민으로서 자신의 권익을 확보할 수 있는 조건이다. 따라서 민주시민으로서의 합리적 판단을 위해서는, 판단 자료로서의 정보의 취득과 정보를 활용할 수 있는 시민의 능력이 요구된다.

1) 정보의 개방과 제공

공동체 구성원이 자치할 수 있기 위해서는 그들에게 영향을 줄 공동체의 의사결정 문제들을 지혜롭고 지적 합리적으로 파악할 수 있도록 정확하고 개관적인 정보를 그들에게 제공해야 한다. 다시 말하면 합리적인 공동체의 의사결정 또는 정책결정을 위하여 구성원에게 정확하고 풍부한 판단자료를 제공하는 일은 질적 민주화의 필수요건이라고 하여도 과언이 아니다.

대체로 현대와 같이 대규모의 복합적이고 다원화된 사회에서는 매일매일의 중요한 결정들이 일반 시민이 아니라 그들의 대표자들에 의하여 이루어지기 때문에, 시민들이 의사결정에 필요한 보다 정확하고 충실한 정보를 제공받지 못하면 민주주의 특히 대의민주주의는 의미가 없게 된다. 따라서 이러한 정보들이 개방되어 시민들에게 제공되어야 하며, 이러한 정보들을 시민들에게 노출시켜 제공하는 매체가 바로 언론기관이기 때문에 민주주의의 구현을 위해서는 언론의 자율성이 무엇보다도 중요하다. 그러므로 국가공동체의 경우, 그 체제가 독재체제이냐 민주주의체제이냐를 가름하는 준거 가운데 가장 중요한 것도 언론의 자율성이라고 할 수 있을 것이다. 그럼에도 불구하고 한국의 역대 대통령은 기소독점권(검찰권)과 정보독점권을 지니고 언론까지도 제약 내지 조작해왔기 때문에 제왕적 대통령으로서의 지위를 보유할 수 있었다.

이러한 시각에서 보면 한국정치 민주화의 제일차적 과제는 대통령이 지닌 정보독점권과 기소독점권을 제도적으로 제약함으로써, 대통령이 국민의 의사와 요구에 귀를 기울이도록 하는 일이라고 하여도 과언이 아니다. 만일에 한국의 대통령이 정보독점권이나 기소독점권이 없다면 아무리 조세징수권을 남용하여 언론을 탄압하려고 해도 결국은 정보가 노출될 것이고, 검찰이 자율성을 지녀 기소하지 않게 되면 대통령의 권한 남용과 그 것을 이용한 부정 부패는 그만큼 줄어들게 될 것이다.

따라서 각급 검사장과 경찰책임자(경찰서장 및 시도경찰청장)의 주민직선제 및 정보책임자의 인사청문회제의 강화방안도 채택할 필요가 있다. 예컨대 앞서 언급한 미국의 콜로라도주 파크 카운티의 총선거(제4장 참조)에서 주민이 직접선거로 뽑는 공직자의 예는 한국정치에서 권력의 부패와 공직자의 부정을 예방하기 위한 방법으로 채용할 필요가 있는 제도일 것으로 보여진다. 특히 미국의 경우 주민이 직접 선거하는 주 검찰총장의 연봉이 주지사보다 더 많은 주가 있는가 하면, 대부분의 주에서 주지사 다음으로 많은 연봉을 받는 점에도 유의할 필요가 있다.

〈표 5-2〉 2002년도 미국 주(states)의 주요 고위직 공무원의 연봉

주(State)	주요 주 고위직 공무원의 연봉($)				
	주지사 (Governor)	부지사 (Lt. Governor)	국무장관 (Sec. of State)	검찰총장 (Atty. General)	재무장관 (Treasurer)
Alabama	94,655	67,990	66,722	124,951	66,722
Alaska	85,776	80,040	-	91,200	-
Arizona	95,000		70,000	90,000	70,000
Colorado	90,000	68,500	68,500	80,000	68,500
Connecticut	78,000	71,500	65,000	75,000	70,000
Delaware	114,000	62,400	106,000	116,700	94,000
Florida	123,175	117,990	121,931	121,931	121,931
Georgia	127,303	83,148	112,776	125,871	-
Hawaii	94,780	90,041	-	85,302	85,302*
Idaho	101,500	26,750	82,500	91,500	82,500
Illinois	150,691	115,25	132,963	132,963	115,235
Indiana	95,000	76,000	66,000	79,400	66,000
Iowa	104,352	73,046	83,590	102,740	85,429
Kansas	96,877	109,870	75,259	86,546	75,259

Kentucky	104,619	88,941	88,941	88,941	88,941
Louisiana	95,000	85,000	85,000	85,000	85,000
Maine	70,000	79,768	-	87,755	79,768
Maryland	120,000	100,000	70,000	100,000	100,000
Massachusetts	135,000	vacant	120,000	122,500	120,000
Michigan	177,000	123,900	124,900	124,900	153,000
Minnesota	120,303	66,168	66,168	93,983	66,168
Mississippi	101,800	60,000	75,000	90,800	75,000
Moddouri	120,087	77,184	96,455	104,332	96,455
Montana	88,190	62,471	67,485	75,550	-
Nebraska	85,000	60,000	65,000	75,000	60,000
Nevada	117,000	50,000	80,000	110,000	80,000
New Hampshire	100,690	-	87,380	97,370	78,640
New Jersey	83,333	-	133,000	133,000	133,000
New Mexico	150,000	90,000	90,000	100,000	90,000
New York	179,000	151,500	120,800	151,500	151,500*
North Carolina	118,430	104,523	104,523	104,523	104,523
North Dakota	85,506	66,380	68,018	74,668	64,235
Ohio	122,800	64,375	90,725	90,725	90,725
Oklahoma	110,299	85,500	65,000	103,109	87,875
Oregon	93,600	-	72,000	77,200	72,000
Pennsylvania	142,142	119,399	102,343	118,262	118,262
Rhode Island	95,000	80,000	80,000	85,000	80,000
South Carolina	106,078	46,545	92,007	92,007	92,007
South Dakota	98,250	71,321	66,757	83,425	66,757
Tennessee	85,000	49,500	124,200	114,528	124,200*
Texas	115,345	7,200	117,516	92,217	92,217
Utah	100,600	78,200	-	84,600	78,200
Vermont	125,572	53,303	79,624	95,322	79,624
Virginia	124,855	36,321	124,435	110,667	112,653
Washington	142,286	74,377	91,048	129,351	99,708
West Virginia	90,000	-	65,000	75,000	70,000
Wisconsin	122,406	60,183	54,610	112,274	54,610
Wyoming	95,000	-	77,500	95,000	77,500

주: 1) 굵은 글씨체는 주지사의 연봉 보다 많거나 같은 주의 선출직 공직자(검찰총장 국무장관 재무장관 등)의 연봉
2) * 표는 감사관(Comptroller)의 연봉

자료: *The World Almanac and Book of Facts 2003*(New York: The World Almanac and Books, 2003), pp.68-71.

2) 정보의 활용

아무리 풍부하고 공정한 정보가 국민에게 공개되고 제공된다 하더라도, 그 제공받은 정보들을 활용할 수 있는 국민의 지적 수준이 미치지 못하면 그 정보는 무용지물이 될 수 있다. 따라서 정보들을 활용할 수 있는 국민의 지적 수준 특히 교육정도는 민주주의 구현의 가장 중요한 요건 중의 하나다. 그러므로 앞서도 논의한 것처럼 바람직한 민주사회를 이룩하기 위해서는 국민의 지적 수준을 향상시킬 교육정책이 가장 중요하다. 한국의 경우 부존자원이 적은 관계로 경제적 측면에서도 교육정책을 우선해야 하지만, 민주주의 발전을 위해서는 국민의 지적 수준을 제고하기 위한 교육정책이 무엇보다도 중요하다.

교육을 문화의 전달 보관 창조의 기능을 수행하는 것으로 개념 정의한다면, 결국 한 나라의 문화 그것이 물질문화이건 정신문화이건 교육수준의 제고 없이 국민의 문화수준을 높일 수는 없다. 한국의 경우 전 국민을 대학졸업자화함으로써 국민의 지적 수준을 높이는 일은 바로 질적 민주화의 길이고, 한국사회 선진화의 지름길이라 하여도 과언이 아니다.

3) 토론 및 협의기술의 발전

아무리 교육수준이 높다 하더라도 받은 교육이 비민주적 내용이면 그것도 참된 민주화의 장애요인이다. 따라서 질적 민주화를 위해서는 건전한 토론문화의 조성과 합리적인 협의기술의 체득이 중요하다. 이런 측면에서 민주사회는 토론문화의 사회라고도 할 수 있다. 이와 같은 토론문화의 조성을 위해서는 무엇보다도 각급 학교교육을 통한 토론과 협의기술의 훈련이 필요하다. 따라서 이 강좌에서 토론을 중요시하는 것도 이러한 민주주의의 질적 발전에 이바지하려는 데 있다. 아울러 이러한 토론학습과 훈련을 통하여 민주적 시민과 민주적 지도자로서의 자질이 형성될 수 있을 것이다. 만일 올바른 토론학습과 훈련을 통한 민주적 토론문화가 형성된다면 공동체 구성원들이 민주체제를 잘 활용하는 심리적 성향을 지니게 될 것이다. 이러한 시각에서 이 책의 말미에 학교교육을 통하여 민주적 시민과 지도자를 훈련하기 위한 실질적인 교육 프로그램으로 예시적인 토론주제들을 수록하였다.

 4) 심리적 성향

 건전한 민주주의 사회의 구현은 그 사회를 구성하는 구성원의 민주적 성향에 따라 좌우된다고 하여도 과언이 아니다. 국가공동체의 경우, 기본법인 헌법을 비롯하여 모든 법적 제도적 장치들이 민주적이라 하여도 그것을 운용하는 사람들이 민주적 성향을 지니지 못한다면, 그 제도나 법체제는 남용될 우려가 있다. 따라서 가정과 학교 그리고 사회 전체적으로 다음과 같은 성향의 시민을 육성하는 일이 무엇보다 중요하다. 민주적 시민상으로는 ① 자기 오류를 인정하는 시민, ② 경험을 중요시하는 시민, ③ 비판적 시민, ④ 융통성을 지닌 시민, ⑤ 현실주의적인 시민, ⑥ 타협적인 시민, ⑦ 관용적 시민, ⑧ 객관적 시각으로 생각하는 시민, ⑨ 신뢰성 있는 시민 등을 든다. 우리는 어릴 때부터 인간의 사고와 생활방식이 형성되는 사회화과정을 통하여 이러한 민주적 성향의 시민을 육성하는데 온 사회가 힘을 기울여야 할 것이다.

4. 민주주의의 수호 조건

 국가공동체의 경우, 군(軍)은 외적 위협(대외적 침략)으로부터 민주체제를 수호하는 긍정적 기능을 수행하지만, 민주체제를 파괴하는 체제내의 위험세력(쿠데타 세력)으로서의 부정적 기능을 수행하기도 하였다. 이러한 측면에서 군의 위상을 바로 정립하는 일이야말로 민주체제의 발전과 수호에서 불가결한 요소라 할 수 있다. 즉 아무리 훌륭한 민주주의 국가체제를 확립한다 하여도 독재체제의 침략을 받아 체제 자체가 다른 체제에 예속된다면 그 국가의 민주주의는 무의미할 것이고, 아울러 군이 쿠데타로 민주체제를 전복한다면 그 또한 민주체제의 위기가 된다. 따라서 민족 및 국가공동체의 경우, 군의 양면성에 대한 고려가 무엇보다도 중요하다. 즉 체제외적 위협(침략전쟁)에 대한 국민과 국가의 수호와 체제내적 위협(군사쿠데타, 내란 및 폭동)에 대한 민주체제의 수호이다.

더욱이 한국은 이러한 경험을 모두 겪었기 때문에 군의 위상을 제대로 확립하는 일이야말로 한민족 국가의 민주화를 위하여 가장 중요한 요건이라고 할 수 있을 것이다. 이 점에서 우리의 경우 군의 위상을 올바로 정립하는 일이 남·북한 관계 및 통일문제에서 한국의 자유민주주의 체제수호를 위하여 고려해야 할 최우선의 과제라고 할 수 있다.

군이 우리의 자유민주주의 체제를 수호할 수 없다면, 남북한간의 긴장완화도 통일도 무의미할 수도 있다. 따라서 1992년 군부세력에 의한 정부가 종식되고 문민정부가 들어선 후 군의 위상에 대한 재조명이 매우 중요하고, 동시에 무엇보다도 전쟁을 예방하고 평화를 유지하는 일이 국가정책의 가장 우선해야 할 과제일 수밖에 없다. 이러한 측면에서 지난 5세기 동안 전쟁에서 전사자를 상대적으로 적게 내면서 선진국이 된 나라들과 많은 전쟁 희생자를 낸 민족을 비교해보는 일도 우리에게 시사하는 점이 많을 것으로 보여진다

1) 자유민주주의 체제수호를 위한 군의 위상

다음은 1961년 5월 16일의 쿠데타 이래로 한국을 지배하여온 군부세력의 집권이 종식되고, 1992년에 소위 김영삼의 문민정부 출범을 계기로 문민정치시대의 군의 위상[3]을 재조명하려는 뜻에서 제기한 글이다.

김여삼 정부의 출범 이래로 지난 30여년간의 군부세력 집권 동안 사회

---

3) 金萬圭, 1993년 5월 19일자 세계일보 5면 시론.

각 분야에 만연되었던 부정과 비리 및 부패상들이 속속 폭로되고 있는 것 같다. 군부 자체도 예외가 아니어서 갖가지 비리와 부패에 대한 의혹과 풍문이 꼬리를 물고 있다. 따라서 새로운 문민정치시대에 부응할 올바른 군의 위상을 재정립하고 국민들의 국가수호와 군에 대한 신뢰의 형성이 그 어느 때보다도 필요한 때이기도 하다. 더욱이 군은 대외적 외침의 경우에는 국가수호, 즉 민주정치체제를 수호할 최후의 보루이면서, 동시에 대내적으로는 쿠데타를 통하여 민주정치체제를 파괴할 위험요소로서의 양면성을 띠고 있다. 그러므로 문민시대의 정착을 위해서도, 그리고 새로운 안보 및 통일환경에 대처하기 위해서도 군의 새로운 위상 설정에 대한 국민적 공감대 형성이 요청된다.

그러나 군에 대한 국민의 인식은 대체로 부정적임을 부인할 수 없을 것 같다. 그 이유는 과거 우리의 정치문화 속에서의 군의 위상을 돌이켜 보면 알 수 있다. 조선왕조의 경우 문반 지배체제는 무반인 군을 경시하는 숭문경무(崇文輕武)의 정치문화이었기 때문에, 외침과 같은 국가위기시에 정규군이 국가수호의 기능을 제대로 수행하지 못하였다. 지나치게 문민 예속 하에 있었던 군은 국민으로부터 경시되었기 때문에, 군의 국가수호 기능은 매우 취약하였었다. 일제군에 대한 한국인의 의식은, 일제의 무단적 군국주의로 말미암아 극도로 적대적이었다. 해방 후 북위 38도선 이남을 점령한 미군정은, 38선 이북의 소련군에 대항하고 일제가 물러난 뒤의 사회적 혼란을 극복하고 치안을 유지할 목적에서 민족주의적 정통성보다는 군정체제 유지상의 효율성을 강조하였다. 따라서 미군정이 창설한 국군의 전신인 조선경비대는 민족적 정통성을 지닌 요원보다는 일본군 출신자들이 주축을 이루었다. 이와 같이 민족적 정통성이 적었던 국군은, 정부수립 후 6·25전쟁에서의 공적에도 불구하고 국민들의 군에 대한 불신이 컸었다. 1961년 5·16 이후 군부세력은 국가수호라는 군 본연의 기능보다는 정권장악과 권위주의적 통치에 군을 동원하는 일이 많았다. 따라서 군에 대한 국민의 불신과 거부감도 그만큼 컸기 때문에 문민정부의 출현을 고대하였고, 이제 국민들은 새 정부의 등장과 더불어 문민 통제 하의 새로운 군 위상의 정립에 큰 기대를 걸고 있기도 하다.

그러나 근세 이래의 한국군의 위상을 돌이켜보면, 국민이 군을 불신 내지는 경시하는 때에도, 반대로 군부세력이 국민 위에 군림해왔음에도 우리의 군이 진정으로 외국군의 지원 없이 대외적 위기에 대처할 국가수호의 자위력을 갖추고 있었느냐에 의문을 가지지 않을 수 없다. 현재도 주한 미군이 대폭 감축되거나 철수하는 경우 대외적 위협을 극복할 수 있는 자위력을 국군에게 전적으로 맡기고 안심할 수 있을지 우려되기도 한다. 이러한 측면에서 보면, 국민 위에 군림하려는 군부지배체제도, 그리고 국민의 군에 대한 지나친 불신과 부정적 인식도 군이 국가수호의 기능을 제대로 수행하는 데에는 도움이 되지 못한다는 점에 유의할 필요가 있다. 따라서 새로운 군의 위상정립을 모색하려는 부단한 노력이 필요하다.

첫째 해방 이후 한국정치의 대부분을 군부세력이 지배하거나 정권유지에 군이 동원되는 일이 많았기 때문에, 국민의 군에 대한 불신과 거부감이 매우 크게 작용하고 있음에 유의하여, 군 스스로 국가수호의 제 기능을 다하려는 자기 혁신이 요청된다. 일부 정치군인들에 의한 파벌적 권력추구와 비리에서 벗어나, 국민에 충성하는 군으로서의 획기적인 구조개혁과 의식전환이 필요할 것이다.

둘째 탈냉전의 국제적 환경과 위협구조의 변화에도 불구하고, 우리의 경우 국가수호를 위한 군의 기능이 소홀히 될 수 없다는 점이다. 1945년 제2차 세계대전 종전후의 지구상의 전쟁에서 가장 많은 희생자를 낸 민족이 우리 한민족이다. 6·25동란 3년간(1950.6.25~1953.7.27)의 전쟁에서 희생된 300만 명은, 베트남전 10년간(1965~75)에 희생된 205만 8천 명보다 훨씬 많은 인명피해이었던 점에 유념할 필요가 있다.

셋째 앞으로 군의 위상이 저하될 가능성은 많다. 왜냐하면 탈냉전의 추세와 국내 정치적인 복지수요의 증가요구에 따른 방위비의 감소로 인하여, 군을 소홀히 할 우려가 크기 때문이다. 따라서 대외적 위협구조에 대비한 군의 국가수호기능에 대한 국민적 공감대 형성을 위해서는, 가능하다면 국방예산의 명확한 집행을 비롯한 군 구조를 개방함으로써, 국민의 군에 대한 신뢰감을 높여야 할 것으로 보여진다.

마지막으로 문민 통제 하의 군이 자칫하면 조선왕조에서와 같이 군을 경시하는 풍조 때문에, 대외적 위기 시에 그 본래의 국가수호 기능을 제대로 수행하지 못해서는 안 된다는 점이다. 때문에 군의 직업주의의 확립과 더불어, 사회 경제적 보상면에서 유능한 인재가 군 지휘관으로 충원될 수 있는 바람직한 기능집단으로서의 위상이 정립되어야 할 것이다.

2) 대외적 위협으로부터의 국가수호의 과제

다음의 1500년 이래로 495년간에 100만 명 이상의 전사자를 낸 주요국가의 전쟁 및 전쟁관련 사망자수를 나타낸 자료(추정에 의한 불충분한 통계이기는 하지만)는 우리에게 앞으로의 국가수호를 위하여 시사하는 점이 많다. 한민족의 경우, 첫째 만일 한국의 전사자에 임진왜란(1592~98), 병자호란(1636), 한말 의병활동 전사자 및 제2차 세계대전에서 희생된 한국인을 포함시킨다면, 한국의 전쟁사망자의 통계 수치가 훨씬 많아지게 될 것이라는 점이다. 둘째 앞에 언급한 것처럼 1945년 제2차 세계대전 종전 이후 지난 50여년간에 지구상에서 일어난 전쟁들 가운데, 최다의 전쟁희생자를 기록한 민족이 한국전쟁에서 남한만 해도 300만 명 이상의 전사자를 낸 한민족이라는 점이다. 셋째 따라서 외국침략에 대한 민족수호의 전쟁도 아닌 동족상잔의 전쟁으로 말미암아 우리의 역사상 유례 없는 전사자를 내게 한 한국전쟁에 대하여는, 이유여하를 막론하고 그 전쟁의 책임에 대한 준엄한 역사적 평가가 이루어져야 할 것이다. 넷째 한국의 경우 전쟁의 예방과 평화추구를 위한 국가수호의 안보정책이 그 어떤 정책보다도 우선하여야 할 것이며, 국제적 환경의 변화에도 불구하고 국가수호에 대한 국민적 공감대 형성은 물론 효과적인 대응책 및 필요한 실질적 투자와 노력이 필요하다는 점이다.

세계 전체적으로 보면, 첫째 지난 시대의 전쟁에서 많은 자기 민족 구성원을 희생시킨 민족은 어떤 명목으로도 바람직한 민족으로 보기 어려울 것이라는 점이다. 둘째 어떠한 일이 있어도 전쟁에서 자기 민족 또는 시민을 보호하는 일이 중요하고, 자기 민족을 최대한으로 보호하고 선진국이 된 민족이 우수한 민족이라고 할 수 있다. 셋째 2001년 9월 11일 미국의 뉴욕과 수도 워싱턴에서 100분 동안(8:48-10:28a.m.)에 5,470명(공식집계)의 희생자(사망 또는 실종)를 낸 테러사건은 미국 역사상 최단시간에 최대의 희생자를 낸 사건이었다. 미국의 전체 역사를 통하여 2001년 9월 11일의 테러에 의한 희생자수는, 남북전쟁중인 1862년 9월 17일 1일간에 앤티텀 전투에서 남북군 양측의 전사자 3,650명 그리고 1941년 일본의 진주만 폭격으로 인한 사망자 추정치 2,300~2,400명보다도 훨씬 많은 사망자이었다. 더욱이 세계 각국의 대미 정서가 어떻든간에 지난 20세기 100년간의 전쟁(제1·2차 세계대전을 포함)에서 군인전사자를 제외하면 1,000명 이상의 순수 시민이 희생된 적이 없는 미국으로서는 경천동지할 일이라는 점에 유의할 필요가 있을 것이다. 왜냐하면 미국의 역사에서 민간인 그것도 주로 엘리트에 속하는 시민이 일시에 5,000여 명 이상 희생된 역사가 없었고, 미국이 내세우는 자유민주주의체제의 궁극적 목적이 시민의 보호와 국가의 수호이기 때문이다. 그러므로 현재 추구하고 있는 테러에 대한 미국의 응징정책은 미국으로서는 최대의 국가수호정책일 수밖에 없을 것으로 보여진다.

미국의 2001년 9월 11일의 테러 관련 자료

■ 사망자수
비행기 4대 탑승자로서 피납 사망: 265명(19명의 납치범 포함)
미국 국방성(Pentagon)의 사망자: 125명
세계무역센터(World Trade Center) 사망자: 5,080명

합계   5,470명

위의 사망자 가운데는 뉴욕 소방관 343명, 뉴욕시 경찰 23명, 뉴욕항만관계자 37명 등 403명의 사망자가 포함되었으며, 국방성 사망자(125명) 중에는 현역 21명, 현역 해군군무원 33명이 포함되었다. 그리고 사망자 3명중 1명은 여성이었고, 사망자의 국적별로 보면 아랍계를 포함하여 62개국 시민이 포함되었다.

■테러 피습 붕괴과정(100분간)
8:48 AA 11기 WTC(남측 1타워) 96층과 103층 사이 피습
9:03 북측 2타워 피습
9:37 국방성 피습
9:59 South Tower 붕괴
10:10 UAL기 펜실바니아엣 공중폭발 추락
10:28 North Tower 붕괴

■9·11 이전 미국 역사상 1일간의 주요전쟁 사망자
남북전쟁시의 앤티텀 전투(1862.9.17): 남군군인 3,650명 전사+19,000명 부상
일본의 진주만 폭격(1941. 12. 7): 2,300-2,400명 사망(추정)

〈표 5-4〉 주요 국가의 전쟁 및 전쟁관련 사망자수, 1500-1995(495년간)

나라이름	시기	전쟁 및 주 전쟁지역	전 사 자		
			민간인	군 인	합 계
구소련	전 체				25,035,000
	1570-70	러시아의 Novgorod 격파	60,000		60,000
	1571-72	Tartars와 Moscow			1,000
	1608-12	폴란드의 러시아침입		37,000	37,000
	1614-21	Ukraine 내 Turkey와 Poland		15,000	15,000
	1671-76	Ukraine 내 Turkey와 Poland		25,000	25,000
	1678-81	Ukraine 내 Turkey와 Russia		12,000	12,000
	1695-96	Azpv 내 Turkey와 Russia		30,000	30,000
	1698-98	Streltsy 반란군대 Czar		1,000	1,000
	1716-17	러시아의 Khiva 정벌		2,000	2,000
	1773-74	Cossack 및 농민의 폭동	16,000	2,000	18,000
	1829-40	Circassians과 러시아	9,000	1,000	10,000
	1839-39	Russia와 Khiivans	1,000	4,000	5,000
	1853-56	Turk와 Russia 전쟁: 영국, 프랑스 개입	508,000	264,000	772,000
	1865-76	Russia의 중앙아시아 정벌		11,000	11,000
	1878-81	Russia와 Turkomans	20,000	1,000	21,000
	소 계				
	1904-05	일본과 러시아(일·러전쟁)		130,000	130,000
	1905-05	Pogrom, Russians와 유태인	2,000		2,000
	1905-06	농민과 노동자의 반정부투쟁	1,000		1,000
	1914-17	1차 세계대전	3,000,000	2,950,000	5,950,000
	1916-16	Kirghiz의 러시아인 학살			9,000
	1917-17	부르조아혁명파와 Czar	1,000	1,000	2,000

	연도	내용			
	1918-20	시민전쟁: 미, 영, 프랑스, 일본의 개입	500,000	300,000	800,000
	1939-39	일본과 소련(USSR)		13,000	13,000
	1941-45	2차 세계대전	8,500,000	8,500,000	17,000,000
	1969-69	중국의 소련 국경수비대 공격분쟁		1,000	1,000
	1989-95	Armenia와 Azerbaijan 분쟁			20,000
	1992-95	Georgia-Abkhazians와 소련정부군			3,000
	1992-95	Georgia-Ossetians와 소련 정부군			3,000
	1992-92	Moldova에서의 인종갈등			1,000
	1992-95	Tajikistan에서의 공산당과 회교			50,000
	1994-95	Russia와 Chechen 분리주의자	24,000	6,000	30,000
	소 계(20세기 100년간 소계)				24,015,000
중 국	전 체				18,749,000
	1716-18	Dzungars(몽고족)의 Tibet 침공		1,000	1,000
	1755-57	중국과 Dzungars(몽고족):대학살	300,000	300,000	600,000
	1765-70	Burma의 중국국경 침범		40,000	40,000
	1771-76	스쵀(泗川)성의 폭동	60,000	60,000	120,000
	1774-74	Shantung(山東)성 폭동	15,000	15,000	30,000
	1795-97	Miao-tseu의 반란	10,000	5,000	15,000
	1807-07	Koukou-Nor 원주민의 반란			5,000
	1822-28	Kashgaria 폭동			25,000
	1826-28	Uslim 반란			29,000
	1830-30	Kokanese 침범			1,000
	1839-40	중국대 영국(아편전쟁)	1,000	10,000	11,000
	1841-41	Dogras와 Tibet	3,000	1,000	4,000
	1847-48	중국과 Kashgaria			1,000
	1856-60	영·불연합군과 중국(아편)	10,000	1,000	11,000
	1857-57	중국과 Kashgaria			2,000
	1860-72	Muslim 반란군과 중국			300,000
	1860-64	태평천국란(영·불의 개입)	5,000,000	5,000,000	10,000,000
	1984-85	프랑스와 중국			12,000
	소 계				11,207,000
	1894-95	조선을 둘러싼 청일전쟁		15,000	15,000
	1900-00	만주와 러시아의 점령			4,000
	1900-00	의화단(義和團)폭동(5개국 개입)	13,000	3,000	16,000
	1904-04	영국원정대의 티베트 라사 점령			1,000
	1911-11	공화파와 정부군(辛亥혁명)			2,000
	1912-13	Tibet와 중국			2,000
	1913-13	공화파와 정부	5,000	5,000	10,000

	연도	내용			사망자
	1913-13	Bandits와 정부	5,000	5,000	10,000
	1914-14	Pai-Lings와 정부			5,000
	1917-18	운남폭동			1,000
	1917-18	스촤인(泗川人)과 기타종족	1,000	1,000	2,000
	1918-18	Tibet와 중국분쟁(영국 개입)		1,000	1,000
	1920-20	스촤인(泗川人)과 기타 종족	2,000	2,000	4,000
	1926-29	시민전쟁(소련·일본의 개입)			10,000
	1928-28	Muslim 반란군과 중국정부군			200,000
	1929-30	군벌과 정부군			75,000
	1929-29	소련과 중국		3,000	3,000
	1930-35	공산주의자와 정부군(國共內戰)			500,000
	1932-34	소련의 Turkistan 개입			20,000
	1931-33	일본과 만주		60,000	60,000
	1937-41	중국과 일본(中日戰爭)	1,150,000	650,000	1,800,000
	1941-45	2차 세계대전	850,000	1,350,000	2,200,000
	1946-50	국공내전(미국 개입)	500,000	500,000	1,000,000
	1950-51	중국과 Tibet	2,000		2,000
	1956-59	Tibet 폭동	60,000	40,000	100,000
	1967-68	문화혁명	450,000	50,000	500,000
	1983-84	정부의 처형	5,000		5,000
	1989-89	정부의 학생처형(천안문사건)	1,000		1,000
	1990-90	정부의 학생처형	2,000		2,000
	소 계(20세기 100년간 소계)				6,551,000
독 일	전 체				13,815,000
	1524-25	농민전쟁	100,000	75,000	175,000
	1946-47	Protestants와 신성로마황제군		8,000	8,000
	1618-48	신성로마황제와 프랑스·스웨덴(30년 전쟁)	2,000,000	2,000,000	4,000,000
	1870-71	France와 독일/Prussia	62,000	188,000	250,000
	소 계				4,433,000
	1914-18	1차세계대전	760,000	2,400,000	3,160,000
	1934-34	사회주의자와 Nazi 정부	1,000		1,000
	1939-45	2차 세계대전	1,471,000	4,750,000	6,221,000
	소 계(20세기 100년간 소계)				9,382,000
폴란드	전 체				7,498,000
	1512-21	Russia와 Poland		30,000	30,000
	1583-90	Turkey와 Poland		17,000	17,000
	1632-34	Russia의 Poland 침공		16,000	16,000
	1654-56	Russia와 Poland			8,000
	1655-61	Sweden과 Poland		30,000	30,000

	기간	사건			
	1715-17	Tarnograd와 Russia		6,000	6,000
	1733-35	Russia의 Poland 침공		88,000	88,000
	1792-94	Poland 폭동 및 분할	41,000	4,000	45,000
	1794-94	Poland와 Russia·Prussia			30,000
	1831-31	Poland인과 Russia	6,000	15,000	21,000
	1846-46	Poland인과 Austria	1,000	1,000	2,000
	1863-64	Poland와 Russia		5,000	5,000
	소 계				298,000
	1914-18	1차 세계대전	500,000		500,000
	1919-20	USSR과 Poland		100,000	100,000
	1939-45	2차 세계대전	6,000,000	600,000	6,600,000
	소 계(20세기 100년간 소계)				7,200,000
프랑스	전 체				4,741,000
	1944-46	England와 France		8,000	8,000
	1550-56	France와 Spain		95,000	95,000
	1557-60	France와 Haps 왕가(영국의 개입)		11,000	11,000
	1562-64	Huguenot와 France(영국의 개입)	8,000	6,000	14,000
	1567-68	Huguenot와 France	5,000	3,000	8,000
	1569-70	Huguenot와 France	11,000	9,000	20,000
	1572-73	France와 Huguenot	50,000	2,000	52,000
	1575-76	Huguenot와 France	2,000	1,000	3,000
	1585-89	Huguenot와 France		4,000	4,000
	1590-98	France와 Spain		17,000	17,000
	1650-59	Spain과 France		108,000	108,000
	1656-59	영국·France와 Spain		15,000	15,000
	1702-06	Camisard 반란		4,000	4,000
	1792-1802	프랑스혁명전쟁	1,000,000	1,039,000	2,039,000
	1830-30	자유주의자와 정부			2,000
	1831-35	정치적 분쟁			6,000
	1848-48	자유주의자와 정부			3,000
	1851-51	왕당파와 정부			1,000
	1871-71	국경수비대와 정부(독일의 개입)			20,000
	소 계				2,421,000
	1914-18	1차세계대전	40,000	1,630,000	1,670,000
	1939-45	2차세계대전	450,000	200,000	650,000
	소 계(20세기 100년간 소계)				2,320,000
오스트리아	전 체				3,640,000
	1520-33	Turkey와 Austria-Hungary	15,000	85,000	100,000
	1738-48	Prussia의 Austria 침공		359,000	359,000
	1778-79	Prussia의 Austria 침공		2,000	2,000

	연도	내용			
	1848-48	자유주의자와 정부			4,000
	1848-49	Sardinia와 Austria-Hungary	2,000	9,000	11,000
	1865-66	프러시아 및 이탈리아와 오스트리아(프랑스의 개입)	100,000	50,000	150,000
	1878-78	보스니아 반란군과 오스트리아-헝가리 제국	2,000	4,000	6,000
	1881-81	Daimatians와 Austria-Hungary 제국	1,000		1,000
	소 계				633,000
	1914-18	1차세계대전(Hungary 포함)	300,000	2,300,000	2,600,000
	1934-34	사회주의자들과 Fascist 정부	1,000	1,000	2,000
	1939-45	2차세계대전	125,000	280,000	405,000
	소 계(20세기 100년간 소계)				3,007,000
터 키	전 체				3,315,000
	1559-59	형제간의 내전(시민전쟁)			1,000
	1730-30	Janissaries 폭동		7,000	7,000
	1806-12	Russia와 Turkey		45,000	45,000
	1826-12	Janissaries족 학살	14,000	6,000	20,000
	1828-29	Russia와 Turkey	61,000	130,000	191,000
	1877-78	Russia와 Turkey		285,000	285,000
	1889-89	Cretan 혁명파와 Turkey	2,000	1,000	3,000
	1894-97	Armenia인과 Turkey	39,000	1,000	40,000
	1894-97	Crete 섬을 둘러싼 Greece와 Turkey			2,000
	소 계				594,000
	1909-10	Armenia 내에서의 학살	6,000		6,000
	1911-12	Italy와 Turkey		20,000	20,000
	1912-13	1차 Balkan 전쟁과 Turkey		82,000	82,000
	1914-18	1차세계대전	1,000,000	450,000	1,450,000
	1915-16	Armenia인의 처형	1,000,000		1,000,000
	1919-20	France와 Turkey			40,000
	1919-22	Greece와 Turkey	50,000	50,000	100,000
	1977-80	Terrorism: 군사쿠데타(1980)			5,000
	1984-95	Kurd 반란군에 대한 정부의 토벌	4,000	14,000	18,000
	소 계(20세기 100년간 소계)				2,721,000
베트남	전 체				3,084,000
	1788-89	중국인의 안남 정벌		30,000	30,000
	1795-1803	백연교도(白蓮敎徒) 봉기	10,000	10,000	20,000
	1858-62	France의 Chochinchina 침략		4,000	4,000
	1873-85	France의 Tonkin 정복	15,000	15,000	30,000
	1882-85	France와 Annam(중국의 개입)	2,000	4,000	6,000
	소 계				90,000

	연도	내용			
	1945-54	France와 독립전쟁(중국, 미국 개입)	300,000	300,000	600,000
	1960-65	미국의 베트남내전 간섭	200,000	100,000	300,000
	1965-75	미국 및 남Vietnam과 북 Vietnam	1,000,000	1,058,000	2,058,000
	1979-79	중국과 Vietnam	9,000	26,000	35,000
	1987-87	중국과 Vietnam 국경분쟁		1,000	1,000
	소 계(20세기 100년간 소계)				2,994,000
한 국	전 체				3,002,000
	1948-48	여수 순천 군반란사건		1,000	1,000
	1950-53	한국전쟁(미국 중국의 개입)	1,500,000	1,500,000	3,000,000
	1980-80	남한군 인민살해(광주사태)	1,000		1,000
구유고	전 체				2,547,000
슬라비아	1836-37	Bosnia와 Turkey			2,000
	1841-41	Bosnia와 Turkey	1,000		1,000
	1852-53	Turkey와 Montenegro	3,000	5,000	8,000
	1858-59	Turkey와 Montenegro		3,000	3,000
	1862-62	기독교도와 Turkey	2,000		2,000
	소 계				16,000
	1903-03	마케도니아 혁명군과 Turk	2,000	2,000	4,000
	1913-13	2차 발칸전쟁과 Bulgar		61,000	61,000
	1914-18	1차 세계대전	650,000	128,000	778,000
	1941-45	2차 세계대전	1,000,000	400,000	1,400,000
	1991-92	Croatia: 내전(시민전쟁)			25,000
	1992-95	Bosnia: 내전(시민전쟁, 학살)			263,000
	소 계(20세기 100년간 소계)				2,531,000
일 본	전 체				2,027,000
	1863-63	영국 프랑스 미국의 일본원정	1,000		1,000
	1877-77	Satsuma의 반란			14,000
	소 계				15,000
	1923-23	한국인 학살(동경 대지진 시)	10,000		10,000
	1938-38	USSR와 일본		2,000	2,000
	194-145	2차 세계대전	500,000	1,500,000	2,000,000
	소 계(20세기 100년간 소계)				2,012,000
나이지리아	전 체				2,012,000
	1897-97	영국과 Nigeria(프랑스의 개입)	1,000		1,000
	1967-70	Biafrans 종족과 정부(대량학살)	1,000,000	1,000,000	2,000,000
	1980-81	회교원리주의자와 정부			5,000
	1984-84	회교원리주의자와 정부			1,000
	1991-92	인종폭동	5,000		5,000
영 국	전 체				1,612,000
	1513-15	Scotland와 England		10,000	10,000

	1522-23	England와 Scotland		3,000	3,000
	1542-50	England와 Scotland		13,000	13,000
	1547-50	Arundel의 반란		6,000	6,000
	1554-54	Wyatt의 반란		1,000	
	1560-60	Scotland 영국과 France		6,000	6,000
	1667-68	스코틀랜드 반란군과 영국			2,000
	1642-46	의회파와 왕당파간 충돌	25,000	25,000	50,000
	1649-50	아일랜드반란군과 영국	2,000	1,000	3,000
	1650-51	영국과 Scotland		8,000	8,000
	1679-79	Covernanter 반란측과 영국		2,000	2,000
	1689-91	아일랜드인과 잉글랜드인(프랑스 개입)		7,000	7,000
	1715-15	스코틀랜드와 영국		2,000	2,000
	1726-29	스페인과 영국		15,000	15,000
	1745-46	Scotland 정권장악 기도(제임스당의 반란)		3,000	3,000
	소 계				131,000
	1914-18	1차세계대전	31,000	1,000,000	1,031,000
	1939-45	2차세계대전	100,000	350,000	450,000
	소 계(20세기 100년간 소계)				1,481,000
헝가리	전체				1,600,000
	1537-41	Austria-Hungary와 Turkey		51,000	51,000
	1566-68	Turkey와 Austria-Hungary		24,000	24,000
	1590-96	Austria와 Turkey		40,000	40,000
	1593-1603	Turkey와 Austria-Hungary		90,000	90,000
	1657-57	Turkey와 Austria-Hungary			1,000
	1663-64	Turkey와 Austria-Hungary		20,000	20,000
	1682-99	Turkey와 Austria 및 Hungary		384,000	384,000
	1703-11	Hungary 반란측과 Austria		43,000	43,000
	1711-11	Hungary 내에서의 Turkey와 Russia		2,000	2,000
	1848-49	Hungary와 Austria-Hungary 및 Russia		60,000	60,000
	소 계				715,000
	1919-19	Czech-Romania와 Hungary		11,000	11,000
	1919-20	반공주의자와 정부			4,000
	1941-45	2차 세계대전	450,000	400,000	850,000
	1956-56	소련의 헝가리 시민전쟁 개입	10,000	10,000	20,000
	소 계(20세기 100년간 소계)				885,000

이탈리아	전 체				1,592,000
	1499-1503	Turkey와 Venice		4,000	4,000
	1501-04	Franc와 Spain		20,000	20,000
	1508-09	Cambrian 동맹과 Venice		10,000	10,000
	1512-14	신성동맹과 France		25,000	25,000
	1515-16	Milan을 둘러싼 France와 Swiss		4,000	4,000
	1521-26	France와 Spain		31,000	31,000
	1526-29	France와 Spain		18,000	18,000
	1535-37	France와 Spain		75,000	75,000
	1542-45	France-Turkey와 Spain		77,000	77,000
	1556-59	France와 Spain-영국		24,000	24,000
	1570-71	Turkey와 Venice		38,000	38,000
	1701-03	Austro-Sardinian 전쟁		7,000	7,000
	1717-17	Spain의 Sardinia 점령		1,000	1,000
	1718-20	Spain의 Austria 공략		25,000	25,000
	1763-65	France의 Corsica 점령		1,000	1,000
	1815-15	나폴레온전쟁		5,000	5,000
	1820-21	Lib와 정부(Austria-Hungary의 개입)	2,000	1,000	3,000
	1848-48	Lib와 Two Sic(Austria의 개입)			
	1849-49	France와 Rome(A-Hungary의 침범)	1,000	2,000	3,000
	1859-59	Austria-Hungary과 Italy(프랑스 개입)	18,000	22,000	40,000
	1860-61	민주정파와 독재정파(프랑스 개입)		2,000	2,000
	1862-70	Italy와 교황국		8,000	8,000
	소 계				
	1915-18	1차 세계대전		950,000	950,000
	1940-45	2차 세계대전	70,000	150,000	220,000
	소 계(20세기 100년간 소계)				1,170,000
네델란드	전 체				1,497,000
	1586-1604	화란독립파와 Span Armada	56,000	121,000	177,000
	1652-54	England와 Netherlands의 해상전쟁		26,000	26,000
	1665-67	England와 Netherlands		37,000	37,000
	1667-68	France와 Spain		7,000	7,000
	1672-74	영국-프랑스와 Netherlands		8,000	8,000
	1672-79	France와 Netherlands		342,000	342,000
	1688-97	France와 Augsburg 동맹		680,000	680,000
	1780-84	영국과 Netherlands		9,000	9,000
	1789-90	네덜란드반란파와 Austria		5,000	5,000
	1940-45	2차 세계대전	200,000	6,000	206,000
미국	전 체				1,438,000
	1637-37		1,000		1,000

	1763-63				1,000
	1778-83			34,000	34,000
	1812-15			5,000	5,000
	1813-14		1,000		1,000
	1835-36		1,000	1,000	2,000
	1861-65		200,000	620,000	820,000
	1861-80				33,000
	1861-67				6,000
	1876-77		1,000		1,000
	소 계				904,000
	1917-18			126,000	126,000
	1941-45			408,000	408,000
	소 계(20세기 100년간 소계)				534,000
아프가니스탄	전 체				1,361,000
	1919-19	Afghanistan과 영국		1,000	1,000
	1924-25	개혁반대파와 정부(영국 간섭)	1,000	1,000	2,000
	1928-29	개혁반대파와 정부	4,000	4,000	8,000
	1978-89	USSR의 내전개입	800,000	500,000	1,300,000
	1991-95	종파간 분쟁			50,000
루마니아	전 체				1,297,000
	1784-85	Romania 농민과 Hungary		4,000	4,000
	1907-07	Romania 농민과 정부			2,000
	1916-17	1차 세계대전	275,000	375,000	650,000
	1941-45	2차 세계대전	300,000	340,000	640,000
	1989-89	반정부 시위대와 정부	1,000		1,000
스페인	전 체				1,258,000
	1821-23	왕실과 정부 간 분쟁(프랑스 개입)	5,000	5,000	10,000
	1833-40	Carlists와 정부(영국 프랑스 폴투칼개입)			33,000
	1847-49	Carlists와 정부			3,000
	1868-68	자유주의 세력과 정부			2,000
	1872-76	Carlists와 정부			7,000
	소 계				55,000
	1934-34	Asturian 광부들과 정부	3,000		3,000
	1936-39	내전(이태리, 소련, 독일의 간여)	600,000	600,000	1,200,000
	소 계(20세기 100년간 소계)				1,203,000

자료: Ruth Leger Sivard, *World Military and Social Expenditures*, 1991, 14th ed. (Washington, D.C.: World Prorities Inc., 1991) 및 1996 16th ed.에서(100만명 이상의 전쟁 사망자를 낸 국가를 전사자가 많은 나라부터 순서대로) 발췌한 것임.

제6장 한국사회의 민주적 발전 과제

1. 민주적 의식 개조를 위한 한국 정치문화의 과제

오늘의 한국 정치문화의 파행성이 식민지적 유산을 제대로 청산하지 못한 데 그 요인이 있다고 보는 사람이 많기 때문에, 일제 이전의 조선조와 일제의 식민통치 아래 그리고 광복 이후를 연결하는 정치사의 변천에 따른 한국 정치문화의 특성과 변질에 대하여 조명(照明)하여 보는 일은 앞으로 한국 정치문화의 밝은 전망을 모색하는 길이기도 하다.[1] 이와 같은 측면에서 다음과 같은 몇 가지 문제점들을 밝힐 필요가 있다.

첫째 지배학 또는 제왕학(帝王學)으로 알려진 유학적 정치문화가 일제 통치하의 식민지 정치문화 및 해방 후 한국 정치문화에 어떻게 작용하여 왔는가? 특히 아시아의 정치문화에서 가장 중요하다는 도덕성[2]에 있어서 유학 정치사상이 준 영향은 무엇인가 하는 점이다. 둘째 소위 황국신민화를 표방한 일제의 식민지적 정치문화의 특성은 무엇이며 유학적 정치문화와의 사상적 연관성은 어떠한가? 아울러 해방과 더불어 청산되어야 할 식민지적 유산이 해방 후 한국 정치문화의 변화에 어떻게 작용하였는가

---

1) 김만규, 『한국의 정치사상』(서울: 현문사, 1999), 367-386 쪽 참조.
2) 파이는 도덕성을 중요시하는 아시아의 정치문화를 도덕주의(virtuocracy)라고 하였다(Lucian W. Pye, *Asian Power and Politics: The Cultural Dimensions of Authority* (Cambridge, MA: Harvard Univ. Press, 1985), pp.22-23.

하는 점이다. 셋째 현재 한국 정치문화의 과제가 무엇이며, 앞으로의 전망은 어떠한가 하는 점이다.

이러한 문제점들을 고려할 때, 오늘의 한국 정치문화의 파행성은 남북한을 막론하고 다같이 도덕적 정통성의 결여를 특징으로 하고 있다고 볼 수 있다. 남한의 경우 자유민주주의의 이데올로기는 정치문화의 기형적 변질로 말미암아 유학적 자본주의를 낳았고, 북한의 경우 사회주의 이데올로기는 유학적 사회주의로 변질되어 세계 역사상 그 유례를 찾아볼 수 없는 극도의 폐쇄적 가부장제 정치문화를 조성함으로써 한국 역사상 최악의 정권으로 전락하였다. 이러한 남북한 정치문화의 파행적 변질은 진정한 의미의 민주적 정치문화에서 보면 도덕적 정통성이 결여되어 있다고도 할 수 있을 것 같다.

정치문화에 대한 논의는 다양하다. "정치문화(political culture)란 정치과정에 질서와 의미를 제공하고, 그 정치체제 내의 행위를 규제하는 여러 규범과 책임을 마련해주는 태도 믿음 및 감정의 총체"[3]라고 한다. 따라서 정치문화를 정치이념 국민정신 국민의 정치심리 및 국민의 근본적 가치관과 같은 전통적인 사고방식과 연계되어 있기 때문에 체계적이고 보다 명백한 이해를 필요로 하고 있다는 것이다.

이와 같은 정치문화의 일반적 개념에 비추어 본다면, 식민지적 유산으로서의 일제의 정치문화는 한국사회의 핵심적 가치, 즉 지배적 가치체계(dominant value system)이었던 유학적 정치문화와 떼어놓고 생각할 수 없을 뿐만 아니라, 동시에 8·15 광복을 계기로 한 새로운 민주적 정치문화의 조성 또한 그 이전의 국민적 가치관 및 그 이후의 가치관의 변질과 관련지어서 생각하지 않을 수 없을 것 같다. 이상과 같은 핵심적 가치체계로서의 정치문화를 전제로 할 때, 한국의 정치문화에서 일제 식민지적 잔재의 청산도 그리고 서양 정치문화의 파행적 이식도, 우리의 의식구조를 오랫동안 좌우해온 유학적 정치문화와 무관할 수 없다는 점에서 자성

---

[3] David L. Shills, ed., *International Encyclopedia of the Social Science*, Vol.12(New York: The MacMillan Co. & The Free Press, 1968), p.218.

해보지 않을 수 없을 것으로 보인다.

1) 조선시대의 유산과 일제의 식민지적 정치문화

정치문화를 어떤 사회내의 시민과 엘리트가 다같이 지닌 태도 및 믿음의 복합체로 본다면,4) 일제가 남긴 정치문화의 부정적 요소의 청산과제는 바로 한국의 국민과 지도자들의 의식구조와 실천에 좌우되었던 숙제이기도 하였다. 그러나 우리의 국민과 지도자들은 일제가 악랄하게 왜곡시킨 식민지적 정치문화 못지 않게 민족과 국가의 생활권 신장이나 국가보위와는 거리가 먼 조선왕조가 남긴 유학적 정치문화에서 탈피하지 못하였기 때문에 식민지적 정치문화의 청산이 쉽지 않았던 것으로 보여진다.

앞서 제1장에서도 논의한 것처럼 조선왕조가 건국 초부터 통치의 기본으로 삼았던 정치문화의 바탕은 유학사상이었다. 『논어』『맹자』『중용』을 거쳐 형성된 유학은 그 본질이 제왕권적 군신체제를 그 통치의 궁극적 목표로 하는 지배학이다. 따라서 유학의 정치적 본질은 국제질서상으로 중국대륙의 한족(漢族)이 주변의 이민족을 복속시키기 위한 한족 지배학이고, 국내 통치질서상으로는 제왕을 정점으로 한 지배계급이 노예와 상민 등 피지배계급을 다스리기 위한 차별원리를 그 뼈대로 하고 있다. 따라서 이러한 정치적 목적을 달성하기 위하여 가족집단에서는 가부장질서(家父長秩序)를, 사회질서상으로는 상하차별의 신분질서를 그리고 통치질서상으로는 군주(君主)를 중심으로 한 군신질서의 확립을 당위로 하였다. 그러므로 효 제 충(孝悌忠)의 도덕률은 왕조체제와 반상질서(班常秩序) 및 가부장 질서를 유지하기 위한 유학적 정치문화의 핵심을 이룬다 하여도 과언이 아니다.5)

---

4) G. Bingham Powell, Jr., *Contemporary Democracies: Participation, Stability and Violence* (Cambridge, MA: Harvard Univ. Press, 1982), p.67.
5) 유학사상의 본질에 대하여는 이미 제1장에서 논의하였을 뿐 아니라, 조선조

조선왕조의 경우 쿠데타로 집권한 이성계는 정권안정의 필요상 중앙집권적 제왕권체제의 확립을 목표로하는 주자(朱子)의 사상을 통치이념으로 삼았고, 주자학적 통치이념에 입각하여 일체의 정치·경제·사회제도를 법제화하였으며, 그 제도화의 산물이『경국대전』이라는 점을 지적하였다. 그러나 본래 주자학은 남송이라는 피난정권이 중국대륙의 심장부를 만주족의 금나라에게 빼앗기고 이를 수복하려는 정치적 목적에서 성립된 사상이기 때문에, 피난으로 약화된 왕권을 강화하려는 중앙집권적인 강력한 왕권을 확립하는 것이 제일차적 과제이었다. 동시에 한족(漢族)은 비한족의 지배를 받을 수 없다는 중화사상을 당위로 하는, 즉 중화민족의 이민족 지배를 당위로 하는 국제질서관을 형성하였다. 따라서 주자학은 차별원리를 본질로 하여 중앙집권적 왕조체제를 목표로 한 정치사상이었다.6)

그러나 이러한 주자학을 조선왕조의 통치이념으로 채용함으로써, 우리 한민족(韓民族)에게는 정치문화상의 많은 문제점과 모순을 초래하였다. 동질성이 어느 민족보다도 강하고 미래지향적 특성을 지닌 한민족에게 주자학적 차별원리를 적용하여 가정과 나라의 구성원을 상위자와 하위자로 차별하게 되니, 여기에 불가불 서로 차별 받지 않으려는 데서 갈등과 불신, 부정과 배타의 정치문화가 형성되기에 이르렀다. 더욱이 조선왕조 말기에 이르러 유학사상은 임금에게 충성하는 것이 나라사랑으로 착각하게 하는데 기여했을 뿐, 국민에 대한 봉사가 애국인 민주주의 및 민족주의와는 본질적으로 양립할 수 없는 결과를 초래하였다. 아울러 중국 한족에게 이민족으로 취급되어온 한민족의 전체 역사를 볼 때, 중국대륙이 통일되어 강성해지면 한반도에는 위기와 시련을 맞이했고, 중국의 한족이 위기를 맞거나 분열되면 한민족은 번영과 발전을 구가했었던 점도 이미 제1장에서 밝히었다.

　　의 정치에 미친 영향에 대하여서도 앞장들에서 여러 차례에 걸쳐 언급하였다.
6)　金萬圭,「理氣論의 政治的 照明: 儒家의 孔子, 孟子, 中庸 및 朱子를 중심으로」,『제4회 合同學術大會論文集』(韓國政治學會, 1981), 76-77쪽 참조.

여하간 조선왕조의 유학적 정치문화는 그 말기에 이르러 위정척사를 내세우면서 수구와 쇄국을 고집하였고, 개화자강의 미래지향적 국민정신을 외면함으로써 결국 망국의 길로 일제의 식민지적 지배문화를 초래하고 말았다. 환언하면 중국의 한족이 스스로의 생존권을 보위하고 확장하기 위하여 강력한 국가체제를 확립하려는 정치적 목적에서 형성된 한족 중심 사고의 유산인 유학은, 한반도에 들어와 모화사대의 소중화를 자처함으로써 대외 의존적 정치문화를 낳았으며, 건전한 개명의식의 민족주의를 발전시키기보다는 주자학적 유학사상이 지닌 본래의 배타적 복수의식 및 권위적 차별의식 때문에, 동질성이 어느 민족보다 강한 민족구성원을 차별 지움으로써 갈등과 분열을 촉진시키는 역기능이 더 컸던 것 같다.

한말의 위정척사파로 대표되는 유림들 가운데 의병활동을 통하여 끝까지 국가보위에 헌신한 분들도 있지만, 그들의 순절은 임금에게 충성하는 충군을 곧 나라를 사랑하는 애국으로 생각하는 수구적 정치문화에서 크게 벗어나지는 못하였다. 특히 불교사상의 여운이 남아 있었던 조선왕조 초기를 제외하면, 지배계급에게 심화된 모화사대의 유학적 의식은 정규군이 국가를 수호한 적이 없었을 뿐 아니라, 드디어는 중국에 의존하려는 사대주의로 국권을 상실하는 결과를 낳았다. 국권회복을 위한 삼일운동의 주도자들 가운데 유학자가 한 사람도 없었던 점에도 유의할 필요가 있다. 동시에 유학의 정치문화에 젖은 대부분의 보수세력들은 국가보위보다는 계속적인 정치권력의 확보 및 기득권의 유지에 급급하였기 때문에 친일 또는 부일파(附日派)로 전락하게 되었다.

결국 보수적 양반 지배계급이 남긴 조선시대 유학적 정치문화의 유산은 상하간 차별주의와 중앙집권적 통치체제를 고수함으로써, 민족적 위기에 직면하여 민족성원의 동질성을 강화하고 민족 통합의식을 형성시키는데 기여하기는커녕 상호 불신과 갈등을 촉진시키는 의식의 밑바탕을 이루는데 작용하였을 뿐이고, 한국인 본래의 미래지향적 개명 진보의 정신과 개화자강운동에도 부정적 요인으로 작용하였다.

따라서 중앙집권적 제왕권 확립을 궁극적 정치목표로 하는 유학 정치

사상은 모든 한국인을 소위 황국신민화하려 하였던 일제의 식민지적 정치문화를 위한 필요조건이 되었을 뿐이었다. 특히 차별질서를 본질로 하는 유학적 정치원리는 제국주의의 일반적 패턴인 분리-지배(divide and rule)와도 상통하기 때문에, 일제는 조선의 지식인 종교인 자산계급을 황국신민과 불령선인으로 구별하여, 반민족주의자들인 소위 황국신민을 보호하고 민족주의세력을 불령선인으로 취급하여 감시하고 탄압함으로써 온 민족을 황민화하는 데 주력하였다. 이와 같은 일제의 황민화정책은 조선시대 유학적 정치문화의 유산인 권위주의와 차별주의를 일본제국주의 식민지문화로 연장시켜 한국인의 패배의식과 좌절의식을 촉진시킴으로써 해방 후에도 미소 강대국의 냉전체제에 어느 나라보다도 강하게 편승하는 현상을 나타냈다고 볼 수 있다.

일본 제국주의의 한국에 대한 식민통치의 목표는 한국의 일본화였기 때문에, 일제는 내선일체와 황국신민화를 표방하고 한국민족의 주체성을 소멸시키는 데 주력하였다. 더욱이 일제는 한국인에 대한 문명개화와 동아공영을 내세웠지만, 실제는 이를 구실로 한 전통적 민족주체사상의 말살을 통한 한국인의 우민화에 있었다. 이는 삼일운동 뒤에 민족주의자들이 추진한 민립대학 설립기성회를 정치적 의도와 불령사상의 개입이 있다는 구실로 묵살해버리고,[7] 1945년 광복 시까지 4년제 고등교육기관으로는 단지 식민지지배를 위하여 필요한 경성제대(1924년 설립)만을 두었던 점으로도 알 수 있다.

따라서 일제의 한국에 대한 식민통치는 한국인의 의식구조를 소위 일제의 신민화하는 정치사회화에 주력하였다. 그들이 표방한 문화정치도 궁극적으로는 한국인의 일본화에 있었다. 아울러 창씨개명을 통하여 조상과 후손간을 단절시킴으로써, 창씨개명에 반대하여 전통을 고수하려는 사람들에게는 더욱더 개명진보보다는 보수와 수구에 되돌아가도록 하는 복고의식을 조성하였다고도 볼 수 있다.

---

[7] 金雲泰, 『日本帝國主義의 韓國統治』(서울: 博英社, 1986), 308쪽 및 洪以燮, 『韓國近代史』(연세대학교 출판부, 1975), 186쪽 참조.

아울러 일제의 식민지통치에 의하여 조성된 또 다른 부정적 유산은 권력과 밀착하면 어떠한 정치적 격변에서도 생존권을 보위할 수 있다는 지배논리의 추구이었다. 이러한 지배논리는 유교주의적 폐단이었던 관존민비 의식과 관직 사유관(私有觀)을 더욱 합리화시켜줌으로써, 해방 후 이승만의 독재체제를 뒷받침한 친일세력의 생존을 가능하게 하였을 뿐 아니라, 자유당 때는 물론 1961년 5·16 쿠데타 후 관료의 부정과 부패를 일반화시키는 요인이 되기도 하였다.

조선왕조에서의 관직은 정치권력의 상징일 뿐 아니라 실제적으로 경제력의 기준이기도 하였다. 즉 과전법에 따른 과전 또는 직전(職田)의 지급은 정치권력의 강약을 의미하였고, 동시에 경제력의 대소를 말해주는 것이기도 하였다. 따라서 고위 관직은 대지주이고 한 가문의 족벌을 부양할 수 있었다. 일문의 씨족 가운데 어떤 한 사람이 고위 관직에 취임하게 되는 것은 바로 그 가문의 번영을 좌우하는 일이기도 하였다.

일제는 이러한 권력과 토지의 불가분의 지배관계를 이용하기 위하여 일찍이 토지조사사업을 통하여 일인이 대토지 소유자가 됨으로써 한국의 경제력을 장악하였다. 동시에 어느 정도의 한국인 지주를 허용하고 그들로 하여금 일제의 식민통치에 협력하도록 유인하였다. 이러한 일제의 식민정책으로 대지주로서의 권력을 유지했던 친일 및 부일파들은 8·15 해방 후에도 미군정의 권력 및 이승만과 밀착함으로써 오늘날의 정경유착의 정치문화로까지 지속되어오고 있는 것으로 보여진다. 따라서 일제의 토지경제에 대한 식민정책은 정경유착을 통한 기득권 유지의 반민족적 반민주적 정치문화를 조성하는 폐해를 주었다고 볼 수 있다.

2) 해방과 식민지적 정치문화

1945년 해방 후 한국의 제일차적 과제로 일제의 식민통치가 뿌린 유산의 청산을 들 수 있다. 이 문제에 대하여 몇 가지 과제가 제기된다. 우선은 무엇을 식민지적 유산으로 볼 것이냐는 문제이고, 다음은 누가 어떻게 청산했어야 하였느냐는 문제이다. 청산되었어야 할 식민지적 유산으로 지적되는 한국정치의 과제는 일제 유산의 인적 물적 청산을 들고 있다. 특히 인적 유산의 청산으로서는 친일파세력의 제거를, 그리고 물적 유산의 청산으로서는 토지개혁을 지적하기도[8] 한다.

광복 후 자유당 및 민주당 정권기의 집권 주도세력은 친일세력으로서, 일제에 의하여 보호를 받았던 지주층 출신의 보수세력이거나 일제하의 식민지관리로서 한국의 수탈을 방조한 세력이었다고 할 수 있을 것이다. 이들 친일세력을 비호함으로써 지지세력을 확보한 이가 이승만이었다.

여기에서 유의해야 할 점은 1945년 8·15 해방 후 38선 이남 미군 점령하의 남한에서 많은 민족지도자들이 백가쟁명하고 이합집산하는 현상을 나타냈지만, 민족지도자로서의 도덕성으로 보아 상해 임시정부의 초대 대통령이었던 이승만과, 그뒤 임정을 실질적으로 이끌어온 1945년 8·15 당시의 주석 백범 김구가 구심점이었던 것은 부인하기 어렵다. 이 점은 좌익 사회주의계열의 여운형, 허헌, 이강국 등이 주동이 되어 조직한 조선인민공화국, 즉 소위 인공(人共)에서도 주석으로는 이승만을 내세우고 있으며, 임시정부의 봉대를 선언하고, 건준이 인공에 대항하여 창당한 우익계의 한국민주당도 영수로 이승만 김구 등을 추대하였던 점으로도 알 수 있다. 따라서 이승만과 김구 그리고 두 사람을 둘러싼 정치세력의 정치의식 내지 현실관은 광복 후 식민지적 유산이 청산되기 어려웠던 요인을 밝히는 데 시사하는 바가 크다.

우선 이승만과 그의 집권을 가능하게 한 정치세력은 일제 잔재의 청산보다는 정권의 장악 및 자기 세력의 확보와 유지에 온 힘을 기울이었던 것 같다. 특히 이승만 및 그의 추종세력이 지닌 이러한 정치적 행태는 그들의 정치의식에 연유했다고 본다. 이승만의 의식구조는 그의 사회화과정에서 매우 중요한 시기인 성장시기에 습득한 전통적인 유학적 교양에 연유하였으리라고 보는 이들이 많다. 이승만은 20세가 넘어 배재학당에서

---

[8] 『月刊朝鮮』, 65號(1985년 8월 특집호), 526쪽 참조.

서양교육을 받기 이전 소년기에는 서당에서 유학적 교양을 습득하였고, 유학적 문벌주의 사고에서 그의 가문에 대한 자만심이 매우 컸던 것으로 알려지고 있다. 더욱이 그 자신이 이씨 조선왕조의 후예로 자부하였고, 유학적 사고방식과 행동양식이 상당히 배어 있었다고 말하는 이가 많았던 점, 1896년에 창립된 독립협회에서 활동한 신진세력의 중심 소장파이었던 점, 고종의 양위로 7년간의 옥살이와 33년간의 해외 망명생활 및 임시정부의 초대 대통령이었던 점, 그리고 미국의 명문 프린스턴대학에서 박사학위를 취득한 점 등 때문에, 그가 경험한 미국의 민주주의 현실과는 관계없이 유학적 권위주의 정치의식을 지녔었다고 볼 수 있다. 이와 같은 소년기의 사회화과정과 경력 때문에 이승만은 그를 추종하여 그 자신의 권력장악에 도움이 된다고 보는 세력이면 비록 친일세력이었다 하더라도 비호하고 중용하기에 이르렀다. 이 점에 비추어보면 이승만과 그 추종세력에게 일제의 식민지적 잔재의 청산을 기대한다는 것은 처음부터 무리이었다.

국내에서 우파지도자들로 8·15 광복을 맞은 한민당 결성 주도자들은 그들의 민족 주도세력으로서의 도덕성이 미약한 점을 인식하고, 기득권을 보위하기 위하여 미군정기에는 미군정에 참여하였으며, 이승만의 귀국 후에는 자기 세력을 확보하려는 이승만을 지지하게 되었다. 이승만은 본래 지지기반이 미약함으로써 이들을 이용하였으나, 일단 집권한 뒤에는 사활의 기로에서 스스로의 생존권 확보가 보다 절실한 친일파세력을 최대로 비호함으로써 4·19혁명으로 권좌에서 추방되는 부정부패의 실정(失政)을 하고 말았다. 결국 이승만의 유학적 권위주의 지배는 국제적 냉전체제를 직시하여 권력을 장악하는데는 성공하였으나, 광복 후의 새로운 국가건설에 필수적인 식민지적 정치문화의 잔재를 청산하는 데는 씻을 수 없는 과오를 범하였다고 볼 수 있다.

따라서 이승만과 자유당의 주도세력은 우리 스스로의 힘으로 획득하지 못한 광복과 미소 강대국의 점령으로 인한 국토분단의 한계를 극복하여 일제 식민지적 잔재를 청산하기는커녕 반민족적·반민주적 정치문화를 조성함으로써 조선조 이래의 유교주의적 봉건적 정치문화와 일제가 남긴 제국주의적 분열-지배의 정치문화를 청산하지 못하였을 뿐 아니라, 정치세력간의 공존과 관용의 민주적 정치문화보다는 배타와 분파를 조장하는 부정적 정치문화를 촉진시키는 결과를 가져왔다고 할 수 있다.

한편 백범 김구의 경우, 이승만과는 대조적인 인물이었고 그를 추종하는 대한민국 임시정부 요인들의 정치의식도 이승만 추종세력의 그것과는 판이하였다. 이승만을 둘러싼 우파세력들이 현실주의적이고 기회주의적 성향을 나타냈음에 반하여, 백범은 1945년 11월 23일 망명 27년 만에 미군 수송기로 환국하였지만, 그가 철저한 민족주의자요 어떠한 독재정치도 반대해온 민주주의 신봉자이었다는 데는 많은 사람들이 동의하고 있으며, 권력장악에 연연하지 않은 그의 애국애족의 정신에 이의를 제기하는 사람도 거의 없다. 그럼에도 불구하고 8·15 광복 후의 해방정국에서 그가 취한 정치적 태도를 긍정적으로만 평가할 수 있겠느냐는 문제가 제기될 수도 있다.

김구의 정치의식 또한 정치현실에 대한 논의는 당시 그와 그의 추종자들이 일제의 잔재청산을 적극 주장했다는 점에서 이승만과는 매우 대조적이었다. 이와 같은 그의 철저한 민족주의 정신과 민주사상의 주장에도 불구하고, 일제의 식민지적 잔재의 청산은커녕 도리어 그들에 의하여 제거되었다는 의심을 받는 비운을 겪게 되었고, 그뒤 민족주의적 및 민주적 정치문화 형성에도 큰 영향을 미치지 못하게 되었다. 김구를 비롯한 임정계 정치세력이 결국 그들의 민족주의적이고 민주적인 정치이상을 구현하지 못하고 그 반대세력에 의하여 제거됨으로써 식민지적 잔재의 청산에도 긍정적 기여를 할 수 없었던 정치문화적 요인은 무엇일까? 그 까닭은 김구를 비롯한 당시 해외에서 독립운동을 하다 귀국한 이들에게 공통적인 정치의식에 그 요인이 있다고 할 수 있다.

특히 김구의 경우 그의 성장과 활동경력은 그로 하여금 스스로도 뛰어넘을 수 없는 가치욕구 때문에 당위론적 정치의식을 지녔던 것 같다. 그의 사상이 어떤 고정관념에서 벗어나 여러 사상과 종교관을 접촉함으로써 형성되기는 하였지만, 무의식중에 자기 가치관의 절대성을 고수하려는 당위론에 떨어지게 된 점을 부인하기도 어려울 것 같다. 이 점은 김구가 남북협상의 현실성에 관하여 회견한 다음과 같은 그의 확고한 태도로도 알 수 있다.

"… 현실적이냐 비현실적이냐가 문제가 아니라 그것이 정도(正道)냐 사도(邪道)냐가 생명이라는 것을 명기하여야 합니다. 비록 구절양장일지라도 그것이 정도라면 그 길을 택하여야 하는 것이요, 진실로 이것만이 인도(人道)인 것이니 여기에 있어서는 현실적이니 비현실적이니 하는 것은 전연 문제 외의 문제인 것입니다. 외국의 간섭이 없고 분열 없는 자주독립을 쟁취하는 것은 민족의 지상명령이니 이 지상명령에 순종할 따름입니다."9)

이와 같은 백범의 당위론적 민족의식은 상민 출신으로 동학, 불교 및 기독교를 섭렵하는 동안에 형성된 스스로의 신념체계에서 연유하였다고 볼 수 있다. 그의 이러한 다양한 종교 및 사상 체험으로 이루어진 신념체계는, 일제 식민통치하의 민족독립운동 노선상의 이념적 갈등을 극복하고 임정의 정통성을 지키는 데 크게 기여하였다고 볼 수 있다. 그러나 국제정치의 냉엄성과 해방정국의 혼돈이라는 급박한 위기의 현실에 대처하여 그가 이상으로 하였던 민족 민주국가 건설을 위한 지도성의 발휘에는 미흡하였다.

백범을 비롯한 대부분의 임정 요인들이 결국 미군정과 이승만의 비호를 받은 친일세력에게 정치적 도태를 당함으로써 광복 후의 한국 민족주의가 파행하게 된 요인은 무엇일까? 이는 이승만과 마찬가지로 그들 대부분이 성장기에 습득한 유학적 교양으로 말미암은 정치사회화에 연유하였다고 볼 수 있다. 백범 자신도 거의 30세에 이를 때까지 유학적 교양을 쌓는데 주력하였고, 그의 최초의 민족주의적 행위도 충군애국의 사고에서

---

9) 白凡思想硏究所 編,『白凡語錄』(서울: 사상사, 1973), 240쪽 및 白凡 金九先生記念事業協會 傳記編纂委員會,『白凡 金九: 生涯와 思想』서울: 敎文社, 1982), 494쪽 참조.

비롯되었다.10) 따라서 그는 미 소 강대국에 의한 한반도 분단이라는 냉혹한 현실을 거부하는 당위론적 명분 때문에, 미군정으로부터는 완고한 인물로 그리고 임정 봉대(奉戴)를 내걸었던 우익진영으로부터는 비현실적이고 독선적 지도자로 여겨져, 결국 그들에 의하여 제거되고 민족주의적 및 민주적 정치문화를 형성하는 데도 기여하기 어려웠던 것 같다. 만일에 그가 미군정이 망명정부로서의 임시정부를 인정하지 않고 또 그를 비롯한 임정 요인들에 대한 개인 자격만으로의 입국허용에 유의하였다면,11) 아무리 강한 민족통일 의지와 신념을 지녔었다 하더라도 한반도에 진주한 미소 양국 군과의 갈등 속에서는 남북한의 완전한 통일독립국가 건설은 물론 일제의 식민지적 잔재의 청산도 불가능하다는 것을 인식하였을 것으로 보여진다.

이러한 측면에서 보면 김구를 비롯한 임정계 주요 민족지도자들의 정치의식의 한계성은, 그들의 투철한 애국애족의 정신에도 불구하고 좌절될 수밖에 없고, 결과적으로는 식민지적 유산을 청산하기는커녕 미군정과 이승만을 앞세운 친일세력의 온존을 가능하게 하였다고 볼 수 있다.

국제적 냉전체제 속에서 38선 이북에 진주한 소련군에 의하여 이룩된 김일성 정권은 어쩔 수 없다 하더라도, 38선 이남의 경우 우남과 백범을 중심으로 한 해외 독립운동자 들이 서로 협력하고 국내의 우익세력들을 규합하였다면, 북한의 남침도 이승만의 자유당 독재로 말미암은 4·19혁명과 5·16쿠데타도 없었을 뿐 아니라 민주주의 정치문화의 건설도 가능하였으리라는 가정도 배제할 수 없을 것 같다. 결국 백범 중심의 민족주의적 정통성과 도덕성을 지닌 중요 정치세력의 약화는, 동시에 이승만의 독재와 친일세력 주도의 자유당의 무능과 부패를 촉진시킴으로써 6·25사변을 비롯한 정치적 위기와 파행적 정치문화가 이어졌을 뿐이다.

---

10) 金九는 閔妃弑害에 대한 忠君愛國의 복수심에서 일본 육군 중위를 치하포에서 살해하였다(金九, 『白凡逸志』, 서울: 敎文社, 1979, 75-76쪽 참조).
11) 이승만의 귀국 시에도 그가 미군 군용기를 이용할 수밖에 없었고, 민간인으로는 군용기 탑승이 안된다는 미군 당국의 통제 때문에 이승만은 미국 군복 상의를 입고 탑승해야 하는 수모를 겪었다고 한다.

따라서 일제 식민통치의 인적 물적 잔재의 청산 못지 않게 중요한 것은, 한말 정치세력들간의 갈등과 일제 하 민족운동 노선상의 갈등을 비롯하여, 해방 후에도 민족지도자들과 그들이 주도하는 세력들간의 갈등을 초래한 봉건적 정치문화와 일본 제국주의가 남긴 배타적 부정적 정치문화의 청산일 것이다. 더욱이 8·15 해방 후의 정치세력 간의 갈등은 사상적 이념적 갈등이라기보다는, 학연 지연 혈연 관계의 중첩 속에서 권력과 명분을 둘러싸고 조선시대 양반세력들간에 전개되어온 것과 유사한 유학적 의식구조로 말미암은 전통적 정치문화에서 연유하였다고 볼 수 있다.

이와 같은 점에서 보면 8·15 광복을 계기로 청산되었어야 할 식민지적 유산을 가시적인 인적 물적 유산보다도 우리의 의식 심층에 도사리고 있는 핵심적 가치의식으로서의 유학적 정치문화라고도 할 수 있다. 수신제가하여 치국평천하는 것이 바람직한 유학적 도덕으로 강요받고 성장한 세대에게는, 수신의 궁극적 목표가 평천하에 있기 때문에 무의식중에 권력욕에 급급한 나머지 공존과 관용보다는 배타적 갈등의 정치의식을 지니게 마련이다. 이러한 권력지향적 정치문화는 일제 식민통치를 통하여 더욱 심화되어 관존민비 의식과 권위주의적 지배윤리로 강화되었다.

이러한 권력지향적 윤리의식은 한반도를 둘러싼 국제환경의 약화에 편승하여 민족의 소망과는 무관하게 집권욕 추구의 반민족적 반민주적 권력독점의 정치현실을 초래하게 되었다.

3) 해방 후 한국 정치문화의 변질과 과제

1945년 8월 15일의 해방은 일제 식민통치의 잔재를 청산하고 새로운 정치문화를 형성하는 전환점이 아니라 그뒤 정치 및 사상적 갈등과 남북분단 그리고 남북의 전쟁으로까지 이어지는 사상 유례 없는 민족적 살육의 참상을 빚은 반민족적 파행적 정치문화를 낳았다. 관용과 타협 및 공존의 정치문화가 아니라 갈등과 배타 및 부정의 정치문화를 이룸으로써 아직도 한국정치의 가장 중요한 과제가 되고 있다.

8·15 해방 이후의 한반도 내에서의 사상적 혼돈과 정치적 갈등은, 국제적인 강대국의 냉전체제의 위기에 직면하여서도 한말의 망국적인 정치갈등과 유사한 혼란과 불안정을 나타냈다. 해방 3년 또는 5년 및 8년사란 단적으로 이러한 배타와 부정의 정치문화로 점철되어왔다고 하여도 과언이 아니다. 소위 좌익세력과 우익세력의 대립을 비롯하여, 여운형을 중심으로 한 건국준비위원회와 송진우 김성수 등의 한국민주당, 사회주의 및 공산주의계열의 인민공화국과 민족주의 계열의 임정봉대세력, 여운형 박헌영을 중심으로 한 좌익계의 민주주의민족전선과 이승만 등 우익계의 독립촉성국민회, 신탁통치 찬성의 공산계 찬탁세력과 신탁통치 반대의 민족주의 반탁세력, 김구 김규식 등 남북협상 추진세력과 이승만 중심의 단독정부 수립세력, 김구의 통일원칙론과 이승만의 분단현실론 등 해방 후의 정국은 일제 식민통치에서 겪은 수탈에 아랑곳하지 않고 독선과 아집, 상호 부정과 배척으로 혼란과 갈등의 정치문화적 파행성을 나타냈었다.

이와 같은 갈등과 대결 속에서 누구에게 이득과 손실이 있었을까? 해방과 더불어 새로 태어나야 할 반민족적 친일세력과 사대 보수세력에게는 이득이, 압제에서 벗어나 새로운 민족 민주국가를 열망하는 국민에게는 손실만 있었다고 볼 수 있다. 당시 정치권력은 미군정에게 있었고 실질적인 사회경제적 힘을 장악한 세력은 일제에 협력함으로써 일제 하에서도 온존해온 지주층 출신세력과 일제의 하급관리 노릇을 하였기 때문에 적산을 장악한 친일세력이었다. 따라서 정치적 혼란과 갈등의 소용돌이 속에서 친일 및 부일 세력은 미군정 및 이승만에게 밀착하여 그들의 생존권 보위에 성공하게 되었다. 즉 미군정에 의해 1946년 12월 12일에 구성된 입법의원[12]이, 1947년 7월 2일 통과한 「민족반역자·부일협력자(附日協力者) 간상배에 관한 특별조례」[13]가 최종 결재권자인 미군정 장관의 승인을 받지

---

12) 임시 조선민주정부의 수립을 기하며, 정치적 경제적 및 사회적 개혁의 기초로 사용될 법령초안을 작성하여 군정장관에게 제출할 목적으로 관선의원 45명과 민선의원 45명, 합계 90명 정원으로 구성되었다.
13) 전문 4장 12조로 이루어진 이 특별법은 민족반역자 부일 협력자의 범위를 구체적으로 규정하고 해당자에게 무기사형에 까지 처할 수 있도록 규정하

못하여 폐기됨으로써,14) 이들 반민족주의자들의 제1차적 생존권 보위책략은 성공을 거두게 되었다. 그뒤 제헌의회에 의하여 1948년 9월 7일 반민족행위처벌법이 가결되어 정부에 이송되고 9월 22일 법률로 공포되었다. 국회는 반민족행위특별조사위원회를 구성하고, 특별재판부 재판관과 검사관을 선출함으로써 중앙청에 사무국을 설치하여 활동을 개시하였으나, 당시 대통령인 이승만은 특별담화를 통하여 계속적으로 반민특위를 견제하였고, 결국 이승만을 지지하는 보수세력에 의하여 반민법 공소시효를 1949년 8월 31일로 단축시키는 개정안의 국회통과와 함께 친일파의 청산은 실패하고,15) 정치문화는 반민족적 비도덕성으로 변질되기에 이르렀다.

이와 같이 남한에서의 정치문화가 반민족적으로 변질되는 과정에 있었는가 하면, 북한에서는 그보다 앞서 소련군의 비호 하에 1946년 2월 7일 김일성 중심의 북조선 임시인민위원회의 결성으로 공산정권이 사실상 수립되었고, 38선 이남에 대한 공산화 활동에 착수하였다. 이러한 남한에 대한 공산화활동은 1948년 5월 10일 총선거를 방해할 목적으로 일으킨 소위 제주도의 4·3사건(1948년 4월 3일)과 같은 해 10월 여수 순천의 군반란사건을 일으켰다. 드디어는 1950년 북한의 6·25 남침으로 사상 유례없는 동족상잔의 민족적 비극을 낳았고,16) 휴전 후의 김일성 체제는 휴전선 이북의 북한사회를 일제하의 식민지 지배보다도 더 자유롭지 못하고,17) 세계 최빈국 중의 하나로 전락시킴으로써 한민족 역사상 최악의

였다.
14) 미군정의 입장에서 보면, 사회를 관리한 경험이 없고 주체성이 강한 민족주의자들보다는, 일제 하에서 하급관리나 치안유지를 담당했던 순사보조원이나 헌병보조원 출신의 반민족주의자들인 친일파가 고분고분하고 어느 정도의 치안관리 경험도 있었기 때문에, 점령지의 치안과 사회안정을 위하여 더 필요하였을 것이다.
15) 이헌종, 「8·15 이후 친일파 척결실패와 오늘의 과제」, 『순국』, 1989년 11-12월호, 72-74쪽 참조.
16) 6·25전쟁은 1945년 제2차 세계대전이 종결 된 이후 20세기를 마감하는 현재까지의 55년간 지구상의 전쟁에서 최대의 전사자를 낸 전쟁으로서, 한민족 최대의 비극적 전쟁이었다.
17) Freedom House는 1973년 이래로 북한만이 30년간 전혀 변동이 없이 세계

정권이 되고 말았다. 앞서도 지적한 것처럼 6·25전쟁은 1945년 제2차 세계대전이 종결 된 이후 20세기를 마감하는 현재까지의 55년간 지구상의 전쟁에서 최대의 전사자를 낸 전쟁으로서, 3년간(1950.6.25~1953.7.27)의 전쟁에서 군인 150만과 민간인 150만을 합하여 300만의 전쟁사망자를 냈으며, 10년간의 베트남전(1965~75)의 전사자 205만 8천 명(민간인 100만+군인 105만 8천)보다도 약 100만 명이나 더 많은 전사자를 초래한 한민족 최대의 비극적 전쟁이었다.[18] 따라서 6.25전쟁의 전범자는 그 어떤 명분을 내세운다 하여도 한민족사에서 영원히 용서받을 수 없을 것이다.

이상과 같은 광복 이후 남북한의 정치적 상황과 갈등구조에 비추어볼 때, 결국 우리가 유의해야 할 점은 사상적 갈등과 이념적 대결에서 초래된 정치문화적 결과를 긍정적으로 평가하기 어렵다는 점이다. 국제적 냉전구조에 대한 착각으로 초래된 남북한 정치문화의 이질화는 말할 것도 없고, 남한에서의 민족주의와 반민족주의의 배타적 차별 때문에 도리어 친일세력의 득세를 돕는 결과를 낳았는지도 모르겠다. 결국 8.15 광복을 계기로 한 일제 식민통치의 정치문화적 청산문제는 한말 및 일제하의 정치문화적 갈등구조를 낳은 조선왕조의 통치이념, 즉 유학적 정치문화의 개조문제에 귀착된다고 볼 수 있다.

이러한 측면에서 새로운 민족통합과 민주적 정치문화 형성의 과제로 전통 정치문화에 대한 문제점들을 재조명할 필요성이 크다. 특히 현재까지도 한국인의 정치의식 심층에 도사리고 있어서 정치현실에 크게 영향을 미치고 있는 전통적 정치문화의 유산으로서 유학사상의 공과에 대하여 유의할 필요가 있을 것으로 보여진다.

흔히 동아시아 즉 한국 일본 대만의 경제적 성공요인의 문화적 배경으로 유학사상의 전통을 든다. 홉하인즈와 칼더는 동아시아에서의 경제적 성공을, 다른 문화체제가 모방할 수 없는 유학적 전통이라는 문화적 특질

에서 유일하게 자유의 지수가 최하위로 지속되고 있음을 밝히고 있다.
18) Ruth Leger Sivard, *World Military and Social Expenditures 1991*, 14th ed.(Washington, DC: World Priorities, 1991), pp.22-25.

때문이라고 주장하면서, 유학적 전통의 특성으로 강력한 중앙집권적 관료제, 계서적(階序的) 사회구조, 확고한 주종관계(主從關係), 강한 교육열 등을 들고 있다.19) 그러나 이러한 주장은 동아시아사회에 대한 피상적 관찰의 결과일 뿐이며, 특히 한국 중국 일본 가운데 유학적 전통의 뿌리가 가장 깊은 한국의 경우에는 더욱 적절한 설명일 수 없다고 본다. 사회 경제 및 정치문화적 전통으로서의 유학사상은 한국의 경우 생산성 자유 및 평등과 같은 근대적 핵심가치로 가늠할 수 있는 경제 및 정치발전에 있어서 역기능적 작용을 하였던 것으로 보여진다. 이는 앞에서도 언급하였듯이 동질성이 어느 민족보다 강한 한민족에게 유학사상의 본질인 노동천시, 억압적 지배 및 차별원리를 적용함으로써 민족구성원 사이를 남자와 여자, 적자와 서자, 양반과 상민, 서울과 지방 등으로 차별하여 이질화켰기 때문이다. 동시에 수신제가하여 치국평천하할 것을 강조하는 지배윤리와 중앙집권적 왕조사상을 근간으로 하는 유학적 정치문화는, 후생안민과 국가보위 그리고 민족보존보다는 권력욕구와 가치욕구의 충족을 지향하는 정치풍토를 조성하여 왔다. 따라서 이러한 정치문화적 가치관이 우리의 정치의식에 깊은 영향을 주었기 때문에 민족적 위기나 변혁기에 직면하여 이를 극복하기 위한 긍정적 노력보다는 부정적 배타와 상호 갈등을 나타내는 일이 많았다. 8·15광복을 맞아 우리가 직면한 위기와 가능성 앞에서 나타낸 좌익과 우익의 대결, 남북 협상파와 단독정부 수립파의 갈등 등은 결국 식민지적 유산의 청산은커녕 새로운 정치문화의 형성마저 저해하는 결과를 초래한 것 같다.

　이러한 점들을 고려하면 이제 새로운 정치문화 형성의 과제는 우리의 전통사상에 대한 재조명과 개조에 있으며, 다음으로는 민주적 가치관의 확립을 위한 의식개조와 훈련 그리고 합리적 제도의 정착에 있을 것으로 보여진다.

---

19) Roy Hofheinz, Jr. & Kent E. Calder, *The Eastasia Edge*(New York: Basic Books, Inc., 1982).

2. 근세 이래 한국의 정치 주도세력, 이념 및 목표 그리고 정치문화

한국의 정치문화와 정치현실에 비추어 앞으로의 발전 방안을 모색하기 위하여, 근세 이래로 한국의 정치 주도세력 정치이념 및 목표 그리고 정치사회화와 현실간의 상호관계를 요약하면 다음과 같이 정리할 수 있을 것 같다. 상호 연관성을 생각하면서 종합 정리해볼 필요가 있다.

〈표 6-1〉 근세 이래 한국의 정치 주도세력, 이념 및 목표 그리고 정치사회화와 정치현실

시 대	주도세력	이념 및 목표(Core or Dominant Values)	정치현실과 정치사회화
조선왕조(1392-1905)	-양반계급	-주자학적 유교주의 -중앙집권 군신체제 -사회적 차별의 제도화	-유학적 윤리 및 도덕률 (修身齊家 治國平天下/忠孝思想) -지배계급간의 갈등심화 -국론의 분열과 외세의존 -모화 사대사상의 만연
일본 제국주의의 식민정부(조선총독부) (1905-1945.8.15)	-일제의 식민지관리	-일제(日帝)의 신민화(臣民化)	-皇國臣民化·修身 -일제식민지법의 강조 -사대예속의식의 심화
미국의 군정정부 (1945.8.15-1948.8.15)	-일제하의 지주층 및 하급관리 출신 -해외 유학파	-신탁통치/반탁운동 -용공주의/반공주의 -남북협상/단독정부 -해외파/국내파	-신탁통치주의/반탁운동 -공산주의운동/반공민족주의 -사회주의/자본주의
이승만(자유당)정부 (1948.8.15~1960.4.19)	-일제하 지주층 및 하급관리 출신 (정무관의 31%=친일세력)	-반일 민족주의 -자유 민주주의 -반공 자본주의	-민족주의와 기회주의의 혼란 -민주주의와 반공주의 혼돈 -반공 친일세력의 활약
민주당 정부 (1960.7.29~1961.5.16)	-일제하 지주층 및 하급관리 출신 (정무관의 60%=친일세력) -해외 유학파	-반일 민족주의 -자유 민주주의 -반공 자본주의	-민족주의와 기회주의의 혼란 -민주주의와 반공주의 혼돈

박정희의 군정 및 공화당정부 (1961.5.16-1979.10.26)	-주역: 일제군부출신 -부역(副役): 관료출신 및 지식인	-민족적 민주주의 (한국민주주의=독재 합리화) -반공 자본주의 -근대화와 경제개발 -새마을운동	-자유민주주의의 왜곡 (국민윤리:충효사상) -환금(換金)주의와 형식 논리 -획일주의와 파벌주의
전두환의 군정 및 민정당 정부 (1979.10.26-1988.2.25)	-주역: 군부출신 및 정보관료 -부역: 사이비지식인	-반공 자본주의 -경제개발 -새마을운동	-자유민주주의의 왜곡 (국민윤리: 충효사상) -환금(換金)주의와 형식 논리 -획일주의와 파벌주의
노태우(민자당)정부 (1988.2.25-1993.2.25)	-주역: 군부출신 및 정보관료 -부역: 사이비지식인	-자유민주주의 -사이비 자본주의 -사이비 사회개발	-퇴행적 가치관의 재생 (음력설/국립공원 확대) -공공유지의 사유화와 자연 훼손 -무사안일주의 만연
김영삼(신한국당) 정부 (1993.2.25-1998.2.25)	-주역: 사이비정치인 +사이비지식인 -부역: 정보관료	-자유민주주의 -사이비 자본주의 -사이비 사회개발	-퇴행적 가치관의 재생 -사이비 개혁주의/가치관의 혼돈 -무사안일주의 만연
김대중(국민회의+자민련)정부 (1998.2.25-2000.3.) 김대중(민주당)정부 (2000.3-2003.2.25)	-주역: 사이비정치인 +사이비공안관료+사이비지식인 -부역: 사이비시민운동	-사이비 자유민주주의 -사이비 자본주의 -퇴행적 관치주의 -사이비 구조조정	-퇴행적 가치관의 재생 -사이비 개혁주의/가치관의 혼돈/교육의 저급화 -부정부패와 지역갈등 심화
노무현(민주당)정부 (2003.2.25 이후)	-주역: 민주리더십+정직한 관료+합리적 지식인 -부역: 시민운동	-자유민주주의 -합리적 자본주의 -진보주의	-합리적 가치관의 재생 -개혁주의/가치관의 혼돈/교육의 실종 -사회적 갈등의 심화

3. 합리적 시민사회 조성과 안정적 민주정치체제의 정착을 위한 과제

현재는 물론 미래는 개체로서의 인간의 존엄성과 자유 그리고 이들 개체간의 조화롭고 풍요로운 민주적 공동체를 조성하는 자유민주주의 사회의 정착이라고 할 수 있다. 이런 시각에 다음과 같은 정치사회적 과제에 유의해야 할 것 같다.

첫째 오랫동안 우리의 의식구조를 지배해 오고 있는 유학사상의 핵심인 권위적 지배의 정치문화로부터 벗어나는 일이 중요한 과제라는 점이다. 우리는 수신제가치국평천하를 강조하는 사회화과정을 통하여 자신, 가족, 국가를 통치하려는 권력지향의 의식구조를 형성해왔다. 이러한 사고에서 독선과 배타의 정치문화가 이루어졌고, 권력의 주체가 어떻든 그것이 식민통치권력이든 미군정이든 또는 군사독재이든 이에 밀착하려는 비도덕적 정치문화의 파행성을 보여왔다는 점이다. 누구보다도 나라에 가장 많이 봉사해야 할 대통령을 제왕적 대통령으로 그리고 대통령의 부정직을 통치행위로 보는 의식구조에서는 국민을 하늘 같이 받드는 인내천의 민주사회 조성이 그만큼 늦어질 것으로 보여진다. 따라서 무엇보다도 우선해야 할 일은, 한국인의 동질성을 파괴하고 갈등을 조장해온 차별원리를 본질로 하는 유학적 윤리관으로부터의 탈피를 지적하지 않을 수 없다.

둘째 개체의 존엄성과 개체간의 균형과 조화가 자유민주주의의 본질적 가치라는 점에 유의하여 남의 입장에서 남을 보고, 상대의 가정의 입장에서 그 가정을 보며, 다른 나라의 입장에서 다른 나라를 보는[20] 자신, 가족, 나라와 국민 그리고 세계에 대한 상대주의적 관점에서 인식하려는 의식개조가 필요할 것 같다. 각자의 특수한 체험과 경험에 따른 당위론과 명분에 집착하기보다는 상대관의 입장에서 상호 공존공생의 현실적 사회통합과 민주적 관용성을 지니도록 한국인의 의식을 개조하는데 사회운동의 중심을 두어야 할 것 같다.

셋째 한국의 의식개조를 비롯한 정치문화의 개선은 교육이라는 기능을 통하여 올바른 사회를 만드는 역할을 해야 한다는 사회운동의 성격에서 벗어날 수 없다. 따라서 합리적인 민주적 정치문화의 전달 보관 창조의 기능을 수행하는 교육기능의 중요성에 비추어, 올바른 자유민주주의 문화를 미래 세대에

---

20) 以身觀身, 以家觀家, 以鄕觀鄕, 以國觀國, 以天下觀天下(老子,『道德經』54章).

제대로 전달하고 심어주어 보관하고 문제점을 합리적으로 해결하는 창조력을 발휘하도록 하는 교육이 사회발전의 원동력이라는 점에 유의해야 할 것이다.

마지막으로 우리가 자유민주주의 사회의 정착에 나라의 근본 방향을 두고 있는 한, 인권의 존엄성과 자유 그리고 평등의 조화로운 구현을 지향하는 공동체 구성원의 민주적 참여가 보장되지 않는 체제나 집단과는 공존하기 어렵다는 사실에 유의할 수밖에 없을 것 같다. 이러한 측면에서 앞으로 우리가 적극적으로 협력해야 할 국가와 협력하되 경계해야 할 국가도 냉엄하게 직시할 필요도 있을 것으로 보여진다. 참고로 다음의 표들은 우리의 현실을 재조명하는데 필요할 것도 같다.

〈표6-2〉 한국전쟁에서의 아군측 참전국별 참전 군인수 및 사상자수

국 가	참전군인수		전체사상자		전사자		부상 및 실종자	
	군인수	순위	사상자수	순위	전사자수	순위	수	순위
한국	591,911	1	843,572[21]	1	415,004	1	428,568	1
미국	302,483	2	136,978	2	29,550	2	106,978	2
영국	14,198	3	3,362	3	670	4	2,692	3
캐나다	6,146	4	1,544	6	309	6	1,235	6
터키	5,453	5	3,130	4	717	3	2,413	4
호주	2,282	6	1,652	5	340	5	1,387	5
필리핀	1,496	7	448	14	92	14	356	13
뉴질랜드	1,385	8	109	15	31	15	78	15
에티오피아	1,271	9	656	12	120	10	536	11
그리스	1,263	10	714	9	169	8	545	10
태국	1,204	11	913	8	114	11	799	8
프랑스	1,119	12	1,124	7	288	7	836	7
콜롬비아	1,068	13	657	11	140	9	517	12
벨지움	900	14	452	13	97	13	355	14
남아프리카	826	15	36	16	20	16	16	16
네덜란드	819	16	704	10	111	12	593	9
룩셈부르크	44	17	-		-		-	
계	932,868		996,051		447,772		547,904	

한국전쟁에서의 적군측 참전국별 참전 군인수 및 사상자수

북한	?	520,000	?	?		
중공	?	900,00022	?	?		
계	?	1,420,000				

자료: www.skalman.nu/koreanwar/casualties

〈표6-3〉 2002년도 한국의 무역수지 흑자국(US10억 달러 이상)

국가가	무역흑자		전체		수 출		수 입	
	무역흑자액 (US 천 달러)	순위	교역액 (US 천 달러)	순위	수출액 (US 천 달러)	순위	수입액 (US 천 달러)	순위
전체 합계	10,344,375		314,596,681		162,470,528		152,126,153	
미국	9,771,553	1	55,788,823	1	32,780,188	1	23,008,635	2
홍콩	8,450,494	2	11,840,576	4	10,145,535	4	1,695,041	22
중국*	6,353,807	3	41,153,365	3	23,753,586	2	17,399,779	3
멕시코	1,935,467	4	2,526,167	24	2,230,817	18	295,350	38
영국	1,818,075	5	6,692,843	12	4,255,459	7	2,437,384	12
대만	1,799,586	6	11,463,578	5	6,631,582	5	4,831,996	7
베트남	1,769,878	7	2,710,496	21	2,240,187	17	470,309	35
그리이스	1,617,190	8	1,689,982	30	1,653,586	20	36,396	41
리베리아	1,425,474	9	1,427,814	33	1,426,644	23	1,170	43
네덜란드	1,417,547	10	3,716,855	19	2,567,201	12	1,149,654	26
스페인	1,123,076	11	1,981,884	29	1,552,480	22	429,404	36
필리핀	1,082,687	12	4,817,389	14	2,950,038	11	1,867,351	18
파나마	1,041,142	13	1,327,648	34	1,184,395	28	143,253	39

〈표6-4〉 다수거주 국가별 재외동포(2,000명 이상) 현황 (2003.1.1 기준/단위: 명)

순위	나라 이름	동포수	거주국 인구비	순위	나라 이름	동포수	거주국 인구비
1	미국(290,342,554)	2,157,498	0.74	14	아르헨티나 (38,740,807)	15,500	0.04
2	중국(1,286,975,468)	2,144,789	0.17	15	태국(64,265,276)	15,100	0.02
3	일본(127,214,499)	638,546	0.50	16	프랑스(60,180,529)	10,900	0.02
4	독립국가연합(구소련)(292,712,541)	557,732	0.20	17	과테말라 (13,909,384)	7,943	0.06
5	캐나다(32,207,113)	170,121	0.53	18	파라과이(6,036,900)	7,097	0.12
6	호주(19,731,984)	59,940	0.30	19	베트남(81,624,716)	6,821	0.008
7	브라질(182,032,604)	50,250	0.03	20	싱가포르(4,608,595)	5,820	0.13

8	필리핀(84,619,974)	37,100	0.04	21	이탈리아	5,432	0.009
9	영국(60,094,648)	35,000	0.06	22	말레이시아(23,092,940)	3,983	0.02
10	뉴질랜드(3,951,307)	33,000	0.84	23	스페인(40,217,413)	3,568	0.009
11	독일(82,398,326)	29,814	0.04	24	대만(22,603,001)	3,076	0.014
12	인도네시아(234,893,453)	23,485	0.01	25	2,000명 미만 국가	37,068	
13	멕시코(104,907,991)	17,200	0.02		전체 해외동포수(173 국)	6,076,783	

자료: 재외 동포수는 한국 외교통상부 자료 / 해외동포 거주국의 인구는 US CIA, *The World Factbook 2003: Guide to Country Profiles*의 2003년 7월 현재의 인구 기준으로 산출.

〈표6-5〉 2002년도 한국의 무역수지 적자국 순위(US1억 달러 이상의 적자국)

| 국 가 | 무역적자 | | 전 체 | | 수 출 | | 수 입 | |
	무역적자액 (US 천 달러)	순위	교역액 (US 천 달러)	순위	수출액 (US 천 달러)	순위	수입액 (US 천 달러)	순위
전체 합계			314,596,681		162,470,528		152,126,153	
일본	-14,713,065	1	44,999,411	2	15,143,183	3	29,856,228	1
사우디아라비아	-6,292,080	2	8,809,606	7	1,258,763	24	7,550,843	4
호주	-5,467,710	3	8,312,969	8	2,339,591	14	5,973,378	5
쿠웨이트	-2,046,589	4	2,414,199	26	183,805	41	2,230,394	14
카타르	-2,024,658	5	2,321,424	27	148,383	42	2,173,041	16
아랍에미리트	-1,941,398	6	6,478,960	13	2,268,781	16	4,210,179	9
오만	-1,793,838	7	1,997,904	28	102,033	43	1,895,871	20
인도네시아	-1,578,656	8	7,868,188	9	3,144,766	10	4,723,422	8
독일	-1,185,165	9	9,759,593	6	4,287,214	6	5,472,379	6
러시아	-1,151,729	10	3,283,479	20	1,065,875	29	2,217,604	15
말레이시아	-823,131	11	7,259,733	11	3,218,301	9	4,041,432	10
스위스	-552,566	12	1,449,848	31	448,641	36	1,001,207	27
프랑스	-487,206	13	3,745,274	18	1,629,034	21	2,116,240	17
남아프리카	-208,646	14	997,628	39	394,491	38	603,137	33
아일랜드	-194,949	15	1,313,977	35	559,514	34	754,463	28
이란	-108,184	16	2,562,648	23	1,227,232	27	1,335,416	23

* 사우디 쿠웨이트 카타르 아랍에미리트 오만 이란 러시아 등은 원유 또는 천연가스 수입으로 인한 적자, 호주 인도네시아 말레이시아 등은 원자재 수입으로 말미암은 적자, 일본 독일 스위스 프랑스 등은 부가가치 없는 완제품 수입으로 인한 적자.
자료: 한국무역협회.

부록 1: 민주적 토론 학습

다음은 민주정치론 또는 민주시민론을 수강하는 학생들로 하여금 토론을 통한 민주적 리더십 또는 민주시민성을 수련해 나가도록 하기 위하여 기획된 것이다. 한 학기에 10~11주간 매주 1개 주제를 토론하도록 하고 모든 수강자가 한번은 토론 주관자로서 토론을 진행하고 토론결과 보고서를 작성하여 제출하도록 하는 방식을 취하며, 토론조는 10주간 실시하면 10명으로, 11주간 토론하는 경우는 11명으로 편성한다.

토론학습 실시방법

1. 수강 신청자를 확인한 뒤, 10~11주 동안 주당 1회의 토론을 실시하는 경우, 10~11명으로 1개 토론조를 편성한다. 토론조를 편성할 때는 같은 토론조에 학과(부) 학번 성별이 다른 수강자들로 다양하게 편성함으로써 토론을 통하여 공동체 구성원간의 상호 이해와 협력 및 합의의 정신을 수련해 나가도록 한다.
2. 토론학습을 위하여 사전에 오리엔테이션 시간을 갖도록 하여 토론조 편성을 발표하고, 수강자로 하여금 자신이 속한 토론조원을 확인하도록 한다. 이 시간에 '민주적 집단의사결정 연습'을 실시한다.

다음은 수강자들에게 민주적인 합의에 의한 의사결정 능력을 훈련시키기 위하여 만들어진 '민주적 집단의사결정(연습)'을 위한 교과과정 운영의 사례1)이다.

토론조 편성의 예 　　　　　(민주시민과 토론문화: 2003년 2학기)

A조 주제순	학과(부)	학번	성명	성별	이메일	토론 기간	보고서 마감일
1	기계			M		09.19-10.25	2003.10.02
2	의예			M		09.26-10.02	10.09
3	경영			F		10.03-10.09	10.16
4	법학			M		10.10-10.16	10.23
5	의예			M		10.24-10.30	11.06
6	경영			M		10.31-11.06	11.13
7	의예			F		11.07-11.13	11.20
8	전·전·컴			M		11.14-11.20	11.27
9	건설			M		11.21-11.27	12.04
10	경제통상			M		11.28-12.04	12.11
토론방 주소:							

(1) 한 학기에 10~11주 동안 주당 1회의 토론을 실시하는 경우, 담당 교수가 이 연습시간까지 1개 토론조를 10~11명으로 편성하여 모든 수강신청자에게 토론조 편성표를 배부한 뒤에, 각 토론조별로 앉도록 좌석을 배치한다.

(2) 모든 수강자에게 다음과 같은 '민주적 집단의사결정(연습)' 용지를 1부씩 배부하고, 제1주제 토론 주관자로 하여금 이날 토론진행의 사회자 및 토론과정의 기록자 그리고 토론결과의 보고자로서 이 연습토론을 진행하도록 한다. 민주적 집단의사결정(연습) 용지는 A4용지 한 쪽에 들어갈 수 있도록 수강자 수만큼 복사하여 배부한다.

---

1) 이성호, 『교육과정: 개발전략과 절차』(서울: 문음사, 1984), 191-195 및 361쪽 참조.

민주적 집단의사결정(연습)

「때는 더위가 최고의 기승을 부리던 8월 어느 날 아침 10시. 여러분이 타고 가던 쌍발엔진 경비행기는 미국의 남서쪽 소노란(Sonoran)사막에 추락하였습니다. 조종사를 비롯하여 승무원과 비행기는 전부 불에 타버렸고(이제 얼굴을 마주보고 앉아 있는 같은 토론 소집단에 속하여 있는), 여러분만이 살아남았습니다.

조종사는 추락하기 이전에 비행기의 위치를 아무에게도 연락하지 못하였습니다. 그러나 다행히도 타다 남은 비행기의 계기는 우리의 위치를 대충 알게 하는데 도움이 되었습니다. 우리는 어느 탄광촌으로부터 남서쪽 70마일(112킬로미터=대략 280리) 지점에 추락하였습니다. 그리고 비행기는 예정항로에서 65마일(104 킬로미터=대략 260리)이나 벗어나서 비행하다가 추락하였음을 알았습니다.

추락지점은 아주 평평한 사막지대입니다. 선인장 외에는 식물이라곤 전혀 찾아볼 수 없는 불모지대입니다. 일기예보에 따르면 현재 온도는 화씨 110도(섭씨 약 43도)이며, 지열의 온도는 화씨 약 130도(섭씨 약 49도)입니다. 여러분은 얇은 반소매 셔츠와 바지를 입고 있으며, 양말과 구두를 신고 있습니다. 모든 사람이 손수건을 갖고 있습니다. 여러분이 갖고 있는 현금은 US$ 5,000 그리고 담배 3갑, 볼펜 3개가 있습니다. 그러나 다행히도 비행기가 불타기 시작했을 때, 우리는 다음의 15가지 물건을 건져 냈습니다. 이들은 모두 쓸 수 있는 상태이었습니다.」

의사결정 기록지

물품	1단계	2단계	3단계	4단계	5단계
6볼트의 전지(손전등)					
잭크 나이프(다용도 등산용 칼)					
지역별 지도					
어른용 플라스틱 우비					
자기장치 나침반					
붕대를 포함한 짐질 의료기구					

품목									
45구경 권총(실탄 장전)									
빨간색과 흰색으로 된 낙하산									
정제소금(1,000알)									
1인당 1리터의 물									
『사막에 사는 식용동물』이라는 책									
1인당 선그라스 1개									
보드카 술 2병									
1인당 윗저고리 1개									
화장용(여자) 손거울 1개									
합계									

	A조	B조	C조	D조	E조	F조	G조	H조	I조	J조
6단계: 각 집단의 평균 개인 득점										
7단계: 각 집단의 점수(5단계와 동일)										
8단계: 평균 개인 득점-집단점수										
9단계: 각 집단에서 최저 개인 득점										
10단계: 집단점수보다 낮은 득점자수										

(3) 위의 용지를 모든 사람이 다 받은 것을 확인한 다음 아래와 같은 차례로 의사결정을 진행하도록 한다.

① "이제 여러분 각자는 그 15가지 물건을 놓고, 그것이 여러분이 살아남는데 가장 중요하다고 생각되는 것부터 차례대로 1에서 15까지 번호를 매겨, 그 번호를 1단계 난에 각자 적으십시오. 누구와도 의논하지 말고 여러분 혼자서 조용하게 하기 바랍니다. 이것은 4단계에서 각자의 의사결정 점수로 나타나게 될 것입니다"라고 주지시키고, 2단계에서 각자 자신이 속한 토론조원과 충분히 토론하여 그 순위를 결정할 수 있으므로 각자 혼자서 1단계의 순위를 매기도록 한다.

② 각자 1단계의 순위를 정하는 기입이 끝난 다음에, 토론 주관자의 사회 아래 각 토론집단(조)별로 살아남는데 필요한 우선순위를 결정해나가는 토론을 진행하도록 한다. 이때 각 토론집단 별로 한 명의 사회자 겸 기록자가 토론을 주관하여 2단계 난에 그 집단에서 합의된 순위를 1에서 15번까지 번호를 매겨 적도록 한다.

③ 모든 수강자들로 하여금 미국의 각계 전문가들이 토론하여 합의한 전문가 판정순위를 불러주어 그것을 3단계에 기록하도록 한다. 이것

은 위의 상황에서 각계의 전문가가 신중한 토론을 통하여 합의해서 결정한 일종의 모범적 방안과 같은 순위이다.

〈참고〉 전문가 판정 순서

1순위: 화장용(여자) 손거울 1개   2순위: 1인당 윗저고리 1개
3순위: 1인당 1리터의 물   4순위: 1볼트의 전지
5순위: 빨간색과 흰색으로 된 낙하산 6순위: 잭크 나이프(다용도 등산용 칼)
7순위: 어른용 플라스틱 우비   8순위: 45구경 권총(실탄 장전)
9순위: 1인당 선크라스 1개   10순위: 붕대를 포함한 찜질 의료기구
11순위: 자기장치 나침반   12순위: 지역별 지도
13순위: 『사막에 사는 식용동물』   14순위: 보드카 2병
15순위: 정제소금(1,000알)

④ 4단계에는 각 항목별로 1단계와 3단계에 기록된 숫자간의 차이(절대치)를 기록하게 하고, 5단계에는 2단계와 3단계간의 차이(절대치)를 적게 한다. 맨 아래에 합계점수를 구하도록 하고, 3단계의 합계는 각자의 개인 의사결정 점수가 되며, 4단계의 합계는 각자가 속한 토론조의 집단의사 결정점수라는 점을 알려준다.

⑤ 6단계에서 10단계까지는 용지에 지시된 대로 산출하여 각 조의 토론 주관자로 하여금 각각 자기 해당 토론조 이름 밑에다 적도록 한다.

⑥ 각 토론집단(조)별 기록이 모두 끝나면, 토론조별로 각 조가 어느 정도로 민주적인 집단의사결정을 하였는가를 알 수 있게 된다.

⑦ 끝으로 아래의 사항을 논의하면 어떤 토론 조가 민주적으로 집단의사결정을 하였는가를 비교할 수 있고, 담당교수가 종합적으로 토의 진행과 의사결정 결과에 대하여 평가한다.

· 점수가 낮을수록 살아남을 수 있는 확률이 높다. 개인별로는 누가,

집단(조)별로는 어느 조가 제일 점수가 낮고, 또 어느 조가 제일 높은가? 그 이유는?
- 그 조에서 개인점수가 상당히 낮은 사람이 있었음에도 불구하고, 집단점수는 그보다 훨씬 높아진 경우는 없었는가?
- 개인별 평균득점보다 집단점수는 높아졌는가? 낮아졌는가?
- 집단점수보다 낮은 개인득점을 얻은 사람은 몇 명인가? 그런 사람이 많을수록 합의의 의사결정은 잘 이루어졌다고 생각할 수 있는가?
- 전체적으로 보아서 어느 집단이 가장 효과적인 합의 의사결정을 하였는가? 그 집단의 토의과정의 특징은 무엇이었는가?
- 아래의 다른 집단의 실시결과 점수와 여러분 각 집단의 점수를 비교해보시오.

〈참고〉 미국의 경우 실시 결과　　　　(총 4,116명, 802개 팀 조사 결과)

대상집단	평균 집단점수	평균 개인점수
최고경영인	48.5	59.9
대학생	59.6	67.7
사막에 사는 주민	57.5	61.8
중학생	57.7	67.9

3. 토론진행 및 보고서 작성에서 유의할 일

① 각 조의 자기 번호는 토론주제의 같은 번호에 해당하는 주제의 토론을 주관하는 토론진행의 사회자이고, 토론의 진행 및 결과를 정리하여 보고서를 작성해야 할 보고서 작성자이며, 담당교수에게 보고해야 하는 보고서 제출자입니다. 따라서 토론을 주관하는 주제번호의 각 조 사회자 겸 토론결과 정리 보고자는, 토론에 참여한 조원의 명단을 반드시 보고서에 적도록 하고, 토론진행 중에 E-mail로 조원의 참여를 적극 권유하고 참여여부를 확인하기 바랍니다.

② 각 조의 토론 주관자는 다음 차례의 토론 주관자를 확인하여 자기 다음 차례의 토론이 연계되도록 하기 바라며, 부득이 전혀 연락이 없거나 연락이 되지 않는 경우(중도에 수강포기 또는 휴학)에는, 그 다음 차례의 토론 주관자를 앞당겨서 토론이 계속될 수 있도록 재조정하고, 토론보고서도 토론에 참여한 조원만큼의 주제까지만 제출하면 됩니다.

③ 모든 수강자는 한 번 한 주제의 주관자가 되어야 하며, 자기가 주관한 토론이 끝난 뒤, 1주일 이내에 토론의 진행과 결과를 보고서로 작성하여 E-mail로 담당교수에게 제출하여야 하고, 제출한 조의 명단을 공지사항에 올릴 것입니다. 아울러 본래 토론실시의 목적과 취지가 수강자이면 누구나 한 번은 지도자로서 자기의 해당 주제를 주관하여 사회를 보고 의견을 수렴하여 정리하고 토론 결과보고서도 작성하도록 함으로써, 민주적 리더십을 수련하는 데 도움을 주어 보자는 데 있습니다. 따라서 모든 수강자가 매주의 주제에 대한 토론에 참여하여야 하고, 반드시 한 번은 자기에게 부여된 주제의 토론을 진행하고 자기 조원의 의견을 수렴, 정리한 보고서를 작성하여 제출하여야 합니다. 특히 토론보고서를 조원 중 한 사람이 대표로 작성해서는 결코 안됩니다.

④ 토론 보고서의 분량은 작성자와 토론조원의 명단을 포함하여 A4 용지(11호 크기의 글자, 줄 간격 150, 여백주기 4방 20mm 범위) 2쪽 이내로 작성하기 바랍니다. 특히 문서정보를 클릭하여 분량을 가늠하여 작성해주기 바랍니다(200자 원고지 20장 분량).

⑤ 토론보고서를 작성할 때에는 조원간의 토론내용을 요약 정리함으로써, 여러 사람의 의견을 간결하게 종합한 것이어야 합니다. 따라서 토론 주관자는 조원의 의견을 그대로 옮기는 속기사가 아니라 의견의 정리자이고 조정자이며 보고서 조직자라는 점에 유의하기 바랍니다.

⑥ 토론의 평가는 각 조별로 각자가 제출한 보고서의 평가점수를 평균

하여 각 조별로 평정합니다. 따라서 예컨대 조원 중 1명이 보고서를 제출하지 않은 조의 경우에는 9개의 보고서 점수를 10명으로 나누기 때문에, 10개의 보고서 점수를 10명으로 나눈 조의 평정 점수보다 낮아지게 될 것입니다.

⑦ 이 과목은 웹 강좌이기 때문에 취업, 연수, 훈련, 기타 등의 사유로 인한 강의일수의 1/4 이상 결석자, 토론보고서 미제출자 및 시험 불응자에 대한 일체의 추가조치는 취하지 않습니다.

⑧ 토론보고서의 평가: 100점(성적평가 전체의 40%: 40/100)

평가 기준	평가 점수(%)
1) 토론과정에서 조원 의견의 수렴과정 및 주관자로서의 역할	20
2) 토론보고서의 체계성 조직성 및 참고자료 조사정도	20
3) 조원의 토론 참여도 및 참여협력 정도	20
4) 보고서에 나타난 작성자의 책임성 객관성 및 공정성 정도	20
5) 보고서의 분량 간결성 및 마감기일 준수 정도	20
종합 평가(합계)	100

⑨ 토론참여: 각 토론주제에 대한 토론참여도로 평가(성적 평가 전체의 10%: 10/100)

부록 2: 예시적 토론주제

다음의 토론주제들은 민주정치론 또는 민주시민론을 수강하는 학생들로 하여금 토론을 통한 민주적 리더십 또는 민주시민성을 수련해나가도록 하기 위하여 기획된 것이다. 한 학기에 10~11주간 매주 1개 주제를 토론하도록 하고 모든 수강자가 한번은 토론 주관자로서 토론을 진행하고 토론결과 보고서를 작성하여 제출하도록 하는 방식을 취하며, 토론조는 10주간 실시하면 10명으로, 11주간 토론하는 경우는 11명으로 편성한다.

토론주제 1: 효도와 자아발전(2003년 9월 19-25일 토론)

KBS 아침방송 부부탐구에서는 2000년 4월 어느 날 경기도 포천에 살고 있는 A씨 부부의 다음과 같은 갈등문제를 방영하였다. A씨와 B씨는 1972년에 결혼하여 28년 동안 비교적 행복한 부부생활을 하였다. 1973년에 장남을 낳았고 1976년에 딸을 그리고 1979년에 둘째 아들을 낳아 3남매를 기르면서 비교적 행복하게 살아왔고 지난해에 결혼한 장남 부부와도 함께 살고 있었다. 그런데 A씨는 직업인 운전기사 일을 포기하고 무직상태가 되었다. 그 이유는 A씨가 그의 부친을 6개월 전에 A씨 집으로 모셔왔기 때문이다. 따로 살고 있던 A씨의 부친은 A씨의 친모가 병사한 뒤 제대로 살림을 할 줄 모르는 지능이 모자라는 여자와 재혼하였고, 그

여자는 전 남편 소생의 저능아인 딸을 데리고 들어왔다. 그러던 중 A씨가 가끔 찾아가 보던 그의 부친이 병석에 누워 몸을 움직일 수 없게 되었다. 병든 부친의 생활을 보다 못한 둘째 아들인 A씨는 부친의 세 식구를 자기 집으로 모셔와 부친을 간호하면서 세 식구까지 돌보게 되었다. 자신의 부친을 모시는 바람에 함께 살던 A씨의 장남 부부도 방이 없어서 월세 방을 얻어 나가야 했으므로 아들 부부의 갈등도 심각한 상태라고 한다. A씨는 본래 3형제 중 둘째이지만, 그의 부친의 이러한 처지를 알고 있는 A씨의 형과 동생은 몇 년 전부터 소식을 끊고 있다. 따라서 이제 A씨 가족 7명의 모든 생계는 그의 부인 B씨가 파출부 일을 비롯한 온갖 궂은 일을 하면서 꾸려가고 있다. 그들 부부는 결혼한 지 28년이 지난 사이지만 그의 부인은 더 이상 이 상태로는 같이 살 수 없다고 하소연한다. A씨와 B씨 둘은 다음과 같이 자신의 입장을 하소연한다. 귀하는 이러한 경우를 듣고 아래의 쟁점들에 대하여 어떻게 생각하는가?

남편 A씨의 진술

"나의 아내는 현모양처이므로 나는 그녀 없이는 실수가 없다. 나는 내 아내와 헤어진다는 것을 상상조차 해본 적이 없다. 나는 세상 어느 누구보다도 나의 아내와 자식들을 사랑한다. 또한 나의 아내가 모든 식구의 생계를 꾸려가느라 무척 고생하며 그녀가 힘들어한다는 것을 누구보다도 충분히 이해한다. 그리고 내가 나의 아내를 도와주기는커녕 감당하기 어려운 무거운 짐을 지워주고 있는 지금의 처지 때문에, 항상 감사하면서 동시에 늘 미안하게 생각하고 있다. 그러나 거지보다도 못한 생활을 하고 있던 병든 나의 아버지와 두 식구를 모르는 척하고 내버려둘 수는 없었다. 나는 나의 직업을 버리고 아버지를 돌보는 수밖에 다른 방법이 없다. 그러나 나는 결코 나의 아내와 헤어질 수는 없다. 그렇지만 지금의 나로서는 다른 방법이 없으니 어떻게 하겠는가? 아버지를 버릴 수도 없고 아내나 자식들과 헤어질 수도 없으니 답답하기만 하다."

아내 B씨의 진술

"나의 남편은 6개월 전까지만 하여도 나의 좋은 남편이고 훌륭한 아이들의 아버지이었다. 그는 늘 나와 아이들을 사랑하고 성실하게 일하면서 부자는 아니지만 가족을 잘 부양해왔다. 그리고 나는 시부모님께 효성이 지극한 나의 남편을 존경해왔으며, 지금도 시아버지를 정성스럽게 돌보고 있는 점을 이해한다. 나는 아직도 내 남편과 헤어진다는 것을 상상하고 싶지 않다. 나는 세상 어느 누구보다도 나의 남편과 자식들을 사랑한다. 그러나 6개월 동안 가족들을 부양해온 나로서는 이제 더 이상 버틸 힘도 생활할 여력도 없다. 나는 나의 남편이 직업을 버리고 오로지 시아버지를 돌보아야 하는 처지를 더 이상 바라만 보면서 지낼 수가 없다. 왜 다른 형제들이 외면하는 일을 내가 모두 맡아서 전적으로 책임지고 고생하여야 하는가를 생각하니 이제 더 이상 이대로 살 수 없을 것 같다. 둘째 아들인 내 남편이 모든 것을 팽개치고 오로지 시아버지를 돌보는 일에 전적으로 매달리고 있는 것에 화가 치민다. 더구나 그의 생모도 아니고 밥도 제대로 못하는 저능의 계모와 그의 딸까지 돌보아야 하는 일을 더 이상 계속할 수가 없다. 남편은 어쩌겠느냐고 호소하지만 나는 더 이상 견딜 수가 없다. 나는 아직도 내 남편과 아이들을 사랑하지만, 나 자신도 행복하기를 바란다."

◆ 귀하가 우리 사회의 지도층에 속한다면, A씨 부부의 경우를 들으면서 귀하는 다음 문제에 대하여 어떻게 생각하는가?

1. 부모 부양이 무엇보다 중요하기 때문에, 다른 것을 희생해서라도 부모 부양을 전제로 모든 문제를 풀어나가야 하는가?
　_____ 그렇다. 그 이유는?
　_____ 아니다. 그 이유는?

2. 자신의 행복과 자아발전이 부모 부양보다 더 중요한가?
　　　_____ 그렇다. 그 이유는?
　　　_____ 아니다. 그 이유는?
3. 부모 부양과 자아발전은 양립할 수 있는가?
　　　_____ 그렇다. 그 이유와 방법(위 A씨의 경우)은?
　　　_____ 아니다. 그 이유는?

◆ 위의 사례를 보면서, 귀하는 효도 및 노후의 부모 부양이라는 사회 문제에 대하여 어떻게 생각하는가? 즉 부모 부양은 자식의 책임(도리)인가, 부모 자신의 책임인가, 복지 차원에서의 국가 및 사회의 책임인가? 그 가운데 어느 쪽 책임이 더 큰가? 또 모든 편(자식 부모 국가 및 사회)의 책임이라면 책임의 우선순위와 한계는?

1. 자식의 책임이라면, 그 이유와 방법은?
　　자식이 책임을 질 수 없는 처지라면 그 대안은?
2. 부모 자신의 책임이라면, 그 이유와 방법은?
　　부모 자신이 책임질 수 없는 처지라면 그 대안은?
3. 국가 및 사회의 책임이라면, 그 이유와 방법은?
　　국가 및 사회가 책임지지 않는 한국의 현실에서 그 대안은?
4. 자식 부모 국가 및 사회 등 모두의 책임이라면 잭임의 우선순위는?
　　책임의 한계는? ① 자식의 경우
　　　　　　　　　② 부모의 경우
　　　　　　　　　③ 사회 및 국가의 경우

◆ 우리나라에 A씨 B씨 부부와 같은 경우는 무수히 많을 것이다. 그러나 노인복지에 대한 대책이 거의 없는 한국에서 만일 귀하가 국가의 중요한 노인복지 정책결정자이거나 보건복지정책을 입안해야 하는 정책담당자라면 어떠한 대책을 마련할 것인가?

1. 우선 효도와 노인복지에 대한 기본정책방향을 어떻게 설정할 것인가? 국민에게 희망을 줄 미래지향적인 비전을 세 가지로 요약한다면 어떤 것들을 제시하겠는가?
   1)
   2)
   3)

2. A씨 B씨 부부와 비슷한 처지의 사람들을 위한 시급한 단기대책은 무엇인가?(세 가지만 구체적으로 제시)
   1)
   2)
   3)

3. 노인복지를 위한 중장기정책은 무엇이며, 그 정책을 실현하기 위한 구체적인 재원 확보방안은 무엇인가?
   1) 중·장기 대책은?
   2) 재원 확보방안은?

◆ 아래의 전통 및 현대적 효윤리 의식조사 설문에 대한 조원들의 의견을 종합해보고, 아울러 현대적 효윤리 항목에 대하여도 토론하여 보시오.

설문지: 다음의 의견들에 대하여 학생의 생각과 가장 가깝다고 생각되는 것을 아래의 요령으로 해당하는 기호 ㄱ ㄴ ㄷ ㄹ ㅁ에 ○으로 둘러싸서 표시하여 주십시오.

ㄱ 전적으로 찬성한다/ ㄴ 대체로 찬성한다/ ㄷ 잘 모르겠다/
ㄹ 대체로 반대한다/ ㅁ 전적으로 반대한다

	전통적 효윤리	현대적 효윤리	
ㄱㄴㄷㄹㅁ	1) 어버이를 잘 섬기는 일에 효의 근본을 두어야 한다.	1) 훌륭한 어버이가 되는 일에 효의 근본을 두어야 한다.	ㅁㄹㄷㄴㄱ
ㄱㄴㄷㄹㅁ	2) 제사를 지내는 것은 조상숭배를 위하여 중요하다.	2) 제사를 지내는 것은 자손들의 화합을 위해서 중요하다.	ㅁㄹㄷㄴㄱ
ㄱㄴㄷㄹㅁ	3) 늙은 부모를 돌보는 것은 자식으로서의 당연한 도리이다.	3) 늙은 부모를 돌보는 것은 은혜에 대한 보답이다.	ㅁㄹㄷㄴㄱ
ㄱㄴㄷㄹㅁ	4) 딸이 병이 났을 때보다 아들이 병이 났을 때, 더 많은 신경을 쓰는 것은 당연하다.	4) 딸이 병이 났을 때나 아들이 병이 났을 때나 똑같은 신경을 쓰는 것이 당연하다.	ㅁㄹㄷㄴㄱ
ㄱㄴㄷㄹㅁ	5) 부모의 의견과 자식 의견이 둘 다 옳지만 서로 다를 경우는, 자식을 설득하여 부모의 의견에 따르노록 해야 한다.	5) 부모의 의견과 자식 의견이 둘 다 옳지만 서로 다를 경우는, 부모를 설득하여 자식의 의견에 따르도록 해야 한다.	ㅁㄹㄷㄴㄱ
ㄱㄴㄷㄹㅁ	6) 늙은 부모를 모시고 사는 처지에 어린 자식의 생일잔치를 잘 차려주는 것은 옳지 않다.	6) 늙은 부모를 모시고 사는 처지라도 어린 자식의 생일잔치를 잘 차려주는 것이 옳다.	ㅁㄹㄷㄴㄱ
ㄱㄴㄷㄹㅁ	7) 나라에 충성하고 부모에 효도하자.	7) 국민에게 충성하고 자식에게 봉사하자.	ㅁㄹㄷㄴㄱ

ㄱㄴㄷㄹㅁ	8) 명절 때 성묘하는 것이 옳다.	8) 편리한 때 성묘하는 것이 좋다.	ㅁㄹㄷㄴㄱ
ㄱㄴㄷㄹㅁ	9) 기른 자식에게 늙어서 의탁하게 되는 것은 당연하다.	9) 늙어서 자식에게 의탁하려는 생각은 큰 잘못이다.	ㅁㄹㄷㄴㄱ
ㄱㄴㄷㄹㅁ	10) 자녀를 기를 때 부모에 대한 자식으로서의 도리를 다하기를 기대하는 것은 어쩔 수 없다.	10) 자녀를 기를 때 자식으로서의 도리보다 사회인으로서 제일을 다하기를 바라는 것이 옳다.	ㅁㄹㄷㄴㄱ
ㄱㄴㄷㄹㅁ	11) 장남이 부모를 모시는 것은 어쩔 수 없다.	11) 장남만이 부모를 모셔야 한다는 것은 옳지 않다.	ㅁㄹㄷㄴㄱ
ㄱㄴㄷㄹㅁ	12) 늙은 부모를 양로원에 맡기고 외국에 나가는 것은 있을 수 없는 일이다.	12) 외국에 나가야 할 처지라면 부모를 양로원에 맡기는 것은 이해가 간다.	ㅁㄹㄷㄴㄱ
ㄱㄴㄷㄹㅁ	13) 아버지와 어머니의 의견이 둘 다 옳을 경우 아버지의 의견을 따르는 것이 마땅하다	13) 아버지와 어머니의 의견이 둘 다 옳을 경우 자신과 같은 의견을 따르는 것이 마땅하다.	ㅁㄹㄷㄴㄱ
ㄱㄴㄷㄹㅁ	14) 우리의 관습에 비추어 늙은 부모를 모시는 것이 옳다.	14) 늙은 부모를 모시는 것은 형편에 따르는 것이 좋을 것이다.	ㅁㄹㄷㄴㄱ
ㄱㄴㄷㄹㅁ	15) 부모에 대한 노후봉양은 자식으로서의 도리이며 책임이기도 하다.	15) 부모의 노후대책은 부모 자신의 책임이고, 복지 차원의 국가 및 사회의 책임이다	ㅁㄹㄷㄴㄱ

토론결과

 이 주제의 토론 주관자는 '토론진행 및 토론보고서 작성에서 유의할 일'에 따라, 자기 조의 토론과정과 조원들의 집단 합의사항 등을 정리, 토론보고서를 작성하여 10월 2일(목요일)까지 제출하여야 한다.

관련 토론문제
1. 한국의 국민연금제도는 선진국의 사회보장제도와 비교하여 어느 정도의 복지제도인가?
2. 소위 실버타운은 미래의 노후대책에 어느 정도 기여할 수 있으리라고 보는가?

토론주제 2: 노벨 평화상의 수상자 선정(2003년 9월 26-10월 2일 토론)

매년 노르웨이의 수도 오슬로에 있는 노벨 평화상 위원회는 누군가에게 노벨 평화상을 수여한다. 이 평화상은 어떤 사람이 받을 수 있는 세계적인 최고의 영예와 상금의 하나이다. 다음과 같은 공적이 있는 사람이 이 상을 받을 수 있다

1. 평화를 위하여 특별한 공헌을 한 사람, 예컨대 키신저(Henry Kissinger, 당시 미국 국무장관)와 르 둑 토(Le Duc Tho, 당시 북베트남 수상)는 베트남전을 종식시킨 공로로 1973년도 노벨 평화상을 받았다.
2. 평생을 평화에 기여한 사람, 예컨대 함마르시욀드(Dag Hammarskjold)는 국제연합 사무총장으로서 세계평화를 위하여 많은 기여를 한 공로로 1961년도 노벨 평화상을 수상하였다.
3. 노벨 평화상은 1901년 첫 수상자를 낸 이후, 2002년까지 100년간 17년을 제외하고 매년 수상자를 선정하였으며, 지난 6년간의 수상자는 다음과 같다.
   - 2002년: 카터(Jimmy Carter Jr., 전 미국 대통령). 수십년간 민주주의와 인권의 증진 및 국제분쟁에 대한 평화적 해결방안을 모색하는 데 헌신한 공로.
   - 2001년: 아난(Kofi Annan). 1997년 UN사무총장으로 선출된 이래 인종과 국적에 관계없이 국제적 분쟁의 조정을 통한 평화에 기여한 공로.
   - 2000년: 김대중. 한국의 민주화와 남북한의 긴장 완화에 기여한 공로.
   - 1999년: 국경 없는 의사회. 종교 인종 이념에 구속받지 않고, 지구촌 어느 곳에서의 재난과 분쟁지역에서나 인도주의적 입장에서 의료활동을 벌인 공로.
   - 1998년: 북아일랜드의 정치지도자 트림블(David Trimbl. 신교)과 흄(John Hume. 가톨릭) 공동 수상. 과거 30년간 3,200명의 희생자를 낸 두 종파간의 분쟁을 해결하기 위하여, 1998년 4월 10일

에 평화협정을 체결한 공로.
- 1997년도: 윌리엄즈(Jody Williams 미국). 국제지뢰금지운동의 공로.
- 1996년도: 벨로(Carlos Ximenes Belo)주교와 라모사-호르타(Jos Ramos-Horta)주교 공동 수상. 티모르 섬의 서부 지역은 네덜란드령이었다가 1949년에 인도네시아로 귀속되었으나, 포르투갈령이었던 동부지역은 1975년(1914~75)에 인도네시아에 귀속됨으로써 주민의 자결권을 둘러싼 동티모르 내의 갈등에 관한 외교적 해결책을 이룩한 공로.
- 1995년도: 영국의 로트블라트(Joseph Rotblat)와 과학 및 세계문제에 관한 핵무기폐기회의.

이제 여러분은 2003년도 노벨 평화상 위원회 위원이다. 다음의 후보자 가운데서 2003년도의 수상자를 선정하여보시오.

A 후보자: 피에르 신부(1912-현재 프랑스의 빈민운동가)

19세(1938년)에 신부 서품을 받은 이래 빈민운동에 헌신해왔으므로 '노숙자들의 아버지'로 불리고 있다. 피에르 신부는 1999년 프랑스 일간지 『르 파리지엥』이 실시한 여론조사에서 테레사 수녀(1979년 노벨 평화상 수상자)에 이어 '20세기를 대표하는 휴머니스트' 2위에 오르기도 하였고, 2003년 8월 17일 프랑스 일간지 『수르날 뒤 디망쉬』가 실시한 '프랑스인이 가장 사랑하는 사람'으로 17번째 1위를 차지했다고 한다. 제2차 대전 중에는 나치에 대항하는 레지스탕스 활동을 했고, 종전 후에는 하원의원으로 활약하기도 하였다.

  * 피에르 신부를 수상자로 선정한(또는 선정하지 않은) 이유:

B 후보자: UNICEF(The United Nations' International Children's Emergency Fund)

유엔국제아동구호기금(UNICEF)은 전세계의 기아와 질병에서 허덕이는 아동을 구호하기 위하여 1년에 미화 3,000만 달러 이상을 지원하고 있다. 예컨대 1981년에 UNICEF는 에티오피아와 소말리아에서 굶주림과 질병에서 죽어가는 50만 명의 아동을 구제하기 위하여 식량을 보내기도 하였고, 지난해에도 개발도상국의 어린이와 어머니들을 돕기 위하여 수많은 재정적 지원을 하였다. 물론 UNICEF는 이러한 공적으로 1965년에도 노벨 평화상을 수상한 적이 있다.
　* UNICEF를 수상자로 선정한(또는 선정하지 않은) 이유:

　C 후보자: 국제적십자사(International Red Cross: IRC)
　코소보, 동티모르 등 분쟁 및 전쟁지역에서 난민의 구호와 그들의 평화정착 생활을 위한 활동에 기여한 공로.
　* 국제적십자사를 수상자로 선정한(또는 선정하지 않은) 이유:

　D 후보자: 헬무트 콜(전 독일 수상: 1984~98 수상 재임)
　헬무트 콜 수상은 1984년 서독의 수상이 된 이래 꾸준한 동독에 대한 포용정책으로 1990년에 45년간 분열된 독일을 국제적인 협력을 얻어 동서독을 통일시킴으로써, 독일 민족의 갈등을 평화적으로 해결한 공로.
　* 헬무트 콜을 수상자로 선정한(또는 선정하지 않은) 이유:

　E 후보자: 무하마드 알리(전 세계 헤비급 권투 챔피언)
　알리는 권투사상 가장 위대한 선수이며 20세기 최고의 스포츠맨이고, 소외된 사람들을 위하여 헌신한 인물이라고 하여 1999년 5월 20일 미국의 명문 콜롬비아대학이 명예박사학위를 수여한 것처럼, 1960년 로마올림픽에서 권투 라이트 헤비급에서 금메달을 딴 후 프로로 전향하여 소니 리스튼, 조지 포먼 등 당대의 철권을 KO로 꺾고 헤비급 챔피언에 3번이나 오르는 불멸의 기록을 세웠을 뿐 아니라, 1981년 은퇴한 후 파킨슨병에 걸리고도 아동학대 추방운동, 아프리카난민 구호활동 등을 계속했으며, 1998년에는 코피 아난 유엔 사무총장에 의하여 유엔평화사절에 임명되기도 하였다.
* 무하마드 알리를 수상자로 선정한(또는 선정하지 않은) 이유:

F 후보자: 위의 후보자 이외의 수상자.
* 후보자 F를 수상자로 선정한(또는 선정하지 않은) 이유:

2003년도 노벨평화상 수상자(수상자를 선정하지 않았을 수도 있음):

수장자로 선정한(또는 수상자를 선정하지 않은) 이유:

토론결과

 이 주제의 토론 주관자는 '토론진행 및 토론보고서 작성에서 유의할 일'에 따라, 자기 조의 토론과정과 조원들의 집단 합의사항 등을 정리, 토론보고서를 작성하여 10월 9일(목요일)까지 제출한다.

관련 토론문제

 적어도 여러분 조의 조원들은 과거 또는 현재의 국내외 잡지 또는 신문을 찾아서 평화에 기여한 사람에 대한 기사나 해설을 읽어본 뒤에 토론에 참가하여야 할 것이다. 아울러 선정할 만한 인물에 대한 간단한 기사내용을 서로 교환하면서 토론을 진행하는 것이 좋을 것 같다.

토론주제 3: 가장 유능한 교사의 채용(2003년 10월 3일~9일 토론)

지난 8월 말 인하대학교 사범대학 부속고등학교에서는 유능한 교사 가운데 한 사람이 외국유학을 가기 위하여 사임하였다. 그는 수학을 가르쳤고 3학년 담임을 맡았으며 교육에 대한 열정과 학생들에 대한 사랑이 누구보다도 강한 교사이었다. 인하학원 재단이사회에서는 주요 일간신문에 수학교사 채용을 위한 광고를 냈다. 재단이사회는 100여명 이상의 지원자 가운데 1차로 다음의 5명을 우선 선발하였다. 여러분은 재단이사회의 이사들이다. 다음의 1차 선발자들 가운데 신임 수학교사로서 가장 적임자라고 생각되는 채용후보자부터 그 우선 순위를 정하여 보시오. 아마도 순위 1번이 결원된 수학교사로서 임용될 것이다.

채용후보자 김보람: 26세 여성, 기혼(자녀 없음)
〈학력 및 경력〉 서울 소재 명문 S대학교 자연과학대학 수학과를 2001년에 졸업(이학사)한 뒤, 정교사 자격증을 취득하였으나 경인지역에서 취업이 어려워 충청남도 중등교사임용시험에 응시 합격함으로써 충남도내 C읍 소재의 H종합고등학교 수학교사로 2년간 재직 중.
〈지원사유 및 자기소개〉 나는 인천에서 태어나 대학을 졸업할 때까지 계속 인천에서 살았고, 청소년을 사랑하며 인천을 무척 좋아한다. 그리고 수학이 중등교육과정에서 가장 중요한 과목이라고 생각하기 때문에 누구보다도 열심히 그리고 잘 가르칠 자신이 있다. 또 수학적 사고야 말로 모든 사고의 기초가 되어야 한다고 믿으며, 학생들의 수학능력의 향상이 우리나라 과학기술 창조의 기틀이 될 것이라고 생각한다. 나는 오직 수학을 열심히 가르치는 것 이외에 이제까지 어떠한 교원단체(교총 또는 전교조)에도 가입하지 않았고 앞으로도 가입할 생각이 없다.
임용 순위:
정한 이유:

채용후보자 홍사명: 35세 남성, 기혼(부인과 초등 1년의 여아와 5세 남아)

〈학력 및 경력〉 광주광역시 소재 C대학교 사범대학 수학교육과를 1993년에 졸업하고(교육학사) 같은 대학교 교육대학원을 1998년 졸업(교육학석사)

〈지원사유 및 자기소개〉 나는 광주광역시에서 태어나 그 곳에서 초중고교와 대학을 다녔고 대학 졸업 후 1993년 이래 그곳 J고등학교에서 수학교사로 재직해왔다. 그러나 나의 아내가 인천광역시 I초등학교 교사이기 때문에 결혼 후 8년간 주말부부로 지내고 있을 뿐 아니라, 이제는 아이들의 교육을 위해서나 보람 있는 가정생활을 위해서도 나의 아내와 아이들이 살고 있는 인천 소재 어떤 중고등학교로라도 옮기고 싶다. 나는 J고등학교에 근무하는 동안에 광주광역시교육청으로부터 최우수 수학교사상을 수상한 적이 있으며, 누구보다도 수학만은 잘 가르칠 실력을 갖추고 있다고 생각한다. 아울러 교사는 보수 못지 않게 사명감이 중요하다는 신념을 지니고 있으므로 10년 전에 한국교원단체총연합회에 가입하여 교원단체 활동에도 적극적으로 참여하고 있다.

임용 순위:

정한 이유:

채용후보자 강도전: 25세 여성, 미혼

〈학력 및 경력〉 서울 소재 명문 K대학교 자연과학대학 수학과를 1999년 졸업하고(이학사), 미국으로 유학 샌프란시스코 소재 스탠포드대학교 대학원 물리학전공 석사과정을 졸업하고(2002년 MS) 같은 대학교 박사과정 재학.

〈지원사유 및 자기소개〉 나는 세계적인 물리학자가 되려는 꿈을 지니고 있었으므로 대학을 졸업하자 곧바로 미국으로 유학을 떠나 스탠포드대학교 대학원에서 물리학전공으로 석사학위를 취득한 뒤 이어서 같은 대학원 박사과정에 진학하여 공부하고 있었다. 그러던 중 올해 초에 사업을 하시던 나의 아버지가 부도로 파산을 하였고 설상가상으로 그 충격으로 인한 고혈압의 악화로 아버지는 반신불수가 되었다. 따라서 어머니와 동생들(남동생은 대학 2학년, 여동생은 고교 3학년 재학 중) 등 5인 가족의 생활비와 아버지의 치료비를 감당하는 일이 막막하게 되었기 때문에, 부득이 나는 미국에서의 유학을 포기하고 귀국하였다. 다행히 나는 대학 졸업할 때 수학전공의 2급 정교사자격증을 취득하였으므로, 수학교사로 취업하여 나의 가족을 부양하려고 한다. 만일 현재의 사정이 좋아진다면 다시 유학하여 박사학위를 취득하고 싶으며, 교사의 복지향상을 위해서 교원단체에도 가입할 생각도 하고 있다. 그러나 한국교원단체총연합회 또는 전국교원노동조합 가운데 어디에 가입할 것인지는 더 두고 생각해보아야 할 것 같다.

임용 순위:
정한 이유:

채용후보자 신전망: 29세 남성, 기혼(부인과 3세 여아)
〈학력 및 경력〉 인하대학교 이과대학 수학과를 1999년에 졸업(이학사)하고, 서울 H사립고등학교 교사로 4년간 재직 중이며, 서울 소재 명문 Y대학교 교육대학원 수학교육전공 석사과정 3차 학기 재학 중.
〈지원사유 및 자기소개〉 나는 인하대학교 사범대학 부속고등학교를 졸업하였으며, 고2 때에는 인하대학교 주최 전국 고교수학경시대회에서 최우수상을 수상하였으므로, 인하대 수학과를 지원하여 4년간 등록금 전액장학생으로 선발되어 공부할 수 있었다. 앞으로 모교인 인하대학교 사대부고에서 후배들을 가르치면서 모교에서 박사학위까지 취득하는 것이 나의 장래 소망이다. 아울러 나는 가장 실력 있는 수학교사가 되기를 바랄 뿐 아니라 교사도 충분한 경제적 대우를 받아야 참된 교육자가 될 수 있다고 믿기 때문에, 전국교원노동조합에 가입하였으며, 교사의 권익을 위한 활동에도 적극적으로 참여하고 있다.

임용 순위:
정한 이유:

채용후보자 박우동: 42세 남성, 기혼(부인과 중2의 남아, 초등학교 6년 여아, 초등학교 4년 여아)

〈학력 및 경력〉 서울 소재 명문 S대학교 자연대학 수학과를 1988년에 졸업(이학사)하였고, 같은 대학교 교육대학원에서 수학교육전공으로 1996년 교육학석사를 취득하였으며, 1988년 대학졸업 후 곧바로 서울 강남구 소재 명문 K공립고등학교의 수학 교사로 임용되어 15년간 재직 중.

〈지원사유 및 자기소개〉 나는 15년간 수학교사로 재직하면서 10년간 고3 담임을 맡아왔고, 내가 담임을 맡은 학급이 매년 대학입시에서 내가 재직하는 학교의 고3 12학급 가운데 가장 높은 명문대학 입학률을 나타냈다. 나는 인천에서 태어나 지금까지 계속 살아 왔고, 한사코 인천에 살기를 고집하시는 부모님 때문에 현재도 7 가족이 함께 인천에 살고 있다. 그러나 이제는 인천에서 서울까지 통근하는데도 지치고 또 가족부양하기도 힘들 뿐만 아니라, 나의 공립고등학교 교사봉급으로는 세 아이의 교육비를 감당하기 어려운 형편이다. 이러한 처지인데 마침 인하대학교 사대부고의 경우 봉급도 많고 승진의 길도 빠르다는 데 전직(轉職)의 매력을 느꼈다. 또한 경제적 여유가 있어야 학생도 잘 가르칠 수 있다는 신념 때문에 전국교원노동조합 결성 때부터 적극적으로 참여해 왔으며, 그 때문에 아직도 평교사이고 승진도 매우 늦었다고 생각한다.

임용 순위:
정한 이유:

토론결과

이 주제의 토론 주관자는 '토론진행 및 토론보고서 작성에서 유의할 일'에 따라, 자기 조의 토론과정과 조원들의 집단 합의사항 등을 정리, 토론보고서를 작성하여 10월 16일(목요일)까지 제출하여야 한다.

관련 토론문제

1. 가장 훌륭한 교사가 될 수 있는 자격요건은 무엇일까?
2. 현행의 대학입시제도 아래에서 어떤 교사가 훌륭한 교사일까?
3. 학교교육과 학원교육은 어떤 문제점이 있는가?

토론주제 4: 21세기 세계정치의 변화(2003년 10월 10~16일 토론)

세계는 지금도 많은 문제들을 지니고 있다. 제2차 세계대전이 1940~45 사이에 있었고, 21세기에 제3차 세계대전 또는 제4차 세계대전이 없으리라고 장담할 수도 없다. 퀸시 라이트(Quincy Wright)라는 정치학자에 의하면 콜럼부스가 아메리카 대륙을 발견한 1492년부터 1940년 2차 세계대전이 일어날 때까지의 448년간에 세계 어느 곳에서든 278번의 전쟁이 있었다는 것이다.2) 현재 미국은 2001년 9월 11일 뉴욕의 세계무역센터가 붕괴되고 국방성 건물이 공격을 받아 수 천명이 살해된 대규모 테러사건 이후, 테러혐의를 받고 있는 오사마 빈 라덴(Osama bin Laden)의 잔당 소탕과 그를 은폐 보호하고 있는 아프가니스탄의 탤리반(Taliban)정권을 붕괴시키고, 악의 축으로 규정한 이라크의 후세인 정권을 제거한 뒤에도 친미정권을 수립하기 위한 전쟁을 수행하면서 계속 테러와의 전쟁과 응징에서 후퇴하지 않고 있는 것 같다. 그런가 하면 북한의 핵개발 선언과 한반도의 평화문제 그리고 이스라엘과 팔레스타인 사이의 보복적 테러는 그치지 않고 있으며, 아직도 유고와 동티모르에는 유엔 평화유지군이 주둔하여 분쟁을 막고 있다. 또한 반세기 이상 갈등하고 있는 인도와 파키스탄, 중국과 대만, 남·북한 사이에도 전쟁의 위험성을 내포하고 있다.

---

2) 정치학자로서 그는 다음과 같은 통계학적인 재미난 추론도 해보았지만, 사회과학은 생명과 의식을 지닌 인간사회의 현상을 연구대상으로 하기 때문에 자연과학적인 논리로 해석하기는 어렵다. 그에 의하면 전쟁이 끝난 해에 그 해의 각 숫자를 떼어서 합하면 다음 전쟁이 시작될 것이라는 추론이었다. 예컨대 남아프리카에서의 식민지전쟁이었던 보어전쟁은 1902년에 끝났고, 1902+1+9+0+2=1914의 계산으로 1914년에 1차 세계대전이 발발하였으며, 1919년 1차 세계대전이 종결된 후 1919+1+9+1+9=1939의 계산으로 1939년에 2차 세계대전이 예견되었다고 하지만, 1945년에 2차 세계대전이 끝난 뒤 1945+1+9+4+5=1964의 계산으로 1964년에 3차 세계대전이 발생한 것은 아니다. 왜냐하면 사회과학은 1+1=2를 정답으로 보지 않기 때문에 그의 추론은 현실에서 반드시 가능할 수는 없었다. 만일 성인 남녀가 결혼해서 1+1의 결합이 이루어져 자녀를 낳게 되면 1+1=3도 4도 그 이상도 될 것이며, 결합하는 시대와 장소에 따라서 바람직한 답도 달라질 수 있기 때문이다.

만일에 여러분이 본격적으로 사회활동을 하게 될 21세기 전반에 3차대전이 일어난다면, 세계는 커다란 정치적 격랑에 휩싸일 가능성도 배제할 수 없다. 따라서 앞으로 21세기의 최대 문제는 절대 다수 국가들이 관련하게 될 과제일 것으로 예상된다. 아울러 민족주의 때문에 각국 정부는 오직 자기 나라의 국가이익만을 추구하게 될는지도 모른다. 따라서 세계인들은 또 다시 서로 싸우고 죽이는 전쟁과 갈등을 초래할 가능성도 배제할 수 없다. 그러므로 현재 세계의 모든 나라들은 21세기에 모든 국가들이 서로 협력할 하나의 새로운 세계정부가 이루어지기를 바라고 있다. 이제 우리는 인종과 민족을 넘어서서 모든 세계 사람들이 평화와 복지를 누리는 새로운 천년(Millenium)의 세계를 재구조화할 방향을 모색하고, UN이 주관하는 이라크 평화유지군의 파병문제를 협의하기 위하여 유엔 특별위원회를 구성하였다. 여러분은 이 UN특별위원회의 위원이다. 다음의 과제들에 대하여 현명하게 토론하여 결정하기를 바란다.

가. 세계의 공간구도
 1) 다음의 세계지도를 보고 세계를 3개 지역권으로 나눈다면, 어떻게 나누는 것이 바람직하고 각 지역의 이름을 어떻게 부칠 수 있을까?

2) 수도: 전체 세계의 수도를 정해보고, 3개 지역권 각각의 수도를 결정하여보시오.
    (1) 세계의 수도 이름:
        수도로 정한 이유:
    (2) A 지역권(지역명)의 수도 이름:
        이 지역권의 수도로 정한 이유:
    (3) B 지역권(지역명)의 수도 이름:
        이 지역권의 수도로 정한 이유:
    (4) C 지역권(지역명)의 수도 이름:
        이 지역권의 수도로 정한 이유:

나. 세계정부의 구성

  A. 정부형태: 다음 중 하나를 선정하고 선정한 이유를 들어 보시오.

  ☐ 1. 대통령 또는 정부 수반이 없는 각 국가(현재의 각 나라)의 1 대표로 구성하는 총회(General Assembly)를 구성하고, 각국 대표가 모이는 전체회의에서 모든 결정들을 한다.
      * 이러한 정부형태를 선정한 이유:

  ☐ 2. 대통령 또는 정부 수반이 없는 각 국가(현재의 각 나라)의 1 대표로 구성하는 총회를 구성하고, 총회가 모든 결정들을 할 특별위원회를 선정한다.
      * 이러한 정부형태를 선정한 이유:

  ☐ 3. 각 국가(현재의 각 나라)의 1 대표로 구성하는 총회를 구성하고, 총회가 2년마다 대통령을 선출하며, 대통령과 총회가 중요한 결정들을 한다.
      * 이러한 정부형태를 선정한 이유:

  ☐ 4. 그 밖의 정부형태:
      * 이러한 정부형태를 선정한 이유:

B. 세계정부의 경제체제: 다음 중 하나를 선정하고, 선정 이유를 설명해보시오.
1. ☐ 자본주의 　 ☐ 사회주의
　 ☐ 공산주의 　 ☐ 그 밖의 체제:＿＿＿＿＿＿＿＿
2. 여러분이 위의 체제 중 하나를 선정한 이유:

C. 세계정부의 국기(A Flag): 새로운 국기를 그려보고, 그 국기는 무엇을 대표할 것인가?

D. 세계정부의 언어: 2 개의 공용어를 선정하여 보시오.
1. 주 언어(Main language):
　 ＊ 선정한 이유:
2. 제2의 언어(Second language):
　 ＊ 선정한 이유:

다. UN 평화유지군의 이라크 파병
　A. UN 평화유지군의 파병 여부:
　　☐ 1. 찬성한다면, 그 이유는?
　　☐ 2. 반대한다면, 그 이유는?

　B. UN 평화유지군의 파병에 찬성하는 경우:
　　☐ 1. UN평화유지군의 목적과 활동분야는?
　　☐ 2. 파병의 시기와 존속기간은?
　　☐ 3. 파병의 규모와 구성 및 주도 국가는?

　C. UN 평화유지군의 파병에 반대하는 경우:
　　☐ 1.현재의 이라크 문제를 미국 주도의 다국적 연합군에 일임
　　☐ 2. 모든 이라크 주둔 외국군이 철수한 뒤 이라크 국민에게 일임
　　☐ 3. 그밖에

토론결과

이 주제의 토론 주관자는 '토론진행 및 토론보고서 작성에서 유의할 일'에 따라, 자기 조의 토론과정과 조원들의 집단 합의사항 등을 정리, 토론보고서를 작성하여 10월 23일(목요일)까지 제출하여야 한다.

관련 토론문제

다음 설문에 대하여 자기가 속한 토론조의 조원들이 어떤 태도를 지니고 있는지 조원의 수를 적고, 그 이유를 토론하여 들어 보시오.

	그렇다	아니다	잘 모르겠다
☐ 새로운 세계에 살고 있는 모든 사람들은 동일한 언어를 사용하여야 하는가?			
이유:			
☐ 새로운 세계에는 단일 종교가 필요한가?			
이유:			
☐ 새로운 세계에서 단일통화만의 사용이 가능한가?			
이유:			
☐ 새로운 세계에는 국가들이 없는 것이 더 좋은가?			
이유:			
☐ 세계의 교육체제는 공립 또는 사립 중 어느 것이어야 하는가?			
이유:			
☐ 그 밖의 문제?			
이유:			
☐ 그 밖의 문제?			
이유:			

토론주제 5: 현행 도로교통법의 음주운전 처벌 법령의 개정
(2003년 10월 24~30일 토론)

한국에서 2000년 전체 자동차 사고의 8.6%가 음주운전 사고이고, 사고 건수도 23,700여 건에 손실비용도 5,200억원에 이르렀다고 한다. 자동차 10만대당 사상자수를 비교해보면 우리나라가 OECD 국가 중 단연 1위를 기록하고 있다. 예컨대 1998년도 한국의 경우 자동차 10만대당 교통사고 사상자수(11.1명)는 독일(1.8명) 및 프랑스(2.8명)와 비교해보더라도 약 4배에서 5배가 높다. 따라서 지난해 음주운전 방지를 목적으로 하는 '한국 음주운전방지 어머니회'라는 단체가 조직되었다. 귀하는 국회 건설교통분과위원회의 의원이다. '한국 음주운전 방지 어머니회'가 음주운전자에게 더욱 강력한 처벌규정을 만들기를 요구한다면, 귀하는 음주운전을 예방하기 위하여 다음의 도로교통법 주요 내용들을 어떻게 개정할 것인가? 또 귀하는 어떻게 음주운전을 예방할 것인가?

현행의 음주운전 규제와 개정안
1. 대부분의 음주운전사고는 사회생활을 왕성하게 하는 21세 이상 40세 이하의 운전자들에게서 가장 많이 나타난다고 한다. 그러나 근래에 들어서는 20세 미만 세대에서도 음주운전이 크고 늘어나는 추세이다.
현행법령: 운전면허를 취득하려면 18세 이상(대형차량 20세 이상)의 연령에 도달하여야 한다.
개정안: 운전면허를 취득하려면 모든 차량에 대하여 20세 이상의 연령에 도달하여야 한다.
1) 어느 법령이 더 좋은가?:
2) 그 이유는?:

2. 음주운전에 대한 도로교통법 제41조의 규정에 의한 술에 취한 상태의 기준은 혈중 알코올 농도가 0.05% 이상으로 한다(개정 1989.10.

20)고 하였지만, 음주운전에 대한 조사결과 대부분의 운전자들은 얼마만큼의 음주가 실제로 자기를 취하게 만드는가를 알지 못한다고 한다.

[참고] 음주의 한계는 통상 개개인의 체질 성격 등에 따라 다르나 오관의 작용이 정상 상태가 아닌 흥분상태 또는 의식이 몽롱한 상태를 말하며, 술을 5분 동안 마시고 30분이 경과한 상태를 주취(酒醉)의 한계로 보고 있다.

현행법령: 운전자의 음주교육에 대한 법이나 규정이 없다.

개정안: 운전면허를 취득하려는 사람은 음주의 결과가 운전에 미치는 영향에 대한 교육과정을 이수하여야 한다.

1) 어느 법령이 더 좋은가?:
2) 그 이유는?:

3. 경찰청 통계에 의하면 대부분의 음주운전사고는 오후 10시(22시)부터 오전 2시 사이에 발생한다고 한다.

현행법령: 현행 유흥업소에 관한 법령에는 영업제한 규정이 없으므로, 야간 내내 영업이 가능하다.

개정안A: 모든 유흥업소는 밤12시(24시)부터 오전 6시까지는 영업할 수 없다.

개정안B:

1) 어느 법령이 더 좋은가?:
2) 그 이유는?:

4. 도로교통법 제41조 (주취중 운전금지)는 ① 운전면허를 받은 사람이라고 할지라도 술에 취한 상태에서는 자동차등을 운전하여서는 아니된다. ② 경찰공무원은 교통안전과 위험방지를 위하여 필요하다고 인정하거나 제1항의 규정에 위반하여 술에 취한 상태에서 자동차 등을 운전하였다고 인정할 만한 상당한 이유가 있는 때에는 운전자가

술에 취하였는지의 여부를 측정할 수 있으며, 운전자는 이러한 경찰공무원의 측정에 응하여야 한다(1995.1.5. 개정)고 규정하고 있으므로, 경찰은 음주운전자를 가려내기 위하여 음주측정 컵을 사용하고 있다.

현행법령: 운전자는 음주측정 컵의 정확성에 대한 확인 조사를 요구할 수 없다.

개정안A: 운전자는 음주측정 컵의 정확성에 대한 확인 조사를 요구할 수 있다.

개정안B:
1) 어느 법령이 더 좋은가?:
2) 그 이유는?:

5. 범칙금 부과 및 처벌 규정

위험한 운전행위	범칙금		구속	
	현행	개정안	현행	개정안
음주운전 　무사고/무범칙자 최초 음주 운전 시 　2차 음주운전 시	50만원 50만원		7일 90일	
음주 중 속도위반 　제한속도 10kmph까지 　제한속도 10kmph이상	100만원 200만원		7일 90일	
음주운전 사고: 인명피해 무	1억원		6개월	
음주운전사고: 인명피해 유	없음		5년	

6. 그 밖의 음주운전을 예방하기 위한 법률을 제정하려고 한다면, 어떤 법률안을 제안할 것인가?

토론결과

　이 주제의 토론 주관자는 '토론진행 및 토론보고서 작성에서 유의할 일'

에 따라, 자기조의 토론과정과 조원들의 집단 합의사항 등을 정리, 토론보고서를 작성하여 11월 6일(목요일)까지 제출하여야 한다.

관련 토론문제
1. 음주운전사고로 어떤 사람을 치어 사망케 한다면, 그 음주 운전자에게도 살인죄를 적용해야 하는가? 그리고 그 음주운전자에게 술을 먹인 사람이나 집단도 처벌되어야 하는가? 그 이유는?
2. 술집에서의 음주측정은 음주자로 하여금 운전하게 하는데 도움이 될 수 있는가?
3. 만일 귀하가 술집이나 파티에서 어떤 사람이 술에 취한 상태에서 운전하려고 하는 것을 목격한다 면 경찰에 신고하여야 하는가?

토론주제 6: 올림픽경기의 기획(2003년 10월 31일~11월 6일 토론)

올림픽경기의 개최는 많은 문제점을 지니고 있다. 1972년 독일의 뮌헨 대회에서의 테러사건, 1980년 모스크바대회와 1984년 LA대회의 반쪽대회, 1988년 서울올림픽대회에 대한 북한 및 쿠바의 불참, 미국 솔트 레이크시에서 개최된 2002년 동계올림픽대회를 둘러싼 개최 이전의 올림픽위원회의 수뢰사건 및 개최 당시 각종 경기에서의 판정에 대한 불공정 시비 등을 비롯하여, 선수들의 약품복용 시비 또는 경기종목의 선정과 같은 많은 문제점들을 지니고 있다. 따라서 앞으로 세계는 올림픽경기를 인류가 화합하는 평화의 축전으로 승화시킬 필요가 있다. 여러분이 국제올림픽위원회(International Olympic Committee=IOC)의 위원이라면, 올림픽경기를 재기획할 필요가 있을 것이다. 다음의 문제들에 관하여 토의하여 결정하여 보시오.

I. 올림픽경기 개최지를 도시에서 도시로 이동시키는 대신에, IOC는 하계올림픽과 동계올림픽 개최도시를 각각 일정한 한 장소에서 계속 개최하기를 바란다. 다음의 10개 도시 중에서 가장 적절한 올림픽개최 도시라고 생각하는 도시를 우선순위대로 번호를 매겨 보고 그 이유를 토론하여 결정하여 보시오.

1. 하계올림픽 개최도시:
□ 로스앤젤레스(미국)   □ 상파울로(브라질)   □ 서울(한국)
□ 시드니(호주)   □ 암스테르담(네덜란드)   □ 아테네(그리스)
□ 이스탄불(터키)   □ 싱가포르   □ 베를린(독일)
□ 홍콩(중국)

2. 동계올림픽 개최도시:
□ 삿포로(일본)   □ 체르마트(스위스)   □ 오슬로(노르웨이)

☐ 헬싱키(핀란드)　　　☐ 에드먼튼(캐나다)　　　☐ 고트호브(덴마크)
☐ 레이캬비크(아이슬랜드)　☐ 앵커리지(미국)　　　☐ 이르쿠츠크(러시아)
☐ 애버딘(영국)

Ⅱ. 올림픽 경기 때마다 새로운 경기종목을 추가시키고 있기 때문에 (1996년 애틀란타 올림픽에서는 무려 40개 종목에 261개 경기), 이제 너무 많은 종목의 경기가 이루어지고 있다는 비판론이 대두되고 있다. 따라서 IOC는 남녀 동수의 25개 개인경기 종목과 5개의 단체경기 종목만으로 줄이려고 한다. 다음은 이미 예비로 선정한 종목들이다.

1. 다음의 개인경기 종목 중에서 25개 경기를 선정하여 보시오.

　　궁도　　☐ 10m　　☐ 100m
　　자전거　☐ 20km　　☐ 100km
　　권투　　☐ 130파운드급　　☐ 165파운드급
　　카누　　☐ 5km　　☐ 20km
　　다이빙　☐ 10m 하이다이빙(플랫폼)　　☐ 5m 스프링보드
　　야외경기 ☐ 투포환　☐ 투햄머　☐ 높이뛰기　☐ 투창
　　　　　　☐ 멀리뛰기　☐ 장대높이뛰기　☐ 원반던지기
　　　　　　☐ 삼단뛰기　☐ 10종경기
　　체조　　☐ 400m(경영 메들리; 각100m)　☐ 평행봉　☐ 뜀틀
　　　　　　☐ 마술　☐ 평균대　☐ 마루운동
　　수영　　☐ 100m 자유형　☐ 100m 배영　☐ 100m 평영
　　　　　　☐ 100m 접영　☐ 400m(경영 메들리; 각100m)
　　보트경기 ☐ 10km　　☐ 50km
　　사격　　☐ 권총 100m　　☐ 소총 100m
　　승마　　☐ 장애물경마
　　육상경기 ☐ 100m　☐ 400m　☐ 5000m　☐ 110m 허들
　　역도　　☐ 130파운드급　☐ 165파운드급　☐ 200파운드급

레슬링 ☐ 130파운드급 ☐ 165파운드급 ☐ 헤비급
2. 다음의 단체경기종목 중에서 5개 경기 종목을 선정하여 보시오
☐ 야구 ☐ 농구 ☐ 펜싱 ☐ 탁구 ☐ 테니스 ☐ 배구
☐ 축구 ☐ 조정경기 ☐ 태권도

토론결과

이 주제의 토론 주관자는 '토론진행 및 토론보고서 작성에서 유의할 일'에 따라, 자기 조의 토론과정과 조원들의 집단 합의사항 등을 정리, 토론보고서를 작성하여 11월 13일(목요일)까지 제출하여야 한다

관련 토론문제

1. 올림픽경기에 프로선수를 참가시키는 문제를 어떻게 생각하는가?
2. 한 나라가 참여해야 하는 최대한의 선수는 어느 정도로 해야 한다고 생각하는가?(1988년 서울 올림픽에 미국은 625명의 선수가, 브루나이는 1명의 선수가 참가한 적도 있다.)
3. 스포츠와 정치를 분리시키는 일이 가능할까? 가능하다면, 어떻게? 불가능하다면, 그 이유는?
4. 운동선수에게 왜 약물복용이 허용되어서는 안 되는가? 그 이유는?

토론주제 7: 각종 범죄에 대한 형벌의 적용 (2003년 11월 7~13일 토론)

귀하는 인천지방법원 합의부 판사로서 오늘 6개 범죄를 심리하게 될 것이다. 6명의 범죄자들은 그들의 범행을 자백하였다. 귀하는 각 범죄자에게 경고, 벌금형, 집행유예, 징역 또는 이들 범죄의 가중처벌, 그리고 무기징역 또는 사형 등을 선고할 수 있다. 다음은 각 범죄에 대한 최고의 형량이다. 다음의 각종 범죄에 대하여 토론하여 심의한 후 적용형벌과 판결사유를 들어 보시오.

폭행죄: 2~5년(형법 260, 261)/ 강간죄: 3~10년형(형법 297, 298)
파괴 및 주거침입죄: 3~5년(형법 319, 320) / 절도죄: 6~10년(형법 329, 330)
음주운전: 1년(도로교통법 41조, 109조)/ 상해죄: 7~10년(형법 257, 258)
살인죄: 사형(형법 250)

케이스 A
피의자: 성명 고재봉, 나이 79세, 직업 은퇴자
범행: 살인
범행내용: 고재봉 씨와 그의 아내 이순후 씨는 52년간 결혼생활을 하였다. 이순후 씨는 지난해에 암에 걸려 죽어가고 있었다. 그 여자는 8개월 동안 병원에 입원 중이었으며 산소호흡기로 생명을 연장하고 있었다. 지난 3월 13일 고재봉 씨는 병원으로 가서 그의 아내로부터 산소호흡기를 떼어내고 목 졸라 살해하였다. 그리고 그는 "나는 나의 아내를 무척 사랑해왔다. 그러나 나는 더 이상 나의 아내가 괴로워하는 모습을 지켜볼 수가 없었다"고 진술한다.
적용형벌:
사유:

케이스 B

피의자: 성명 기일동, 나이 63세, 직업 주부, 가족관계 이혼(자녀 없음)

범행: 음주운전, 상해

범행내용: 기일동 씨는 알코올 중독자이다. 그 때문에 오랫동안 병원에 입원하였었다. 지난 10년 동안에 경찰은 기일동 씨를 음주운전으로 4번 체포하였었다. 3월 10일에 또다시 기일동 씨는 오후 어떤 모임에서 술을 마신 뒤 집으로 운전하고 오던 도중에, 세발자전거를 타던 세 살짜리 여자아이를 치었고, 그 아이는 그 자리에서 사망하였다. 기일동 씨는 "참으로 죄송합니다. 나는 그 소녀의 부모에게 매달 어느 정도의 돈을 지불할 것을 약속합니다. 나는 결코 다시는 음주하지 않겠습니다"라고 진술한다.

적용형벌:

사유:

케이스 C

피의자: 성명 나절도, 나이 18세, 직업 무직(중학교 중퇴)

범행: 절도(상점털이)

범행내용: 2월 28일 나절도 군은 어떤 상점에 들어갔다. 거기에서 그는 그의 호주머니에 껌 3통을 넣은 뒤 값을 치르지 않고 나가려다가, 주인에게 붙잡혔다. 그러자 그는 "진실로 죄송합니다. 저는 껌 값을 내지 않았는지를 몰랐습니다"라고 진술한다.

적용형벌:

사유:

케이스 D

피의자: 성명 당해고, 나이 35세, 직업 실직자, 가족관계 기혼자(2자녀)

범행: 파괴 및 주거침입, 절도

범행내용: 당해고 씨는 2년 전에 그가 일하던 건설회사의 구조조정으로 직장을 잃었다. 그의 아내 역시 직업을 가지고 있지 않았다. 지난해 12월 22일 당씨는 어떤 자전거 상점에서 자전거 두 대를 훔쳤다. 그 때 아무도 그 상점에는 사람이 없었으나, 다음날 경찰이 그를 절도혐의로 체포하였고, 자전거 두 대도 찾았다. 당씨는 "나는 단지 내 아이들에게 크리스마스 선물을 주려고 했을 뿐입니다"라고 진술한다.

적용형벌:

사유:

케이스 E

피의자: 성명 사강행, 나이 24세, 직업 택시기사

범행: 폭행, 강간

범행내용: 4월 5일 밤에 사강행 씨와 그의 여자친구는 대판 싸웠었다. 싸운 뒤 사씨는 집으로 돌아오는 도중에 술집에 들어가 술을 마셨다. 그는 그 술집에서 두 여자 대학생(18세와 19세)을 보았다. 밤 1시경에 그는 여대생들이 술집을 나와 자동차에 타려고 할 때 따라가서, 그 둘을 자기 택시 안으로 끌고 가서 폭행하고 그들을 강간하였다. 사강행 씨는 "나의 여자친구와의 싸움과 알코올이 나를 미치게 만들었습니다. 죄송합니다"라고 진술한다.

적용형벌:

사유:

케이스 F

피의자: 성명 도인내, 나이 43세, 직업 비서, 가족관계 과부(4자녀)

범행: 살인

범행내용: 지난 7년 동안 도인내 씨는 8번 경찰을 불렀다. 매번 그 여자는 경찰에게 그의 남편이 그녀를 구타했다고 신고하였다. 실제로 그 여자는 지난 해 4번이나 심한 상처로 병원에 치료를 받으러 갔었다. 지난 4월 6일 경찰은 도인내 씨의 이웃으로부터 전화를 받고 도씨 집으로 갔다. 경찰은 도씨가 손에 칼을 들고 있었고, 도씨의 남편 피살인 씨가 마루에 죽어 있는 것을 발견하였다. 도인내 씨는 "나는 나의 남편을 찌른 것을 죄스럽게 생각하지 않는다. 그날 나는 남편이 먼저 나를 죽이려 한다고 생각했기 때문에 정당방위였다"라고 진술한다.

적용형벌:

사유:

토론결과

이 주제의 토론 주관자는 '토론진행 및 토론보고서 작성에서 유의할 일'에 따라, 자기 조의 토론과정과 조원들의 집단 합의사항 등을 정리, 토론보고서를 작성하여 11월 20일(목요일)까지 제출하여야 한다.

관련 토론문제

1. 남의 물건을 훔치는 일이 언제나 불법적 절도로 처벌되어야 하는가?
2. 군인이 적군을 쏘아 죽이는 경우 그것도 살인으로 보아야 하는가?
3. 살인을 정의하라. 뉴욕과 워싱턴에서 수천 명의 시민을 죽게 한 테러를 어떻게 볼 것인가?
4. 귀하는 과속으로 달리는 자동차를 보았다면 경찰에 신고할 것인가?
5. 사형제도는 필요한가? 그렇다면 그 이유는? 그리고 어떤 범죄에 적용해야 하는가?

토론주제 8: 테러 방지대책(2003년 11월 14~20일 토론)

  2003년 3월 25일(화요일) 오전 8시에 한국의 대통령은 다음과 같은 전화와 E-mail을 동시에 받았다.
  "우리들은 북한을 적극 지원하는 단체인 '붉은 깃발'의 단원들이다. 우리들은 오늘 새벽 3시에 여의도에 있는 63빌딩에 잠입하였으며, 고성능시한폭탄을 지니고 있다. 우리는 이 폭탄을 오늘(11월 14일) 정오(12시)에 폭발시킬 것이다. 그러나 만일 당신이 다음과 같은 우리의 요구를 들어준다면, 우리는 이 폭탄을 폭발시키지 않을 것이다. 첫째 당신네들이 보호하고 있는 전 북조선노동당 비서 황장엽과 그와 동행 탈북한 김덕홍 그리고 2003년 1월 초 이래로 중국 주재 한국 및 외국의 대사관과 영사관 등 공관을 통해서 탈북한 탈북자 전원을 우리와 함께 북조선으로 송환하고, 둘째 오늘 정오까지 미화 5억 달러를 우리에게 현금으로 전달할 것이며, 셋째 위의 미화와 함께 우리와 탈북자 전원이 북조선까지 안전하게 갈 수 있도록 전용비행기와 비행기에 탑승하여 북한의 영공에 도달할 때까지의 신변안전을 보장하라. 우리는 당신의 응답을 받기 위하여 다시 오늘 오전 11시까지 당신에게 전화하겠다. 만일 당신이 우리의 요구에 불응할 경우에는 적어도 63빌딩 주변 4km 이내의 모든 건물이 파괴되고 수십만 명의 주민이 살상될 것이라는 점을 잊지 말아라."
  귀하는 대한민국 국가안전보장회의 위원이다. 대통령은 긴급 소집한 국가안전보장회의에서 위의 테러분자에 대한 적절한 긴급대책을 마련하기를 바라고 있다. 아울러 대통령의 기본정책은 한국은 결코 어떠한 경우에도 테러분자의 요구를 들어줄 수 없을 뿐 아니라, 또한 북한과의 어떤 갈등이나 충돌도 원치 않는다는 점이다. 더욱이 금년 2월 25일 취임한 새 정부는 대통령의 취임사에서 한반도 평화증진과 공동번영을 목표로 하는 평화번영정책을, 추진해 나가겠다고 천명하면서, 첫째 모든 현안은 대화를 통해 풀도록 하겠고, 둘째 상호신뢰를 우선하고 호혜주의를 실천해 나가겠으며, 셋째 남북 당사자 원칙에 기초해 원활한 국제협력을 추구하겠다고 하였다. 아울러 국민과 함께하는 평화번영정책이 되도록 하겠으며, 북한의 핵무기 개발 의혹은 한반도를 비롯한 동북아와 세계의 평화에 중대한 위협이 되고 있으므로, 북한의 핵 개발은 용인될 수 없고, 북한은 핵 개발 계획을 포기해야 한다는 점도 밝히었다. 동시에 북한은 핵무기를 보유할 것인지, 체제안전과 경제지원을 약속 받을 것인지를 선택해야 하며, 북한 핵 문제가 대화를 통해 평화적으로 해결되어야 한다는 점을 거듭 강조한다고 하였다. 어떤 형태로든 남북한간에 군사적 긴장이 고조되어서는 안되고, 북한 핵 문제가 대화를 통해 해결되도록, 한국은 미국 일본과의 공조를 강화할 것이며, 중국 러시아 유럽연합 등과도 긴밀하게 협력해나가겠다고 하였다. 새 정부도 김대중 정부의 국정지표인 '남북 평화협력을 실현'하여 한반도 평화와 협력의 시대를 열어 나가겠다는 기조를 유지하고 있는 것 같다.

　이러한 정치적 환경 아래에서, 위의 긴급상황에 대한 가장 바람직한 최선의 대책을 1, 그리고 가장 바람직하지 않은 최하의 대책을 8로 하는 적정도(適正度) 범위에서, 다음의 대책들을 협의한 뒤에 1~8까지 대책 적정도(適正度)의 점수를 매겨 대통령이 선택할 수 있는 긴급대책의 우선순위를 정하여 보시오.

　긴급대책 1: 위의 사실을 언론과 국민에게 공개하지 않고, 테러분자들의 위협에 어떠한 행동조치도 취하지 않으면서 폭발위협이 사실이 아닐 것이라고 결정한다. 다만 사실 여부를 조사하도록 지시한다.
　　순위:＿＿＿＿＿＿＿
　　장점:
　　문제점:

　긴급대책 2: 위의 사실을 언론과 국민에게 공개하지 않고, 63빌딩에 특수훈련을 받은 군 및 경찰로 구성한 특수체포조를 투입하여 테러분자들을 체포하고 폭탄을 제거한다.

순위: _____

장점:

문제점:

긴급대책 3: 위의 사실을 언론과 국민에게 공개하지 않고, 테러분자들의 요구에 따라 그들에게 미화 5억 달러를 전달함과 동시에 그들과 황장엽씨를 비롯한 탈북자들을 안전하게 북한에 보내도록 한다.

순위: _____

장점:

문제점:

긴급대책 4: 위의 사실을 언론과 국민에게 공개하고, 즉시 63빌딩 5km 안의 모든 주민을 대피시킨 다음, 테러범 소탕을 위해 특수훈련을 받은 군부대와 경찰요원을 투입 합동작전을 통해서 테러분자들을 소탕하도록 한다.

순위: _____

장점:

문제점:

긴급대책 5: 위의 사실을 언론과 국민에게 공개하지 않고, 이러한 사태에 대하여 경찰에 통지하여 대비토록 하되, 경찰로 하여금 어떠한 즉각적인 조치를 취하지 못하도록 주지시킨 다음, 테러분자들이 오전 11에 다시 전화한 뒤에 협상하도록 한다.

순위: _____

장점:

문제점:

긴급대책 6: 위의 사실을 언론과 국민에게 공개하고, 63빌딩 주변 5km 안의 모든 주민을 대피시키도록 하며, 테러분자들의 요구에 따라 그들에게 미화 5억 달러를 전달함과 동시에 그들과 황장엽씨를 비롯한 탈북자들을 안전하게 북한에 보내도록 한다.
순위:_____
장점:
문제점:

긴급대책 7: 위의 사실을 언론과 국민에게 공개하지 않고, 북한의 국방위원장 김정일과 교섭함과 동시에, 그에게 테러범과의 협상을 통해서 63빌딩폭파를 중지시키도록 요청한다.
순위:_____
장점:
문제점:

긴급대책 8: (그밖에 귀하 자신이 생각하는 대책):
순위:_____
장점:
문제점:

토론결과
    이 주제의 토론 주관자는 '토론진행 및 토론보고서 작성에서 유의할 일'에 따라, 자기 조의 토론과정과 조원들의 집단 합의사항 등을 정리, 토론보고서를 작성하여 11월 27일(목요일)까지 제출하여야 한다.

관련 토론문제
1. 테러분자는 어떤 사람이고, 민족독립운동의 투사(예컨대 일제 때의 안중근 의사와 윤봉길 의사) 또는 자유투사(Freedom fighter)는 어떤 사람인가? 테러분자와 자유투사를 정의해 보시오.
2. 어떠한 경우에도 결코 테러분자의 요구를 들어줄 수 없다는 대통령의 정책은 좋은 대처방안일까?
3. 2001년 9월 11일 미국 뉴욕과 워싱턴의 대량살상처럼 세계의 테러는 증가해왔다. 미국에서의 9·11테러와 이러한 테러요인을 뿌리뽑겠다는 테러와의 전쟁을 선포하고, UN의 승인 아래 미국과 영국의 주도로 수행하고 있는 현재의 이라크전쟁을 어떻게 보아야 할까? 아울러 테러분자들이 여전히 상존하게 되는 이유는 무엇이라고 생각하는가?

토론주제 9: 군포시 시장의 비망록 심의(2003년 11월 21~27일 토론)

귀하는 군포시 의회의장으로서 아래의 시장 비망록을 접수한 후, 아래의 특별회계 세외수입을 어떻게 할당해야 할 것인지를 심의하여 시장에게 회신하여주기 바랍니다.

2003. 11. 20
수신: 군포시 의회의장
발신: 군포시장
제목: 50억원의 특별회계 예산 집행의 일

군포시는 지난 해 시의회의 주거지 확대 결정에 따라 시유지를 매각함으로써 50억원의 임시 세외수입을 얻게 되었습니다. 본인은 이 돈을 우리 시의 시민을 위한 공용시설을 건설하는 데 사용하고자 합니다. 귀하께서 알고 있듯이 지난해 군포시는 일반회계의 세입 감소로 인하여 많은 시의 사업계획 들을 중지하거나 기존의 계속사업에 대해서도 감량지출을 하게 되었습니다. 따라서 여러 사정으로 말미암아 군포시청은 각계로부터 많은 재정지원의 요구들을 받고 있습니다. 다음의 군포시 현황을 참조하시어 어떻게 하면 이들 요구들을 수용할 수 있을 것인지를 고려하여 특별 세외수입(50억원)의 사용에 관하여 사업의 우선순위를 정하여 용도를 심의하여주시기 바랍니다. 특히 군포시의 주요 지역여건인 ① 서울과 동일 생활권으로 교통, 주거 등 수도권 기능 분담, ② 산본 신도시 조성으로 신·기존 도시간 불균형 해소, ③ 교통이 편리하여 주거와 공업도시로 지역발전 잠재력 내재, ④ 지역특성에 맞는 공간개편으로 도시의 자족기능 확보, ⑤ 공업지역 재정비와 첨단산업의 유치로 경쟁력 있는 도시 기틀 마련, ⑥ 편리한 교통, 천혜의 자원인 수리산 등 양호한 자연조건을 바탕으로 수도권 최고의 쾌적한 주거환경 조성 등을 고려하여주시기 바랍니다. 아울러 2003년도 역점시책인 ① 창의적 청소년육성 기반구축, ② 더불어 함께하는 문화복지 실현, ③ 쾌적하고 건강한 생활환경 조성, ④ 편리하고 안전한 정주도시 건설, ⑤ 지역경제 활성화와 자족기능 제고, ⑥ 시민 중심의 생산적인 경영행정 실천 등에도 깊은 관심을 가져주시기 바랍니다.

군포시 예산 현황

(단위: 백만원)

		1998년 결산	2000년 결산 (1998 결산대비 증감률)	2002년 본예산	2002년 결산 (3회 추경 포함 2000년 대비)	2003년 본예산 (전년본예산 대비 증감)
재정	전체	193,158	215,912(11.8)	172,507	259,729(20.3)	208,099(20.6)
	일반회계	141,076	158,805(12.6)	127,289	161,972(2.0)	148,862(16.9)
	특별회계	52,082	57,107(9.6)	45,218	97,757(71.2)	59,237(31.0)
세입	지방세	48,353	55,235(14.2)	56,435	60,330(9.2)	61,085(8.2)
	세외수입	76,846	54,939(-28.5)	22,177	29,476(-46.3)	22,190(0.1)
	지방교부세	900	8,577(953.0)	12,500	15,241(77.7)	13,000(4.0)
	지방양여금	2,154	3,495(62.3)	-	3,651(4.5)	
	재정보전금		12,639(62.3)	15,832	27,008(113.7)	22,662(43.1)
	보조금 소계	16,001	12,639(12,639)	20,345	26,266(12.6)	29,925(47.0)
	보조금 국고		23,320(45.7)	11,009	11,402	11,594(5.3)
	보조금 도비			9,336	14,864	18,331(96.3)
세출	경상 소계			44,543		38,195(-14.2)
	경상 인건비			20,636		20,011(-3.0)
	경상 경상경			23,907		18,184(-23.9)
	사업 소계			104,319		93,456(-10.4)
	사업 보조			34,971		49,951(42.8)
	사업 자체			69,348		43,505(-37.3)
	채무상환			7,708		4,177(-45.8)
	예비비			15,937		13,034(-18.2)

자료: 군포시 예산현황(http//stat.gunpo21.net).

군포시 각종 현황

		1993년 (100.0%)	2000년(1998년 대비 증가율)	2001년(전년 대비 증가율)	2002년(전년 대비 증가율)
인구 (명)	전체인구	271,106	171,306(0.1)	270,326(-0.4)	269,889(-0.2)
	65세 이상 인구	11,543	13,014(12.7)	13,548(4.1)	14,290(5.5)
사업체	사업체수(개)	10,407(1999)	11,344(9.0)	11,752(3.6)	
	종사자수(명)	60,327(1999)	64,768(7.4)	67,122(3.6)	

노동 조합	조합수(개)	34	24(-26.5)	25(0.0)	
	조합원(명)	7,231	3,157(-56.3)	2,867(-9.2)	
주택	세대수(가구수)	70,781	69,531(-1.8)	72,717(4.6)	
	호 수	62,492	64,114(2.6)	67,158	
	주택보급률	88.3%	92.2%	92.0%	
의료 기관	병원수(개)	173	188(8.7)	204(8.5)	
	병상수(개)	726	805(10.9)	823(2.2)	
초·중 고교 교육	학생수(명)	55,853	57,832(3.5)	56,797(-1.8)	55,679(-2.0)
	교실수(개)	1,238	1,325(7.0)	1,291(-2.6)	1,417(9.8)
	학교수(개)	86	88(2.3)	88(0.0)	86(-2.3)
	교원당학생수(명)	30	29	28	26.2
시장	시장수(개)	4	7(75.0)	5(-29.6)	
	부지면적(㎡)	23,692	43,395(83.2)	36,271(-16.4)	
	건물연면적(㎡)	57,927	120,494(108.0)	110,675(-8.1)	
자동차등록대수		60,248	67,021(11.2)	70,067(4.5)	
환경오염 물질 배출시설	대기 (가스, 매연)	103	125(21.4)	140(12.0)	
	수질(폐수)	212	222(4.7)	225(1.4)	
	소음 및 진동	165	211(27.9)	227(7.6)	
공무원 (명)	전 체	616	612(-0.6)	614(0.3)	
	시 본청	322	374(16.2)	358(-4.3)	
	사업소	102	94(-7.8)	96(2.1)	
	동	151	104(-31.1)	113(8.7)	
	기타 (직속, 의회)	41	40(-2.4)	47(17.5)	

자료: 군포시 통계연보(http//stat.gunpo21.net)

특별 세외수입(50억원)의 사용 할당

(몇 개의 사업이든 전체 합하여 50억원 이내)

1. 시립노인의료복지관 건설지원: 50억원(전체 소요예산 100억원 중 50%)

     순위:

군포시의 인구추이를 보면 매년 65세 이상의 노인 연령층이 증가하고 있다. 아울러 무의탁 노인을 비롯하여 자식으로서도 어쩔 수 없는 치매노인들 또한 늘어나는 추세이다. 따라서 노인의료복지관을 건설하여 이들을 수용하여 돌보는 일은 무엇보다도 시급할 뿐만 아니라, 노령부모를 둔 그리고 누구나 노령이 될 시민들에게는 절실한 시설이다. 참고로 2002년도 현재 군포시의 노인인구는 전체 군포시 인구(26만 9,889명)의 5.3%(1만 4,290명)이고, 2003년도 군포시의 전체 예산(2,080억 9,900만원) 가운데 사회복지예산은 226억 8,200만원(전체 군포시 예산의 10.9%)이며, 그 중 노인복지예산은 65억 7,900만원(전체 군포시 예산의 3.2%)이다.

지원액수:

지원사유:

2. 시립화훼전시관(상설) 건설: 25억원

    순위:

군포시는 수리산 등산을 제외하면 볼거리도 문화시설도 빈약하다. 따라서 군포시를 방문하는 사람들에게 세계적인 명소로서 그리고 시민들에게 아름다운 군포시를 만드는 의식을 북돋우기 위하여, 상설 화훼전시관을 건설함으로써 매연의 공장지대로부터 아름다운 문화의 군포시를 만드는 일이 중요하다. 더욱이 상설매장에서 희귀한 꽃도 값싸게 판매함으로써 관람객을 증가시키고 또 수입도 증가하면 장기적으로는 그 수익으로 건설비용은 물론 다른 복지사업도 지원할 수 있을 것이다. 참고로 2003년도 군포시의 전체 예산(2,080억 9,900만원) 가운데 교육문화 예산은 109억 8,900만원(전체 군포시 예산의 5.3%)이고, 환경관리비 3억 9,600만원(전체 군포시 예산의 0.2%)이다.

지원액수:

지원사유

3. 시공무원 봉급인상: 15억원

    순위:

정보화시대를 맞아 시공무원의 전체적인 감원은 바람직하지만, 바람직한 선진복지행정의 실현을 위해서는 우수한 시공무원의 확보가 매우 중요하다. 따라서 시 공무원에 대한 적절한 보수체계를 마련하여야 한다. 이런 측면에서 우선 군포시 공무원의 열악한 현재의 보수체계를 개선하기 위하여 봉급인상이 불가피하다. 참고로 2003년도 군포시의 전체예산 (2,080억 9,900만원) 가운데 일반행정비는 468억 4,800만원(전체 군포시 예산의 22.5%/ 2002년도는 17.7%)이다.
　지원액수:
　지원사유:
　4. 하수도 준설 및 정비사업: 25억원
　　　순위:
　군포시는 매년 환경오염폐수배출시설의 증가로 말미암아 악취 등 환경이 오염되어 선진도시로서의 기능을 갖추기 어려워지고 있다. 따라서 낡은 하수도의 교체 및 하수도 준설이 시급하다. 참고로 2003년도 군포시의 전체예산(2,080억 9,900만원) 가운데 환경위생 예산 382억 4,600만원(전체 군포시 예산의 18.4%)이고, 치수관리예산은 99억 7,500만원(전체 군포시 예산의 4.8%)이다
　지원액수:
　지원사유:
　5. 지하보도 설치(1개소): 30억원
　　　순위:
　군포시의 중심가에서는 노인 및 어린이들이 건널목을 건너다 매년 5명 이상의 사망사고가 발생하여 오고 있다. 또한 자동차 접속사고는 한 달에도 여러 번 발생하고 있다. 시민의 생명과 재산을 보호하기 위하여 특히 사고가 많은 지역에 지하보도를 설치하는 일이 시급하다. 참고로 2003년도 군포시의 전체 예산(2,080억 9,900만원) 가운데 교통시설예산은 32억 300만원(전체 군포시 예산의 6.1%)이고, 도로시설예산은 185억 3,500만원(전체 군포시 예산의 8.9%)이다
　지원액수:
　지원사유

6. 시청 증축: 90억원

   순위:

군포시는 자치행정의 기능 확대로 말미암아 매년 시청 공무원의 증원이 불가피하다. 더욱이 시청 내에 시민을 위한 부대공간의 확장도 필요하다. 따라서 시청의 증축을 통하여 이러한 자치행정의 공간을 넓히는 일이 시급하다. 참고로 2003년도 군포시의 전체 예산(2,080억 9,900만원) 가운데 일반행정비는 468억 4,800만원(전체 군포시 예산의 22.5%/ 2002년도는 17.7%)이며, 그 중 재산관리예산은 17억 7,200만원(전체 군포시 예산의 0.9%)이다

   지원액수:

   지원사유:

7. 근로복지회관 건설: 50억원

   순위:

군포시에는 매년 산업체들이 증가함에 따라 종사자들도 늘어나고 있다. 아울러 일자리를 찾지 못한 젊은이들도 적지 않다. 따라서 강도 및 절도 사건도 증가추세에 있다. 그럼에도 불구하고 근로자와 젊은이들을 위한 건전한 휴식과 직업훈련 기능을 수행할 공간이 마련되어 있지 않다. 따라서 근로자와 질적으로 우수한 근로자 육성 기능을 수행할 공간 마련이 절실하다. 참고로 2003년도 군포시의 전체 예산(2,080억 9,900만원) 가운데 사회복지예산은 226억 8,200만원(전체 군포시 예산의 10.9%)이며, 아동복지예산은 33억 2,000만원(군포시 전체예산의 1.6 %)이다

   지원액수:

   지원사유:

8. 수리산소방파출소(2개소) 건설: 30억원

   순위:

군포시에는 아름다운 수리산이 있어서 많은 시민들이 등산과 산보 등 휴식공원으로 이용하고 있다. 아울러 이용객의 증가에 따라 산불의 위험도 예상된다. 이러한 산불의 예방은 물론 등산객의 보호 그리고 아름다운

천연의 공원을 잘 보존하기 위한 소방파출소의 건설이 중요하다. 참고로 2003년도 군포시의 전체 예산(2,080억 9,900만원) 가운데 재해예방예산 128억 2,500만원(전체 군포시예산의 6.1%)이고, 녹지관리비(30억 2,300만원) 산림관리비(2억 9,700만원) 공원관리비(16억 7,400만원)를 합하여 공원녹지예산은 49억 9,400만원(전체 군포시 예산의 2.4%)이다.

지원액수:
지원사유:
9. 그밖의 사업: 억원
　　　순위:
지원액수:
지원사유:

토론결과

이 주제의 토론 주관자는 '토론진행 및 토론보고서 작성에서 유의할 일'에 따라, 자기 조의 토론과정과 조원들의 집단 합의사항 등을 정리, 토론보고서를 작성하여 12월 4(목요일)일까지 제출하여야 한다.

관련 토론문제

1. 지방자치와 재정자립도는 어떤 관계가 있으며, 어떻게 하면 지방자치단체의 재성 자립을 높일 수 있을 것인가?
2. 지방자치단체장 및 지방의회의원 입후보자는 반드시 어떤 정당의 당적을 지닌 자로서 정당의 공천을 받은 사람이어야 바람직한가?

토론주제 10: 가상세계의 변화와 한국의 대응방안
(2003년 11월 28일~12월 4일 토론)

여러분은 미래의 정치 경제 사회 문화 등에 관하여 연구하는 세계미래연구소의 연구원이다. 이 연구소는 미래에 대한 각종 예측과 예측정보들을 정부 기업체 사회집단들에 제공하고 그 대가로 연구지원비를 받아 운영되고 있다. 이 연구소는 2일 전에 정부로부터 향후 30년을 전망하는 장기 한국의 미래상을 설정하기 위한 다음의 항목에 대한 미래예측 연구과제를 위촉받았다. 여러분은 이 과제에 대하여 연구 토론하여 얻은 결과를 회신해야 한다. 이 위촉과제의 보고서에는 실증적인 자료 사례 및 각계각층의 예측들을 포함하여야 한다. 이들 항목에 대하여 토론한 후 보고서를 작성해 보시오(각 항목에 대한 중요한 변화 3가지를 들어 보시오).

1. 석유가 고갈된다면 한국은 어떻게 대처하여야 하나?
   a.
   b.
   c.
2. 세계 모든 나라에서 마리화나(환각제) 사용이 합법화된다면 한국은 어떤 정책을 취해야 하나?
   a.
   b.
   c.
3. 세계의 모든 여성들이 출산을 거부하여 시험관아기만 출생하게 된다면 한국은 어떻게 될까?
   a.
   b.
   c.

4. 지구 이외의 별들에도 동식물들이 살고 있는 사실이 발견된다면 한국은 어떻게 해야 하나?
   a.
   b.
   c.
5. 세계 모든 나라들에서 여성이 정부지도자가 된다면 한국의 경우는 어떻게 될까?
   a.
   b.
   c.
6. 2001년 9월 11일의 미국 뉴욕과 워싱턴의 테러처럼 앞으로 세계 도처에서 대량살상의 테러가 계속해서 발생한다면 한국정부는 어떻게 대처하여야 하나?
   a.
   b.
   c.
7. 앞으로 이혼에 관한 법적인 규정이 철폐되어 누구나 마음대로 이혼할 수 있게 된다면 한국에서는 어떻게 될까?
   a.
   b.
   c.
8. 과학자들이 신(神: God)이 존재한다는 것을 증명한다면 인간세계는 어떻게 달라질까?
   a.
   b.
   c.

9. 컴퓨터가 교사를 대체하여 모든 교육이 온라인으로만 이루어진다면 한국의 교육정책은?

   a.
   b.
   c.

10. 에이즈가 계속해서 더욱 확산된다면 한국은 어떻게 대응하여야 하나?

    a.
    b.
    c.

11. 중국어가 모든 분야(특히 컴퓨터 사용)에서 영어와 마찬가지로 세계의 국제공용어가 된다면 한국은 어떻게 하여야 하나?

    a.
    b.
    c.

12. 세계 전체 인구가 급속도로 증가하여 100억 명을 넘게 된다면 한국은 어떤 인구정책을 취해야 하나?

    a.
    b.
    c.

13. 위의 12개 항목을 토의한 뒤 각 항목에 대하여 각각 3가지의 예측을 들고, 12항목의 변화들을 가장 바람직한 변화라고 생각되는 항목부터 우선순위를 매겨 보시오.

    ①__ ②__ ③__ ④__ ⑤__ ⑥__ ⑦__ ⑧__ ⑨__ ⑩__ ⑪__ ⑫__

토론결과

이 주제의 토론 주관자는 '토론진행 및 토론보고서 작성에서 유의할 일'에 따라, 자기 조의 토론과정과 조원들의 집단 합의사항 등을 정리, 토론보고서를 작성하여 12월 11일(목요일)까지 제출하여야 한다.

관련 토론문제
1. 아인슈타인은 몽둥이와 돌로 싸우는 제4차 세계대전이 일어날 것이라고 예언하였다고 한다. 그의 이런 예언은 무엇을 의미하는가?
2. 초강대국으로 알려진 지금의 미국이 약화된다면, 어느 나라들이 미국세력을 대체할 수 있을 것이며 한국은 어떻게 대처하여야 하나?
3. 모든 생물은 변화하고 있다. 100만년 뒤의 인간은 어떤 모습으로 변화될까?
4. 30년 뒤 한국의 변화 가운데 지금보다 가장 많이 변화될 것이라고 예측하는 변화 3가지만 들어보시오.
   a.
   b.
   c.

토론주제 11: 신문편집 및 기사작성(2003년 12월 5~11일 토론)

귀하는 ○○일보의 편집진으로서 매일 수백 개의 뉴스와 사건들 중에서 신문에 실을 기사들을 결정해야 한다. 많은 시일 안에 뉴스의 양이 적다면 귀하의 결정은 쉬울 것이다. 그러나 매일 매일 많은 뉴스들이 있기 때문에, 어떤 것을 기사화할 것인가를 결정하기란 어렵다. 특히 오늘은 유난히 사건들이 많은 날이다. 국내적으로나 국제적으로 많은 기사거리가 있다. 어떠한 기사들을 다음 1면(㉮㉯㉰㉱㉲㉳㉴㉵㉶)과 2면(①②③④⑤)에 실을 것인가를 토론하여 결정하고, 제목에 부합하는 기사내용(가상의 자료를 넣은 추정에 의한 기사)을 작성하여 보시오.

주요기사 제목
〈이 사건들은 어제 오후, 밤 및 오늘 이른 아침에 발생한 일〉
1. 북한군의 쿠데타로 김정일 체포 감금
2. 인하대학교 의과대학 모 교수가 암 치료제 발명
3. 신상을(정외과 75학번) 인천시장 당선
4. 중국 해안 사일포대 타이완 포격
5. 중국 양자강의 대홍수
6. 북한의 유엔주재 대사 미국정부에 망명 요청
7. 달러당 1,000원 이하로 원화가치 대폭상승
8. 국립박물관 신라금관 도난
9. 한국 남자 골퍼 최초로 2003년 US오픈골프대회 우승
10. 북한 일본 영해에 미사일 발사
11. 북한의 김정일 체제 붕괴 및 신북한정권의 대외개방 선언
12. 중국 여객기 공중폭발 335명 사망
13. 미영 특공대 전 이라크대통령 후세인 체포
14. 국민은행 인천 가좌지점 강도 침입
15. 한국과학자 태양력 자동차 발명

16. 인도와 파키스탄간 카시미르에서 전쟁 발생
17. 한국 과학자 에이즈 치료제 발명
19. 인천시민회관에서 런던 심포니오케스트라 공연
20. 수학능력시험 폐지 및 대학 신입생 선발 완전 자유화
21. 인천 송도에 세계 최대의 해양박물관 건립
22. 한국의 총인구 5,000만명 돌파
23. 티베트 독립선언과 중국군의 대규모 티베트인 학살
24. 한국 ○○대학교 의과대학 교수 K박사 2003년도 노벨 의학상 수상자로 결정
25. 김정일 북한체제 붕괴 및 황장엽씨를 수반으로 하는 친미 친중국 정권 수립

가. 다음의 각 글자 난(가나다라마바사아자)에 넣을 주요기사 제목을 토론하여 정하고, 그 제목에 부합하는 기사를 작성하여보시오.

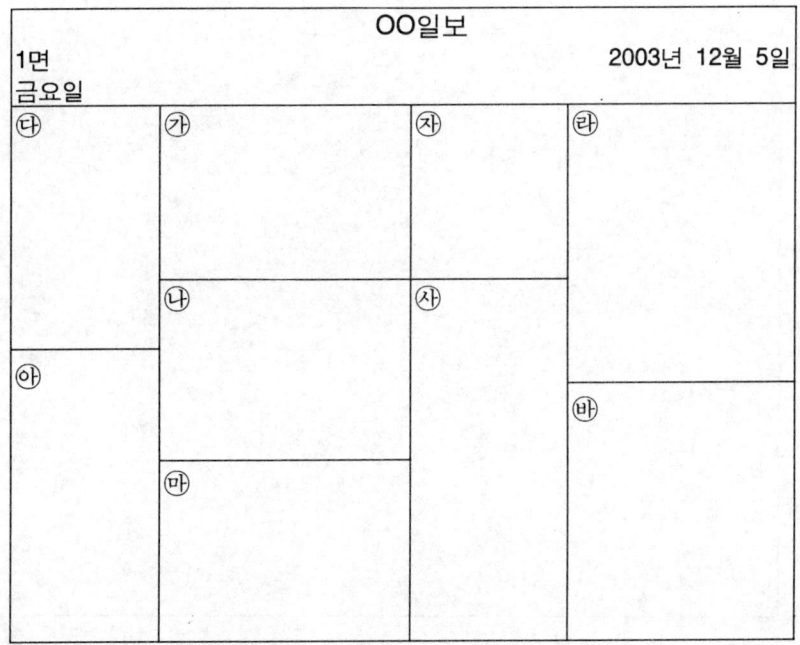

부록2: 예시적 토론주제 355

나. 2면에 넣을 5개의 주요기사 제목을 토론하여 정한 뒤에, 제목에 부합하는 기사를 작성하여 기사의 분량과 중요도에 따라 2면의 지면을 짜보시오.

2면	2003년 12월 5일 금요일
①	
②	
③	
④	
⑤	

다. 앞의 주요기사 제목 중에서 귀하가 선정하지 않은 중요기사 제목(4개)을 쓰고, 선정하지 않은 이유를 다음에 설명해 보시오.
   1.   이유:
   2.   이유:
   3.   이유:
   4.   이유:

토론결과
  이 주제의 토론 주관자는 '토론진행 및 토론보고서 작성에서 유의할 일'에 따라, 자기 조의 토론과정과 조원들의 집단 합의사항 등을 정리, 토론보고서를 작성하여 12월 18일(목요일)까지 제출하여야 한다.

관련 토론문제
  1. 위의 ○○일보 편집경험을 살려, ○○대학신문의 1면에 실을 주요기사를 편집하여 보시오.
  2. 현재의 상황에서 ○○대학신문에 실을 4대 뉴스를 선정하여 보시오.(3은 보통 뉴스, 1은 특종뉴스).

토론주제 12: 국제회의 준비

2001년 9월 11일 뉴욕의 세계무연센터가 테러에 의하여 단 30분 만에 붕괴함으로써 대망의 21세기 벽두에 벌어진 이 일은 인류 역사상 최단시간 안에 최다의 인명을 살상한 사건이었다. 그로 말미암아 미국은 테러에 대한 전쟁을 선포하였고, 테러지원자로 알려진 아프가니스탄의 탈리반 정권을 붕괴시켰으며, 테러위험국가로 지목한 이라크의 후세인 정권의 제거를 위한 이라크전쟁을 수행하였다. 따라서 세계 지도자들은 이라크전쟁의 전후처리문제, 시리아와 이란을 비롯한 중동의 테러지원국 및 테러방지의 문제, 이스라엘과 팔레스타인자치기구(PLO)의 분쟁을 포함한 중동문제, 전 유고연방에서의 세르비아인과 알바니아계인, 북한의 핵 개발 저지문제, 남한과 북한, 중국과 대만, 인도와 파키스탄간의 현안 문제들을 해결하려고 한다. 스위스의 제네바에서 많은 성공적인 국제회의들이 개최되었다. 이제 세계의 지도자들은 위와 같은 현안 문제들을 협의하기 위하여 대규모 국제회의를 개최하려고 한다. 귀하가 준비위원회 기획위원이라면, 다음 사항들을 결정하여야 한다. 우선 각국 지도자들의 좌석을 다음의 원탁에 어떻게 배치할 것인가?(우호국과 적대국이 서로 옆자리에 앉아서는 안 된다) 그리고 지도자들이 무엇을 토의할 것인가, 즉 의제 등을 결정하여야 한다.

준비 결정사항

A. 다음 국가의 지도자들이 참석할 예정이다. 회의 테이블 주위에 앉을 각국의 이름을 결정하시오.

아프가니스탄, 알바니아, 아르헨티나, 아르메니아, 호주, 오스트리아, 방글라데시, 벨기에, 브라질, 불가리아, 미얀마, 콜롬비아, 캐나다, 칠레, 중국, 크로아티아, 쿠바, 체코 공화국, 덴마크, 이집트, 에티오피아, 핀란드, 프랑스, 독일, 그리스, 헝가리, 인도, 인도네시아, 이란,

이라크, 아일랜드, 이스라엘, 이탈리아, 일본, 요르단, 케냐, 북한, 남한, 쿠웨이트, 라오스, 레바논, 마다가스카르, 멕시코, 파키스탄, 러시아, 사우디아라비아, 소말리아, 수단, 스페인, 스웨덴, 스위스, 시리아, 태국, 타이완, 타지기스탄, 탄자니아, 터키, 투르크메니스탄, 우간다, 영국, 미국, 우즈베키스탄, 베트남, 잠비아, 유고슬라비아

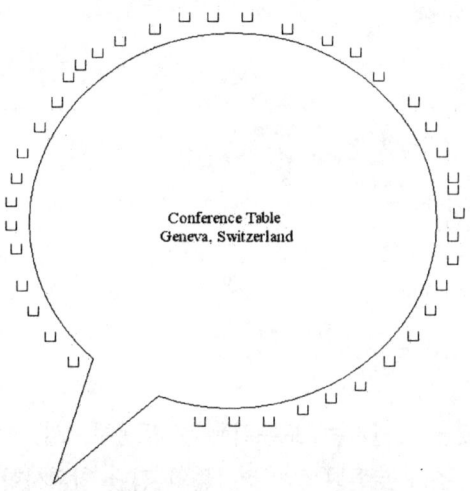

B. 다음의 토의사항들을 가장 중요하다고 생각되는 의제부터 우선순위를 정하여 보시오. 그리고 그 이유는 무엇인가?

☐ 대기 및 수질오염 　　☐ 세계무역의 불균형문제 　　☐ 이스라엘과 PLO
☐ 핵무기 확산방지 　　☐ AIDS의 예방과 증가방지 　　☐ 개발도상국 부채
☐ 식량부족과 기아문제 　　☐ 경제적 남북문제 　　☐ 북아일랜드 문제
☐ 중동의 분쟁 문제 　　☐ 북한의 핵개발 저지 　　☐ 빈곤국의 아동복지
☐ 테러의 방지대책 　　☐ 티베트의 독립문제 　　☐ 남북한의 통일과 평화
☐ 이라크 전후 처리 　　☐ 사스(SARS)의 확산방지 　　☐ 중국의 인권

C. 위의 의제 외에 세계적 문제로서 보다 중요하다고 생각하는 5개 문제를 들고, 의제로 채택하여야 할 이유를 토의하여 보시오(이들 문제들도 이번 지도자들의 국제회의에서 토의될 예정이다).

1. 의제:
    채택이유:
2. 의제:
    채택이유:
3. 의제:
    채택이유:
4. 의제:
    채택이유:
5. 의제:
    채택이유:

토론결과

이 주제의 토론 주관자는 '토론진행 및 토론보고서 작성에서 유의할 일'에 따라, 자기 조의 토론과정과 조원들의 집단 합의사항 등을 정리, 토론보고서를 작성하여 ○월 ○일(목요일)까지 제출하여야 한다.

관련 토론문제

1. 현재 가장 중요한 세계문제는?
2. UN은 핵무기를 소유한 미국 러시아 영국 중국 프랑스 인도 파키스탄을 포함하여, 북한 이스라엘 등의 핵무기 개발을 억제할 수 있는가?
3. 귀하가 한국의 대통령이라면 세계문제에 있어서 제일 먼저 제기하고 싶은 문제는 무엇인가?
4. 귀하는 언제나 전쟁이 예방될 수 있다고 생각하는가?

주제 13: 인천광역시 시민상 수상자의 선정

　인천광역시는 일년에 한 번 두 사람의 가장 훌륭한 시민을 선정하여 '인천시민상'을 수여한다. 이 시민상을 받으려는 시민은 인천시의 다른 사람을 돕는 일을 하여야만 한다. 사회 각계로부터 추천된 시민 가운데 다수 추천을 받은 사람을 그 해의 '인천시민상' 후보자로 선정한다. 마지막으로 인천광역시 의회는 시민상 후보자들을 심의한 후 2명의 시민상 수상자를 선정한다.
　귀하는 인천광역시의회 의원으로서 65명의 올해 시민상 후보자 명단을 받았다. 지난주에 귀하는 6명의 최종 후보자를 뽑았고, 오늘 마지막으로 2명의 '인천시민상' 수상자를 선정하여야 한다. 다음 6명의 후보자에 대하여 토론을 통하여 수상 우선순위와 수상 이유를 결정하여 보시오.

　후보시민 김선동: 15살, 중학교 3학년 학생
　지난 해 10월 13저녁 8시쯤 자유공원에 바람을 쏘이려고 갔었다. 그 때 그 중학생은 어떤 외국인 관광객이 빠뜨린 것으로 보이는 지갑을 주었다. 그 지갑 속에는 여권과 미국 돈 현금 5,000달러 그리고 한국 돈 30만원이 들어 있었다. 그 중학생은 처음에 누구도 보는 사람이 없어서 망설여지기도 했으나 곧바로 가까운 파출소에 달려가 신고하였다.
　1) 김 선동 소년에게 시민상을 주어야 할 이유:
　2) 수상자 선정 순위:

　후보시민 한공희: 33세, 경찰관, 미혼여성
　한공희 씨는 인천경찰청의 청소년유해 음란퇴폐영업단속반 반장이다. 올해 이 단속반은 20명 이상의 음란퇴폐영업자를 적발하여 고발 조치하였다. 그 결과 인천광역시의 청소년들의 불량행위 비율을 30% 이상 감소시킬 수 있었다.
　1) 한공희 씨에게 시민상을 주어야 할 이유:

2) 수상자 선정 순위:

후보시민 이노인: 80세, 사회사업가, 모 기업인의 미망인(5자녀의 어머니)
이 노인의 남편은 대기업인이었다. 남편이 죽은 뒤 그녀는 인천시의 달동네 빈민들을 위하여 많은 자선 및 사회복지사업들을 하였고, 또한 인천시에 중요한 복지회관들을 기증하려고 한다. 또 자기 자신의 자금만으로 인천산업과학관(1985년), 인천복지의료원(1995년), 인천종합문화센터(1998년) 등을 건립하였다.
1) 이노인 씨에게 시민상을 주어야 할 이유:
2) 수상자 선정 순위:

후보시민 서정의: 58세, 계리사, 기혼(3자녀 둠)
서정의 씨는 인천시청 감사관실 감사2팀 감사원업무대행 담당 공무원이다. 지난 1년간 그는 시장이 시의 공금을 횡령한 사실을 찾아냈다. 그 때문에 시장은 서정의 씨를 해임하였다. 그러나 서씨는 이 부정사실을 감사원에 보고하였다. 그 결과 서씨는 복직이 되었고, 시장은 시장직에서 물러나야 하였다. 따라서 인천시는 5억원의 세출을 절감할 수 있었다.
1) 서정의 씨에게 시민상을 주어야 할 이유:
2) 수상자 선정 순위:

후보시민 박기봉: 29세, 사립초등학교 버스기사, 기혼(1자녀 둠)
지난 해 10월 29일 비 오는 날 아침에, 박 기봉 씨는 40명의 어린이를 태우고 학교를 향하여 학교버스를 운전하고 있었다. 그가 운전하던 버스가 언덕을 내려갈 때 브레이크가 고장나서 속도를 줄일 수가 없었다. 버스를 제동할 방법이 없어서 박 씨는 길옆에 있는 철제 전신주에 버스를 부딪쳐서 멈추어 서게 하였다. 그 때문에 버스에 타고 있던 어린이들은 큰 상처 없이 생명을 구했으나, 박씨는 그 사고로 사망하였다.
1) 박기봉 씨에게 시민상을 주어야 할 이유:

2) 수상자 선정 순위:

후보시민 민구제: 31세, 소방공무원, 미혼

민구제 씨는 남구소방서 공무원이다. 지난해 8월 5일 밤 남구 학익동 한 아파트에서 화재가 발생하였다. 민구제 씨는 화재가 발생한 아파트로 뛰어들어가 7명의 어린이를 구출해냈으나, 그도 소방공무원을 더 이상 수행할 수 없을 정도의 중화상을 입었다. 이 화재사고로 30여명이 사망하였다.
1) 민구제 씨에게 시민상을 주어야 할 이유:
2) 수상자 선정 순위:

토론결과

이 주제의 토론 주관자는 '토론진행 및 토론보고서 작성에서 유의할 일'에 따라, 자기 조의 토론과정과 조원들의 집단 합의사항 등을 정리, 토론보고서를 작성하여 ○월 ○일(목요일)까지 제출하여야 한다.

관련 토론문제
1. 시민상은 다른 사람을 도와준 사람에게만 수여하여야 하는가?
2. 귀하는 다른 사람을 구출하기 위하여 희생을 감수할 용의가 있는가? 예컨대 부모 형제자매 친구 또는 모르는 사람을 구출하기 위하여 희생을 감수할 수 있을까? 또한 귀하는 다른 사람을 구출한 경험이 있는가? 있다면 어떤 상황이었는가?
4. 부자는 가난한 사람들을 돕기 위하여 그들이 지닌 돈을 기부하여야 하는가? 만일 기부하여야 한다면 어느 정도로 하여야 하는가? 만일 기부할 필요가 없다면, 왜 할 필요가 없는가?
5. 훌륭한 시민을 정의하여 보시오. 앞의 시민상 후보자 이외에 귀하가 생각하는 훌륭한 시민과 동료들이 생각하는 훌륭한 시민을 비교하여 보시오.

김만규(金萬圭)

1939년 출생
연세대학교 정치외교학과 졸업
연세대학교 정치외교학과 대학원 졸업(정치학박사)
연세대학교 교육대학원 전임강사, 조교수 역임
인하대학교 국제관계연구소장, 법정대학장 역임

현재   인하대학교 사회과학부 정치외교학과 교수
「이기론(理氣論)의 정치적 조명」
「잠곡 김육의 정치론에 관한 일고(一考)」
「An Assessment of Korean Political Culture: System and Actualities since the End of the 1980s」외 다수

저서   『조선조의 정치사상 연구』(1982)
『한국의 정치사상』(1999)

김정호(金正昊)

1967년 출생
인하대학교 정치외교학과 졸업
인하대학교 정치외교학과 대학원 졸업(정치학박사)
인하대학교 사회과학부 강사
일본 게이오대학교 방문연구원

현재   인하대학교 국제관계연구소 특별연구원
「후기실학사상 국가발전론의 이론적 토대」
「18세기 후반 동아시아 3국 기사상(氣思想)의 정치사상적 의의와 특성 비교」
「근세 한·일 사회변혁론의 정치사상적 특성」외 다수

저서   『근세 동아시아의 개혁사상』(2003)

민주사회와 정치발전

인쇄 2003년 11월 30일
발행 2003년 12월 5일

지은이/ 김만규 · 김정호

펴낸곳/ 도서출판 엠-애드
펴낸이/ 이 승 한
등록 / 1998년 4월 29일 제2-1729
주소 / 100-273 서울 중구 필동 3가 10-1
전화 / 02) 2278-8063/4
팩스/ 02) 2275-8064
e-mail/ madd1@hanmail.net

정가: 17,000원

ISBN 89-88277-26-0

잘못된 책은 바꾸어 드립니다.